海上丝绸之路研究丛书

# 海上丝绸之路
## 广州史迹文化遗产价值研究

广州海上丝绸之路史迹保护和申报世界文化遗产工作领导小组办公室
中山大学社会学与人类学学院　编

刘瑜梅　郑君雷　主编

·广州·

## 版权所有　翻印必究

**图书在版编目（CIP）数据**

海上丝绸之路广州史迹文化遗产价值研究/刘瑜梅，郑君雷主编. —广州：中山大学出版社，2019.8

（海上丝绸之路研究丛书）

ISBN 978-7-306-06649-7

Ⅰ. ①海… Ⅱ. ①刘… ②郑… Ⅲ. ①海上运输—丝绸之路—历史—文化遗产—研究—广州 Ⅳ. ①K296.51

中国版本图书馆 CIP 数据核字（2019）第 123867 号

Haishang Sichouzhilu Guangzhou Shiji Wenhuayichan Jiazhi Yanjiu

| | |
|---|---|
| 出 版 人： | 王天琪 |
| 策划编辑： | 王延红　吕肖剑 |
| 责任编辑： | 王延红 |
| 封面设计： | 刘　犇 |
| 责任校对： | 姜星宇 |
| 责任技编： | 何雅涛 |
| 出版发行： | 中山大学出版社 |
| 电　　话： | 编辑部 020-84111946，84113349，84111997，84110779 |
| | 发行部 020-84111998，84111981，84111160 |
| 地　　址： | 广州市新港西路 135 号 |
| 邮　　编： | 510275　　传　真：020-84036565 |
| 网　　址： | http://www.zsup.com.cn　　E-mail：zdcbs@mail.sysu.edu.cn |
| 印 刷 者： | 佛山市浩文彩色印刷有限公司 |
| 规　　格： | 787mm×1092mm　1/16　18.5 印张　410 千字 |
| 版次印次： | 2019 年 8 月第 1 版　2019 年 8 月第 1 次印刷 |
| 定　　价： | 180.00 元 |

如发现本书因印装质量影响阅读，请与出版社发行部联系调换

# 编委会

主 编　刘瑜梅　郑君雷

执行主编　范旨祺　李　强

编 委　刘瑜梅　刘晓明　郑君雷
　　　　刘文锁　姚崇新　柳汉娜
　　　　胡剑光　吴晓虹　张嘉颖

# 目 录
## Contents

序 ............................................................................................................ 刘瑜梅 1
前言　广州海上丝绸之路史迹文化遗产价值的再解读 .................................. 郑君雷　张晓斌 1

**上编　海上丝绸之路与城市发展** ............................................................................. 1
秦汉番禺城与海上丝绸之路关系考
　　——兼论南越王宫署遗址、南越王墓的文化遗产价值 ............................ 周繁文 3
广州陆海环境和海上贸易之便 .................................................................... 王真真 62
秦—隋：巡海封疆，国家祭祀 .................................................................... 王真真 70
唐宋：渡海观星，直帆远洋 ........................................................................ 王真真 80
广州：十九世纪"天朝上国"的会客厅 ........................................................ 王真真 92
晚清广州城市肖像 ...................................................................................... 王真真 100

**下编　海上丝绸之路与文化交流** ........................................................................... 125
广州海上丝绸之路遗迹遗物与域外文化交流的考古学研究 ........................ 谭玉华 127
广州光孝寺早期沿革与驻锡外国高僧事迹考略
　　——兼论光孝寺在中外佛教文化交流中的地位 .................................... 姚崇新 146
广州的伊斯兰文化遗产 ............................................................................... 熊仲卿 191
南海神庙与海上丝绸之路研究 .................................................. 刘文锁　罗　帅　何源远 227

后记 .......................................................................................................................... 278

# 序

刘瑜梅

珠江，奔腾不息，浩浩汤汤汇入南海，孕育了几千年岭南文明；广州，背山靠海，熠熠生辉闪耀华南，遗留了数不清的海丝遗产。广州作为两千年岭南文明中心地，人们在这片沃土上繁衍生息，富有探索精神的先民们出海渔猎、贸易往来，缓缓开启了海上丝绸之路的序幕，使广州成为南海海上丝绸之路的发祥地之一，两千多年来长盛不衰、持续繁荣，留下了丰富的海丝文化遗产。其中，南越国—南汉国宫署遗址、南越王墓、光孝寺、怀圣寺光塔、清真先贤古墓、南海神庙及码头遗址六个史迹点于2012年成功入选"海上丝绸之路·中国史迹"申遗预备名单。

这六个史迹点从汉代跨越到明清，在时代上充分体现了广州作为两年多年来始终持续繁荣的港口城市的特征。在类别上，有管理设施——南越国—南汉国宫署遗址，作为历代以来广州地区政治文化中心和海上贸易管理的机构所在，见证了广州作为海上丝绸之路的重要跨板块节点，自海上丝绸之路形成，历经多个时期，海外商贸与文化交流持续发展与繁荣的历程。有宗教遗存——光孝寺，作为中国沿海最早的佛教寺院之一，体现了佛教通过海上丝绸之路传播到中国，在中国不断传承并与中国文化共同发展的历史过程。有宗教遗址——怀圣寺光塔，光塔形制在中国古代建筑中非常罕见，是伊斯兰风格的宣礼塔；怀圣寺是中国现存最早的清真寺，见证了伊斯兰教创立初期经伊斯兰教先贤沿海上丝绸之路传播到中国的历史过程。有墓葬遗址——南越王墓，是海上丝绸之路形成时期的重要见证，其出土文物包括来自地中海、西亚、东非、南亚、东南亚板块的物品或符号，是海上丝绸之路各大板块互相连通，相互交流文化的有力证明；清真先贤古墓，是伊斯兰教早期经由海上丝绸之路传播的见证，也是中国文化以自身的习俗和传统接纳、融合外来宗教元素的体现。有港口码头遗址——南海神庙及码头遗址，是我国官方祭海的重要场所，也是广州外港繁荣的海外贸易重要集散地之一，见证了中国古代海神信仰发展及广州港的历史变迁。

2017年4月，国家文物局在广州召开海丝申遗工作会议，会上各申遗城市共同推举广州为海丝申遗牵头城市。2018年4月，在广州召开海丝保护和联合申遗城市联盟第一次联席会议，由广州、宁波、南京共同发起，各海丝申遗城市携手成立了海丝保护和联合申遗城市联盟，通过并签署了海丝保护和联合申遗城市联盟章程。2019年5月，海丝保护和联合申遗城市联盟联席会议在南京举行，澳门、长沙加入海丝保护和联合申遗城市联盟，联盟成员扩大到26个。

城市联盟的扩大，壮大了海上丝绸之路保护和联合申遗城市联盟的力量，同时，广州作为海丝申遗牵头城市，责任更加重大，必须在各方面起到带头引领作用，这势必要求广州做好辖区内的文物本体保护修缮、史迹点环境整治、海丝价值研究、陈列展览、宣传推广等海丝保护和申遗工作。其中，海丝文化遗产价值关系到国内及国际专业咨询机构、专家对海丝史迹点的认可问题，因此，对海丝文化遗产价值的深入挖掘显得尤为重要，不仅能使海丝文化遗产的内涵得到充分认识和展示，海丝文化遗产自身的魅力得到展现，而且能使人们在价值认识的基础上，进一步对文化遗产进行保护研究，使保护和研究相辅相成。

自2016年海上丝绸之路申遗项目正式启动以来，广州市海丝申遗办（全称：广州海上丝绸之路史迹保护和申报世界文化遗产工作领导小组办公室，行文用简称）积极推进海丝史迹点的保护和研究工作，于同年委托中山大学社会学与人类学学院对广州六个海丝史迹点开展价值深化研究，中山大学社会学与人类学学院副院长郑君雷教授为此次课题研究组组长，刘文锁、姚崇新、熊仲卿、谭玉华、周繁文、王真真等各位老师对广州六个海丝史迹点进行了深入的研究。在此基础上，2017年，市海丝申遗办与中山大学社会学与人类学学院共同举办了"海上丝绸之路与人类文明进程"学术研讨会，相关研究成果在此次学术会议上进行了宣读，本书正是在此基础上形成的，后经各位作者反复修订，字斟句酌，终于付梓。希望此书能让读者更深入地了解广州海上丝绸之路史迹，从而体会到广州海丝文化遗产的价值、内涵与魅力。

广州市文化广电旅游局局长
2019年7月19日

# 前言

## 广州海上丝绸之路史迹文化遗产价值的再解读

郑君雷　张晓斌

海上丝绸之路中国段申报世界文化遗产的工作已经积有十数年之功，在2012年《海上丝绸之路（中国段）》[①] 和2017年《海上丝绸之路·中国史迹》[②] 两份申遗文本的征求意见稿中，广州海上丝绸之路史迹均是"申报中国世界文化遗产预备名单"的重要组成部分。为阐述广州史迹对于海上丝绸之路中国段的文化遗产价值贡献，为海丝申遗工作提供学术支撑，2016年，广州市文化广电新闻出版局委托中山大学考古专业开展了"广州市海上丝绸之路史迹点文化遗产价值专项研究"，本书即课题研究成果的汇编。

## 一

"丝绸之路"是1877年德国地理学家裴迪南·冯·李希霍芬提出的概念，本意是指从古代中国经由中亚通往南亚、西亚以及欧洲、北非的商贸通道。其后法国汉学家沙畹指出"丝路有海陆两道"。海上丝绸之路的概念在使用中逐渐泛化，主要见诸三种情况：其一，作为文化符号表现其历史喻意和现实政治意义，带有借喻性质；其二，在海外交通史、考古学、地理学等学科领域的研究中作为学术概念，不过很难加以严格界定；其三，应用在文化遗产研究、保护和开发

---

[①] 中国建筑设计研究院建筑历史研究所：《海上丝绸之路（中国段）》（征求意见稿），2012年。申报文本涉及广东省广州市，广西壮族自治区北海市，福建省福州市、泉州市、漳州市，浙江省宁波市、丽水市，江苏省扬州市和山东省蓬莱市。

[②] 中国文化遗产研究院：《海上丝绸之路·中国史迹》（内部资料），2017年。申报文本涉及广东省广州市、江门市，福建省泉州市、漳州市、莆田市，浙江省宁波市、丽水市，江苏省南京市。

利用的实际工作中,如申报世界文化遗产。

海上丝绸之路史迹的文化遗产价值在上述领域均有所体现并且交叉,对广州海丝史迹文化遗产价值的凝炼自然也是多维度、多层面的。成果汇编涉及的南越国宫署遗址、南越王墓、光孝寺、怀圣寺光塔、清真先贤古墓、南海神庙及码头遗址是2012年列入的首批申遗点,课题设计的研究内容包括:①广州作为两千多年海上丝绸之路东方发祥地的依据,主要论述南越王墓、南越国宫署遗址与海上丝绸之路的关系;②海上丝绸之路与广州城市发展的历史关联,从广州的城市文化性格、空间布局、经济活动、城市地位等方面展开分析;③佛教通过海路在中国的传播与发展,以广州为中心阐释光孝寺与海上丝绸之路的关系;④伊斯兰教通过海路在中国的传播和影响,以广州为中心考察怀圣寺及光塔、清真先贤古墓与海上丝绸之路的关系;⑤历代官方对广州海外交通、海上贸易的重视,以南海神庙与海上丝绸之路的关系为切入点;⑥广州海上丝绸之路遗迹、遗物与域外文化交流的考古学研究,聚焦于与海上丝绸之路相关的考古发现。

课题研究整体达到了预期目标并有所突破。成果汇编收录了《秦汉番禺城与"海上丝绸之路"关系考——兼论南越王宫署遗址、南越王墓的文化遗产价值》和"海上丝绸之路与广州城发展研究成果系列"等五篇(组)论文;《广州光孝寺早期沿革与驻锡外国高僧事迹考略》《广州的伊斯兰文化遗产》《南海神庙与海上丝绸之路》《广州海上丝绸之路遗迹遗物与域外文化交流的考古学研究》。其中,"海上丝绸之路与广州城发展研究成果系列"由《广州陆海环境和海上贸易之便》《秦—隋:巡海封疆,国家祭祀》《唐宋:渡海观星,直帆远洋》《广州:十九世纪"天朝上国"的会客厅》《晚清广州城市肖像》五篇(组)论文组成,视角比较新颖。这些研究成果从不同角度较为聚合地反映出广州海上丝绸之路史迹文化遗产价值的多重侧面,相信会有一些亮点。

海上丝绸之路中国段申报世界文化遗产的工作是个持续深化的过程,对广州海丝史迹文化遗产价值的凝炼也不可能一蹴而就。鉴于2017年广州市新增莲花塔、琶洲塔、赤岗塔、黄埔古港遗迹和黄埔村早期建筑等五处申遗史迹点,而且成果汇编主要是就普遍意义上的文物价值即历史、艺术、科学、文化和社会价值展开论述,因此,还有必要根据《国际古迹遗址理事会文化线路宪章》(以下简称《文化线路宪章》)的阐述,从文化路线意义上的遗产价值体系出发,就广州海上丝绸之路史迹的整体价值、功能价值、交流价值、背景环境等再做些分析①。

二

作为价值体系,对于广州海上丝绸之路史迹文化遗产价值的考察,就不能局限于具有杰出代

---

① 参见张晓斌《广东海上丝绸之路史迹保护管理研究》,中山大学2018年博士学位论文,第102–104页。

表性的申遗点。根据2016年中山大学考古专业完成的"广东海上丝绸之路史迹调查与研究"课题成果①，广州市与海上丝绸之路关联性较大的史迹点有五十余处，分属港航遗存、外销品生产基地、文化交流遗存、海神信仰建筑、海防设施等类别，其中，港航遗存、以宗教遗迹为代表的文化交流遗存、海神信仰建筑在海上丝绸之路中国段史迹中的文化遗产价值尤其突出。②

港航遗存是海上丝绸之路的物质基础，包括海港设施（主要是港口码头、贸易机构及市场）和航线遗存（主要是航标地标、沉船遗址）等类型，直接反映了海上丝绸之路的文化线路特征，不过在中国沿海的保存情况难言理想。广州海丝史迹中的南宋扶胥港古运河、清代黄埔古港等港口码头，南越国—南汉国宫署遗址和清代粤海关旧址、黄埔古村、锦纶会馆等贸易机构及市场，以及兼具航标功能的唐代怀圣寺光塔、北宋六榕寺塔、明清镇海楼和珠江航道上的"三支桅杆"——莲花塔、琶洲塔、赤岗塔等，在很大程度上丰富了海上丝绸之路中国段港航遗存的内涵。

宗教史迹是广州海上丝绸之路文化交流遗存的突出代表，佛教、伊斯兰教、基督教等外来宗教"以广州及广东作为第一站和桥头堡，之后深入中国内地传播的。换言之，广东一地是中国最早接受外来宗教文化的地区"③。光孝寺创建于三国时期（时称制止寺），是"禅宗发展的重要据点，更是南禅开创的圣地"④；六榕寺始建于南朝刘宋，梁大同三年（537）建塔供奉迎自扶南（今柬埔寨）的佛舍利；海幢寺始建于明代，是清代外国商人获准定时游览的唯一寺庙。清真先贤古墓是唐代中国伊斯兰教奠基人之一宛葛素的"归真"之所，是中国现存最早的伊斯兰教遗址；怀圣寺是唐代阿拉伯人在广州蕃坊建立的中国最早的清真寺之一，光塔成为中国伊斯兰教的标志性建筑。

祈求神祇保佑航海平安的海神信仰建筑在广东非常普遍，主要祭祀南海神和妈祖（天妃、天后）。南海神庙作为国家坛庙，创建于隋开皇十四年（594），现存韩愈撰《南海神广利王庙碑》及历代皇帝御祭石碑三十余方。2005年发现明清码头遗址⑤，广东各地尤其是珠江三角洲地区的南海神祠、洪圣庙、广利庙等均由南海神庙衍生而来。妈祖是宋代以来最重要的海神信仰，朝廷历代敕封，列入祀典，2009年入选联合国教科文组织非物质文化遗产名录。广州列入不可移动文物名录的南海神祠、洪圣庙、天后宫等海神信仰建筑有三十余处。

广州海上丝绸之路史迹整体价值的第一个表现，即类别、类型齐备。前述港航遗存、以宗教遗迹为代表的文化交流遗存、海神信仰建筑，以及作为外销品生产基地的宋元时期西村窑、作为

---

① 参见龙家有、郑君雷主编《广东文化遗产——海上丝绸之路史迹》，中山大学出版社2016年版。
② 参见张晓斌、郑君雷《广东海上丝绸之路史迹的类型及其文化遗产价值》，载《文化遗产》2019年第3期。
③ 顾涧清：《广东海上丝绸之路研究》，广东人民出版社2008年版，第231页。
④ 中国建筑设计研究院建筑历史研究所：《海上丝绸之路（中国段）》（征求意见稿），2012年，第40页。
⑤ 易西兵：《广州海上丝绸之路史迹的文化内涵与遗产价值》，载《岭南文史》2016年第6期。

海防设施的虎门炮台等海丝史迹共同构成了文化线路的整体价值。

文化线路的整体价值大于个体价值的简单叠加，单体遗产置身于文化线路的背景后可以扩展出新的价值内涵。广州海上丝绸之路史迹整体价值的第二个表现，是不同类别、类型的海丝史迹在特定空间范围内成组群分布，遗产价值相互关联、互为补充；一些在文物价值评估中不起眼的史迹，在广州海丝史迹的整体框架下却可能有着突出的价值贡献。

以波罗诞（即南海神诞、洪圣诞）、妈祖诞为代表的海神祭祀是广州海上丝绸之路文化遗产的组成内容，波罗诞2011年入选国家级非物质文化遗产名录。物质遗产与非物质遗产共同构成文化线路的遗产特征①，物质形态上的残缺可以通过非物质形态追溯其真实性存在和整体价值②，是广州海上丝绸之路史迹整体价值的第三个表现。

## 三

文化线路是为了实现特定目的而形成的交通线路，强调不同国家、民族或区域之间物质、技术、文化等方面的持续交流，商业贸易、宗教朝圣、交通网络等功能属性是其本质特征，交流属性是与其他遗产类型的最大区别。③ 商贸交流是海上丝绸之路开通的初因，其后本始的贸易功能扩大，并且衍生出信仰、政治、军事等功能，由此产生动态性的功能价值，以及文化、科技、艺术等交流价值。

从世界范围看，以风帆贸易为主要特征的海上丝绸之路上限为公元前1世纪，下限为19世纪中后期。就海上丝绸之路中国段而言，上限一般认为在秦汉时期，标志性事件是《汉书·地理志》记载的汉武帝使节从徐闻、合浦出海贸易，不过此前南海航线的商贸活动已经存在④；下限一般认为止于1840年鸦片战争⑤。

秦汉时期是海上丝绸之路中国段的起始阶段，"番禺亦其一都会也。珠玑、犀、玳瑁、果布之凑"⑥，象岗南越王墓出土非洲象牙、红海乳香、波斯银盒等舶来品，南越国宫署遗址存在海外建筑风格的影响。东吴黄武五年（226）交、广分治后，广州与海外的商贸往来和文化交流更加频繁，"海舶每岁数至，外国贾人以通贸易"⑦，东晋隆安五年（401）罽宾国（今克什米尔）僧人昙摩耶舍创建王园寺（今光孝寺）佛殿，梁普通七年（526）天竺国僧人达摩在"西来初

---

① 周剑虹：《文化线路保护管理研究——以丝绸之路陕西段为例》，科学出版社2013年版，第40页。
② 单霁翔：《关注新型文化遗产——文化线路遗产的保护》，载《中国文物科学研究》2009年第3期。
③ 周剑虹：《文化线路保护管理研究——以丝绸之路陕西段为例》，科学出版社2013年版，第83页。
④ 吕思勉：《读史札记》，译林出版社2016年版，第488页。
⑤ 姜波、赵云、丁见祥：载《海上丝绸之路的内涵与时空框架》，《中国文物科学研究》2016年第2期。
⑥ 《史记·货殖列传》。
⑦ 《梁书·王僧孺传》。

地"建西来庵（今华林寺）。

广州是隋唐时期全国最大的对外贸易中心，"广州通海夷道"① 远达东非，为当时世界上最长的远洋航线，还有东行日本、高丽航线。唐代在广州设立市舶使，设置蕃坊供外商聚居，大历五年（770）以来抵达广州的海外船舶每年有四千余艘。② 广州是伊斯兰教海路入华传播的第一站，怀圣寺附近尚有象牙巷、玻璃巷、玛瑙巷等以舶来货物命名的街巷。

宋代政治经济重心南移，北宋开宝四年（971）在广州首设市舶司，"崇宁初，三路（广东、福建、两浙）各置提举市舶官，三方唯广最盛"③。广州蕃坊"海外诸国人聚居，置蕃长一人，管勾蕃坊公事，专切招邀蕃商入贡"④，宋代海外五十余国与广州有贸易往来⑤，元代达一百四十余国⑥。宋元时期造船业和航海技术空前发展，广州西村窑和内地各大窑口的瓷器经由海路外销，海外贸易的代表性遗址有南宋扶胥港古运河。

明代海禁政策时紧时弛，广州海外贸易活动没有完全停止。永乐元年（1403）置广州市舶司"通占城、暹罗、西洋诸国"⑦，永乐三年在广州建"怀远驿"安顿外商；嘉靖年间泉州、宁波市舶司废置后，广州成为全国唯一对外通商口岸。清康熙二十四年（1685）设置粤、闽、浙、江四海关，次年在广州开设十三行"夷馆"。乾隆二十二年（1757），闽、浙、江海关罢置，粤海关作为全国唯一海路对外通商口岸，与黄埔古港、黄埔古村、锦纶会馆共同见证了广州海上丝绸之路的最后辉煌。

"海路的交通开始虽早，真正的繁荣是在隋唐及以后，至明成祖遣郑和下西洋而达于极盛"⑧。隋唐以后，广州海上丝绸之路史迹的遗产类别、类型和数量不断增加，内涵不断丰富，文化线路的功能价值随而扩展，表现在以唐宋时期西村窑外销瓷为代表的贸易功能价值、以外来宗教史迹和本土海神信仰建筑为代表的信仰功能价值、以明清时期黄浦古港为代表的交通功能价值和以海防设施为代表的军事功能价值等方面，政治功能价值主要表现在以南越国—南汉国宫署、番坊、粤海关等为代表的海外贸易管理制度上。

广州海丝史迹的功能价值基本能够与《文化线路宪章》关于线路物质文化遗产功能的阐述⑨相对应。例如黄埔古村可以归入"控制和保护贸易线路并因此获利繁荣的城镇"，唐宋蕃坊适用

---

① 《新唐书·地理志七下》附贾耽《皇华四达记》"边州入四夷路程"。
② 《旧唐书·李勉传》。
③ 〔北宋〕朱彧：《萍洲可谈》卷二。
④ 〔北宋〕朱彧：《萍洲可谈》卷二。
⑤ 〔南宋〕赵汝适：《诸蕃志》卷上。
⑥ 〔元〕陈大震：《南海志》卷七《舶货》（诸蕃国附）。
⑦ 《明史·食货志五·市舶》。
⑧ 张维华：《中国古代对外关系史》，高等教育出版社1996年版，第6页。
⑨ 参见杨珂珂《文化线路价值评价特性分析——以〈世界遗产名录〉的6处文化线路遗产为例》，中国建筑设计研究院2009年硕士学位论文。

于"沿途为接待旅行者建造的聚居点和客栈",光孝寺、怀圣寺光塔等宗教遗迹属于"反映线路文化、宗教等传播的场所",虎门炮台属于"保护线路的军事要塞和其他建筑物",广州城市格局反映了特定的"文化景观",与海上丝绸之路对接的古驿道代表着"其它相关的交通系统的古迹遗址"等。

广州海上丝绸之路史迹在知识、技能、文化、信仰等方面的交流价值是功能价值的延伸,尤其以外来宗教和民间信仰传播为主的文化交流价值最为突出,并表现在以佛教建筑为代表的科技交流价值、以广彩外销瓷为代表的艺术交流价值等方面。

## 四

海上丝绸之路关联东亚、东南亚、南亚、西亚、东非和地中海六大板块,东亚板块包括中国、朝鲜和日本,中国段可以划分为岭南、闽台、江浙和环渤海等片区[①];或者可以依据节点城市径直称为广州、泉州、宁波、南京等片区。根据《文化线路宪章》的阐述,文化线路的价值构成要素蕴含在背景、内容、跨文化的整体意义、动态特性和背景环境等方面,广州海上丝绸之路史迹的文化遗产价值还应该在更宏观层面考察,尤其不能脱离地理、人文和历史等背景环境。

广州片区"历史上曾辐射今天广东、广西大部和越南北部地区。这一区域地处亚洲、太平洋海上交通要冲地,具有优越的地理区位与自然条件,是中国通往东南亚、大洋洲、中近东和非洲等地的最近出海口,历史上始终处于中国对外贸易、海上交通的前沿之地。此外,这里还拥有广深的经济腹地,凭借珠江、西江、北江和东江等大小河流入海的便利和内河航运,编织成以大小港口为中心的多层次的经济腹地"[②]。这段论述比较全面地概括了广州海上丝绸之路的宏观背景环境。

其一,依据沿海港口分布、航海地标以及内河通道,可以将广东海上丝绸之路史迹进一步划分为粤东、珠三角、粤西和粤北等片区,其中粤北片区海丝史迹的文化遗产价值主要体现在内陆通道的意义上。有必要在广东海上丝绸之路的整体框架和比较研究中把握广州海丝史迹的时空特征和文化遗产价值。

---

① 张晓斌:《广东海上丝绸之路史迹保护管理研究》,中山大学 2018 年博士学位论文,第 75-76 页。
② 中国文化遗产研究院:《海上丝绸之路·中国史迹》(内部资料),2017 年,第 66 页。

其二，广州位于珠江水系入海口，不但有江海联运之便，而且与作为广州外港的澳门①、江门②等地关系密切。江门市的新会唐代官冲窑址和归属于明清时期"上川贸易岛"的大洲湾遗址、方济各·沙勿略墓园、广海卫城城墙遗址、紫花岗烽火台、紫花岗摩崖石刻、新地村天主堂遗址等现已列入海上丝绸之路申遗点，有必要将上川岛视为珠三角片区的航海地标，将珠三角片区海上丝绸之路史迹的文化遗产价值作为整体进行评判。

三则，广州作为岭南中心城市，号称千年商都，被誉为"天子南库"。东亚板块、岭南片区和广东省域海上丝绸之路的交通网络、功能网络及其内陆对接通道与广州多有交集。比如广州与湘、赣乃至中原的交通主要经由粤北片区的北江通道及沿途古代驿道，又如粤西片区明清时期的商贸活动多抵广州、佛山。③ 因此，有必要从发挥辐射作用的枢纽地位阐释广州海上丝绸之路史迹的文化遗产价值。

广州"是我国历史上资格最深，历代相沿，唯一不衰的对外贸易港口"④，"广州片区是海丝沿线极为罕见，伴随其两千年的演进历程始终、持续繁荣的跨板块节点"⑤，广州海丝史迹极大地补充、深化了海上丝绸之路中国段的文化遗产价值。海上丝绸之路"是一种兼具本土性与国际性、主体性与多元性、不断融合东西方文化的海洋文明结晶"，全球视野、平等态度、发展眼光"是把握海上丝绸之路整体历史及其人文精髓的关键"⑥，对广州海上丝路文化遗产价值的解读也应当常读常新。

---

① 明嘉靖十四年（1535）广州市舶司迁移澳门，澳门成为广州外港。澳门是远东最早开放的租界和中国最早开展东、西方经济文化交流的商埠，16世纪以来开通广州—澳门至东南亚、日本长崎、印度果阿等地的航线。参见王元林《内联外接的商贸经济：岭南港口与腹地、海外交通关系研究》，中国社会科学出版社2012年版，第201-204页。

② 江门古称溽洲，唐宋时期是广州通海夷道的"放洋"之地和市舶贸易管理的重要节点，明清时期乌猪岛是近岸与远洋航线的交汇航标，沿海诸澳是番舶往来要冲；上川岛在葡文文献中被称为贸易岛，被视为宗教岛。参见石坚平《江门海上丝绸之路文化探源》，载《五邑大学学报》（社会科学版）2015年第3期。

③ 明清时期，南江流域是珠三角地区手工业生产的原料来源地之一，罗定生铁即其中大宗，生铁原料自南江下西江运输至佛山加工制造成铁产品，行销海内外。

④ 沈光耀：《中国古代对外贸易史》，广东人民出版社1985年版，第145-146页。

⑤ 中国文化遗产研究院：《海上丝绸之路·中国史迹》（内部资料），2017年，第66页。

⑥ 张楚楠：《以世界视野洞察人类文明交流的海洋纽带——读李庆新〈海上丝绸之路〉》，载《中国文物报》2019年3月19日第五版。

上　　编
海上丝绸之路与城市发展

# 秦汉番禺城与海上丝绸之路关系考

## ——兼论南越王宫署遗址、南越王墓的文化遗产价值

周繁文

## 一、前言

自《汉书·地理志》记载汉武帝时自日南、徐闻、合浦出发的海外贸易路线后，历代文献对此多有注意。唐代贾耽详载由广州出发至红海及东非的远洋航线，称其为"广州通海夷道"[①]。宋元以后对海上交通之著述尤多。

"海上丝绸之路"的概念始于19世纪末20世纪初。德国学者李希霍芬（Ferdinand von Richthofen）在《中国亲程旅行记》（1877）中提出"丝绸之路"的概念，其研究重心在陆路。[②] 但在他的历史观中，水路交通较陆路交通重要，虽然他对欧亚间的海路交通路线还未有详尽的认识。[③] 20世纪初，法国学者沙畹（Édouard Chavannes）在《西突厥史料》（1903）中论及丝路有陆、海两道，北道出康居，南道为通印度诸港之海道[④]。此后，欧洲学者对丝路海道的关注渐多，斯文·赫定《丝绸之路》（1936）、格鲁塞（René Grousset）《中国史》（1942）、让·菲利奥扎（Jean Filliozat）《印度的对外关系》（1956）和《从罗马看印度：有关印度的古代拉丁文文献》（1986）、雅克·布罗斯（Jacques Brosse）《发现中国》（1981）等著作中均有涉及。

20世纪初，日本学界陆续发表针对欧亚海上交通史的专门研究。藤田丰八详细考订南海东西交流史的相关史实、人物和历史地理，后来这一系列论文都被收录在《东西交涉史之研究·

---

[①] "其后贞元宰相贾耽考方域道里之数最详，从边州入四夷，通译于鸿胪者，莫不毕纪。其入四夷之路与关戍走集最要者七：……七曰广州通海夷道。"〔宋〕欧阳修、宋祁等：《新唐书》卷四十三下《志第三十三下·地理七下》，中华书局1975年版，第1146页。

[②] Ferdinand von Richthofen: *China, Ergebnisse Eigner Reisen und Darauf Gegründeter Studien*, Berlin, 1877.

[③] ［美］丹尼尔·C. 沃著，蒋小莉译：《李希霍芬的"丝绸之路"：通往一个概念的考古学》，载朱玉麒主编《西域文史》（第七辑），科学出版社2012年版，第305页。

[④] 参见［法］沙畹著，冯承钧译：《西突厥史料》，中华书局2004年版，第208页。

南海篇》（1932）内。① 桑原骘藏、小山富士夫、松田寿男、江上波夫、水野清一、冈崎敬、吉田光邦、三上次男等学者皆对海上交通路线之走向、实物证据等进行研究或考察。② 另有三上次男提出的"陶瓷之路"亦风靡一时。③ 直到1968年，三杉隆敏著《探寻海上丝绸之路——东西陶瓷交流史》出版，后又出版同一主题的一系列著作，遂使"海上丝绸之路"成为学术界普遍接受的概念。④

国内学术界对海上交通史的研究则始于20世纪30年代。冯承钧所著《中国南洋交通史》考订汉代以降中国与东南亚的海路交流史。⑤ 50年代，章巽陆续发表了一系列与海上交通相关的论文，此后合编成《我国古代的海上交通》⑥。季羡林⑦、饶宗颐⑧等对一些具体问题进行研究时，也涉及海道交通。80年代，以大陆学者陈炎的《略论海上丝绸之路》（1982）⑨、台湾学者全汉昇的《略论新航路发现后的海上丝绸之路》（1986）⑩为标志，中国学术界开始渐渐接受这一概念，并对其展开研究。1990年联合国教科文组织启动全球性的海上丝绸之路综合考察活动后，相关研究论文、学术讨论会、研究机构更是纷纷涌现。

海上丝绸之路普遍被认为是中国—南海—印度洋—红海—地中海之间的海上通商贸易道路，始于秦汉，盛于宋元，10世纪以后成为东西方之间最主要的贸易通道。虽然对它的研究日益丰富，但学界在海上丝绸之路的起始年代和始发港这两个关键问题上并未达成一致。前者主要有西周说、东周说、秦汉说、西汉中期说、东汉三国说等，后者则主要有泉州说、合浦说、徐闻说、广州说等。⑪ 而要讨论这两个问题，首先需要明确海上丝绸之路的性质。从目前大多数的研究来看，这方面已达成一定共识。李英魁将其定义为："人类社会进入文明社会后国家与国家（包括国家的某一地区对另一国家某一地区）商业贸易和政治文化交流的海上通道，而发生于文明社

---

① ［日］藤田丰八著，何健民译：《中国南海古代交通丛考》，商务印书馆1936年版。
② 周长山：《日本学界的南方海上丝绸之路研究》，载《海交史研究》2012年第2期，第93-95页。
③ 参见三上次男《陶磁の道と東西文化の交流》，载《中央公論》1966年第10期。转引自周长山《日本学界的南方海上丝绸之路研究》，《海交史研究》2012年第2期，第95页。
④ ［日］三杉隆敏：《海のシルクロードを求めて——東西やきもの交渉史》，日本创元社1968年版，第6-9页。
⑤ 冯承钧：《中国南洋交通史》，商务印书馆1937年版。
⑥ 章巽：《我国古代的海上交通》，商务印书馆1986年版。
⑦ 季羡林：《中国蚕丝输入印度问题的初步研究》，载《历史研究》1955年第4期，第51-94页。
⑧ 参见饶宗颐《蜀布与Cinapatta——论早期中、印、缅之交通》，原载台湾"中研院"《历史语言研究所集刊》第四十五本第四分册，1974年。后收入《饶宗颐东方学论集》，汕头大学出版社1999年版，第227-259页。
⑨ 陈炎：《略论海上丝绸之路》，载《历史研究》1982年第3期，第161-177页。
⑩ 全汉昇：《略论新航路发现后的海上丝绸之路》，载台湾"中研院"《历史语言研究所集刊》第五十七本第二分册，1986年。
⑪ 冯定雄：《新世纪以来我国海上丝绸之路研究的热点问题述略》，载《中国史研究动态》2012年第4期，第61-67页。

会前的贸易与'东西方文明对话'无关，不属于'海上丝绸之路'范畴。"① 也就是说，"海上丝绸之路"应是建立在外交对等基础上的，国与国之间的合法化且常态化的海上贸易通道，不同于两（多）国外交关系不对等的"通贡贸易"②，亦区别于国家产生之前的文化交流和民间贸易。

其次是"始发港"的含义。这是一个现代术语。《中华人民共和国港口法》里未有对港口的分类，但2015年中国交通运输部颁布的《全国沿海邮轮港口布局规划方案》中将邮轮港口分为始发港、访问港和母港三类。其中，"母港"是与现代旅游业、服务业、邮轮产业和市场经济挂钩的概念，"访问港"则是以挂靠航线为主的港口，两者皆不具参考意义。方案指出，"始发港是以始发航线为主，兼顾挂靠航线的邮轮港口。除访问港基本功能（即邮轮停泊、旅客和船员上下船）外，始发港应具备邮轮补给、垃圾污水处理、旅客通关、行李托送、旅游服务、船员服务等功能。始发港多分布在腹地人口稠密、经济发展水平较高、旅游资源丰富、交通便捷的港口城市。"③ 参照其定义，海上丝绸之路的"始发港"除具备一般港口的船只停泊、货物装卸、人员上下船等基本功能外，还应具备船舶维护和补给等功能，泊位能力和吞吐量均应达到相当规模，海陆转运便捷，建在人口数量较大和经济发展程度较高的腹地等。

虽然早期"海上丝绸之路"处于近海航行的时代，凡是参与到海上贸易的港口都可以是空间意义上的出发港，但并非全都可以称之为"始发港"，而在时间意义上最早的始发港更可能屈指可数。本文将通过文献、考古等资料考证番禺城与海上丝绸之路的关系，兼及同时期的几个相关港口，论证海丝的起始年代和早期海丝的始发港问题，从而对南越宫署遗址和南越王墓的文化遗产价值做出阐释。

## 二、前海丝时代的环南海文化圈——岭南作为海丝发祥地的基础

以中国为出发点计，最早的海上贸易产生于环南海地区。这一区域包括与中国华南地区相连的中南半岛、马来半岛，以及海南岛、台湾岛、东南亚群岛等海岛。青藏高原和云贵高原的余脉横亘于北，恰为华南大陆和半岛留下了较易通行的豁口，海岛群环绕在南，丘陵、山地和平原嵌错分布，构成海陆相连、环境多样的地理单元。该区域的气候主要包括热带和亚热带类型。

早在"海上丝绸之路"开辟之前，环南海地区在文化上就表现出一定的相似性和紧密的联

---

① 李英魁：《试论宁波"海上丝绸之路"兴起的历史上限》，载《东方博物》2004年第13辑，第114页。
② 余英时引用Owen Lattimore的观点，将古代中国皇帝与异族的纳贡交换称为一种"通贡贸易"。余英时著，邬文玲译：《汉代贸易与扩张》，上海古籍出版社2005年版，第13页。
③ 中国交通运输部：交规划发〔2015〕52号《全国沿海邮轮港口布局规划方案》（索引号2015-00372），2015年4月10日。

系。学者们对其早有"亚洲东南海洋地带"(林惠祥)①、"亚洲地中海文化圈"(凌纯声)② 或"百越—南岛一体化"(吴春明)③ 的定义。下面将对前海丝时代的环南海文化圈内表现出的交流和互动情况分阶段进行概述。

(一) 旧石器时代

旧石器时代,环南海区域的古人类体质特征即表现出紧密的联系。"大约40000年以前,东南亚的居民可能主要是澳大利亚—美拉尼西亚人……此后东南亚的居民经历了大范围的头骨和面部纤细化的过程,部分原因是地方淘汰和在中国南部地区发展的蒙古人种基因的南向传播。……全新世时期,尤其是在过去的7000年间,出现了南蒙古人种群体连续地向南和向东扩张。"④ 同属晚期智人阶段的古人类中,广西柳江人与加里曼丹岛尼阿人之间的歧异系数最小(0.033),甚至小于柳江人与山顶洞人(0.056)、尼阿人与澳洲基洛人及塔尔盖人(分别为0.061和0.057)的歧异系数,证明岭南与东南亚古人类在体质特征上存在共性。菲律宾塔邦人(距今2.4万—2.2万年)既与澳洲人种关系密切,同时又具有第三臼齿缺如、鼻骨前面正中有细的矢状脊等与亚洲大陆蒙古人种相类的特征,可能是两者杂交的结果。⑤(见表一)

**表一 环南海地区旧石器考古学文化概况**

| 时期 | 广西、粤西 | 粤北 | 闽中 | 闽南 | 越北 | 泰国湾沿岸 | 台湾岛 | 菲律宾群岛 | 印尼群岛 |
|---|---|---|---|---|---|---|---|---|---|
| 早更新世 | | | | | | | | | 爪哇人(距今181万—166万年) |
| 中更新世 | 广西百色旧石器地点群(距今70万年)、广东郁南磨刀山(距今80万—60万年) | | 三明万寿岩灵峰洞(距今18.5万年) | | 清化度山(距今50万年) | 泰国班湄塔(距今80万年—60万年)、芬内文化 | | 利万文化(距今50万年) | |

---

① 林惠祥:《林惠祥人类学论著》,福建人民出版社1981年版,第200-354页。
② 凌纯声:《中国边疆民族与环太平洋文化》,台湾联经出版社1979年版,第335-344页。
③ 吴春明、陈文:《"南岛语族"起源研究中"闽台说"商榷》,载《民族研究》2003年第4期,第75-83页。
④ [澳]彼得·贝尔伍德著,申旭译:《史前东南亚》,载《剑桥东南亚史》第一卷,云南人民出版社2003年版,第62页。
⑤ 吴新智:《中国晚旧石器时代人类与其南邻(尼阿人与塔邦人)的关系》,载《人类学学报》1987年第6卷第3期,第180-183页。

（续表一）

| 时期 | 广西、粤西 | 粤北 | 闽中 | 闽南 | 越北 | 泰国湾沿岸 | 台湾岛 | 菲律宾群岛 | 印尼群岛 |
|---|---|---|---|---|---|---|---|---|---|
| 晚更新世早中期 | 广西柳江人（距今5万年） | 广东曲江马坝人（距今12万年） | | 莲花池山下层（距今8万—4万年） | | | | 塔邦文化（距今5万—4万年） | 印尼昂栋人（距今5万—2.5万年） |
| 晚更新世晚期 | 广西田东定模洞、广西柳州白莲洞（距今3万—1万年）、广西桂林宝积岩（距今3万年间）、广西柳州鲤鱼嘴、广东封开罗沙岩洞 | | | | 那姆下层（距今2.8万—2.6万年）、山韦文化（距今2.6万—1.1万年） | 马来西亚哥打淡边（距今3万年）、泰国甲米府朗隆洼（距今3.7万年—2.7万年） | 台南左镇人（距今3万—2万年）、长滨文化（距今1.5万—5000年） | 吕宋岛莱泽-布拉坎文化 | 加里曼丹岛尼阿文化（距今4万—3万年）、苏拉威西岛朗布荣（距今4.4万年）、爪哇桑吉兰、巴芝丹文化（距今不到5万年） |

注：上表系笔者据王幼平《中国远古人类文化的源流》、彭长林《石器时代环南海地区的文化互动》、《剑桥东南亚史》第二章《史前东南亚》制作。

除了人种体质特征外，环南海大部分地区的石器工业体系的技术特点和发展历程也具有相似性，同样经历了"砾石石器工业—石片石器工业—砾石石器工业"的三阶段发展。

早更新世晚期至中更新世，华南和东南亚大陆的旧石器地点均为分布在河谷盆地，为露天类型。以百色盆地、郁南磨刀山、三明万寿岩、湄塔为代表，它们都属于典型的砾石石器工业。石制品体型较大，单面加工，器类组合以砍砸器、尖状器和原手斧为主。此时气候暖湿，植物性食物来源充足，以采集为主要生计手段。砍砸器适合劈砍，尖状器适合挖掘根茎。[①]

晚更新世，旧石器地点大多仍邻近水源，分成露天和洞穴两种类型。露天地点和部分洞穴地点如马坝狮子岩、封开罗沙岩洞、桂林宝积岩、田东定模洞等，仍延续前一阶段的砾石石器工

---

① 王幼平：《更新世环境与中国南方旧石器文化发展》，北京大学出版社1997年版，第81-83、121-122页；王幼平：《中国远古人类文化的源流》，科学出版社2005年版，第8-35、43-49、103-123、133-134、304-308页。

业。但柳州白莲洞早期堆积、柳州鲤鱼嘴岩厦遗址早期堆积、越南山区的洞穴遗址、爪哇岛的昂栋遗址、越南北部那姆文化岩厦遗址、马来西亚哥打淡边遗址、加里曼丹岛尼阿洞穴遗址、菲律宾巴拉望岛塔邦洞穴遗址、苏拉威西岛的朗布荣岩厦遗址等，都转而以石片石器工业为主。石器向小型化发展，原料多为燧石，器类组合常见刮削器和小尖状器。新的工具组合显然更适于加工动物肉类。或是这一阶段气候变冷，植物性食物来源缩减，生计方式发生改变所致。①

随着最后冰期最盛期的结束，气候迅速转暖，环南海区域重回热带、亚热带森林环境。岛屿区砾石石器的比重略增，但基本仍以石片石器为主。② 而在大陆区，砾石石器工业则重新占据主导地位，并发展出新的技术因素。越南北部的山韦文化，石制品形体粗大，石器组合以边刃和端刃砍砸器为主，也有大尖状器，石器类型与封开黄岩洞、阳春独石仔等所出极为类似。几乎与其同时发展起来的和平文化，分布范围大致在东南亚大陆区及邻近的苏门答腊岛北部，与华南地区的柳州白莲洞晚期、柳州鲤鱼嘴晚期一样都出现了局部磨制的石器。这一时期流行于东南亚的苏门答腊式石器③和华南的盘状砍砸器在造型、工艺和功能上都极为相近。④

（二）新石器时代

全新世以后，气候暖湿，海平面逐渐上升，岛屿与大陆分离。距今约1万年，环南海地区进入新石器时代，开始制造陶器，生业模式以广谱性的渔猎和采集经济为主。目前发现的遗址主要集中在广西、越南一带。距今6000—5000年，桂东地区出现种植农业，洞庭湖区的高庙文化可能经由桂东北、桂东、粤北影响到珠江三角洲，⑤ 而闽南、台湾岛、越南中北部仍以渔猎、采集经济为主。这几个不同区域的文化特征明显。距今5000—4000年，粤北和粤西以农耕为主，长江下游的良渚文化、中游的樊城堆文化均对此处有不同程度的文化辐射；珠三角则是在前一阶段当地文化的基础上发展，仍以渔猎与采集为主；粤东、闽东南仍以渔猎、采集为主，也开始饲养家畜；闽西北的情况暂不清楚；台湾北部开始出现种植农业，但狩猎捕捞仍占重要地位。而此时的东南亚地区主要分布着两种类型的狩猎、采集人群：沿海区域的富裕定居群体，内陆森林地区较小型的移动团体。华南地区的稻作农业生产者向南沿着主要水道和海岸来到东南亚地区，与当

---

① 王幼平：《更新世环境与中国南方旧石器文化发展》，第83-87、122-128页；《中国远古人类的源流》，第178-184、192-193、308-310页。
② 王幼平：《更新世环境与中国南方旧石器文化发展》，第88-94页；《中国远古人类的源流》，第267-280、284-286、311-316页。
③ 周边单面加工，呈椭圆形、矩形的石器，可能加柄使用。
④ 邓聪：《华南土著文化圈之考古学重建举要》，载邓聪、吴春明主编《东南考古研究》第二辑，厦门大学出版社1999年版，第83-85页。
⑤ 贺刚：《南岭南北地区新石器时代中晚期文化的关系》，载《中国考古学会第九次年会论文集》，文物出版社1997年版；贺刚：《高庙文化及其对外传播与影响》，载《南方文物》2007年第2期，第51-60、92页。

地的这两类土著人群发生了互动。①（见表二）

表二　环南海地区新石器考古学文化概况

| 分期 | 闽西北 | 闽东南 | 闽南 | 粤东 | 粤北 | 珠江三角洲 | 桂东粤西 | 桂西 | 越南北部 | 越南中部 | 泰国湾沿岸 | 台湾 | 菲律宾群岛 | 印尼群岛 |
|---|---|---|---|---|---|---|---|---|---|---|---|---|---|---|
| 过渡期 | | | 福建漳平奇和洞 | | 英德牛栏洞、青塘遗址 | | 封开黄岩洞、阳春独石仔、甑皮岩一期遗存（距今1.2万—1.1万年） | | 和平文化（距今1.2万—7000年） | | 类和平文化② | | | （距今1万—5000年）苏门答腊砾石石器、爪哇散潘骨器文化、苏拉威西西南的托阿拉石叶-石片文化 |
| 早期 | | | | | | | 甑皮岩二期至四期遗存（距今1.1万—8000年） | 顶蛳山一期遗存（距今1万—9000年） | 北山文化（距今9000—7000年） | | | | | |
| 中期 | | | | | | | 甑皮岩五期类文化遗存（距今8000—7000年） | 顶蛳山文化（距今8000—7000年） | 照儒类型 | | | | | 苏拉威西陶连文化（距今8000年） |

---

① Higham Charles & Higham Thomas, etc., "The Origins of the Bronze Age of Southeast Asia," on *Journal of World Prehistory*, vol.24, issue 4, 2011, p.230.

② 柬埔寨拉昂斯边、泰国北碧府赛育洞（无绝对年代）、泰国翁巴洞、马来西亚查洞。

（续表二）

| 分期 | 闽西北 | 闽东南 | 闽南 | 粤东 | 粤北 | 珠江三角洲 | 桂东粤西 | 桂西 | 越南北部 | 越南中部 | 泰国湾沿岸 | 台湾 | 菲律宾群岛 | 印尼群岛 |
|---|---|---|---|---|---|---|---|---|---|---|---|---|---|---|
| 晚期 |  | 壳坵头文化（距今6000-5500年） | 富国墩文化 | 陈桥类型 |  | 咸头岭文化（距今7000-6000年）、东湾仔一期（距今6000-5000年） |  | 顶蛳山四期类文化遗存（距今6500-4000年） | 查卑文化（距今7000-4500年）、多笔文化（距今7000-6000年） | 保愈类型 | 神灵洞（距今6800-5700年） | 大坌坑文化（距今6000-5500年） | "打制石器"时代（距今6000-5000年） |  |
| 末期 | 牛鼻山文化（距今5000-4000年） | 昙石山文化（距今5000-4300年） | 腊洲文化、大帽山文化 | 虎头埔文化（距今4500-3600年） | 石峡文化（距今5000-4000年） |  |  |  | 昏果瓦（距今6000-5000年）、鹅忠（距今6000-5000年）、琼文化（距今4000-4500年） |  | 班高（距今4500-3600年）、谷恰伦（距今4000-3000年）、能诺一期（距今4000-4500年） | 圆山文化（距今4500-2000年）、芝山岩文化（距今4000-3500年）、杜容洞（4680） |  | 距今5000-2500年，磨制方角石锛、圆筒石斧、有肩有段石器、粗陶器 |

注：上表系笔者据《中国考古学·新石器时代卷》第802页附表一、彭长林《石器时代环南海地区的文化互动》第83-84页、Carmen Sarjeant "*Contextualising the Neolithic Occupation of Southern Vietnam*" Figure 1.1[①] 制作）

在体质特征上，新石器时代华南沿海的人骨颅型较长、面型偏低矮、面部扁平度略趋弱化、鼻根突度更低平、阔鼻性质更强、身高也低一些。这些体质特征较之于北方的同类，更接近分布

---

① Sarjeant Carmen, *Contextualising the Neolithic Occupation of Southern Vietnam: The Role of Ceramics and Potters at An Son*, ANU Press, 2014, p.7.

于热带地区的蒙古人种南亚类型。①

在文化因素方面，这一时期的环南海地区出现了更多的交流迹象。

稻作农业。约在 6000—5000 年，起源于长江中下游地区的稻作农业向岭南传播，大约在公元前 2500—前 2000 年，沿着海岸线与河流传入东南亚大陆的红河谷地、呵叻高原、泰国中部地区。② 而海岛的稻作农业大概是从东南沿海进入台湾再扩散到东南亚群岛的。③ 以水稻和小米为主的农耕体系在南传的过程中加入了许多热带作物和块茎类作物，如狐尾草属、薏苡、甘蔗、薯蓣、芋根等。④

有肩有段石器包括有段石锛、有肩石器，属于复合工具，应是装柄使用。⑤ 有段石锛应是用于加工木材，有肩石器则用于砍伐树木。⑥ 有段石锛发源于新石器中期的长江下游，向南传入福建（昙石山文化），在新石器晚期或青铜时代传入台湾（圆山文化），而后到菲律宾、印尼群岛（苏拉威西、爪哇）、波利尼西亚、新西兰。⑦ 有肩石器起源于新石器时代中期的珠三角地区，距今 6000—5000 年向西进入广西，而后到达云贵高原；另一路则是在距今 5000 年左右到达越南东北海岸，而后是越中西原地区，并一直传到越东南、泰国、马来半岛、缅甸、印度东北部。向东则只有粤东、闽南有少量发现。台湾新石器时代最早的大坌坑文化出现了磨制石器，菲律宾继承了台湾的有肩石器类型。⑧ 有肩有段石器大致在新石器晚期前段产生于粤北，然后传入珠三角，迅速发展后穿过海南岛，于距今 4000 年以内在越南东北海岸登陆，距今 3700 年左右进入红河平原，再向越南北部山区、滇东南、桂西等地扩散，形成另一个有肩有段石器的分布中心，并在本地有肩石斧的强力影响下出现了有肩有段石斧。⑨

树皮布（Bark Cloth，Bast Cloth，Tapa）是将树皮纤维经长时间拍打后制成的布料。石拍即制作工具。石拍最早出现在 6000 年前珠江三角洲的咸头岭文化，为复合型，类型多样，技术成熟。新石器时代晚期向东传播至粤东（普宁后山）、闽南。距今 4000 年左右穿越海南岛到越南东北沿海（冯原文化），再传经红河平原（河江文化）并产生了新类型（棍棒型），继续向北至

---

① 张振标、王令红、欧阳玲：《中国新石器时代居民体征类型初探》，载《古脊椎动物与古人类》1982 年第 20 卷第 1 期，第 77 页。
② *The Origins of the Bronze Age of Southeast Asia*, p. 242.；Higham, Charles, *Early Cultures of Mainland Southeast Asia*, Bangkok: River Books, 2002, p. 109.
③ 彭长林：《石器时代环南海地区的文化互动》，载《东南亚南亚研究》2015 年第 4 期，第 88 页。
④ 《剑桥东南亚史·史前东南亚》，第 72 - 74 页；*The Origins of the Bronze Age of Southeast Asia*, p. 249.
⑤ 林惠祥：《中国东南区新石器文化特征之一：有段石锛》，载《考古学报》1958 年第 3 期，第 2 页。
⑥ 林惠祥：《中国东南区新石器文化特征之一：有段石锛》，第 14 - 15 页；彭长林：《石器时代环南海地区的文化互动》，第 87 页。
⑦ 傅宪国：《论有段石锛和有肩石器》，载《考古学报》1988 年第 1 期，第 24 - 31 页。
⑧ 彭长林：《石器时代环南海地区的文化互动》，第 87 页。
⑨ 《中国东南区新石器文化特征之一：有段石锛》，第 11 - 13 页；彭长林、何安益、周然朝：《论有肩有段石器》，载《边疆考古研究》2012 年第 1 期，第 63 - 81 页。

云贵高原、桂西北（革新桥、感驮岩）和桂中（马山尚朗岭）。3000—3500年前到达越中西原地区（嘉莱、多乐、林同）、泰国湾沿岸，发展出锤型，再经马来半岛（查洞遗址）传入印尼群岛。另有部分从越北横渡南海到达菲律宾，产生了独特的菲律宾类型（有角棍棒型）。3500年前大量流行于台湾（大坌坑文化），但不同于华南体系，可能是从越南、菲律宾辗转传来；向北到日本鹿儿岛、冲绳岛。加里曼丹、苏门答腊、爪哇有与冯原文化相似的复合型、泰国马来相似的锤型、菲律宾相似的棍棒型。①

拔牙习俗最早出现在7000年前黄河下游的北辛文化，向西见于江汉地区的屈家岭文化，向南则沿海分布于浙、闽（昙石山文化）、珠三角。3500—4400年前，见于增城金兰寺、河宕、灶岗、鱿鱼岗、东湾仔。新石器时代晚期泰国南部的科潘纳迪、旧村皆有人骨拔牙。青铜时代，越北冯原文化的仁村、铜荳、缦帕均有发现，并一直延续到东山文化，在纳山（Nui Nap）遗址可见。公元前后，越中沙莹文化（Sa Huynh）、越东南酱丘文化（Giong Phet）均有个别发现。台湾从新石器晚期的芝山岩文化、圆山文化、牛稠子文化，青铜时代的大湖文化、卑南文化，乃至铁器时代的茑松文化仍有大量发现。②

玉玦起源于北方。镯形玉玦在南中国最早见于长江下游地区的马家浜文化，此后向西、向南传播，岭南最早见于石峡文化中，此后在粤东浮滨文化和香港新石器时代晚期、青铜时代均有发现。而越南北玉玦数量也不少，最早出现在距今4000—3500年，冯原、下龙等文化都有发现，最早的玉器作坊也发现于东部海岸。更晚一些的博罗横岭山墓地的透闪石管饰的形制和材质也与冯原文化明显相似。同时，长睛作坊遗址也发现有环珠江口常见的辘轳承轴器。可见，越南北的玉器形制及玉器制作方法与珠三角相似。③

珠三角的彩陶应是在长江中游高庙文化的影响下出现的，但波浪纹主题应是当地化的结果。昙石山文化和圆山文化的彩陶在器物组合、纹饰主题和施纹位置方面都表现出较多共性，而与珠三角差异较大。但总体来说，闽、粤、台的装饰主题均以几何纹为主。越南北中部沿海的保卓文化在施纹方法（彩绘与刻画、镂孔结合）、纹饰主题上均与珠三角相似，但是其中还有不少缺环。④

---

① 凌纯声、凌曼立：《树皮布印文陶与造纸印刷术的发明》，台湾"中央"研究院民族学研究所，1963年，第229-245页；《华南土著文化圈之考古学重建举要》，第91-93页；邓聪：《古代香港树皮布文化发现及其意义浅释》，载《东南文化》1999年第1期，第30-33页；邓聪：《台湾地区树皮布石拍初探》，载《东南文化》1999年第5期，第6-13页；邓聪：《史前蒙古人种海洋扩散研究——岭南树皮布文化发现及其意义》，载《东南文化》2000年第11期，第6-22页；《石器时代环南海地区的文化互动》，第87-88页。

② 张振标：《古代的凿齿民——中国新石器时代居民的拔牙风俗》，载《江汉考古》1981年第S1期，第106-119页；《石器时代环南海地区的文化互动》，第88页。

③ 彭长林、何安益、周然朝：《论有肩有段石器》，第75页。

④ 彭长林：《石器时代环南海地区的文化互动》，第86页。

上编　海上丝绸之路与城市发展

### （三）青铜时代

夏至商早期，珠江三角洲及其邻近岛屿地区形成了相对稳定且规模较大的聚落中心。① 生业经济都以渔猎和采集为主，农业的痕迹尚不明显。内陆河谷、沿海贝丘和沙丘是这一时期的主要聚落形态。沙丘遗址可能是冬春季节性聚落残留，台风季节来临，人们则回到大陆的大本营（贝丘或河谷遗址）。② 西周以后社会开始复杂化。约从战国开始，进入百越的"王国时代"。③ （见表三）

表三　环南海地区青铜时代考古学文化概况

| 考古分期 | 闽东 | 闽西北 | 闽南 | 粤东 | 珠三角 | 北江流域 | 西江流域 | 越南 | 泰国湾/湄南河谷 | 湄公河谷 | 台湾 | 菲律宾 |
|---|---|---|---|---|---|---|---|---|---|---|---|---|
| 一期 | 黄瓜山文化（距今4000—3500年） | 马岭类型（夏至商早期） | 后山文化（夏商之际或商早期，距今3500年左右） | | 东澳湾类型（夏至商早期）、村头类型（商早期） | 石峡中层（商早期） | 那坡感驮岭遗址晚期（商早期） | 冯原文化（距今4000—3500年）、下龙文化（距今4500—3000年）、保卓文化 | 班高文化（距今4000—3000年）④ | | 西北部芝山岩文化、圆山文化，西海岸中部牛骂头文化，西海岸南部凤鼻头文化、牛稠子文化，东海岸富山文化（距今4500—3000年） | |

---

①　中国社会科学院考古研究所编著：《中国考古学·夏商卷》，中国社会科学出版社2003年版，第645－651页。
②　严文明：《珠海考古散记》，载《珠海考古发现与研究》，文物出版社1994年版；朱非素：《珠海考古研究新成果》，载《珠海考古发现与研究》，文物出版社1994年版。
③　吴春明：《从考古看华南沿海先秦社会的发展》，载《厦门大学学报（哲学社会科学版）》1997年第1期，第98－104页。
④　柬埔寨三隆盛、泰国班他科、科查隆。

(续表三)

| 考古分期 | 闽东 | 闽西北 | 闽南 | 粤东 | 珠三角 | 北江流域 | 西江流域 | 越南 | 泰国湾/湄南河谷 | 湄公河谷 | 台湾 | 菲律宾 |
|---|---|---|---|---|---|---|---|---|---|---|---|---|
| 二期 | 黄土仑文化（距今3500—3000年） | 白主段类（商晚至西周初） | 浮滨文化（商中期到商晚或西周初） | | | | 武鸣全苏勉岭山窖藏武鸣敢猪岩(商中晚) | 彭努安、陇和、仁村 | 他科早期、农帕外一期、科潘纳迪（距今3000—2000年） | 能诺他一至二期、班农瓦Neo（距今3000—2000年） | | 红褐、灰黑陶（距今3000多年） |
| | | | | | | | | 铜荳（商晚至西周） | 农帕外二期、能诺他二期 | 富禄、班清、能诺他、班那迪 | | |
| 三期 | 铁山类型 | | 夔纹陶类型（春秋至战国早期） | | | | | 鹅木（西周末春秋时期） | 柯柏普、尼卡洪 | 泰国呵叻府班塔一期、泰国呵叻府农武洛一期、班农瓦Ba期 | | |
| 四期 | 富林岗类型 | | 米字纹陶类型（战国中晚期） | | | | | 东山文化 | 班多塔菲 | Ban Non Qat IA、班塔二期、农武洛二期 | | |

注：该表系笔者据《中国考古学·夏商卷》、吴春明《从考古看华南沿海先秦社会的发展》制作

青铜冶炼和铸造术大概在商早期传入华南（棠下环、亚婆湾、南沙湾、村头）。东南亚地区青铜技术的起源争议较多，J. C. White 和 E. Hamilton 认为是从乌拉尔山和阿尔泰山一带传入。[①] 但现在更多人认为应当还是来自中国华南地区。公元前1000年左右，青铜器出现在越南、泰国东北部，随后中南半岛进入青铜时代，但在东南亚海岛地区，约公元前500年以后，青铜器和铁器才一起出现。[②]

几何印纹陶是一种拍印或滚印有几何形纹饰的陶器，包括硬陶和软陶。四五千年前，印纹陶最早出现于长江中游的赣江—鄱阳湖、洞庭湖地区，粤北、闽台和粤东闽南，但各区的纹饰主

---

① White J. C., &Hamilton E., "The Transmission of Early Bronze Age Technology to Thailand: New perspectives," on *Journal of World Prehistory*, vol. 22, 2009, pp. 357 – 397.
② 《剑桥东南亚史·史前东南亚》，第94 – 97 页；*The Origins of the Bronze Age of Southeast Asia*, p. 230.

题、陶质、器型器类都存在差异，似有着不同的文化渊源。商代开始，长江下游的宁镇、太湖地区亦开始出现印纹陶。西周以后，到战国时期，长江中下游和岭南闽台地区的几何印纹陶文化已渐趋一致。青铜时代，印纹陶亦见于泰国、柬埔寨和越南。①

牙璋是发端于龙山时代、流行于二里头文化的重要礼器，商代早期出现在华南地区粤北（曲江拱桥岭、梅州寨顶山、乐昌歧岗岭）、珠江三角洲（南丫岛大湾）、粤东闽南（揭阳仙桥、福建漳浦）一带，后山文化、村头类型、东澳湾类型遗存中皆有发现，在越南的冯原、任村等遗址也有发现。②

凸饰玦（ling-ling-o），形状似玦，外缘有三到四个C字形、山字形或乳头形凸饰。这类玦或耳环在华南及东南亚大陆和海岛地区皆有分布。C形凸饰玦最早可追溯到商晚期，在广东（石峡四期），浙江（衢州西山西周早期土墩墓），广西（武鸣安等秧山、平乐银山岭等地战国墓），香港南丫岛、台湾兰屿、卑南石板墓（三者为周至西汉初）均有发现。山字形凸饰玦仅见于相当于商晚期的石峡四期墓葬。乳头形凸饰玦见于台湾东部卑南、都銮和台北芝山岩等地圆山文化墓葬，年代相当于周。推测C字形凸饰玦应是从华南起源，传到台湾。而乳头形凸饰玦在公元前1500—前850年广泛见于泰国南部、越南北部（铜荳文化）、越南南部（沙莹、杭共、富浩）到菲律宾、沙捞越，是从台湾传到东南亚还是反向传之，目前尚无确证。③

人面弓形格铜剑的剑茎和剑身系一次铸成，剑身中部最宽，茎以凹线阴纹，身以平凸线阳纹为主，剑格近似弓形，剑身上部有人面纹，人面四周装饰羽枝状纹饰，剑长较为一致，23～29厘米。此类铜剑应与商末周初北方草原流行的铜短剑、战国至西汉时期西南夷流行的铜剑是同一剑系，汇合了岭南本土人面纹的特点，再糅合西南一带战国短剑形成。主要分布在珠三角（广州暹岗苏元山、香港大屿山石壁、南丫岛大湾、赤立角）、桂东（柳江木罗村、石塘乡、贵港、隆平村）、越南清化东山遗址。按其形制分析，似是以珠三角为中心向西向南传播。④ 此类短剑

---

① 吕荣芳：《中国东南区新石器文化特征之一：印纹陶》，载《厦门大学学报（哲学社会科学版）》1959年第2期，第45-56页；李伯谦：《我国南方几何形印纹陶遗存的分区、分期及其相关问题》，载《北京大学学报（哲学社会科学版）》1981年第1期，第38-56页；参见彭适凡《中国南方古代印纹陶》，文物出版社1987年版。

② 香港中文大学中国考古艺术研究中心编：《南中国及邻近地区古文化研究》，香港中文大学出版社1994年版；曾骐等：《仙桥石璋——兼论先秦中原文化对岭南的影响》，载《汕头史志》1996年第4期；肖一亭：《岭南古牙璋研究述评》，载《南方文物》1998年第3期，第23-30页；邓聪、王方：《二里头牙璋（VM3：4）在南中国的波及——中国早期国家政治制度起源和扩散》，载《中国国家博物馆馆刊》2015年第5期，第6-22页。

③ 杨建芳：《商周越式玉器及其相关问题——中国古玉分域研究之二》，载《南方民族考古》1990年第二辑，第161-174页；《剑桥东南亚史·史前东南亚》，82-83页；邓聪：《东亚玦饰四题》，载《文物》2000年第2期，第35-45页。

④ 《华南土著文化圈之考古学重建举要》，第89-91页；蒋廷瑜：《广西新出现的人面弓形格铜剑》，载《中国古代铜鼓研究通讯》1997年第13期，第12-13页；邓聪：《人面弓形格铜剑刍议》，载《文物》1993年第11期，第59-70页；蒋廷瑜：《岭南地区的人面弓形格铜剑》，载《收藏家》2003年第3期，第24-27页。

与人面纹扁茎剑（无格）似有渊源，后者在西周早期发源于中原地区，西周中期以后传入长江中下游，春秋早期普及岭南（广东曲江上文化层、海丰、香港大屿山东湾）。①

铜靴形钺，亦称不对称形钺，应是一种仪式性的兵器，可能起源于新石器中晚期的不对称形石器。此类铜钺约在西周时期出现，早期存在两种主要类型，集中分布在杭嘉湖和岭南两个地区。相当于中原的战国至西汉时期的越南东山文化、缅甸、印尼亦有发现，尤以越南出土最多。②

东南亚地区还发现了铁锄、铁剑、钱币、铜镜等汉式器物。华南地区和越南的经常性相互影响可能发生于公元前300年之后。③越南河内古螺城城址发现了相当于战国末至秦的防御工事、夯土技术④、青铜弩机（crossbow bolt）和瓦片表明可能与中国存在联系。⑤

（四）小结

综上所述，前海丝时代的环南海地区的文化交流与互动大致可以分为三个阶段。

（1）旧石器早中期，环南海区域的人类体质特征、居住点的选择、石器工业体系上都存在很多相似性。这些相似性可能来自对相似自然环境的体质和文化适应，也可能是由于冰期海平面下降的人类扩散。⑥

（2）旧石器晚期到新石器中期，岭南西部地区与东南亚大陆及海岛地区可能存在技术上如稻作农业技术的交流。这一时期的文化中心在越南北部到广西一带。

（3）新石器晚期开始，沅江流域的考古学文化经由桂西北、粤北影响到珠三角，此后长江下游的考古学文化也南下到粤北、粤西一带，粤东的考古学文化随后则影响了粤北、闽南。以农业为特征的考古学文化占据了广西、粤北一带，岭南其他地区仍以渔猎、采集为主。环南海地区不同区域间发展出当地的考古学文化传统。这一时期的环南海地区从生业方式（稻作农业）、工具（有段有肩石器）、器用服饰（印纹陶、树皮布、玉器）、习俗（拔牙）和审美（几何纹）等方面都有广泛的相似性。这可能是由于人群的迁徙，也可能是不同人群间技术或观念交流的结

---

① 陈亮：《先秦人面纹扁茎短剑试论》，载《东南文化》2001年第1期，第63—66页。
② 汪宁生：《试论不对称形铜钺》，载《考古》1985年第5期，第466—475页；文国勋：《试论中国南方不对称形铜钺的起源》，载《湖南省博物馆馆刊》2010年第七辑，第161—167页。
③ 《剑桥东南亚史·史前东南亚》，第101—103页。
④ 夯土技术略不同于中国，夯层薄且不规则，Nam C. Kim等人怀疑也可能与美索不达米亚南部城址的夯土技术有关。
⑤ Nam C. Kim, Lai Van Toi & Trinh Hoang Hiep, "Co Loa: an Investigation of Vietnam's Ancient Capital," on *Antiquity*, vol. 84, 2010, p. 1026.
⑥ 4万年前的海平面较今天低大概50米，婆罗洲、苏门答腊、爪哇和亚洲大陆连成一片。1.8万年前，海平面继续下降，可能比今天低130米，巽他大陆架扩展成一个干燥的次大陆。参见《剑桥东南亚史·史前东南亚》，第63页。

果,但这些文化因素在向外传播的同时,每到一地,也都经历了本地化的过程,并产生新的类型,之后又向外辐射。我们可以看到这一时期环南海地区的文化交流和互动是十分频繁且广泛的。青铜时代环南海地区的交流更加普遍和深入,且这种交流不仅在社会中下层、在生业及日用层面,还渐有向社会上层集中的趋势,且多见凸饰玦等非日用物品和靴形钺、铜鼓、牙璋等具有仪式功能的高等级器物。相对于史前时期多是以某地为中心的文化辐射现象来说,这一时期的物质文化传播似乎有多个源头,呈现网络状、多向性的特征。而且不单只是技术、习俗的传播,似乎还有物品的交换。

由此可见,环南海地区的交流与互动一以贯之。而且在先秦时期,似乎已能见到贸易的影子,且传播的物品渐有高等级、高价值的特性,为此后海丝贸易的开展奠定了基础。

## 三、从民间贸易到官方贸易——南越国开辟南海贸易考

### (一)"百越"及南越国简史

"百越"之称始见于《史记》。① 从文字描述来看,"百越"和"越"应是两个概念,皆不属当时之"中国",地处南界。"越"是以会稽为中心之越国。② 而"百越"则在楚之南,似指浙南、闽、赣东、湘南及岭南地区。有关"百越",两汉文献记述甚乱,大概以"杨越"专指岭南之越③,"闽越""东越"和"东南越"指闽中之越④,"东瓯"指浙南之越,"骆越""西瓯"指交趾之越,"瓯骆"似在桂林一带⑤,"瓯"指珠崖、儋耳之民⑥。

---

① "南取百越之地,以为桂林、象郡,百越之君俛首係颈,委命下吏。"〔汉〕司马迁:《史记》卷六《秦始皇本纪第六》"太史公曰"引《过秦论》,中华书局1959年版,第280页。"鄱君吴芮率百越佐诸侯,又从入关,故立芮为衡山王,都邾。"《史记》卷七《项羽本纪》,第316页。"吴楚之君以诸侯役百越。"《史记》卷二十《建元以来侯者年表第八》"太史公曰",第1027页。

② "大越故界,浙江至就李,南姑末、写干。……姑末,今大末。写干,今属豫章。"李步嘉校释:《越绝书校释》卷八《越绝外传记地传第十》,中华书局2013年版,第229页。"是时(秦始皇三十七年),徙大越民置余杭伊攻□故障。因徙天下有罪适吏民,置海南故大越处,以备东海外越。乃更名大越曰山阴。"《越绝书校释》卷八《越绝外传记地传第十》,第230页。

③ "秦时已并天下,略定杨越,置桂林、南海、象郡,以谪徙民,与越杂处十三岁。"《史记》卷一一三《南越列传第五十三》,第2967页。

④ "闽,东南越,蛇种。"〔汉〕许慎:《说文解字》卷十三上,中华书局1963年版,第282页。

⑤ "湘成侯监居翁,以南越桂林监闻汉兵破番禺,谕瓯骆民四十余万降,侯,八百三十户。"〔汉〕班固撰:《汉书》卷十七《景武昭宣元成功臣表第五》,中华书局1962年版,第656页。

⑥ "夫翦发文身,错臂左衽,瓯越之民也。"索隐引刘氏云:"今珠崖、儋耳谓之瓯人,是有瓯越也。"《正义》引《舆地志》:"交阯,周时为骆越,秦时曰西瓯,文身断发避龙。"《史记》卷四十三《赵世家第十三》,第1808-1809页。

战国初年，史书称楚悼王"南平百越"①。然而终东周之世，在两广地区的物质文化中不能观察到来自楚文化的太多影响，但战国时楚文化却大举进入洞庭湖以南地区。因此，高崇文推测此时楚所平的"百越"实为居于湘江流域的越人。② 与此同时，越国仍十分强大，王无疆甚至兴师伐齐、楚二国，欲与中原争霸。③ 直至被楚威王灭国，越王诸族遂流散于"江南海上"，或称君，或称王，才臣服于楚。④

秦始皇二十五年（前222），王翦降服越君并南征百越。⑤ 二十九年（前218），屠睢率五十万大军攻打百越。为运输军粮，史禄开凿灵渠。⑥ 秦军分为五路，一路径入番禺，其余四路分别驻守在镡城之岭（即今广西北部的越城岭）、九嶷之塞（即今湖南永州市宁远县南）、南野之界（即今江西赣州市南康区南部）和余干之水（即今江西上饶市余干县、乐平市一带）。交战时，西瓯君被杀，越人逃入丛林。秦军驻守空地三年，越人趁其松懈之际以桀骏为将发动突袭，主将屠睢被杀，秦军伤亡数十万。⑦ 三十三年（前214），秦始皇征发尝逋亡人、赘婿和商人取陆梁

---

① "楚悼王素闻（吴）起贤，至则相楚。……要在强兵，破驰说之言从横者。于是南平百越；北并陈蔡，却三晋；西伐秦。诸侯患楚之强。"《史记》卷六十五《孙子吴起列传第五》，第2168页。

② 高崇文：《试论岭南地区先秦至汉代考古学文化的变迁》，载中国社会科学院考古研究所等编《西汉南越国考古与汉文化》，科学出版社2010年版，第139—148页。

③ "王无疆时，越兴师北伐齐，西伐楚，与中国争疆。"《史记》卷四十一《越王勾践世家》，第1748页。

④ "楚威王兴兵而伐之，大败越，杀王无疆，尽取故吴地至浙江，北破齐于徐州。而越以此散，诸族子争立，或为王，或为君，滨于江南海上，服朝于楚。"《史记》卷四十一《越王勾践世家》，第1751页。

⑤ "（二十五年）王翦遂定荆江南地；降越君，置会稽郡。"《史记》卷六《秦始皇本纪第六》，第234页。"秦因乘胜略定荆地城邑。岁余，虏荆王负刍，竟平荆地为郡县。因南征百越之君。"《史记》卷七十三《白起王翦列传第十三》，第2341页。前者置会稽郡显在荆地之东，为故越国地。后者南征，当在荆地之南。"后十六年，秦始皇并楚，百越叛去，更名大越为山阴也。"《越绝书校释》卷二《越绝外传记吴地传第三》，第40页。

⑥ 对发兵年代的考据详见张荣芳、黄淼章《南越国史》，广东人民出版社1995年版，第18—24页。"又使尉屠睢将楼船之士南攻百越，使监禄凿渠运粮，深入越，越人遁逃。旷日持久，粮食绝乏，越人击之，秦兵大败。秦乃使尉佗将卒以戍越。"《史记》卷一一二《平津侯主父列传第五十二》，第2958页。有人以为此处"尉屠睢"是"尉佗、屠睢"，但《淮南子·人间训》中有"杀尉屠睢"之语，此处应即屠睢。《南越国史》认为是三十年所凿（第28页）。

⑦ "（秦始皇）又利越之犀角、象齿、翡翠、珠玑，乃使尉屠睢发卒五十万，为五军，一军塞镡城之领，一军守九疑之塞，一军处番禺之都，一军守南野之界，一军结余干之水，三年不解甲弛弩，使监禄无以转饷，又以卒凿渠而通粮道，以与越人战，杀西呕君译吁宋。而越人皆入丛薄中，与禽兽处，莫肯为秦虏。相置桀骏以为将，而夜攻秦人，大破之，杀尉屠睢，伏尸流血数十万。乃发谪戍以备之。"何宁撰：《淮南子集释》卷十八《人间训》，中华书局1998年版，第1289—1290页。"臣闻长老言，秦之时尝使尉屠睢击越，又使监禄凿渠通道。越人逃入深山林丛，不可得攻。留军屯守空地，旷日持久，士卒劳倦，越出击之。秦兵大破，乃发谪戍以备之。"《汉书》卷六十四上《严助传》，第2783—2784页。历史地理的考证详见《南越国史》，第26—27页。此处《史记·主父偃列传》有"粮食绝乏"之语，但既凿粮道，且更熟悉越人情况的淮南王在上武帝书和《淮南子·人间训》中均未提及此事，当以后者较接近史实。

地,设南海、桂林、象郡。① 任嚣为南海尉。后又谪有罪吏民到岭南越地②和越国故地③。

秦末中原地区陷入混战,赵佗继任南海尉后趁机吞并桂林、象郡,自立为南越武王。④ 越王后裔无诸、摇⑤则率越人跟随鄱阳令吴芮反秦。项羽掌权后封吴芮为衡山王,却未封无诸和摇,因此他们拒不附西楚。楚汉争霸时,无诸、摇率越人佐汉。汉定天下后,高祖五年(前202)立无诸为闽越王,都东冶。并立南武侯织为南海王⑥,封地可能在淮南国内⑦。惠帝三年(前192)封摇为东海王,都东瓯。⑧

南越国后期疆域应扩张至今越南境内。⑨ 南越历五世九十二年,为武帝所灭,以其故地为南海、苍梧、郁林、合浦、交阯、九真、日南、儋耳、珠崖九郡。⑩ 末两郡在今海南岛,由于地理隔绝,常常造反,元帝时废置。⑪ 前七郡虽名为汉郡,却似羁縻,处于放任自治的状态⑫,直至三国时仍未完成"汉化"的过程⑬。

---

① "三十三年,发诸尝逋亡人、赘婿、贾人略取陆梁地,为桂林、象郡、南海,以适遣戍。"《史记》卷六《秦始皇本纪第六》,第253页。

② "秦时已并天下,略定杨越,置桂林、南海、象郡,以谪徙民,与越杂处十三岁。"《史记》卷一一三《南越列传第五十三》,第2967页。"三十四年,谪治狱吏不直者,筑长城及南越地。"《史记》卷六《秦始皇本纪第六》,第253页。

③ "是时(秦始皇三十七年),徙大越民置余杭伊攻□故障。因徙天下有罪谪吏民,置海南故大越处,以备东海外越。乃更名大越曰山阴。"《越绝书》卷八,第230页。

④ "秦已破灭,佗即击并桂林、象郡,自立为南越武王。"《史记》卷一一三《南越列传第五十三》,第2967页。

⑤ "闽越王无诸及越东海王摇者,其先皆越王勾践之后也,姓驺氏。秦已并天下,皆废为君长,以其地为闽中郡。"《史记》卷一一四《东越列传第五十四》,第2979页。

⑥ 《汉书》卷一下《高帝纪第一下》:"(十二年十二月)诏曰:'南武侯织亦粤之世也,立以为南海王'",第77页。

⑦ 高祖时丞相张苍等上奏淮南厉王刘长之罪时,提及:"南海民处庐江界中者反,淮南吏卒击之。……南海民王织上书献璧皇帝,(茍)忌擅燔其书,不以闻。"《史记》卷一一八《淮南衡山列传第五十八》,第3078页。

⑧ "及诸侯畔秦,无诸、摇率越归鄱阳令吴芮,所谓鄱君者也,从诸侯灭秦。当是之时,项籍主命,弗王,以故不附楚。汉击项籍,无诸、摇率越人佐汉。汉五年,复立无诸为闽越王,王闽中故地,都东冶。孝惠三年,举高帝时越功,曰闽君摇功多,其民便附,乃立摇为东海王,都东瓯,世俗号为东瓯王。"《史记》卷一一四《东越列传第五十四》,第2979页。"鄱君吴芮率百越佐诸侯,又从入关,故立芮为衡山王,都邾。"《史记》卷七《项羽本纪第七》,第316页。

⑨ 《南越国史》,第74页。

⑩ 武帝灭南越后,"遂以其地为儋耳、珠崖、南海、苍梧、郁林、合浦、交阯、九真、日南九郡"。《汉书》卷九十五《西南夷两粤朝鲜传第六十五》,第3859页。

⑪ 《汉书》卷六十四下《贾捐之传》,第2830-2835页。

⑫ 刘瑞:《禁锢与脱困——汉南海郡诸问题研究》,载《西汉南越国考古与汉文化》,第254-272页。

⑬ "然而土广人众,阻险毒害,易以为乱,难使从治。县官羁縻,示令威服,田户之租赋,裁取供办,贵致远珍名珠、香药、象牙、犀角、玳瑁、珊瑚、琉璃、鹦鹉、翡翠、孔雀、奇物,充备宝玩,不必仰其赋入,以益中国也。然在九甸之外,长吏之选,类不精核。汉时法宽,多自放恣,故数反违法。"〔晋〕陈寿撰,〔南朝宋〕裴松之注:《三国志》卷五十三《吴书八·薛综传》,中华书局1971年版,第1252页。

闽越国于建元三年（前138）围攻东瓯，武帝发兵相救，闽越只好休兵。建元六年（前135）又攻南越，闽越王郢为其弟余善所杀。天子立无诸之孙繇君丑为越繇王。余善自立为王，天子遂封其为东越王。元鼎六年（前111）余善企图自立为帝，为建成侯敖与繇王居股所杀。

东海国于武帝建元三年（前138）举国内徙至江淮之间。①

南海国在武帝时曾反，被淮南国镇压后迁至上淦（今江西吉安市新干县）一带。②

根据中原文献，诸越存在一些相似之处，即居住在山林水边，文身断发③，惯于水战。但由于百越缺乏自己的文献，考古学文化却又表现出各异的面貌和传统，"百越"的称呼可能是越国流散后，中原文献赋予的称呼，甚至可能如"胡"是对北方和西域的称呼一样，"越"是中原人对南方各族的统称，中原人也不清楚他们之间是否存在差异以及存在怎样的差异。

（二）南越国人口构成

西汉之时"百越"诸国中，唯有南越国是由中原人建立的。南越国除了原生的土著居民，还有大量与之"杂处"的"中国人"（即中原人）。④ 由于土著文化的辨识具有难度，文献记载亦不甚详。这里重点分析中原移民的构成，主要包括：

（1）官吏：中央政府任命到岭南的郡县官吏。⑤ 任嚣、赵佗皆为秦吏，赵佗是河北真定人，任嚣似亦为中原人。从赵佗建国后的零星史料以及出土的南越宫苑遗址砖瓦铭文、南越国木简、器物铭文等看，南越国的政治制度和行政建制因袭秦汉。这说明南越国有完整且成熟的官僚体系，人员构成应当主要来自中原。

（2）罪官："三十四年，谪治狱吏不直者，筑长城及南越地。"⑥

（3）士卒：始皇时谪戍五十万人（北筑长城四十万）。⑦ 至昭帝时犹有驻军。⑧

（4）尝逋亡人、赘婿、贾人：始皇三十三年（前214）时派驻。⑨ 这些人可能有部分留在了

---

① "（孝武建元三年）东瓯王广武侯望率其众四万余人来降，处庐江郡。"《史记》卷二十二《汉兴以来将相名臣年表第十》，第1134页。
② "前时南海王反，陛下先臣使将军间忌将兵击之，以其军降，处之上淦。"《汉书》卷六十四上《严助传》，第2779页。
③ "文身断发，披草莱而邑焉。"《史记》卷四十一《越王勾践世家第十一》，第1739页。
④ "以谪徙民，与越杂处十三岁。"《史记》卷一一三《南越列传第五十三》，第2967页。
⑤ "（赵佗）因稍以法诛秦所置长吏。"《史记》卷一一三《南越列传第五十三》，第2967页。
⑥ 《史记》卷六《秦始皇本纪第六》，第253页。
⑦ "秦始皇既略定扬越，以谪戍卒五十万人守五岭。自北徂南，入越之道，必由岭峤，时有五处，故曰五岭。"《晋书》卷十五《志第五·地理下·交州》，第464页。
⑧ "今山东之戎马甲士戍边郡者，绝殊辽远，身在胡、越，心怀老母。"《盐铁论校注》卷七《备胡第三十八》。
⑨ "三十三年，发诸尝逋亡人、赘婿、贾人略取陆梁地，为桂林、象郡、南海，以适遣戍。"《史记》卷六《秦始皇本纪第六》，第253页。

当地。"尝逋亡人"应即流民。后两类人在时人眼中与受贿官员一般皆是贪利之人。① 贾人即商人。"赘婿"有可能是为经济利益出赘的贫家之子。② 但亦有人认为不可与后代"赘婿"等同，其身份尚不可确知。③

（5）中原女子：根据武帝时伍被的追述，赵佗曾为驻守岭南的士卒向秦始皇求"女无夫家者三万人"，始皇许了一万五千人。④ 但这段记载略有可疑。南海尉原为任嚣，任嚣死后赵佗才继任，根据《史记·南越列传》的记载，任嚣死于秦二世时、陈胜、吴广起事后。如此重大的事件理应由任嚣上书秦始皇，而非由时任龙川令的赵佗越俎代庖。

（6）罪官家属：西汉末多有将罪官家属徙往岭南的做法。根据葛剑雄在《西汉人口地理》中对两汉史书记载的统计，成帝至平帝年间共有十一例因官员获罪而将其亲属徙往岭南的，目的地全为合浦。其中只有一例（王章妻子）是后来归了故郡的。⑤

番禺集中了这些中原移民的绝大部分。攻百越时，屠睢的四路大军都驻守在边界，却有一路直入番禺。任嚣临终与赵佗分析情势，也提及番禺"颇有中国人相辅"。⑥ 可见，在南越立国之前，番禺就已经聚集了相当多的中原人。考古发现也能佐证这一点。新石器晚期，长江中下游的考古学文化即南下影响到粤北、珠三角。二里头至商代早期中原文化的某些因素也南下对该区域发生影响。广州汉墓第一期（秦经略岭南至南越国时期）的墓葬中，近70%的墓皆随葬以鼎、盒、壶、钫这套典型的中原礼器组合（或仅出其中一至三种）。⑦ 两汉史书常称赞对"蛮夷"有移风易俗之功的官员们，如东汉末年出现的对岭南风俗有改造之功的锡光、任延等人，三国时薛综才称岭南"颇有似类"⑧ 中原礼仪而已。那么，在秦至西汉初期，应当难以彻底地影响或改造当地居民的故俗，这些以中原礼器随葬的墓葬不能说全部，至少也有相当大一部分应当是中原人。

---

① "又欲令近臣自诸曹侍中以上，家亡得私贩卖，与民争利，犯者辄免官削爵，不得仕宦。（贡）禹又言：'孝文皇帝时，贵廉洁，贱贪污，贾人、赘婿及吏坐赃者皆禁锢不得为吏……'"《汉书》卷七十二《王贡两龚鲍传第四十二·贡禹》，第3077页。
② "故秦人家富子壮则出分，家贫子壮则出赘。"《汉书》卷四十八《贾谊传第十八》，第2244页。
③ "考《汉书·晁错传》，秦之戍卒，先发吏有谪及赘婿、贾人。至若何为赘婿？注家未详。淳于髡乃齐之赘婿，为稷下之客，似亦未可遽斥之为贱。然则秦之赘婿与元、明之赘婿似否相同，无事可证之也。"《历代刑法考·明律目笺二·婚姻》。
④ 按伍被所言，"……又使尉佗逾五岭攻百越。尉佗知中国劳极，止王不来，使人上书，求女无夫家者三万人，以为士卒衣补。秦皇帝可其万五千人"。《史记》卷一一八《淮南衡山列传第五十八》，第3086页。
⑤ 葛剑雄：《西汉人口地理》，人民出版社1986年版，第156－159页。
⑥ "且番禺负山险，阻南海，东西数千里，颇有中国人相辅，此亦一州之主也，可以立国。"《史记》卷一一三《南越列传第五十三》，第2967页。
⑦ 中国社会科学院考古研究所、广州市文物管理委员会、广州市博物馆：《广州汉墓》，文物出版社1981年版，第456－462页。
⑧ "由此已降，四百余年，颇有似类。"《三国志》卷五十三《吴书八·薛综传》，第1252页。

(三) 秦汉平南越的动机

秦、汉政权前后发动两次大规模战争终致南越国灭亡。汉代君臣谈及边防大事时，常以胡、越并称，并视其为首要的两大"外敌"①。"胡"主要指北方的匈奴。"越"则主要指南方的百越（浙江之越地基本已在汉王朝的控制之下，从东南沿海到五岭一带的越人显然才是此时的主要边防对象），百越又以南越为首。②但南越在军事实力上明显不如匈奴，也不似匈奴常常滋扰边境，北上骚扰只是偶而为之。③南越五世北上的动力和实力都不足。文献中以越为边境一患更像是借口，而不像匈奴般有确凿事实。较大的祸患是汉朝内部诸侯、郡守勾结百越企图谋逆的力量。④南越诸王对己方实力亦有自知之明，赵佗虽然称帝，在上文帝之书中也使用了在汉臣看来颇显倨傲的"老夫"自称⑤，但"臣佗"⑥"臣事汉"⑦的用语却充分显示其无不臣之心，后来的南越王则更加伏低。即便如此，虽然中原政权南下作战的难度和所费财力、物力都小于对战匈奴，却也不可不谓艰难。

始皇第一次出兵时主将被杀，伤亡惨重，后多以"谪"发兵、屯戍。吕后发兵征南越，士

---

① "往者，县官未事胡、越之时，边城四面受敌，北边尤被其苦。"《盐铁论校注》卷七《击之第四十二》。

② "（高帝）十一年，遣陆贾立佗为南粤王，与剖符通使，使和辑百粤，毋为南边害，与长沙接境。"《汉书》卷九十五《南粤传》，第3848页。"且南方卑湿，蛮夷中西有西瓯，其众半羸，南面称王；东有闽粤，其众数千人，亦称王；西北有长沙，其半蛮夷，亦称王。老夫故敢妄窃帝号，聊以自娱。"《汉书》卷九十五《南粤传》，第3851–3852页。

③ "高后时……于是佗乃自尊号为南武帝，发兵攻长沙边，败数县焉。"《汉书》卷九十五《南粤传》，第3848页。"往者，四夷俱强，并为寇虐：朝鲜逾徼，劫燕之地；东越越东海，略浙江之南；南越内侵，滑服令；氐、僰、冉、駹、嶲唐、昆明之属，扰陇西、巴、蜀。"《盐铁论校注》卷七《备胡第三十八》。

④ "寡人素事南越三十余年，其王君皆不辞分其卒以随寡人，又可得三十余万。"《史记》卷一〇六《吴王濞列传第四十六》，第2828页。"王乃与伍被谋，先杀相、二千石；伪失火宫中，相、二千石救火，至即杀之。计未决，又欲令人求执盗衣，持羽檄，从东方来，呼曰'南越兵入界'，欲因以发兵。"《史记》卷一一八《淮南衡山列传第五十八》，第3092页。"及汉兴，冒顿始强，破束胡，禽月氏，并其土地，地广兵强，为中国害。南越尉佗总百粤，自称帝。……诸侯郡守连匈奴及百粤以为逆者非一人也。"《汉书》卷七十三《韦贤传第四十三》，第3126页。

⑤ "南越尉佗起中国，自立为王，德至薄，然皆亡天下之大，各自为一州，倔强倨敖，自称老夫。先帝为万世度，恐有冀州之累，南荆之患，于是遣左将军楼船平之，兵不血刃，咸为县官也。"《盐铁论校注》卷九《论功第五十二》。

⑥ "因为书称：'蛮夷大长老夫臣佗昧死再拜上书皇帝陛下……'"《汉书》卷九十五《南粤传》，第3851页。

⑦ "老夫身定百邑之地，东西南北数千万里，带甲百万有余，然北面而臣事汉，何也？"《汉书》卷九十五《南粤传》，第3852页。

卒大疫，甚至连五岭都不能过。①越人轻死好斗。②淮南王向武帝分析越地形势时称，此地多虫蛇猛兽，夏暑多雨，常有霍乱疫病，中原人易水土不服，尚未作战便死伤已众。虽然越人不能陆战，车骑、弓弩皆不如中原，但有多山、多水、多密林的地险可恃，善于丛林战和水战，而这两种战争形式都是中原人所不擅长的，因此，起码要有越人五倍的兵力才可力胜。③

汉军对战南越，除了上述因地形、气候、疫病和战争形态造成的困难之外，还有更棘手的问题：南越国内自秦以来残余的中原兵力甚众，可与善水战的越人为互补。武帝为南越之战做了充足的准备，事先在昆明池练习水军④，但到出兵时，纵使以高爵厚赏相激，却也一时无人敢从军。⑤后来以囚徒、楼船士和粤人组成十万（或二十万）楼船大军，另征巴蜀罪人、夜郎兵，⑥又适逢南越国内中原人与越人之间产生矛盾的时机，⑦才得以攻下南越。

既然对越作战如此艰辛，南越却并不足以对中原构成如匈奴般的威胁，为何秦汉两朝要花比较大的代价去将这块地方归入自己的版图呢？秦始皇的作战动机，《淮南子》称其"利南海之犀象"⑧，这固然是原因之一，但从秦朝当时形势和秦始皇个人行为观之，"开疆拓土"的原因更多。秦亡后南越立国，景帝时内附，直至汉武帝时又一次发动了大规模的兼并战争。这次的动机则比较复杂。

---

① "高后遣将军隆虑侯（周）灶击之，会暑湿，士卒大疫，兵不能隃领。"《汉书》卷九十五《南粤传》，第3848页。

② "吴、粤之君皆好勇，故其民至今好用剑，轻死易发。"《汉书》卷二十八下《地理志第八下》，第1667页。

③ "臣闻越非有城郭邑里也，处溪谷之间，篁竹之中，习于水斗，便于用舟，地深昧而多水险。中国之人不知其势阻而入其地，虽百不当其一。得其地，不可郡县也；攻之，不可暴取也。以地图察其山川要塞，相去不过数寸，而间独数百千里，阻险林丛弗能尽著。视之若易，行之甚难。……今发兵行数千里，资衣粮，入越地，舆轿而逾岭，拖舟而入水，行数百千里，夹以深林丛竹，水道上下击石，林中多蝮蛇猛兽，夏月暑时，欧泄霍乱之病相随属也，曾未施兵接刃，死伤者必众矣。前时南海王反，陛下先臣使将军间忌将兵击之，以其军降，处之上淦。后复反，会天暑多雨，楼船卒水居击棹，未战而疾死者过半。……不习南方地形者，多以越为人众兵强，能难边城。……且越人绵力薄材，不能陆战，又无车骑弓弩之用，然而不可入者，以保地险，而中国之人不能其水土也。臣闻越甲卒不下数十万，所以入之，五倍乃足，挽车奉饷者，不在其中。南方暑湿，近夏瘅热，暴露水居，蝮蛇蜇生，疾疠多作，兵未血刃而病死什二三，虽举越国而虏之，不足以偿所亡。"《汉书》卷六十四上《严助传》，第2777-2781页。

④ "是时粤欲与汉用船战逐，乃大修昆明池，列馆环之。治楼船，高十余丈，旗帜加其上，甚壮。"《汉书》卷二十四下《食货志第四下》，第1170页。

⑤ "齐相卜式上书，愿父子死南粤。天子下诏褒扬，赐爵关内侯，黄金四十斤，田十顷。布告天下，天下莫应。列侯以百数，皆莫求从军。"《汉书》卷二十四下《食货志第四下》，第1173页。

⑥ "明年，南粤反，西羌侵边。天子为山东不澹，赦天下囚，因南方楼船士二十余万人击粤，发三河以西骑击羌，又数万人度河筑令居。"《汉书》卷二十四下《食货志第四下》，第1173页。"吕嘉、建德等反，自立晏如，令粤人及江淮以南楼船十万师往讨之。"《汉书》卷九十五《南粤传》，第3857页。"……使驰义侯因巴蜀罪人，发夜郎兵，下牂柯江：咸会番禺。"《汉书》卷九十五《南粤传》，第3857页。

⑦ "……又以为王、王太后已附汉，独吕嘉为乱……"《汉书》卷九十五《南粤传》，第3856页。

⑧ 《淮南子集释》卷十八《人间训》，第1289页。

西汉赋税以人口税（包括徭役）为主，这是朝廷最重要的收入。朝廷建立了严密的人口统计制度。户口是否增加为考察地方官政绩的主要项目。① 然而，岭南人口稀少，直到西汉末年，南越七郡的人口总数和密度（见表四）都远低于中原各郡县。② 南越自秦朝辟为初郡到武帝再度设郡时的人口不会高于西汉末的人口数值。加之此地气候湿热，土地虽广，却多不适宜中原人所熟悉的农业耕种。这在当时来说，并不太符合通过战争以增加人口（可增加赋税）、广开田地的需求。

表四　《汉书·地理志》南越七郡户口统计情况③

| 南越七郡 | 面积/千米² | 户 | 口 | 户均口数 | 人口密度/（人·千米²） |
|---|---|---|---|---|---|
| 南海 | 98527 | 19613 | 94252 | 4.81 | 0.96 |
| 郁林 | 126200 | 12415 | 71162 | 5.73 | 0.56 |
| 苍梧 | 56313 | 24379 | 146160 | 6.00 | 2.60 |
| 交趾 | 73059 | 92440 | 746237 | 8.07 | 1.02 |
| 合浦 | 97591 | 15398 | 78980 | 5.13 | 0.81 |
| 九真 | 12066 | 35743 | 166013 | 4.64 | 13.76 |
| 日南 | 33884 | 15460 | 69485 | 4.49 | 2.05 |
| 合计 | 497640 | 215448 | 1372290 | 6.37 | 2.76 |
| 百分比 | | 1.8% | 2.3% | | |

注：引自葛剑雄《西汉人口地理》

细考西汉形势，平南越的原因之一是中央集权的需要。南越国虽号称臣服，其实仍为自治的"一州主"④。这在武帝建构理论和现实的"大一统"进程中是不能容忍的。

但更主要的原因恐怕与岭南的物产和经济状况有关。南越国所辖疆域之气候、物产与中原相异。至战国秦汉时期，中原王朝的文献中存在以异物作为祥瑞从而彰显当权者"德行"的观念，如鲧妻吞神珠薏苡而生夏禹⑤、周公有德而越裳氏来献白雉⑥。王莽时甚至买通黄支国令其进献

---

① 《西汉人口地理》，第33-34页。
② 人口密度最低的十个郡国：交趾郁林（0.56）、交趾合浦（0.81）、益州牂柯（0.84）、交趾南海（0.96）、交趾交趾（1.02）、凉州敦煌（1.36）、荆州武陵（1.52）、凉州张掖（1.96）、交趾日南（2.05）、凉州酒泉（2.06）。据《西汉人口地理》，第96-99页。
③ 《西汉人口地理》，第96-99页。元帝时废儋耳、珠崖郡，面积32000平方千米，估计人口122000，人口密度3.82。
④ "蒙乃上书说上曰：'南越地东西皆万余里，名为外臣，实一州主。'"《汉纪·孝武皇帝纪二卷第十一》。
⑤ 《正义》引《帝王纪》："父鲧妻修己，见流星贯昴，梦接意感，又吞神珠薏苡，胸坼而生禹。"《史记·夏本纪》，第49页。
⑥ "比几三年，果有越裳氏重九译而至，献白雉于周公。"《韩诗外传》卷五《第十二章》。

生犀作为自己威德的表现①。那么，对出产这些被作为祥瑞之异物的南越之地的控制，也是一种政治需要。

尤令权力中心瞩目的是，南越不但以武力戍边，更常以财、物役使闽越、西瓯、骆（越）、夜郎等周边部族②，虽然未必能使其真正臣服，但至少说明南越财力之雄厚在南方地区诸势力中是比较突出的。

再看高祖时陆贾来使，赵佗一次性给出的大笔馈赠，包括"橐中装直千金，他送亦千金"③，总值约两千金。而当时在汉廷，赏赐规格绝少有一次性超过"千金"的，记载中仅见吕后赐予张卿④、吕后遗诏赐予诸侯王⑤，以及梁孝王对公孙诡的赏赐⑥。数次赏赐累计"千金"都已算格外的优恩，如天子宠信的新垣平、齐人少翁、公孙卿、栾大等方士⑦和卫青⑧这样的名将。时人有"千金之子，不死于市"⑨"家累千金，坐不垂堂"⑩等俗谚，还有"千金之家比一都之君，巨万者乃与王者同乐"⑪的说法。高祖时临淄城十万户的市租也才共千金⑫。著名的巨贾家产也是号称"千金"⑬。这些"千金"虽可能是虚指，却很能说明"千金"在当时代表的价值之巨。因此，陆贾回朝后并未擅动这笔财富，直到吕后掌权时称病免职归家，才将赵佗赏赐的"橐中"

---

① "平帝元始中，王莽辅政，欲耀威德，厚遗黄支王，令遣使献生犀牛。"《汉书》卷二十八下《地理志第八下》，第1671页。

② "佗因此以兵威边，财物赂遗闽越、西瓯、骆，役属焉，东西万余里。"《史记》卷一一三《南越列传第五十三》，第2969页。"南越以财物役属夜郎，西至同师，然亦不能臣使也。"《史记》卷一一六《西南夷列传第五十六》，第2994页。"岁余，高后崩，即罢兵。佗因此以兵威财物赂遗闽粤、西瓯骆，役属焉。东西万余里。"《汉书》卷九十五《南粤传》，第3848页。

③ 《史记》卷九十七《郦生陆贾列传第三十七》，第2698页。

④ 田生献计张卿。"张卿大然之，乃风大臣语太后。太后朝，因问大臣。大臣请立吕产为吕王。太后赐张卿千金，张卿以其半进田生。"《汉书》卷三十五《荆楚吴传第五·燕王刘泽》，第1901页。

⑤ "高后崩，遗诏赐诸侯王各千金，将相列侯郎吏皆以秩赐金。"《史记》卷九《吕太后本纪第九》，第406页。

⑥ "公孙诡多奇邪计，初见王，赐千金，官至中尉，梁号之曰公孙将军。"《史记》卷五十八《梁孝王世家第二十八》，第2083页。

⑦ "汉兴，新垣平、齐人少翁、公孙卿、栾大等，皆以仙人黄冶祭祠事鬼使物入海求神采药贵幸，赏赐累千金。"《汉书》卷二十五下《郊祀志第五下》，第1260页。"于是贵（新垣）平上大夫，赐累千金。"《史记》卷二十八《封禅书第六》，第1382页。

⑧ "上闻，乃召青为建章监，侍中，及同母昆弟贵，赏赐数日间累千金。"《史记》卷一一一《卫将军骠骑列传第五十一》，第2922页。

⑨ "谚曰：'千金之子，不死于市。'"《史记》卷一二九《货殖列传第六十九》，第3256页。

⑩ "故鄙谚曰：'家累千金，坐不垂堂。'"《汉书》卷五十七下《司马相如传第二十七下》，第2591页。

⑪ 《史记》卷一二九《货殖列传第六十九》，第3282-3283页。

⑫ "偃方幸用事，因言：'齐临菑十万户，市租千金，人众殷富，钜于长安，非天子亲弟爱子不得王此。今齐王于亲属益疏。'"《汉书》卷三十八《高五王传第八》，第2000页。

⑬ "咸阳，齐之大鬻盐，孔仅，南阳大冶，皆致产累千金，故郑当时进言之。"《汉书》卷二十四下《食货志第四下》，第1164页。"杨王孙者，孝武时人也。学黄老之术，家业千金，厚自奉养生，亡所不致。"《汉书》卷六十七《杨胡朱梅云传第三十七·杨王孙》，第2907页。

之物拿出来变卖千金，分给他的五个儿子每人两百金以置办"生计"①。由这条记载可看出，赵佗给陆贾的赏赐并非虚称，而是实数。两汉之时，千金即"千斤金"②，一斤大约等于万钱③。以与民生最为相关的粮价、田价和屋价而言：西汉粮价时有动荡，以通常市价而言，每市石谷约五百钱，每市石米约千钱。④ 田亩价，因所处地段、土地肥脊情况不同，贵贱差异很大。武帝时期，阳陵之地一亩一千四五百钱，中州内郡、丰镐之间"土膏"之地每亩一金。⑤ 西北边塞之地则每亩一百钱。⑥ 通常的亩价应在千余钱到三四千钱之间。⑦ 买屋价，以"一区"为单位，陕西汉中东汉《郑子真宅舍残碑》、四川郫县东汉残碑所见宅舍，一区价格，贱者五千，贵者十七万。⑧ 西汉时应当不致相去太远。由此可见"千金"之购买力相当惊人。而陆贾一介使者，一次性即获得总值两千金的巨额赏赐，这在当时应该也是颇令中原人惊异的，因此史书上特书一笔，甚至后来陆贾将此次赏赐的一半拿出来给子嗣置办产业之事亦载录甚详，足见南越之富应是令汉廷君臣印象深刻的。

东汉马援征交趾后载薏苡而归，时人皆以为南土珍怪，权贵关注，到他死后便有人上书构陷马援当初所携为明珠、文犀等珍宝。⑨ 后来吴祐以此事劝谏其父南海太守吴恢勿写经书，"今大人逾越五岭，远在海滨，其俗诚陋，然旧多珍怪，上为国家所疑，下为权戚所望。此书若成，则载之兼两。昔马援以薏苡兴谤，王阳以衣囊徼名。嫌疑之间，诚先贤所慎也。"⑩ 可见，南海郡因"珍怪"物产而成为中央政府和权贵异常关注的地带，在经济上的敏感性似乎略大于政治上的敏感性。此虽是东汉时事，但秦至西汉时的文献对岭南珍怪多有关注，情形应当也相去不远。

---

① "孝惠帝时，吕太后用事，欲王诸吕，畏大臣有口者，陆生自度不能争之，乃病免家居。以好畤田地善，可以家焉。有五男，乃出所使越得橐中装卖千金，分其子，子二百金，令为生产。"《史记》卷九十七《郦生陆贾列传第三十七·陆贾》，第2699页。
② "马一匹则百金。"《集解》：瓒曰：'……汉以一斤为一金。'"《史记》卷三十《平准书第八》，第1417-1418页。
③ 王莽时，"黄金重一斤，直钱万。"《汉书》卷二十四下《食货志第四下》，第1178页。
④ 王仲荦：《金泥玉屑丛考》，中华书局1998年版，第24页。
⑤ 《金泥玉屑丛考》，第36-37页。
⑥ 《居延汉简甲编》，简181B。
⑦ 徐扬杰：《汉简中所见物价考释》，载《中华文史论丛》1981年第三辑。
⑧ 《金泥玉屑丛考》，第38-39页。"宅一区万。"参见劳榦《居延汉简考释：释文之部》卷三《簿录名籍录》，商务印书馆1949年版，第455页。
⑨ "初，援在交趾，常饵薏苡实，用能轻身省欲，以胜瘴气。南方薏苡实大，援欲以为种，军还，载之一车。时人以为南土珍怪，权贵皆望之。援时方有宠，故莫以闻。及卒后，有上书谮之者，以为前所载，皆明珠文犀。"〔南朝宋〕范晔撰：《后汉书》卷二十四《马援列传第十四》，中华书局1965年版，第846页。
⑩ 《后汉书》卷六十四《吴延史卢赵列传第五十四·吴祐》，第2099页。

岭南之地极易获利，不但往来商贾者多"取富"①，流放至此的罪官家属亦能致富②。在任官员多有私自敛财的经济犯罪行为。③ 西汉宣帝年间九真太守贪赃百万以上④、东汉明帝时交趾太守张恢贪赃千金⑤。由这些记载都可想见，武帝吞并南越之后，能获得多么巨大的经济利益。平南越的二十多年后，昭帝的大臣们对伐胡、越的利弊展开辩论。虽然主弊派认为，战争使农业、养殖业受到严重打击，⑥ 但主利派也提及，战后胡、越故地的珍奇异物等源源不断输入，致使国库充盈。⑦

（四）南越富足的原因

岭南地处山海之间，丘陵、台地、平原多种地形并存，因而涵盖了多元化的生业类型，经济发展水平并不均衡，直至两汉之时仍是如此。南海、交趾以农业为主，但渔猎经济也占据一定比重，也存在家畜家禽饲养业。⑧ 九真、合浦郡民则不事或少事农业，常需到交趾购粮。九真郡以射猎为主要生业，农业耕种技术较为原始⑨，东汉初任延为太守时才引入农具铸造和牛耕技术，

---

① 《汉书》卷二十八《地理志第八下》，第1670页。

② "（王章）妻子皆徙合浦。大将军凤薨后，弟成都侯商复为大将军辅政，白上还章妻子故郡。其家属皆完具，采珠致产数百万，时萧育为泰山太守，皆令赎还故田宅。"《汉书》卷七十六《赵尹韩张两王传第四十六·王章》，第3239页。

③ "旧交阯土多珍产，明玑、翠羽、犀、象、玳瑁、异香、美木之属，莫不自出。前后刺史率多无清行，上承权贵，下积私赂，财计盈给，辄复求见迁代，故吏民怨叛。"《后汉书》卷三十一《郭杜孔张廉王苏羊贾陆列传第二十一·贾琮》，第1111页。

④ "（湘成）侯益昌嗣，五凤四年，坐为九真太守盗使人出买犀、奴婢，臧百万以上，不道，诛。"《汉书》卷十七《景武昭宣元成功臣表第五》，第656页。

⑤ "时交阯太守张恢，坐臧千金，征还伏法，以资物簿入大司农，诏班赐群臣。"《后汉书》卷四十一《第五钟离宋寒列传第三十一·钟离意》，第1407页。

⑥ "闻往者未伐胡、越之时，繇赋省而民富足，温衣饱食，藏新食陈，布帛充用，牛马成群。农夫以马耕载，而民莫不骑乘；当此之时，却走马以粪。其后，师旅数发，戎马不足，牸牝入阵，故驹犊生于战地。六畜不育于家，五谷不殖于野，民不足于糟糠，何橘柚之所厌？"《盐铁论校注》卷三《未通第十五》。

⑦ "孝武皇帝平百越以为园圃，却羌、胡以为苑囿，是以珍怪异物，充于后宫，驹騄駃騠，实于外厩，匹夫莫不乘坚良，而民间厌橘柚。由此观之：边郡之利亦饶矣！"《盐铁论校注》卷三《未通第十五》。"是以骡驴馲驼，衔尾入塞，驒騱騵马，尽为我畜，鼲貂狐貉，采旃文罽，充于内府，而璧玉、珊瑚、琉璃，咸为国之宝。是则外国之物内流，而利不外泄也。异物内流则国用饶，利不外泄则民用给矣。"《盐铁论校注》卷一《力耕第二》。

⑧ 南越王宫博物馆筹建处、广州市文物考古研究所编著：《南越宫苑遗址：1995、1997年考古发掘报告》上册，文物出版社2008年，第185页。

⑨ "九真俗烧草种田。"《东观汉记校注》卷十八《传十八·任延》。

开垦辟田。① 而合浦郡以采珠为业，依靠商贩与邻近的交趾郡贸易换来粮食。② 内属桂阳郡的南越故地（含洭、浈阳、曲江）到东汉初年茨充任太守时才种植桑麻作物，发展丝织业。③ 儋耳、珠崖则在武帝时已有农业和丝织蚕桑业。④

岭南虽然物产丰饶，但大部分都并非满足日常需求的物资；虽然内部已存在物产交换的经济形式，但在经济形态和发展水平相似的封闭环境内难以积累高额的经济利润。如司马迁所述，虽无冻饿之忧，也无巨富之家。⑤ 而战国以后，随着岭南与岭北地区的交流增多，加之交通网络的打通，关中和关东地区都有相当规模的人口，财富积累达到一定的程度，开始以猎奇的心态来追逐超出生存需要的远方"异物"，亦即催生了"奢侈品"经济的发展。就像赵佗给陆贾的赏赐要在变卖之后才兑现其高额的价值，岭南也是在这种情势下富足起来的。秦始皇定岭南时，先是屠睢领兵屯戍，伤亡惨重；尔后再次派驻以"赘婿"和"贾人"为主体的屯兵，却顺利地建立了三郡。以时人眼中贪利的两类人为屯戍主力，这在平定其他地区时是少见的现象，或从侧面反映了商业经济在岭南的重要地位。在汉武并南越之后，这种情形变本加厉，《盐铁论》⑥《潜夫论》⑦ 中都对追逐"蛮貊之物"的奢靡世风横加指责。某些大臣更是介怀于蛮、貊不从事农耕之"本业"却能享受富足生活的社会现实。⑧

---

① "建武初……诏征（任延）为九真太守。……九真俗以射猎为业，不知牛耕，民常告籴交趾，每致困乏。延乃令铸作田器，教之垦辟。田畴岁岁开广，百姓充给。"《后汉书》卷七十六《循吏列传第六十六·任延》，第2462页。

② "（合浦）郡不产谷实，而海出珠宝，与交趾比境，常通商贩，贸籴粮食。"《后汉书》卷七十六《循吏列传第六十六·孟尝》，第2473页。"（孟尝）迁合浦太守。郡不产谷实，而海出珠宝，（旧采珠以易米食）……"周天游辑注：《八家后汉书辑注·谢承后汉书·卷五》，上海古籍出版社1986年版，第152页。

③ "南阳茨充代（卫）飒为桂阳。亦善其政，教民种殖桑柘麻纻之属，劝令养蚕织履，民得利益焉。"《后汉书》卷七十六《循吏列传第六十六·卫飒》，第2459－2460页。

④ "自合浦徐闻南入海，得大州，东西南北方千里，武帝元封元年略以为儋耳、珠厓郡。民皆服布如单被，穿中央为贯头。男子耕农，种禾稻纻麻，女子桑蚕织绩。亡马与虎，民有五畜，山多麈麖。"《汉书》卷二十八《地理志第八下》，第1670页。

⑤ "总之，楚越之地，地广人希，饭稻羹鱼，或火耕而水耨，果隋蠃蛤，不待贾而足，地势饶，食无饥馑之患，以故呰窳偷生，无积聚而多贫。是故江淮以南，无冻饿之人，亦无千金之家。"《史记》卷一二九《货殖列传第六十九》，第3270页。

⑥ "今世俗坏而竞于淫靡，女极纤微，工极技巧，雕素朴而尚珍怪，钻山石而求金银，没深渊求珠玑，设机陷求犀象，张网罗求翡翠，求蛮、貊之物以眩中国，徙邛、笮之货，致之东海，交万里之财，旷日费功，无益于用。"《盐铁论校注》卷一《通有第三》。

⑦ "今举世舍农桑，趋商贾，牛马车舆，填塞道路，游手为巧，充盈都邑，治本者少，浮食者众……今京师贵戚，衣服、饮食、车舆、文饰、庐舍，皆过王制，僭上甚矣。从奴仆妾，皆服葛子升越，筒中女布，细致绮縠，冰纨锦绣。犀象珠玉，虎魄玳瑁，石山隐饰，金银错镂，獐麂履舄，文组䌽褋，骄奢僭主，转相夸诧，箕子所晞，今在仆妾。"《潜夫论笺校正》卷三《浮侈》。

⑧ "今蛮、貊无功，县官居肆，广屋大第，坐禀衣食。百姓或旦暮不赡，蛮、夷或厌酒肉。黎民泮汗力作，蛮、夷交胫肆踞。"《盐铁论校注》卷六《散不足第二十九》。

再者，武帝平南越、东越和羌后，"以其故俗治"，不征赋税。① 桂阳郡原属南越的粤北三县，直至东汉卫飒时才开始征收租赋。② 三国东吴仍对南越故地采取"羁縻"之治，田户租赋"裁取供办"，多入土产珍奇以益中原，"不必仰其赋入"。③ 可见，南越国治下本无赋税。虽然南越国宫署遗址西汉木简073中有"属中官租"之语，但注者认为此处的"租"应与《诗经·豳风》"予所畜租"同义，即交由中官畜养。④ 与同样不征赋税的西南地区所不同的是，南越制度多仿中原，却舍赋税之法，这是颇可深究的。那么，不征赋税的南越政府如何维持财政？史书却无明载。

先来看汉政府是如何从不征赋税的岭南获利的：在南海郡设"圃羞官"，交趾郡设"羞官"⑤"橘官长"⑥，以土产果蔬之类直输中央。皇帝祭祀宗庙时，诸侯、列侯各按封邑人口数奉金，而作为大鸿胪食邑的九真、交趾、日南、郁林郡，前三郡用犀角或玳瑁，后一郡用象牙或翡翠抵金。⑦ 武帝"经用不足"时采取均输制度，令交趾和益州刺史市卖珍宝以收取其利，后来东汉章帝时又重纳此法。⑧ 南越国统治区域本不大，国内又无赋税，农、工略滞后，亦不如中原地区般有庞大的"奢侈品"消费阶层，如果要维持统治机构的正常运转，包括维持"赂遗"周围部落的资金充足，除了像汉政府般"市卖珍宝以收取其利"，似乎别无他法。

南越国北境设有与长沙国亦即与中原政权之间的关市。从表面看，似乎汉越贸易关系中南越

---

① "汉连出兵三岁，诛羌，灭两粤，番禺以西至蜀南者置初郡十七，且以其故俗治，无赋税。"《汉书》卷二十四下《食货志第四下》，第1174页。

② "先是含洭、浈阳、曲江三县，越之故地，武帝平之，内属桂阳。民居深山，滨溪谷，习其风土，不出田租。……飒乃凿山通道五百余里，列亭传，置邮驿。于是役省劳息，奸吏杜绝。流民稍还，渐成聚邑，使输租赋，同之平民。"《后汉书》卷七十六《循吏列传·卫飒》，第2459页。

③ "然而土广人众，阻险毒害，易以为乱，难使从治。县官羁縻，示令威服，田户之租赋，裁取供办，贵致远珍名珠、香药、象牙、犀角、玳瑁、珊瑚、琉璃、鹦鹉、翡翠、孔雀奇物，充备宝玩，不必仰其赋入，以益中国也。然在九甸之外，长吏之选，类不精核。汉时法宽，多自放恣，故数反违法。"《三国志》卷五十三《吴书八·薛综传》，第1252页。

④ "野雄鸡七，其六雌一雄，以四月辛丑属中官租纵。"广州市文物考古研究所等：《广州市南越国宫署遗址西汉木简发掘简报》，载《考古》2006年第3期，第8页。

⑤ "南海郡……有圃羞官。……交趾郡赢陵，有羞官。"《汉书》卷二十八下《地理志第八下》，1628-1629页。

⑥ 〔晋〕嵇含：《南方草木状》卷下《果类·橘》，宝文堂刊刻本。

⑦ "《汉律·金布令》曰：皇帝斋宿，亲帅群臣承祠宗庙，群臣宜分奉请。诸侯、列侯各以民口数，率千口奉金四两，奇不满千口至五百口亦四两，皆会酎，少府受。又大鸿胪食邑九真、交趾、日南者，用犀角长九寸以上若玳瑁甲一，郁林用象牙长三尺以上若翡翠各二十，准以当金。"《后汉书》志第四《礼仪上》注引丁孚《汉仪》，第3104页。

⑧ "是时谷贵，县官经用不足，朝廷忧之。尚书张林上言：'谷所以贵，由钱贱故也。可尽封钱，一取布帛为租，以通天下之用。又盐，食之急者，虽贵，人不得不须，官可自鬻。又宜因交阯、益州上计吏往来，市珍宝，收采其利，武帝时所谓均输者也。'"《后汉书》卷四十三《郦陆朱刘叔孙传第十三·朱晖》，第1460页。

一方处于买方市场，对"金铁田器、马牛羊"①等中原器物的依赖性很重，然而细究之下，不如说是南越对贸易的依赖性很重。原因主要有六：一是这段单方面的买方需求记载来自赵佗上汉帝书，属于请求恢复关市的外交辞令。二是"马牛羊"在南越国主要做祭祀之用②，而中原系统的祭祀也使用这些祭物。田器的话，南越境内农业并不发达，需求量应当也不是很大，而且金属器的淘汰周期较长。粤北与长沙国交界的耒阳一带，还有私铸铁器的现象，满足了部分民间需求。③主要是随葬用的铜、铁器消费量较大。三是南越国内货币经济并不发达，无自铸币而多用汉币，甚至有可能在部分交易活动中采取"以物易物"的交换形式④。若如此，南越对汉之物品有需求，必得以等价物品换取，如若只有单方获利，关市也断无延续如此之久的道理，即使吕后时曾短暂被禁，但不过数年又迅即恢复。南越人论经济积累当不如中原，如果只靠南越一方的需求维持，中原人根本不可能获利。何况从后来《汉书》"多往（番禺）取其富"的描述来看，定不可能是单方市场，中原对南越物资也应当有很大的需求量。四是《吕氏春秋》中已经称道"江浦之橘""南海之秬""越骆之菌"等南方物产为天下美味，那么，起码中原地区的权贵们对这些南方物产已经比较熟悉，也有一定的需求。西汉初年的长沙马王堆一、二、三号墓中皆有象牙、犀角、玳瑁等物品或泥质、陶质替代物出土。⑤平南越之后，岭北地区更是狂热追逐犀、象、珠玑等"奢侈品"。五是吕后时忽然"禁粤关市铁器"，可能是为对越作战做准备，抓准了南越命脉（对关市的依赖），防止其囤积过多兵器和财富。六是赵佗称"高皇帝立我，通使物，今高后听谗臣，别异蛮夷，鬲［隔］绝器物"，非常强调与汉廷之间"器物"的交流。被禁关市后，赵佗高度重视，先后派出内史藩、中尉高、御史平三位王国高官说服汉廷恢复关市⑥，请求未果后这才愤而称帝。

南越国在西面则开辟了与夜郎、巴蜀的贸易。从考古发现看，岭南与西南的交流早而有之，秦汉之际更未断绝。⑦武帝灭南越之前，唐蒙出使时在南越吃到了巴蜀产的"枸酱"，后来从蜀

---

① 文帝时陆贾来使南越后，赵佗上书称："高后自临用事，近细士，信谗臣，别异蛮夷，出令曰：'毋予蛮夷外粤金铁田器；马牛羊即予，予牡，毋与牝。'老夫处辟，马牛羊齿已长，自以祭祀不修，有死罪，使内史藩、中尉高、御史平凡三辈上书谢过，皆不反。"《汉书》卷九十五《南粤传》，第3851页。

② "老夫处辟，马牛羊齿已长，自以祭祀不修，有死罪。"《汉书》卷九十五《南粤传》，第3851页。西汉南越王墓出土的猪、牛、羊骨骼基本都集中在西侧室，均无器皿盛放，且与殉人骨骼共置，不同于其他与饮食器具同出在东耳室、东侧室、后室的动物骨骼，推测可能用于祭祀。参见《西汉南越王墓》，第472页。

③ "又耒阳县［出］铁石，佗郡民庶常依因聚会，私为冶铸，遂招来亡命，多致奸盗。飒乃上起铁官，罢斥私铸，岁所增入五百余万。"《后汉书》卷七十六《循吏列传·卫飒》，第2459－2460页。

④ 《南越国史》，第272－273页。

⑤ 参见《长沙马王堆二、三号汉墓》。

⑥ "使内史藩、中尉高、御史平凡三辈上书谢过，皆不反。"《汉书》卷九十五《南粤传》，第3851页。

⑦ 肖明华：《粤桂滇黔地区汉代文化中的相似元素》，载《西汉南越国考古与汉文化》，第206－217页；罗二虎、李晓：《论汉代岭南与巴蜀地区的文化交流》，载《西汉南越国考古与汉文化》，第218－232页。

商口中得知巴蜀与夜郎存在贸易关系，西南有水道直通番禺。① 那么，南越与夜郎之间应是有贸易关系的；而与巴蜀之间若无直接的，也应有间接的贸易关系。

在东面，虽无记载，但南越与闽越、东越以至吴之间应该也有贸易关系。南越以"财物"赂闽越，自然说明两者之间存在经济利益关系。而岭南与长江下游一带从新石器时代以来就存在紧密的交流。即使在后者内属中央后，也仍保持密切联系。景帝三年（前154），吴王刘濞就在遗诸侯书中称"寡人素事南越三十余年，其王君皆不辞分其卒以随寡人，又可得三十余万"。②

而在南面，岭南与环南海地区的交流早而有之，如此依赖贸易的南越国不可能放弃这种传统的关系。广州南越国时期墓葬和南越王墓中也可见外来物品，更是佐证。还有一个旁证就是，《汉书·地理志》中记载了武帝遣使入海贸易直至黄支国的航线，这应是元鼎六年（前111）灭南越国之后的事。汉武帝逦开始海上贸易之时，便已对航行路线和目的地物产、需求相当清楚，多个不同语言的国家之间，也可以派出相应的"译长"，这必不是一夕之功，而是一种长久积累的贸易关系。此外，这样长达年余甚至数年的远距离海上航行，③ 还涉及对季风、气象、潮汐和洋流等复杂因素的摸索与认知。在航行中除了官方使者、译长，还有"应募者"的参与，这其中即便有个别新手，但鉴于航海的凶险，必然更多的是熟手。因此，可以推测，海上贸易关系应当是在南越国时期成型的；而且，从南越国对商业的依赖性看来，很可能这种贸易关系是为当时的官方建立和鼓励的。

（五）南越国开展海外贸易的可能性分析

至新石器时代晚期，环南海地区的文化因素交流呈现单向线性化的特点。而青铜时代以后，则呈现多向网状化的特点。从单纯的技术交流、人群扩散，到物品交换的加入，这应当是贸易的发端。在秦并岭南之前，此地并无一个统一的权力中心，所谓"百越"各自为营。秦朝设立三郡，初步平定岭南。之后赵佗"和集百越"，同时通过财物、兵力等手段牵制了闽越、西瓯骆、东越等力量，使岭南内部获得了相对的安定。脱离中央政权而建立王国意味着岭南地区的自治，也意味着要由地方政权独立维持庞大统治机构的运转，如前所述，南越最可能的手段便是贸易，而王国亦能为海外贸易提供稳定且持续的官方支持。

南越国要开展海外贸易，从客观条件上说，还需要具备造船、航海技术。在造船技术方面，

---

① 《史记》卷一一六《西南夷列传第五十六》，第2994页。
② 《史记》卷一〇六《吴王濞列传第四十六》，第2828页。
③ "自日南障塞、徐闻、合浦船行可五月，有都元国；又船行可四月，有邑卢没国；又船行可二十余日，有谌离国；步行可十余日，有夫甘都卢国。自夫甘都卢国船行可二月余，有黄支国……所至国皆禀食为耦，蛮夷贾船，转送致之。亦利交易，剽杀人。又苦逢风波溺死，不者数年来还……自黄支船行可八月，到皮宗；船行可（八）〔二〕月，到日南、象林界云。"《汉书》卷二十八下《地理志第八下》，第1671页。

由于文献无记载，只能根据现有资料进行推理。新石器中期，长江下游的萧山跨湖桥就发现有独木舟和木桨实物。在距今 7000—6000 年的浙江河姆渡遗址中发现有废弃的独木舟板材、七支木船桨和一件陶塑独木舟模型。独木舟和木桨均加工精细，是比较成熟阶段的产物。① 独木舟首尾上翘，据残长估算可乘载两三人。② 常州圩墩遗址也出土有马家浜文化（距今 6200—5900 年）的木橹和木桨。③ 长江中游的澧县城头山遗址发现了大溪文化的木桨、船艄。距今约 4000 年的广东珠海宝镜湾新石器时代晚期岩画中，"天才石"、"大坪石"、"藏宝洞"东壁岩画、"藏宝洞"东壁左侧的"图案符号"等均有类似船形的图案。④ 吴春明认为其是艏艉尖翘的独木舟。⑤

春秋时，伍子胥为吴王阖闾组建的船队中包括大翼、小翼、突冒、楼船和桥船五类不同作战功能的船只⑥，在规格、体量和形制上应当也有差异，吴国水军如此发达，习于水战的越国⑦应当与其不相上下。从水战船队的编次可以推测，当时长江下游吴越地区的造船技术应当已经相当成熟且精细化。

到秦汉之时，越人善水善舟已为中原人所熟知。⑧ 岭南的造船技术应当是受到长江流域越人的启发而得以发展的。毗邻海岸的多水丘陵地带，水路是最重要的交通方式，而船只便是最重要的交通工具。《南越志》称"南越王造大舟，溺人三千"⑨。事固有可疑，但南越的造船技术应当不弱，岭南一带发现的西汉早中期与造船相关的遗物（见表五）以及西汉武帝动用十万楼船之士征伐南越、卜式"愿父子与齐习船者往死之"⑩的记载足可印证。

---

① 吴春明：《环中国海沉船——古代帆船、船技与船货》，江西高校出版社 2003 年版，第 55 页。
② 陈延杭：《河姆渡舟船技术浅析》，载《海交研究史》1997 年第 2 期，第 40 页。
③ 常州市博物馆：《1985 年江苏常州圩墩遗址的发掘》，载《考古学报》2001 年第 1 期，第 92-93 页。
④ 广东省文物考古研究所、珠海市博物馆编著：《珠海宝镜湾海岛型史前文化遗址发掘报告》，科学出版社 2004 年版，第 161-162 页。
⑤ 吴春明：《环中国海沉船——古代帆船、船技与船货》，第 55 页。
⑥ "船名大翼、小翼、突冒、楼船、桥船。今船军之教，比陵军之法，乃可用之。大翼者，当陵军之车；小翼者，当陵军之轻车；突冒者，当陵军之冲车；楼船者，当陵军之行楼车也；桥船者，当陵军之轻足剽定骑也。"《越绝书校释》附录一《越绝书佚文校笺》，第 420 页。
⑦ "勾践喟然叹曰：'夫越性脆而愚，水行而山处，以船为车，以楫为马，往若飘风，去则难从，锐兵任死，越之常性也。'"《越绝书校释》卷八，第 222 页。
⑧ "九嶷之南，陆事寡而水事众，于是民人被发文身，以象鳞虫。短绻不绔，以便涉游。短袂攘卷，以便刺舟，因之也。"《淮南子集释》卷一《原道训》，第 38-39 页。"越习于水斗，便于用舟，地深昧而多水险。"《资治通鉴》卷十七"汉武帝建元六年"条引《淮南王安上书》。
⑨ 《广州府志》引。
⑩ 《史记》卷三十《平准书第八》，第 1439 页。

表五　南越国至西汉中期出土船舶相关遗物概况

| 出土物 | 出土地点 | 年代 | 船舶性质 | 船舶形制 | 资料来源 |
| --- | --- | --- | --- | --- | --- |
| 彩绘木船模型 | 1986年广州农林下路木椁墓 | 南越国 | 楼船 | 船上前段有12个木俑，分列两行，是划桨的水手，两行水手之间有9支木桨，另有1件大橹。船体分两层，上层有楼板1块，其上压着2块四阿顶的舱盖板，还有架舱的木柱和舱室的壁板，这些木板上大多留有彩绘图案 | 蒋廷瑜《汉晋时期珠江流域的造船业》 |
| 羽人船纹（铜提筒） | 象岗西汉南越王墓东耳室 | 南越国 | | 4艘船，首尾相连。船身修长，呈弧形，两端高翘，首尾各竖2根羽旌，船头2羽旌下各有一水鸟，中后部有1船台，台下置一鼎形物。中前部竖一长杆，杆上饰羽旄，下悬木鼓。每船羽人5位：一人持弓高立台前。船台前3人，第一人左手持弓右手持箭，第二人坐在鼓形座上，手持短棍击鼓，第三人右手持短剑，左手执一长发裸体人。船尾一人划桨。每只羽人船都有水鸟、海龟、海鱼装饰 | 《西汉南越王墓》，第50页 |
| 羽人船纹（铜鼓） | 贵县罗泊湾一号墓 | | | M1:10，鼓身饰6组羽人船纹。船头下方有衔鱼站立的水鸟，水中有鱼；M1:11，鼓身饰2组羽人船纹 | 《广西贵县罗泊湾汉墓》，第28-29页 |
| 木船 | 广州汉墓M1048:87（即56皇帝岗3号墓） | 西汉前期 | | 整木凿出，只余船底和旁板 | 《广州汉墓（上）》，第177页 |
| 木船 | 广州汉墓M2060:34 | 西汉中期 | | 船有4个舱室。船头有栏板。附木桨3支、木俑3个、木柱4根及残薄板若干 | 《广州汉墓（上）》，第246-247页 |

(续表五)

| 出土物 | 出土地点 | 年代 | 船舶性质 | 船舶形制 | 资料来源 |
| --- | --- | --- | --- | --- | --- |
| 木船 | 广州汉墓 M2050：28（即 56 皇帝岗 1 号墓） | 西汉中期 | 游艇① | 船底由整木凿出，底平，首尾略翘，两舷舷板较高。船前斜插栏板，前有甲板和横木板各一。船有 2 舱，舱盖顶上都钉有檐口板，舱旁两边有走道。船尾是矮小的尾舱。前舱内横架小木板 2 块作为 5 个掌楫俑的座板。尾舱前一俑坐于板凳上，持一楫，大概是作为舵使用的 | 《广州汉墓（上）》，第 247 页 |

虽然这些遗物或是随葬品，或是器物图像，工匠在制作时未必能完全如实反映当时的船只结构原貌。但即便是凭空臆造或想象加工，也应有一定的现实基础。南越应当已具备独立制造船舶的技术。蒋廷瑜认为南越王墓铜提筒上的船纹中已具备水密舱、橹和帆等设施，与其他同时期的船纹都反映了航行于内河内湖的交通工具应当也可于近海沿岸航行。② 至于南越所造船舶是否能在海上航行，从闽越欲经海路伐南越、吕嘉和建德从海路逃亡的记载，可以得出肯定的答案（详见下文关于海路交通的考证）。当时囿于技术，毫无疑问只能近海航行。根据推算，从华南到南太平洋诸岛，以海岛为基地，借助规律性的海流、季风，独木舟就可以漂过去，直到新西兰岛，一年可以往返一次。③

（六）南越国主要贸易物品考

南越地处帝国边缘，相关记载并不多，尤其在内属汉朝之前更是稀少。考虑到物产存在一贯性，在前工业时代，又未逢气象剧烈变化的时期，南越国时期与西汉中晚期甚至东汉时期的物产应当差异不大。故此节以南越国及以前的记录为主，以武帝以后及至汉末的记录为参考。

南越销往岭北的本地物产主要包括果蔬、禽兽、海产等三大类（见表六）。果蔬类包括龙眼、荔枝、橘、柤、菌、桂蠹等。禽兽包括犀、象、孔雀、翡翠（翠鸟、生翠）、鹦鹉、奇兽。海产包括鲛鱼、紫贝、玳瑁、珊瑚、珍珠。工艺品包括犀角、象牙、璧、布。此外，可能还有本地出产的香料。④ 外销的地点主要是关中，多以通贡贸易的方式。

---

① 叶显恩：《广东航运史（古代部分）》，人民交通出版社 1989 年版，第 41－42 页。
② 蒋廷瑜：《汉晋时期珠江流域的造船业》，http://www.gxmuseum.cn/a/science/31－3891.html。
③ 李庆新：《从考古发现看秦汉六朝时期的岭南与南海交通》，《史学月刊》2006 年第 10 期，第 16 页。
④ "汉雍仲子进南海香物，拜为涪阳尉，时人谓之香尉。日南郡有香市，商人交易诸香处。南海郡有村香户。日南郡有千亩香林，名香出其中。香州在朱崖郡，洲中出诸异香，往往不知其名。千年松香闻十里。亦谓之三香也。"《太平广记》卷四一四《草木九·香药·三名香》引《述异记》。

南越销往海外和经南越销往海外的岭北物产较难考证，从汉武帝时期的记载来看，汉使携黄金与杂缯入海以购取明珠、璧琉璃、奇石、异物等海外物产，说明海外需求比较强烈的是这两类东西。《史记·货殖列传》曾提及番禺汇集的物产中除了被中原视为珍宝的犀象、果等物，还有布。布可能是经由番禺集散销往海外的物产，未必是南越当地出产。越南清化发现了秦至汉初的淮河流域风格器物，① 苏门答腊岛、爪哇岛、加里曼丹岛墓葬出土汉代陶器和五铢钱，或许陶器等工艺品也是外销的大宗。

南越和经南越进口的海外物产和艺术门类主要包括香料、工艺品、花木瓜果、珠宝、百戏（见表七）。香料可能有乳香等。工艺品有银盒。花木瓜果包括素馨、茉莉、番木瓜、黄瓜、香瓜等。珠宝包括各类珠饰、琥珀。百戏包括鱼龙漫衍、都卢寻橦。禽兽包括犀、雉。此外，还可能有建筑理念等的传入，详见下文。另外，值得注意的是马王堆三号墓的遣策中有"胡人""胡骑""胡衣"②。西汉晚至三国时期，岭南一带流行一种体质特征类似马来人种的人俑，后来《异物志》也有"瓮人"③的记载，士燮亦以胡人为奴。④ 长沙国与南越国相邻，未知此"胡"为北方、西域之胡，抑或南海之胡？

再者，贸易开辟的最重要前提是买卖方之间有无市场需求。对岭南及其背后广阔的岭北市场而言，海外物产需求量较大；而对于环南海地区以及更远的地区来说，贸易也占有重要的地位。澳大利亚国立大学洪晓纯（Hsiao-chun Hung）等学者对公元前3000—1000年的东南亚软玉制品进行了电子探针显微分析，结果显示，这一时期环南海地区即已存在贸易网络：公元前500—500年，产自台湾东部的绿色软玉制品（ling-ling-o和动物头形耳饰）已向菲律宾、马来西亚东部、越南南部、泰国半岛散布。⑤ 因此，海丝贸易的开辟是双向的。

---

① 《汉代贸易与扩张》，第150-151页。
② 《长沙马王堆二、三号汉墓》。
③ 〔东汉〕杨孚：《异物志》。
④ "[士]燮兄弟并为列郡，雄长一州，偏在万里，威尊无上。出入鸣钟磬，备具威仪，笳箫鼓吹，车骑满道，胡人夹毂焚烧香者常有数十。妻妾乘辎軿，子弟从兵骑，当时贵重，震服百蛮，尉他不足逾也。……燮每遣使诣[孙]权，致杂香细葛，辄以千数，明珠、大贝、流离、翡翠、玳瑁、犀、象之珍，奇物异果，蕉、邪、龙眼之属，无岁不至。[士]一时贡马凡数百匹。"《三国志》卷四十九《吴书四·士燮传》，第1192-1193页。
⑤ Hung Hsiao-chun & Lizuka Yoshiyuki etc., "Ancient jades map 3000 years of prehistoric exchange in Southeast Asia," *PNAS*, 2007, vol. 104, no. 50, pp. 19745-19750.

表六　南越国外销物产一览①

| 物产 | 产地 | 文献记载 | 考古发现 | 销往地区 |
|---|---|---|---|---|
| 盐 | 南海郡、苍梧郡 | "领南、沙北固往往出盐。"《史记》卷一二九《货殖列传第六十九》，第3269页<br>"（南海郡）番禺，尉佗都。有盐官。……（苍梧郡）高要，有盐官。"《汉书》卷二十八下《地理志第八下》，第1628–1629页 | | 本地 |
| 龙眼、荔枝 | 南海郡 | "旧南海献龙眼、荔支，十里一置，五里一候，奔腾险阻，死者继路。……（和）帝下诏曰……由是遂省焉。"《后汉书》卷四《孝和孝殇帝纪第四·和帝》，第194页<br>"尉佗献鲛鱼、荔枝，高祖报以蒲桃锦四匹。"《西京杂记》卷第三，第145页<br>"汉武帝元鼎六年，破南越起扶荔宫，以植所得奇草异木……荔枝自交趾移植百株于庭，无一生者，连年犹移植不息。"《三辅黄图校释》卷之三《甘泉宫·扶荔宫》 | | 关中（进贡） |

---

① 部分为汉武灭南越后的记载，但考虑到多为墓葬内出土，可能会有一定的滞后性，因此也列于表内。

（续表六）

| 物产 | 产地 | 文献记载 | 考古发现 | 销往地区 |
|---|---|---|---|---|
| 橘 | 南海郡、交趾郡 | "自汉武帝，交趾有橘官长一人，秩二百石，主贡御橘。"《南方草木状》卷之下《果类·橘》<br>"果之美者，江浦之橘。"《吕氏春秋集释》卷第十四《孝行览第二·本味》<br>"公孙述时，大姓龙、传、尹、董氏，与郡功曹谢暹保境为汉，乃遣使从番禺江奉贡。"注引《南越志》曰："番禺县之西，有江浦焉。"《后汉书》卷八十六《南蛮西南夷列传第七十六》，第2845页 | | 关中（进贡） |

(续表六)

| 物产 | 产地 | 文献记载 | 考古发现 | 销往地区 |
|---|---|---|---|---|
| 象牙、驯象 | 南海郡、九真郡 | "（马）援南入九真，至无切县，贼渠降，进入余发，渠帅朱伯弃郡亡入深林巨薮，犀象所聚，羊牛数千头，时见象数十百为群。"《水经注校证》卷三十七《叶榆河》<br>"夫犀象兕虎，南夷之所多也。"《盐铁论校注》卷第七《崇礼》<br>"（秦始皇）又利越之犀角象齿翡翠珠玑。"《淮南子集解》卷下《人间训》<br>"（元狩二年）南越献驯象、能言鸟。"《汉书》卷六《武帝纪第六》<br>"象，南越大兽。"《说文解字》 | 南越宫苑遗址出土亚洲象骨骼①<br>广州象岗南越王墓出土象牙印章、卮、筒、六博子、算筹、雕器、饰件近300件②<br>广州1153号西汉前期墓出土陶象牙5件③<br>罗泊湾一号汉墓《从器志》："象齿四"<br>长沙望城坡西汉长沙国王后渔阳墓出土木犀牛角和象牙<br>马王堆一号汉墓遣册简292："木文犀角、象齿一笥"。马王堆一号墓西边箱编号为339竹笥系有"文犀角、象齿笥"木牌，笥内装有木文犀角13件、木象牙8件<br>马王堆三号墓遣册："博一具，博局一，象棋十二，象直食棋廿，象算卅，象□□□□，象刀一有鞘，象割刀一，象削一。"椁室北边箱西端长方形漆盒内有象牙镶嵌黑漆木博局1件、大象牙棋12颗、小象牙棋20颗、象牙算筹42根、象牙削、象牙割刀1把<br>马王堆三号墓遣册简32："剑一，象金首、镡一。"<br>简33："象剑玳瑁具一。"<br>北边箱的长剑，应为象牙制的剑身却是角质的，而标、首、镡、卫是玳瑁制品<br>简34："角弩机一具、象机一。"<br>简35："弩矢十二，象镞。"<br>简36："弧弩一具，象机。"<br>简37："弓矢十二，象镞。"<br>简38："象戈一。"<br>简29："象矛一。"<br>马王堆一号墓遣册简238："象梳笓一双。"九子奁内的马蹄形小奁中，放黄杨木制和象牙制的梳、笓各2件<br>马王堆三号墓遣册简321："象镜一。"北边箱出土 | 关中（进贡）<br>"汉制：天子玉几……以象牙为火笼，笼上皆散华文。"《西京杂记》卷第一，第13页<br>"武帝以象牙为簟，赐李夫人。"《西京杂记》卷第五，第248页<br>"佩双印，长寸二分，方六分。乘舆、诸侯王、公、列侯以白玉，中二千石以下至四百石皆以黑犀，二百石以至私学弟子皆以象牙。"《后汉书·志第三十·舆服下·印》，第3673页 |

① 《南越宫苑遗址》。
② 《西汉南越王墓》。
③ 《广州汉墓》，第128页。

(续表六)

| 物产 | 产地 | 文献记载 | 考古发现 | 销往地区 |
|---|---|---|---|---|
| 犀角 | 九真郡 | "谨北面因使者献白璧一双、翠鸟千、犀角十、紫贝五百、桂蠹一器、生翠四十双、孔雀二双。"《汉书》卷九十五《南粤传》，第3852页<br>《淮南子集释》卷四《坠形训》<br>《水经注校证》卷三十七《叶榆河》<br>《盐铁论校注》卷第七《崇礼》 | 象岗南越王墓西耳室出土皮甲（疑为犀兕皮革）、铁铠甲衬里（疑为犀皮）①<br>广州1134号西汉前期墓出土陶犀角15件、犀牛纹漆扁壶1件②<br>广州1153号西汉前期墓出土陶犀角4件③ | |
| 鹦鹉 | | "（元狩二年夏）南越献驯象、能言鸟。"师古曰："即鹦鹉也。今陇西及南海并有之。"《汉书》卷六《武帝纪第六》，第176页 | | |
| 翡翠 | | "新会，有桂山，山出翡翠、孔雀、玄猿。"《通典》卷第一八四《州郡十四·古南越》。 | 马王堆一号墓内棺贴有橘红、青黑二色羽毛④ | |
| 孔雀 | | "谨北面因使者献……孔雀二双。"《汉书》卷九十五《南粤传》，第3852页<br>"中国所鲜，外国贱之，南越以孔雀珥门户，昆山之旁，以玉璞抵乌鹊。"《盐铁论校注》卷第七《崇礼》<br>"孔雀生南海。"《尔雅翼》<br>"新会，有桂山，山出翡翠、孔雀、玄猿。"《通典》卷第一八四《州郡十四·古南越》 | | |

① 王子今：《西汉南越的犀象——以广州南越王墓出土资料为中心》，载《广东社会科学》2004年5期，第96-97页。
② 《广州汉墓》，第128、174-175页。
③ 《广州汉墓》，第128页。
④ 《异物志》："雄赤曰翡，雌青曰翠。"

（续表六）

| 物产 | 产地 | 文献记载 | 考古发现 | 销往地区 |
|---|---|---|---|---|
| 珠玑 | 合浦郡 | "（合浦）郡不产谷实，而海出珠宝，与交阯比境，常通商贩，贸籴粮食。"《后汉书》卷七十六《循吏列传第六十六·孟尝》，第2473页<br>"（王章）妻子皆徙合浦。……其家属皆完具，采珠致产数百万。"《汉书》卷七十六《王章传》，第3239页<br>"珠生于南海，玉出于须弥，无足而至。"《邹子》<br>"珠玑犀象出于桂林……"《盐铁论校注》卷一《力耕第二》 | 马王堆一号墓遣册294号简"土珠玑一缣囊"。西边箱上层第327号竹笥，挂有"珠玑笥"字样的木牌，笥内有一绢袋的泥制的珠玑<br>马王堆二号墓亦出土了一百多颗泥珠玑，经焙烧而成 | |
| 秬（黑黍） | | "饭之美者：玄山之禾，不周之粟，阳山之穄，南海之秬。"《吕氏春秋集释》卷十四《孝行览第二·本味》 | | |
| 菌 | | "招摇之桂，越骆之菌。"《吕氏春秋集释》卷第十四《孝行览第二·本味》 | | |
| 璧 | | "谨北面因使者献白璧一双……"《汉书》卷九十五《南粤传》，第3852页<br>"南海民王织上书献璧皇帝。"《史记》卷一一八《淮南衡山列传第五十八》，第3078页 | | |
| 桂蠹 | | "谨北面因使者献……桂蠹一器……"《汉书》卷九十五《南粤传》，第3852页① | | |

① 应劭注曰："桂树中蝎虫也。"颜师古曰："此虫食桂，故味辛，而渍之以蜜食之也。"

（续表六）

| 物产 | 产地 | 文献记载 | 考古发现 | 销往地区 |
|---|---|---|---|---|
| 珊瑚 | | "积草池中有珊瑚树，高一丈二尺。一本三柯，上有四百六十二条。是南越王赵佗所献，号为烽火树。至夜，光景常欲燃。"《西京杂记》卷一，第50页 | | 关中（进贡）"玫瑰碧林，珊瑚丛生。"司马相如《上林赋》"珊瑚碧树，周阿而生。"班固《两都赋》 |
| 紫贝 | | "谨北面因使者献……紫贝五百……"《汉书》卷九十五《南粤传》，第3852页 | | 关中（进贡） |
| 玳瑁 | | "……故能睹犀布、玳瑁则建珠崖七郡……"《汉书》卷九十六下《西域传第六十六下》赞，第3928页 | 马王堆一号墓出土玳瑁笄 马王堆二号墓出土玳瑁卮、梳、筐；玳瑁璧2件 | "韩嫣以玳瑁为床。"《西京杂记》卷六，第266页 |
| 奇兽 | | "乃元康四年嘉谷玄稷降于郡国，神爵仍集，金芝九茎产于函德殿铜池中，九真献奇兽，南郡获白虎威凤为宝。"《汉书》卷八《宣帝纪第八》，第259页 "西郊则有上囿禁苑，……其中乃有九真之麟……"班固《两都赋》 | | |

表七　南越国时期自海外进口物产及百戏一览

| 物产 | 原产地 | 文献记载 | 考古发掘 | 备注 |
|---|---|---|---|---|
| 明珠、璧琉璃、奇石 | | "有译长，属黄门，与应募者俱入海市明珠、璧流离、奇石异物，赍黄金杂缯而往。……大珠至围二寸以下。"《汉书》卷二十八下《地理志下》，1671页 | | |

(续表七)

| 物产 | 原产地 | 文献记载 | 考古发掘 | 备注 |
|---|---|---|---|---|
| 犀 | | "平帝元始中，王莽辅政，欲耀威德，厚遗黄支王，令遣使献生犀牛。"《汉书》卷二十八下《地理志下》，第1671页<br>"肃宗元和元年，日南徼外蛮夷究不事人邑豪献生犀、白雉。"《后汉书》卷八十六《南蛮西南夷列传第七十六·南蛮》，2837页<br>"西郊则有上囿禁苑，……其中乃有九真之麟，大宛之马，黄支之犀，条支之鸟，逾昆仑，越巨海，殊方异类，至三万里。"班固《两都赋》 | | |
| 白雉、黑雉、白兔（菟） | | "元始元年春正月，越裳氏重译献白雉一，黑雉二，诏使三公以荐宗庙。"《汉书》卷十二《平帝纪第十二》，第348页<br>"（建武十三年）九月，日南徼外蛮夷献白雉、白兔。"《后汉书》卷一下《光武帝纪第一下》，第62页<br>"明年（建武十三年），南越徼外蛮夷献白雉、白菟。"《后汉书》卷八十六《南蛮西南夷列传第七十六》，第2836页 | | |
| 乳香 | | | 象岗南越王墓西耳室的一个漆盒内发现的树脂状物体，推测为乳香 | |
| 鸡舌香 | 南亚、东南亚及马达加斯加 | "桓帝时，侍中乃存年老口臭，上出鸡舌香与含之。"应劭《汉官仪》卷上《汉官六种》<br>"省阁下大屏曰丹屏，尚书郎含鸡舌香，伏其下奏事。"蔡质《汉官典职仪式选用》，《汉官六种》 | | |
| 沉香 | 南中国、东南亚 | 成帝赵昭仪遗飞燕书中提及的赠品有椰叶席、沈水香、香螺卮、九真雄麝香等物。《西京杂记》卷一，第62－63页 | | |
| 素馨、茉莉 | | "陆贾《南越行记》曰：南越之境，五谷无味，百花不香。此二花（耶悉茗、末利）特芳香者，缘自胡国移至，不随水土而变。"《南方草木状》卷上《草类·耶悉茗》 | | |

（续表七）

| 物产 | 原产地 | 文献记载 | 考古发掘 | 备注 |
|---|---|---|---|---|
| 番木瓜① | | | 广西贵县罗泊湾一号墓椁室淤泥出土番木瓜种子② | |
| 漫衍鱼龙 | 舍利（藤田丰八认为即谌离③） | "（武帝）设酒池肉林以飨四夷之客，作巴俞都卢、海上砀极、漫衍鱼龙、角抵之戏以观视之。"《汉书》卷九十六下《西域传第六十六下》，第3928页<br>"作九宾［散］乐。舍利［兽］从西方来，戏于庭极，乃毕入殿前，激水化为比目鱼，跳跃漱水，作雾障日。毕，化为黄龙，长八丈，出水遨戏于庭，炫耀日光。以两大丝绳系两柱（中头）间，相去数丈，两倡女对舞，行于绳上，对面道逢，切肩不倾，又踢局出身，藏形于斗中。钟磬并作，［倡］乐毕，作鱼龙曼延。"《后汉书·志第五·礼仪中·朝会》注引蔡质《汉仪》，第3131页 | | |
| 都卢寻橦 | 都卢 | "（武帝）设酒池肉林以飨四夷之客，作巴俞都卢、海上砀极、漫衍鱼龙、角抵之戏以观视之。"《汉书》卷九十六下《西域传第六十六下》，第3928页<br>"都卢寻橦，乌获扛鼎。"张衡《西京赋》师古曰："都卢国人劲捷善缘高，故张衡《西京赋》云'乌获扛鼎，都卢寻橦'，又曰'非都卢之轻趫，孰能超而究升'也。"《汉书》卷二十八下《地理志下》，第1671页 | | |
| 钠钙玻璃器 | | | 广州横枝岗西汉中期墓玻璃碗3件、广西合浦风门岭罗马玻璃碗、长沙西汉中期玻璃矛、江苏邗江二号汉墓搅胎玻璃残片，可能还有一些钠钙玻璃珠④ | |

---

① 学名为Carica Papaya Linn，不同于原产中国的木瓜（Chaenomeles sinensis）。
② 《广西贵县罗泊湾汉墓》，87页。
③ ［日］藤田丰八著，何健民译：《前汉时代西南海上交通之记录》，载《中国南海古代交通丛考》，商务印书馆1936年版，第106页。
④ 赵德云：《西周至汉晋时期中国外来珠饰研究》，科学出版社2016年版，第185页。

(续表七)

| 物产 | 原产地 | 文献记载 | 考古发掘 | 备注 |
|---|---|---|---|---|
| 蚀花肉红石髓珠 | | | 广州汉墓2件、晋宁石寨山墓地2件、曲靖八塔台墓地2件① | |
| 印度—太平洋珠 | | | 西汉晚期以前的印度—太平洋珠应当来自印度的阿里卡美度,经由海路传入。早期的印度—太平洋珠集中出土于两广沿海,尤以广州和合浦数量最多,广西贺县、贵州有少量发现。此后向周边扩散,一是通过牂柯江水路进入西南地区的云贵川,二是通过翻越南岭的陆路进入湖南② | |
| 琥珀 | 波罗的海 | | 西汉时期琥珀制品的南方分布区域主要集中在两广沿海和西南地区,尤其是合浦、广州等地,后来沿着牂柯江水道进入西南地区。种类主要是波罗的海琥珀。北方地区的琥珀远较南方为少,且出土单位基本为诸侯王一级。东汉时期,广州、合浦依然是琥珀制品的集中发现地,且扩散至西南、湖南、江西、安徽等地③ | |
| 多面金珠 | 地中海北岸—印度—东南亚 | | 汉晋时期的多面金珠都在长江以南发现,应是通过连接中国南方至越南、南印度的海上航路传入的,进入的口岸亦是广州、合浦。多面金珠最早出现于地中海北岸,大概在亚历山大东征时传至印度北部,后又传到印度南部、东南亚④ | |

---

① 《西周至汉晋时期中国外来珠饰研究》,第198页。
② 《西周至汉晋时期中国外来珠饰研究》,第199页。
③ 《西周至汉晋时期中国外来珠饰研究》,第200–203页。
④ 《西周至汉晋时期中国外来珠饰研究》,204–205页;岑蕊:《试论东汉魏晋墓葬中的多面金珠用途及其源流》,载《考古与文物》1990年第3期,第85–87页。

(续表七)

| 物产 | 原产地 | 文献记载 | 考古发掘 | 备注 |
|---|---|---|---|---|
| 辟邪形珠 | | | 最初源于埃及和地中海北岸等地，随着亚历山大东征传播至印度，经印度文化改造后，向东南亚传播，再主要从两广沿海地区传入中国① | |
| 装金玻璃珠 | | | 夹金箔层的玻璃珠最早见于埃及，印度也是一个重要制造中心，广州游鱼岗（广州汉墓M3012?）的装金玻璃珠，可能是由海路从印度传入② | |
| 胡人（存疑） | | | 马王堆三号墓遣册简68：胡人一人操弓矢赏观率附马一匹<br>简69：胡骑二匹，匹一人，其一人操附马<br>简398：绪胡衣一 | |
| 凸瓣纹银盒 | | | 南越王墓出土凸瓣纹银盒一件（鎏金铜圈足）<br>山东临淄西汉文帝年间齐王墓出土凸瓣纹银盒一件（铜圈足）、山东青州西辛战国末年墓出土凸瓣纹银盒两件（似为铁圈足）、安徽巢湖北山头1号墓出土凸瓣纹银盒一件（铁圈足，文景年间）③ | |

## （七）小结

南越国时期是海上丝绸之路从民间贸易的单一形式转向以官方贸易为主导的贸易形式的关键时期：

（1）南越国内部的生业类型多元化，经济发展不均衡，对贸易的依赖性很强，由官方主导，与北边的长沙国和中原、西边的夜郎和巴蜀等地区均建立了长期稳定的贸易关系，且通过贸易积累了巨大的财富。

（2）南越国的造船技术已能够独立造出近海航行的船只。此时番禺东行至会稽的海路已畅

---

① 《西周至汉晋时期中国外来珠饰研究》，第205—206页。
② 《西周至汉晋时期中国外来珠饰研究》，第206—207页。
③ 资料暂未公布，参见白云翔《岭南地区发现的汉代舶来金银器述论》，载《西汉南越国考古与汉文化》，第154—159页。

通，亦可从番禺西行海上。

（3）从史前时期开始，包括岭南在内的环南海地区就已经存在文化的交流与互动。以南越国对贸易的依赖和重视程度，北、西、东三个方向都建立了贸易关系，又已经有航海的能力，那么没理由放弃环南海地区的市场。

（4）南越与南亚、印度之间应已建立官方的海上贸易关系，交易物品多以满足社会中上层尤其是皇家、贵族需求的"奢侈品"为主。[1]

上述分析的证据是岭南地区尤其在墓葬中出土了相当数量的南越国至西汉中期的外来物品，包括珠饰、香料、象牙、银器、玻璃器等，原产地多为东南亚、印度，亦有极少量产自非洲（存疑）、波罗的海、波斯或地中海地区的物品。考虑到这些物品在当时多被视为珍宝，不排除有传世一段时间再随葬的可能性，因此输入时间应当多是在南越国时期。

## 四、番禺：海上丝绸之路的"始发港"

### （一）番禺都会

今广州市地处岭南三条主要河流（北江、东江和西江）交汇之顶点，地形由北至南为白云山区、观音山（越秀山）丘陵、广州台地和珠江平原。台地形成于第四纪初（约70万年前），为和缓起伏的岗地，向南倾斜，其间有小河、干谷切开，地势较山区、丘陵平缓，地基稳固，基础是基岩，有丰富的地下水资源，又无洪水为患。秦汉番禺城即建于台地之上。[2]

"番禺"之称最早见于《淮南子·人间训》"一军处番禺之都"。广州西汉前期M1097（即西村石头岗一号墓）所出漆奁（M1097：53）盖面烙印"蕃禺"二字。[3] 象岗南越王墓所出两件越式鼎上可见"蕃禺少内""蕃少内"或"少内蕃"刻文；中原式鼎、铜匜亦有仅刻一"蕃"字者。南越宫署曲流石渠的石板上有"蕃"字刻文。广西贵县罗泊湾一号墓所出中原式铜鼎（M1：32）刻有"蕃二斗二升"铭文。[4] 麦英豪据此认为最初地名作"蕃禺"，常简称"蕃"。东汉时方作"番禺"或"番昌"。他并引《周礼·秋官·大行人》"九州之外，谓之蕃国"，《管子·侈靡》引尹知章注"禺，犹区也"，认为最初地名的本义应是"岭外蕃国蛮夷之地"。[5] 但是

---

[1] 白云翔：《岭南地区发现的汉代舶来金银器述论》，载《西汉南越国考古与汉文化》，第159页。
[2] 曾昭璇：《广州历史地理》，广东人民出版社1991年版，第1—9页。
[3] 《广州汉墓》，第175页。
[4] 《广西贵县罗泊湾汉墓》，第32—34页。
[5] 麦英豪：《广州城始建年代及其它》，载《中国考古学会第五次年会论文集》，文物出版社1988年版，第83—84页。

南越国宫署遗址西汉木简091中有"将常使□□□番禺人",可见也未必尽作"蕃禺"。①

"番禺"之义,《南越志》认为其得名自境内"番山""禺山"。② 唐代《元和郡县图志》内仍列有此二山之具体所在。③《水经注》则认为系"番山之禺"之义。④ 曾昭璇认为源自古越族语言,按《越绝书》的古越语将"番"释作"村","禺"释作"盐或咸"。⑤《山海经》中提及"番禺"为帝俊之重孙,始作舟⑥,但此说法不见于他处,此书年代亦有争议,未知"番禺"一词是否与舟船相关。徐龙国推测秦汉时应有番、禺二山,两者一脉相连,番山在东南,禺山在西南。城即得名于此。⑦ 番禺城当在今中山四路一带。⑧

青铜时代开始,珠三角已逐渐成为岭南地区的中心聚落,在南越立国之前就已经聚集了许多中原人。南越立国定都番禺后,此地更是得到了发展。司马迁在《史记·货殖列传》中将番禺与邯郸、燕、临淄、陶、睢阳、吴、寿春、宛九城皆称"都会",皆为当时交通便利、物产丰饶、人口较多、经济发达的城市。《汉书·食货志》列举了八个都会,番禺仍旧在列,其他六都为邯郸、蓟、临淄、江陵、寿春、合肥、吴。可见,番禺之经济、交通、人口条件优越,足为"始发港"的腹地。

(二) 番禺交通

1. 陆路

文献提及入岭南之陆路有秦时开通之"新道"⑨,那么,应当还有"旧道"。根据史前至先秦的考古学文化传播路线(详见前文),中原逾岭的旧通道很可能有二:一是从湘西北经桂北、粤北再南下至珠三角;一是从江西经粤北再至珠三角。当然也不排除有更多的路线。

---

① 《广州市南越国宫署遗址西汉木简发掘简报》,第9页。
② "番禺县有番、禺二山,因以为名。"〔唐〕徐坚等:《初学记》卷八《州郡部·岭南道十一》引《南越志》,中华书局1962年版,第191-192页。
③ "番山,在县东南三里。禺山,在县西南一里。尉佗葬于此。"〔唐〕李吉甫撰,贺次君点校:《元和郡县图志》卷三十四《岭南道一》,中华书局1983年版,第887页。
④ "交州治中合浦姚文式问云:何以名为番禺?答曰:南海郡昔在今州城中,与番禺县连接,今入城东南偏有水坑陵,城倚其上,闻此县人名之为番山,县名番禺,慨谓番山之禺也。"〔北魏〕郦道元著,陈桥驿校证:《水经注校证》卷三十七《泿水》,中华书局2007年版,第871-873页。
⑤ 《广州历史地理》,第14页。
⑥ 袁珂校注:《山海经校注》卷十三《海内经》,巴蜀书社1992年版,第529页。
⑦ 徐龙国:《南越国时期番禺城相关问题的探讨》,载《西汉南越国考古与汉文化》,第63-65页。
⑧ 麦英豪:《广州城始建年代及其它》,第86-87页。
⑨ "南海僻远,吾恐盗兵侵地至此,吾欲兴兵绝新道,自备,待诸侯变,会病甚。"《史记》卷一一三《南越列传第五十三》,第2967页。

《晋书·地理志》认为"五岭"之称非指山岭，而是指入越的五条山道。① 秦始皇攻越时驻军的地方，除却番禺之外，应当都在当时中原通岭南的主要路线上：镡城之岭（即今广西北部的越城岭）、九嶷之塞（即今湖南永州市宁远县南）、南野之界（即今江西赣州市南康区南部）和余干之水（即今江西上饶市余干县、乐平市一带）。②

2. 水路

岭南水网、丘陵密布，大部分地区的交通主要依靠水路。譬如桂阳的含洭、浈阳、曲江三县，在东汉卫飒凿通山路之前，连官吏处理事务都要征用民船。③ 其他山地丘陵地区的交通情形应也类似。

南越番禺是内河水网的中心，岭南三条最重要的河流北江、西江和东江在此总汇，古珠江是一条潮汐水道，西江可上溯到肇庆平原，北江可上溯到黄塘，东江可溯及圆洲，流溪河可达江村以上。④ 元鼎五年（前112）汉攻越时，从桂阳经汇水、从豫章经横浦、从零陵经漓水、从夜郎经牂柯江，皆可由水路直通番禺。⑤ 攻城之时，楼船在东南，伏波在西北⑥，赵建德和南越丞相吕嘉在此围城之际，尚可连夜乘船西逃入海。⑦ 由此可见番禺水路之便利。虽然汉武帝时唐蒙上书称长沙国、豫章郡通南越的"水道绝难"⑧，曾昭璇以为是水道断绝之义，但从后来的进军路线分析，应当指的是北面水路是南越的主要攻防对象，难以袭取成功。

---

① "秦始皇既略定扬越，以谪戍卒五十万人守五岭。自北徂南，入越之道，必由岭峤，时有五处，故曰五岭。"《晋书》卷十五《地理·志第五·地理下》，第464页。
② "（秦始皇）又利越之犀角、象齿、翡翠、珠玑，乃使尉屠睢发卒五十万，为五军，一军塞镡城之领，一军守九疑之塞，一军处番禺之都，一军守南野之界，一军结余干之水，三年不解甲弛弩。"《淮南子集解》卷下《人间训》，第1289-1290页。
③ "先是含洭、浈阳、曲江三县，越之故地，武帝平之，内属桂阳。民居深山，滨溪谷，习其风土，不出田租。去郡远者，或且千里。吏事往来，辄发民乘船，名曰'传役'。每一吏出，徭及数家，百姓苦之。（卫）飒乃凿山通道五百余里，列亭传，置邮驿。"《后汉书》卷七十六《循吏列传·卫飒》，第2459页。
④ 李平日：《近两千年广州珠江岸线的演变》，载甄人、饶展雄主编《广州史志研究》，广州出版社1993年版，第115页。
⑤ "元鼎五年秋，卫尉路博德为伏波将军，出桂阳，下汇水；主爵都尉杨仆为楼船将军，出豫章，下横浦；故归义越侯二人为戈船、下厉将军，出零陵，或下离水，或抵苍梧；使驰义侯因巴蜀罪人，发夜郎兵，下牂柯江：咸会番禺。"《史记》卷一一三《南越列传第五十三》，第2975页。"南越食蒙蜀枸酱，蒙问所从来，曰'道西北牂柯，牂柯江广数里，出番禺城下'。蒙归至长安，问蜀贾人，贾人曰：'独蜀出枸酱，多持窃出市夜郎。'夜郎者，临牂柯江，江广百余步，足以行船。南越以财物役属夜郎，西至同师，然亦不能臣使也。"《史记》卷一一六《西南夷列传第五十六》，第2994页。
⑥ "楼船自择便处，居东南面；伏波居西北面。"《史记》卷一一三《南越列传第五十三》，第2976页。
⑦ "犁旦，城中皆降伏波。吕嘉、建德已夜与其属数百人亡入海，以船西去。"《史记》卷一一三《南越列传第五十三》，第2976页。
⑧ "蒙乃上书说上曰：'南越地东西皆万余里，名为外臣，实一州主。今以长沙、豫章往来，水道绝难。窃闻夜郎精兵可数十万，若从夜郎浮船下牂柯，出其不意，此制越一奇也。可通夜郎道，为置吏。'上许之。"《汉纪·序·孝武皇帝纪二卷帝十一》。

值得注意的是北面路线，今天的北江已不通广州。但在当时，应可由清远顺流而下经由北江支流白泥河到达广州。在马王堆三号汉墓出土地图中可以看到这条水道，而且和正干绘法一样粗大，说明当时江面宽阔；也可见北江入西江东支正干，然后东南入于海。①

而西面，秦时开辟的灵渠也是沟通湘水和漓水的重要通道，从长江流域出发的船只可以通过水路逾越五岭而至珠江。

司马迁称番禺为"珠玑、犀、玳瑁、果、布之凑"②。"凑"在《说文解字》中释为"水上人之会也"，段注称可引申为"聚集"之义。但在司马迁当时，未必没有指番禺乃水路总汇之义。

### 3. 海路

两汉航海多为近海航行。今天的广州已距海岸有一段距离。但距今 2200—2000 年时正当暖期③，海平面高于现今海平面约 1.5 米，导致海岸线入侵至珠江三角洲的横涌—莞城一线略东。④广州市区沿珠江北岸有分布很广的蚝壳（咸水生长），中山四路、大德路、大南路大量发现泥蚶（浅海泥滩生长），珠江河底多为海相细砂沉积，表明当时的珠江河口在这一带。⑤ 文献亦记载，秦末番禺"负山险，阻南海"⑥，至东汉末年仍"负山带海"⑦。足见秦汉之时，番禺是滨海城市，前有东西走向的溺谷湾，适宜建设港口。根据文献记载推测，番禺的海路交通分东西两路：

（1）东线海路为番禺—揭阳—东冶—东瓯—句章—若邪—武林—白沙。

建元三年（前138），庄助奉武帝命，令会稽太守出兵救东瓯，会稽太守欲抗命，庄助斩一司马后，会稽太守才肯出兵从海上救东瓯。由此可见，从会稽可经海路至东瓯。⑧

元鼎年间（前116—前111），东越王号称要攻打南越叛军，但行至揭阳时，便以海上风浪为借口，停兵不发。由此可见，由番禺向东，可经海路至揭阳，揭阳再东可通东越都城东冶。⑨

---

① 《广州历史地理》，第 429–432 页。
② "番禺亦其一都会也，珠玑、犀、玳瑁、果、布之凑。"《史记》卷一二九《货殖列传第六十九》，第 3268 页。
③ 《广州历史地理》，第 150–151 页。
④ 参见李平日、乔彭年、郑洪汉等《珠江三角洲一万年来环境演变》，海洋出版社 1991 年版。
⑤ 麦英豪：《广州城始建年代及其它》，第 89–90 页。
⑥ 任嚣病且死，召龙川令赵佗语曰："闻陈胜等作乱，……且番禺负山险，阻南海，东西数十里。"《史记》卷一一三《南越列传第五十三》，第 2967 页。
⑦ "建安中，吴遣步骘为交州。骘到南海，见土地形势，观尉佗旧治处，负山带海，博敞渺目，高则桑土，下则沃衍，林麓鸟兽，于何不有。"《水经注校证》卷三十七《浪水》。
⑧ "会稽太守欲距不为发兵，（庄）助乃斩一司马，谕意指，遂发兵浮海救东瓯。"《史记》卷一一四《东越列传第五十四》，第 2980 页。
⑨ "至元鼎五年，南越反，东越王余善上书，请以卒八千人从楼船将军击吕嘉等。兵至揭阳，以海风波为解，不行，持两端，阴使南越。"《史记》卷一一四《东越列传第五十四》，第 2982 页。

元封元年（前110），武帝派横海将军从句章经海路、楼船将军从武林、中尉从梅岭、戈船和下濑将军从若邪和白沙进军东越。① 东冶可经海路通航句章十分明确。而从"楼船将军""戈船将军""下濑将军"的封号推测，此三路亦是从水路，那么东冶也可通航武林、若邪、白沙。

到东汉三国时，这条海道日渐繁荣，成为岭南物产运往会稽、洛阳的主要通道。②

（2）西线海路为番禺—徐闻—合浦—日南障塞—都元国—邑卢没国—谌离国—夫甘都卢国—黄支国—皮宗—日南、象林界—已程不国。

汉军攻打番禺城时，吕嘉、赵建德连夜逃入海，乘船西去。③ 此说明番禺西去可通海。再往西的路线则见于《汉书·地理志》中，虽是武帝时情形，但如上文所述，海路开辟应非一夕之功，起码在南越国时应已开通西线海路，何况以番禺东行航海路线来看，西行如此距离的路线亦非无法胜任之事。④

综上所述，番禺城是岭南地区陆、水、海道的交通枢纽。顾祖禹在《读史方舆纪要》中就认为广州成为都会既有地利原因，也得益于扼岭南交通之要道。⑤

在岭南丘陵地带，水路显然更为便利，船载量又比车更多。汉武帝时，伍被称吴地四郡"一船之载当中国数十两车"⑥。就算南越的造船技术略有滞后，普通木船的装载量也应是车的数

---

① "天子遣横海将军韩说出句章，浮海从东方往；楼船将军杨仆出武林；中尉王温舒出梅岭；越侯为戈船、下濑将军，出若邪、白沙。元封元年冬，咸入东越。"《史记》卷一一四《东越列传第五十四》，第2982 - 2983页。

② "旧交趾七郡贡献转运，皆从东冶泛海而至，风波艰阻，沈溺相系。"《后汉书》卷三十三《郑弘传》，第1156页。"初平中，天下乱，避地会稽，遂浮海客交趾。"《后汉书》卷三十七《桓荣丁鸿列传第二十七·桓晔》，第1260页。"昔在会稽……便与袁沛、邓子孝等浮涉沧海，南至交州。"《三国志》卷三十八《蜀书八·许靖传》，第964页。"以昱为广陵太守，朗会稽太守。……［王］朗自以为汉吏，宜保城邑，遂举兵与策战，败绩，浮海至东冶。"《三国志》卷十三《魏书十三·王朗传》，第407页。

③ "犁旦，城中皆降伏波。吕嘉、建德已夜与其属数百人亡入海，以船西去。"《史记》卷一一三《南越列传第五十三》，第2976页。

④ "自日南障塞、徐闻、合浦船行可五月，有都元国；又船行可四月，有邑卢没国；又船行可二十余日，有谌离国；步行可十余日，有夫甘都卢国；自夫甘都卢国船行可二月余，有黄支国……自武帝以来皆献见。……自黄支船行可八月，到皮宗；船行可三月，到日南、象林界云。黄支之南，有已程不国，汉之译使自此还矣。"《汉书》卷二十八下《地理志第八下》，第1671页。

⑤ "广东之地介于岭海之间。北负雄韶，足以临吴楚；东肩惠潮，可以制瓯闽；西固高廉，扼交邕之噤吭；南环琼岛，控黎夷之门户。而广州一郡，屹为中枢，山川绵邈，环拱千里，足为都会矣。……可以直走湖南。"顾祖禹《读史方舆纪要》卷一百。

⑥ （伍）被曰："……夫吴王赐号为刘氏祭酒，复不朝，王四郡之众，地方数千里，内铸消铜以为钱，东煮海水以为盐，上取江陵木以为船，一船之载当中国数十两车，国富民众。"《史记》卷一一八《淮南衡山列传第五十八》，第3087页。

倍。比起内河水道来说,海运的装载量显然更大也更迅捷。饶宗颐①、余英时②等皆认为在武帝并南越之前,广州就已存在海上贸易。

(三) 番禺与同时期其他港口之比较

得益于陆海联运的地理优势,番禺成为南方最大的贸易集散地。它一方面是海外进出口产品的消费者和生产者,另一方面也是这些进出口货物来往于海外和内陆、东南沿海的中转地。南越国时期,海外贸易和本地出产的物品由地方政权统一调配,以关市或通贡的形式运往中原内陆。身兼地方政治中心和港口的番禺,应是当时海上贸易船队的始航地。加之气象条件优良,甚少遭受恶劣自然灾害(台风、海啸、地震),能够停靠大型船队。

汉平南越后,中央政府可能对贸易线路进行了重新调整,岭南地区的中心港有西移的趋势。元封五年(前106)在南越故地设交州刺史,治所舍番禺而取广信(今梧州),地方政治中心西移。③ 当时对岭南"奢侈品"需求最大的地区是在汉朝版图西部的关中和巴蜀,从岭南西边的港口(徐闻、合浦)经离水、灵渠、长江可直接北上。但不能忽略的是,虽然西汉早期实行"强干弱枝"政策,将关东豪强大富迁往长安,但到平帝元始二年(2),人口数量最大和密度最高的地区仍在关东,尤其是今河南、河北、山东之地④,且巨贾殷富不下长安⑤,所谓"都会"也多在东部,关东地区对"奢侈品"的需求比之关中和巴蜀只多不少。而对关东来说,陆路、内河水路、海路皆可直通番禺,甚为便利。番禺港应当仍未衰落。

合浦港的兴起应是在西汉中期以后。合浦东北的大浪古城遗址,城址西门外发现有土筑码头遗迹,城址上限可至西汉中期,且是南流江流域唯一的该时期城址。⑥ 城址和码头的规模均相对较小。在合浦发掘的1200多座汉墓中,多数为西汉中晚期至东汉墓葬,西汉早期墓极少。⑦ 可

---

① "海道的丝路是以广州为转口中心。近可至交州,远则及印度。南路的合浦,亦是一重要据点,近年合浦发掘西汉墓,遗物有人形足的铜盘。而陶器提筒,其上竟有朱书写着'九真府'的字样(《考古》一九七二·五),九真为汉武时置的九真郡。……这个陶筒必是九真郡所制的,而在合浦出土,可见交、广二地往来的密切。……中、印海上往来,合浦当然是必经之地。"饶宗颐:《海道之丝路与昆仑舶》,载《饶宗颐史学论著选》,上海古籍出版社1993年版,第248页。
② "番禺是中国南部海岸最古老,也是最重要的港口城市。西汉初年,番禺就已经成了繁荣的海上贸易中心。"余英时《汉代贸易与扩张》,上海古籍出版社2005年版,第148页。
③ 注引王范《交广春秋》曰:"交州治羸县,元封五年移治苍梧广信县,建安十五年治番禺县。"《后汉书》志第二十三《郡国五·交州》。
④ 《西汉人口地理》,第96—102页。
⑤ "(主父)偃方幸用事,因言:'齐临菑十万户,市租千金,人众殷富,钜于长安,非天子亲弟爱子不得王此。今齐王于亲属益疏。'"《汉书》卷三十八《高五王传第八》,第2000页。
⑥ 广西文物保护与考古研究所、合浦县博物馆:《广西合浦县大浪古城址的发掘》,载《考古》2016年第8期,第41—49页。
⑦ 熊昭明:《广西发现的南越国遗迹述评》,载《西汉南越国考古与汉文化》,第37页;熊昭明:《汉代合浦港考古与海上丝绸之路》,文物出版社2015年版,第39页。

见此地在西汉中期以前不算繁荣，不足构成经济腹地。南越国为汉所并后，由于地方政治中心的西移以及关中、巴蜀地区的市场需求，合浦日益繁荣，渐与番禺比肩，甚至有取代之势。合浦草鞋村西汉中期至三国时期的城址规模也可反映这一点。①

徐闻港的兴起与近海航行的特点有关，番禺和合浦之间的航线一定要穿越琼州海峡，徐闻正是必经之处。② 这里也是距儋耳、珠崖最近的港口。但徐闻偏在雷州半岛南端，附近无内河可行驶，陆路也甚困难。夏秋季节，台风常在此地登陆，并不利于大型船队的长期停泊。故徐闻并未发现西汉早期的城址和墓葬。这个港口更多地承担了货物和船舶补给③以及戍边的功能。在航海技术发达之后，船只离开海岸线航行，徐闻就逐渐衰落了。

有学者以为《汉书·地理志》所载日南障塞、徐闻、合浦应是船队离开汉朝疆域，计算航线、航程的起点。④ 考虑《汉书》的写作习惯，这是极有可能的。譬如《汉书·西域传》交代西域路线时，称"自玉门、阳关出西域有两道。从鄯善傍南山北，波河西行至莎车，为南道；南道西逾葱岭则出大月氏、安息。自车师前王廷随北山，波河西行至疏勒，为北道；北道西逾葱岭则出大宛、康居、奄蔡焉"。在开始交代西域各国情况之前，也先有一句"出阳关，自近者始，曰婼羌"。以上皆以玉门关、阳关为起点。而日南障塞、合浦也应是作为离境关卡。日南障塞之"障塞"，亦见于元帝使车骑将军许嘉口谕呼韩邪单于书："中国四方皆有关梁障塞，非独以备塞外也，亦以防中国奸邪放纵，出为寇害，故明法度以专众心也。"⑤《史记·朝鲜列传》亦称："自始全燕时尝略属真番、朝鲜，为置吏，筑障塞。"⑥ 可见"障塞"在两汉之时，系指设于汉朝疆域边界上的关障，日南障塞即是最南境的边关。合浦亦有关。⑦ 徐闻关未见明载，但作为距儋耳、珠崖最近的地点，按常理在元帝废此二郡以后也应设有关。在东汉刘向《列女传》中，某任珠崖令死于任上后，妻子儿女送丧还乡，入关时误犯"禁珠入关"之法。⑧ 此"关"可能就在距珠崖最近的徐闻。另据《二年律令·津关令》"其令扞关、郧关、函谷、临晋关，及

---

① 广西文物保护与考古研究所、厦门大学历史系考古专业、广西师范大学文化与旅游学院：《广西合浦县草鞋村汉代遗址发掘简报》，载《考古》2016年第8期，第50—74页。
② 广东省博物馆：《广东徐闻东汉墓——兼论汉代徐闻的地理位置和海上交通》，载《考古》1977年第4期，第277页。
③ "汉置左右候官，在（徐闻）县南七里，积货物于此，备其所求，与交易有利，故谚曰：'欲拔贫，诣徐闻。'"《元和郡县图志·缺卷逸文卷三·岭南道·雷州》。
④ 周连宽、张荣芳：《汉代我国与东南亚国家的海上交通和贸易关系》，载《文史》1980年第9辑。
⑤ 《汉书》卷九十四下《匈奴传》。
⑥ 《史记》卷一一五《朝鲜列传第五十五》，第2985页。
⑦ 《汉书》卷二十八下《地理志下》，第1630页。
⑧ "二义者，珠崖令之后妻及前妻之女也。女名初，年十三。珠崖多珠，继母连大珠以为系臂。及令死，当送丧。法：内珠入于关者死。继母弃其系臂珠，其子男年九岁，好而取之置之母镜奁中，皆莫之知。遂奉丧归，至海关，关候士吏搜索得珠十枚于继母镜奁中。吏曰：'嘻此值法，无可奈何，谁当坐者？'"〔汉〕刘向：《古列女传》卷五《节义传·珠崖二义》，中华书局1985年影印版，第147页。

诸其塞之河津",可知有陆关亦有水关。① 因此,在《汉书·地理志》关于海上贸易的记载中,"自日南障塞、徐闻、合浦"的含义应当与"自玉门、阳关"的含义类似。至于为何没有出现"番禺",大概与《汉书·地理志》成书时已是中心港西移的时代有关。

(四) 小结

在近海航行的两千年前,海洋贸易之路很难说何处是起点。但正如文章开始对"始发港"的定义,考察整条航线,在海洋贸易开展之初的南越国时期,番禺无疑是最重要的始发港,拥有广大的经济腹地(都会),海陆转运便捷,并能容纳大型船队和大规模货物。南越王宫苑、南越王墓在"海上丝绸之路"象征的角色,见证了从民间零散贸易开始转向官方大规模贸易的关键环节。

## 五、南越王宫署、南越王墓与"海上丝绸之路"

(一) 南越宫苑遗址

番禺城东界约在今天旧仓巷西侧,南界就在今天西湖路与惠福路之间,西界大概要到今天的人民公园和吉祥路附近,北界则在今天越华路南侧一带。宫城在城内北部,范围大概在今旧仓巷以西、吉祥路以东、中山路以北和越华路以南,东西长约 500 米,南北宽约 300 米,面积约 15 万平方米。② 宫城大体可分为宫殿区和宫苑区。

宫殿区位于宫城的中部。已发掘的南越宫苑遗址、南越王墓和淘金坑汉墓出土戳印"长乐宫器""长秋居室""华音宫"和"未央"等宫殿名称的陶器。据此,结合已揭露的南越国宫殿基址散水情况综合分析,南越国宫室名称、建筑形制多效仿汉廷,但规模要小。③

宫苑区位于宫城东北部,依山面水,由北面的石构水池(蕃池)和南面的曲流石渠构成主要景观。蕃池平面大致呈长方形,占地约 4000 平方米,最深处 2.5 米。池壁内倾,用平整的砂岩石板呈密缝冰裂纹铺砌,石板上凿刻有"蕃""睆""冶""阅"等字。池底用碎石铺砌,东北角有一根倾倒的大型叠石柱,附近散落八棱石柱、石门楣和铁门枢轴等建筑构件,推测池中原有一组大型建筑群。池外南面残存石板地面,附近散落大量八棱石望柱、望柱座石、板瓦、筒瓦和"万岁"文字瓦当等建筑材料和构件,推测池周原应建有临水建筑和石构栏杆。曲流石渠残

---

① 张家山二四七号汉墓竹简整理小组:《张家山汉墓竹简(二四七号墓)》,文物出版社 2006 年版,第 83 页。
② 《南越宫苑遗址》上册,第 284 页。
③ 《南越宫苑遗址》上册,第 285—286 页。

长约160米，渠壁用砂岩石块和石板砌筑。渠底用砂岩石板做密缝冰裂纹铺砌，上铺一层灰黑色河卵石，其间用黄白色的大砾石呈"之"字形疏落点布。渠侧有防止泥沙流入的挡墙。石渠东端的弯月形石池上可能建有亭台类建筑，西端尽头处有石板平桥和步石，西面和南面还建有廊道等园林建筑小品。

总之，宫苑区的园林水景主要由石材构筑，广泛使用八棱石柱、叠石柱、石望柱、石门楣、石箅等石质建筑构件。石料虽然取自番禺城内以及城郊流溪河一带[①]，但建筑形态和理念在当时极其罕见。

史前至西汉时期，中国大部分地区的建筑（包括墓葬）均以木构为主。生人使用的建筑中，只有相当于龙山文化时期的陕西神木石峁存在石城遗址。大型建筑遗址中，石材的使用多局限于柱础、沟渠。东汉开始才出现较多石构建筑，但主要是与丧葬相关的建筑，如墓室、门阙、祠堂、碑、人兽雕像等。此外，在经过考古勘探的汉唐时期的池苑遗址中——如秦兰池宫的兰池、汉长安城未央宫的沧池和唐长安城大明宫的太液池——水池坡岸和池底均保持凿地后形成的自然形态，而未见筑石痕迹。[②] 对于一个主要由"中国人"建立的地方政权来说，宫室全仿汉制，却将石材运用于生人尤其是宫室建筑，这意味着在观念上的重大突破。[③]

以砖石为主的建筑体系在东亚内陆并不盛行，而早在青铜时代却已流行于两河流域和地中海地区，希腊化时代以后亦盛行于印度河流域。南越国宫苑石构建筑的技法纯熟，在中原和岭南都未见渊源，甚至在南越国之后的很长一段时间内也未见继承。因此，有理由怀疑这样突兀出现的观念和技术是受到外来文化的冲击：

（1）蕃池池壁和曲流石渠渠底均由不规则形状的砂岩石板呈密缝冰裂纹拼砌而成。这种砌法与"乱石砌"砌法相似。后者在地中海和小亚细亚沿岸地区的建筑上应用广泛，如公元前16—前12世纪希腊克里特岛上的克诺索斯宫殿地面，以及公元前7世纪小亚细亚沿岸士麦那的雅典娜神庙的墙壁和通道。

（2）曲流石渠渠壁用砂岩石块叠砌，这种砌法早在公元前1250年希腊迈锡尼宫殿石墙已见应用。

（3）蕃池东北部发现有倒塌的叠石柱。在古埃及、古希腊等地，圆形或方形的叠石柱广泛使用。此外，遗址还出土数量较多的八棱石柱、八棱石望柱等建筑构件，这种八棱形柱体，在印

---

[①]《南越宫苑遗址》上册，第214-232页。
[②] 参见吴凌云主编《南越宫苑》，华南理工大学出版社2011年版。
[③] 石构生人建筑的做法在中原地区一直到明清时期都并不发达，而岭南地区在南越国之后仍旧有存在，澄海龟山东汉时期的建筑遗址就有石墙、卵石踏面的做法。参见广东省文物考古研究所等《广东澄海龟山汉代建筑遗址》，载《文物》2004年第2期，第27-39页。

度早期佛教建筑桑奇（Sanchi）大塔外围栏上大量出现。①

（4）宫苑遗址出土的部分青灰胎大砖上施有釉，但工艺还不成熟，胎釉结合性较差。经检测，釉层中钠钾等碱金属氧化物含量约达到14%，与中国本土陶瓷上常见的以钙为主要助熔剂的灰釉以及以钙、铁等为主要助熔剂的泥釉相异，也与本土常见的铅钡玻璃、钾钙玻璃不同，但和外来钠钙玻璃比较接近。这是中国目前所见最早的钠钾碱釉，是否受到西方玻璃制造技术的影响有待进一步考证。②

虽然宫苑有这些外来建筑技术的影响，但总体风格仍是仿照汉朝制度，如砖瓦的形制等，表现出文化的交融。

## （二）象岗西汉南越王墓

象岗南越王墓位于番禺城西北郊，属于"凿山为藏"的石室墓。墓底距原岗顶深约20米。墓坑为竖穴与掏洞相结合。南面连接斜坡墓道与外藏椁，整体平面呈"士"字形。墓室用琢磨平整的红砂岩大石板砌筑，分前后两部分，共七室，各室间以石墙间隔，有门道相通，墓顶以数吨重的大石板平铺。总建筑面积达100平方米。前部为前室、东耳室（宴乐用具之所）、西耳室（库藏之所），平面呈横长方形。后部四室，包括主室、东侧室（婢妾之所）、西侧室（庖丁厨役之室），主室后端由两堵石柱分隔出后藏室（储藏食物之所），整个后部呈方形，前室、主室各有石门封闭，墓室内五个通道分别通往各室，均有木门，其中二石门及其门楣、前室四壁及其顶盖石上，都有朱墨彩绘的卷云纹。③墓道内四周填了许多巨石。经鉴定，墓室的大石开采自广州东南郊的番禺莲花山和北郊的飞鹅岭一带。④

该墓内出有若干比较明确的外来物品：

（1）非洲象牙。西耳室出土的五根原支象牙，经鉴定表明有可能是非洲象牙。⑤

（2）凸瓣银盒。"足箱"出土，内装半颗药丸。盒身和盒盖上锤揲出凸出的辐射状花瓣纹，与山东临淄西汉齐王刘襄墓陪葬坑所出的类似。此类银盒毫无疑问是外来的，但其来源地却存在争议，主要有波斯说和希腊—罗马说两种。徐苹芳认为原产西亚或中亚。孙机、饶宗颐则认为从工艺分析应当来自安息。齐东方推测它们应是通过海上丝绸之路传来的波斯或罗马地区的银器。林梅村认为来自罗马。法国学者米歇尔·琵若茹丽则认为是从希腊化地区进口（其中几件也可能是仿制的），但经过了中国化的改造。赵德云认为银盒的凸瓣纹装饰源自波斯艺术，通过草原

---

① 吴凌云主编：《南越宫苑》，华南理工大学出版社2011年版，第38—39页。
② 《南越宫苑遗址》上册，第208、212页。
③ 参见广州市文物管理委员会等编《西汉南越王墓》上册，文物出版社1991年版。
④ 于兰：《秦汉时期岭南越人与外界的交往》，《暨南学报（哲学社会科学）》1994年第4期，第82页。
⑤ 《西汉南越王墓》附录一四《广州象岗越王墓出土动物遗骸的鉴定》，第463—472页。

游牧民族再经由平南越的秦军传入，但整体造型更接近中国传统的造型艺术。南越王墓银盒盒体与盖钮的化学成分存在差异，应不是一次性制造，存在外来工匠在中国参照传统造型艺术加以异域装饰制造的可能性。① 夏增民认为银盒该体系舶来品，盖钮和器座是流入南越国后附加的。② 李庆新认为银盒的造型与纹饰风格均与波斯帝国早期金银器相似，应是外来的。③ 关于银盒的传入路线大致有两种意见：海路说和滇缅印道或交趾陆道。尤以前者影响为大，徐苹芳、孙机、饶宗颐、齐东方、林梅村等均持此见。④

（3）乳香。出于西耳室的一件漆盒内，发现时呈树脂状，外形与泉州后渚宋船内发现的乳香类似。经广州分析测试中心做红外光谱分析，发现其成分与松香截然不同，而与现代乳香稍异，可能是经过两千多年的埋藏后略有分解。乳香主要产于红海沿岸的阿拉伯地区，东南亚地区也有出产，魏晋时期的文献中提及大秦、交州亦有产。⑤

（4）四连体铜熏炉。西耳室三件、东侧室两件。炉体由四个互不连通的小盒组成，可以燃烧四种不同的香料。熏炉虽非外来，却与外来香料的传入息息相关。根据《楚辞》和马王堆一号汉墓出土的香料，先秦传统的香料主要是自然香草或燃香。而东南亚地区的树脂香料则须熏。因此，熏炉的出现与熏香香料的传入有关。熏炉首先见于楚地。战国早中期湖北、河南一带的楚墓中所见三足镂空铜杯应是装香草之用。曾侯乙墓所出三足熏盘所熏烧物体未必是香料。战国晚期，南楚（湖南长沙、益阳、怀化）等地墓葬中出土豆形熏炉。南越国时期熏炉大量出土于广州地区。此后熏炉才逐渐北传，产生了中原的博山炉。这说明香料和熏香习俗是先兴起于岭南，后传至中原的。⑥

（5）焊珠金花泡饰（多面金珠）。发现于墓主的上胸部位，共32枚。泡饰直径约1.1厘米，呈半球形。泡面用金丝焊接成圆形、心形、辫索形等多种立体图案，还有用4粒小金珠做三下一上焊接而成圆锥形图案。在20倍的显微镜下可清楚地看到焊接点。据H. Margon研究，这种焊珠工艺在西亚两河流域乌尔第一王朝时期（前4000年）就已出现，随后流行于古埃及、克里特和波斯等地，公元前4世纪亚历山大东征以后流传到今印度、巴基斯坦一带。巴基斯坦公元前3世

---

① 赵德云：《凸瓣纹银、铜盒三题》，载《文物》2007年第7期，第81-88页。
② 夏增民：《由广州南越王墓所见文化遗存透视岭南文化变迁》，载《华夏考古》2010年第1期，第105-109页。
③ 李庆新：《从考古发现看秦汉六朝时期的岭南与南海交通》，载《史学月刊》2006年第10期，第11页。
④ 赵德云：《凸瓣纹银、铜盒三题》，载《文物》2007年第7期，第81-88页。
⑤ 张荣芳、周永卫、吴凌云：《西汉南越王墓多元文化研究》，中山大学出版社2015年版，第144-150页。
⑥ 李龙章：《岭南地区出土的汉代熏炉及熏香习俗起源浅议》，载《西汉南越国考古与汉文化》，第164-176页；石云涛：《丝绸之路与汉代香料的输入》，载《中原文化研究》2014年第6期，第59-66页。

纪的呾叉始罗遗址中就有焊珠工艺的发现。①

(三) 小结

作为与海外官方贸易的肇始者，南越国在海丝史上无疑有重要的地位。南越王宫署作为其政令所出处，也是第一个鼓励海外贸易的政权，可以看作海丝发端的代表。而南越王墓则是早期海丝贸易的体现，墓内多种外来物品即物证。

## 结　语

海丝是官方贸易之路，始于南越国，当以其都城番禺为起点。广州成陆早，季风气候。南中国海沿岸中央的天然良港，江海联运，节省成本，前有马蹄形溺谷湾，水位深、流量大、不淤积，又有经济腹地。② 番禺城及南越王宫署既是早期海丝的始发港口，亦是首次开辟海丝贸易的决策中心，是海丝贸易"时间和空间"的双重起点。

附记：本文在写作过程中，得到张萌、胡心儿、黄智彤、张月、郑璐璐、罗翀、罗佳明、梁云诗、吴昊等同学在资料搜集方面的帮助，特此致谢。本文部分（二至四）刊发于《芳林新叶——历史考古青年论集》（第二辑）（上海古籍出版社2019年版。收入本书时部分文字有增改）。

---

① 广州南越国遗迹申报世界文化遗产工作领导小组办公室编：《南越国遗迹研究》，广东人民出版社2011年版，第213-227页；李庆新：《从考古发现看秦汉六朝时期的岭南与南海交通》，载《史学月刊》2006年第10期，第12页。

② 黄启臣：《广州成为海上"丝绸之路"起点的地理经济条件》，载广州市国家历史文化名城发展中心等编《论广州与海上丝绸之路》，中山大学出版社1993年版，第30-31页。

# 附表一  东南亚地名与中文译名对照一览

| 中文 | 原文 |
| --- | --- |
| 昂栋 | Ngandong |
| 巴芝丹 | Pacitan |
| 班多塔菲 | Ban Don Ta Phet |
| 班高 | Ban Kao |
| 班湄塔 | Ban Mae Tha |
| 班那迪 | Ban Na Di |
| 班农瓦 | Ban Non Wat |
| 班他科 | Ban Tha Kae |
| 班塔 | Ban Prasat |
| 保愈类型 | Bau Du |
| 保卓文化 | Bau Tro |
| 北山文化 | Bac Son |
| 查卑文化 | Cao Beo |
| 查洞 | Gua Cha |
| 淡边 | Tampan |
| 杜容洞 | Duyong Cave |
| 度山 | Do Son |
| 多笔文化 | Da But |
| 鹅木 | Go Mun |
| 鹅忠 | Go Trung |
| 芬内 | Fingnoian |
| 富禄 | Phu Lon |
| 哥打淡边 | Kota Tampon |
| 和平文化 | Hoa Binh |
| 昏果瓦 | Con co Ngua |
| 酱丘文化 | Giong Phet |
| 柯柏普 | Khok Phlap |
| 科查隆 | Khok Charoen |
| 科潘纳迪 | Khok Phanom Di |

(续附表一)

| 中文 | 原文 |
|---|---|
| 拉昂斯边 | Laang Spean |
| 莱泽-布拉坎文化 | Rizal-Bulakan |
| 朗布荣 | Leang Burung |
| 朗隆洼 | Lang Rongrien |
| 利万 | Liwanian |
| 陇和 | Lung Hoa |
| 缦帕 | Man Bac |
| 摩桥洞 | Moh Khiew |
| 那姆文化 | Nguomian |
| 纳山 | Nui Nap |
| 能诺 | Non Nor |
| 能诺他 | Non Nok Tha |
| 尼阿文化 | Niah |
| 尼卡洪 | Nil Kham Haeng |
| 农帕外 | Non Pa Wai |
| 农武洛 | Noen U-Loke |
| 彭努安 | Phung Nguyen |
| 琼文文化 | Quynh Van |
| 仁村 | Xom Ren |
| 赛育洞 | Sai Yok |
| 三隆盛 | Samrong Sen |
| 散潘 | Sampung |
| 桑吉兰 | Sangiran |
| 沙莹文化 | Sa Huynh |
| 山韦文化 | Son Vian |
| 神灵洞 | Spirit Cave |
| 他科 | Tha Kae |
| 塔邦 | Tabon |
| 陶连文化 | Toalian |
| 铜荳 | Dong Dau |
| 翁巴洞 | Ongbah |
| 下龙文化 | Ha Long |
| 照儒类型 | Soi Nhu |

## 附表二　环南海地区史前至两汉主要考古学文化及遗址一览

| 区域 | 距今12000—7000年 | 距今7000—5000年 | 距今5000—4000年 | 距今4000—3000年 | 夏商 | 两周 | 秦—西汉 | 东汉 |
|---|---|---|---|---|---|---|---|---|
| 越南北部 | 和平文化（距今12000—7000年）、北山文化（距今9000—7000年） | 查卑文化（距今7000—4500年）、多笔文化（距今7000—6000年） | 琼文文化（距今4000—4500年） | 冯原文化 | | 东山文化 | | |
| 黔桂高原斜坡 | 顶蛳山文化（距今8000—7000年） | 顶蛳山四期类文化遗存（距今6500—4000年） | | | | | | |
| 北部湾东北 | 阳春独石仔 | 遂溪鲤遗址鱼墩 | | | | | | 合浦东汉墓 |
| 南岭南麓 | 桂林甑皮岩、桂林大岩、青塘七个洞穴、英德牛栏洞三期、始兴玲珑岩、南雄、阳山、封开簕竹口等遗址群 | 由河口变为河流中游，文化遗存贫乏"后沙遗存Ⅰ期"（封开簕竹口、高要蚬壳洲）"后沙遗存Ⅱ期"（石峡第一期） | 石峡文化 | | | 乐昌对面山、广宁铜鼓岗、龙嘴岗、平乐银山岭、封开利羊墩 | 平乐银山岭 | |
| 珠三角冲积平原 | 低地为水域 | 东莞南城区蚝岗、增城金兰寺 | 水域或沼泽地东莞园洲和博罗葫芦岭 | 潟湖成陆博罗横岭山 | | 梅花墩、银岗、增城浮扶岭 | 广州汉墓 | 广州东汉墓 |
| 北部网河平原 | 低地为水域 | 西樵山细石器地点 | 高明古椰（距今4500年）、三水银洲 | | 东江的村头、西江的河宕、三江汇流广州南沙的鹿颈村、南海鱿鱼岗 | | | 番禺东汉墓 |
| 南部网河平原 | 水域 | 咸头岭文化（距今7000—6000年）东湾仔类型（距今6000—5000年） | 沙丘延伸，潟湖成陆 | | | | | |
| 韩江—榕江流域 | 漳州文化 | 陈桥类型（距今6000—6500年） | | 虎头埔文化（距今4200—3500年） | 后山文化—浮滨文化 | | | |

## 附表三 岭南地区及长江中下游地区主要考古学文化对照表

| 年代 | 区域 | | | | | | |
|---|---|---|---|---|---|---|---|
| | 越南北部 | 桂西 | 粤北 | 粤东 | 珠三角 | 长江中游 | 长江下游 |
| 距今10000年 | | | | | | | |
| 距今9000年 | | | | | | 彭头山文化（距今9000—7600年） | |
| 距今8000年 | 和平文化（距今12000—7000年） | 顶蛳山文化（距今8000—7000年） | | | | | 跨湖桥文化（距今8000—7400年） |
| 距今7000年 | | | | | 咸头岭文化（距今7000—6000年） | 皂市下层文化、汤家岗文化、高庙文化（距今7500—6500年） | 河姆渡文化（距今7000—6000年）、马家浜文化（距今7000—6000年） |
| 距今6000年 | | | | | | 大溪文化（距今6500—5300年） | 崧泽文化（距今6000—5300年） |
| 距今5000年 | | | 石峡文化（距今5000—4000年） | | | 屈家岭文化（距今5300—4500年） | 良渚文化（距今5300—4100年） |
| 距今4000年 | 冯原文化（距今4000—3500年） | | | 虎头埔文化（距今4200—3500年） | | 石家河文化（距今4000—3300年） | |
| 距今3000年 | | | | 后山文化 | | | |
| 距今2000年 | | | | 浮滨文化 | | | |

# 广州陆海环境和海上贸易之便

王真真

在人们真正掌握远洋航海条件和造船技术之前，海上贸易和交通往来一直采取近海沿岸航行和近海直线航行交替进行的方式。如果我们把东晋法显由印度返航的经历视为一次受到海上风浪严重干扰的航行，那么，北魏《洛阳伽蓝记》中印度僧侣菩提拔陀的海上来华旅程则可说明，至迟南朝以前，海上丝绸之路印度至中国的南海航线，已经建立起沿海南岛东部，经西沙群岛北礁的新航路。①

这条航路还可以再继续经由东南亚，穿过马六甲海峡，直达更远的印度洋、红海和波斯湾。法显和菩提拔陀分别记述的航行路线，很可能正是这条直线航路中西起印度、东至中国的一段。由于免去环绕北部湾，途经合浦、徐闻，以及穿越琼州海峡，路程被大大缩短了。广州作为港口城市，在海上贸易活动中的地位大大提升。这一时期港口地位的根本逆转，标志着海上丝绸之路的广州时代正式开启。

如果我们以广州作为考量的中心，将这一历史性时期之前的海上活动作为海上丝绸之路的前贸易时代，那么，最早大致可追溯到公元前4世纪。当时岭南尚属楚国势力范围，无建制。《吕氏春秋·恃君览》（卷二十）云："扬汉之南，百越之际，敝凯诸、夫风余靡之地，缚娄、阳禺、驩兜之国，多无君。"但是，岭南的自然环境和区位受地理位置、气候条件等的客观影响，地域特征鲜明，族群族属、风土民俗和物产极具东南亚地区特点。特别是物产，受亚热带、热带气候条件影响，非这一特定地区则极为稀有，比如名贵木材、香料等。事实上，秦汉中原政权和北方移民南下前的岭南地区，风土民情受族群关系决定与东南亚地区形成了一个共同单元。小至聚落民居形态、室内装饰、居住饮食习惯、服饰衣着，大至宫殿、寺院、城市布局等方面不同程度带有地区文化共性。

在早期对外交往方面，包括越南北部在内的岭南地区，以及东南亚各国、印度，同西域、中亚、西亚、地中海地区早有密切的交流往来。有研究表明，"公元166年踏上中国国土的人们被

---

① 〔北魏〕杨衒之著，尚荣译注：《洛阳伽蓝记》，中华书局2012年版，第331页。

称作罗马人,其实,他们可能既不是来自罗马,也非来自意大利,而是一个覆盖整个西方庞大帝国的臣民"。这个所谓"西方",其实就是指亚历山大帝国从中亚至印度北部的广大"泛西方"地区。"南方诸国,亦与西域、大秦、安息、身毒诸国交通往来。或三方四方,浮浪乘风,百日便至。"① 这一"泛西方"地区经由印度再穿越岭南进入中国大陆地区,主要通过陆上西南丝绸之路和南海海上丝绸之路两个渠道。而无论选择哪一个,岭南都是这两条通道最终的中心和枢纽。对于中原王朝而言,岭南之势在必得,便在于能够于欧亚内陆丝绸之路以外,建立起更加稳妥、畅通、和平的对外贸易往来和文化交往之路。

楚怀王六年(前323)所制的"鄂君启舟节"铭文,为这段久远却奠定了海上丝绸之路开端的前贸易时代提供了背景说明。"鄂君启舟节"铭文对湘水沿岸交通路线记载比较详细。据谭其骧先生考证,鄂君的水程西南路入湘、入耒,航线遍布今湖北西南、湖南极大部分,远至广西边境。这说明,早在战国中晚期,楚国的官商船队就经由湘、资、沅、澧诸水,远达沅湘上游及五岭地区经商,最远可达邑阳等五岭关口。②

帕提亚人成功地垄断欧亚大陆沙漠地区的陆上丝绸之路,挡在中国和罗马之间,如骨鲠在喉。汉武帝雄才大略,为了发展海外贸易,在番禺举行了中国第一次远洋贸易航行。《汉书·地理志》(卷二十八下)记载:"粤地,……秦南海尉赵佗亦自王,传国至武帝时,尽灭以为郡云。处近海,多犀、象、玳瑁、珠玑、银铜、果、布之凑。中国往商贾者多取富焉。番禺,其一都会也。"

166年,罗马也终于冲破安息商人和印度商人的航线垄断,直航到了广州。"至桓帝延熹九年,大秦王安敦遣使自日南徼外献象牙、犀牛、玳瑁,始乃一通焉。""桓帝时,扶南之西,天竺、大秦等国,皆由南海重译贡献,而蕃贾自此充斥扬、粤矣。""中国与罗马等西方国家之海上贸易,要以广州为终止点;盖自纪元三世纪以前,广州即已成为海上贸易之要冲矣。"③

这些罗马人无论是真正的使者,还是商人冒充,他们和汉武帝派出的出使商团一样勇气可嘉,一样是绵延两千余年海上丝绸之路的奠基者。他们的功绩在于分别从遥远的国度动身进行了一次完整的长途旅行,没有半途而废,也没有把这项浩大的行程交给印度以及亚洲其他地区的商人去完成。④

166年之后,罗马商人开始频繁地登陆扶南(柬埔寨),叙利亚、中亚航海家将海陆延伸到了印度南部和锡兰。海上丝绸之路的广州时代拉开序幕,与同时期欧亚沙漠商队一样,将产自印

---

① 〔北魏〕杨衒之著,尚荣译注:《洛阳伽蓝记》,中华书局2012年版,第331页。
② 〔北魏〕杨衒之著,尚荣译注:《洛阳伽蓝记》,中华书局2012年版,第5页。
③ 陈柏坚、黄启臣编著:《广州外贸史》,广州出版社1995年版,第49页。
④ [法]让-诺埃尔·罗伯特著,马军、宋敏生译:《从罗马到中国——恺撒大帝时代的丝绸之路》,广西师范大学出版社2005年版,第183页。

度、中国的华丽丝绸源源不断送往西方。

岭南正式被纳入中原王朝政治统治体系选址筑城的时候，广州现今所在的珠江三角洲平原还不存在。根据文献对任嚣城、赵佗城的记录描述，以及南越王宫署遗址的考古发掘，各种信息都指示广州城最初的基址所在地地形、地貌应该更接近丘陵。现在我们会说广州位于珠江三角洲平原，但从选址时的情况看，城筑在海拔15～25米的较平缓的丘陵山冈上。这些山冈是越秀山的余脉，基岩由花岗岩、片磨岩、变质岩等坚硬岩石构成，相当坚硬耐侵蚀。筑城用的也是这种坚固耐久的石材。从已发掘的宫署遗址的宫苑部分看，曲流石渠等景观建筑、水景构筑物大量采用石材作为建筑用料，同时配合精美的铺地方砖和琉璃瓦。这座规模不大却相当精致工巧的小城很可能是一座石头城。这些特征都表明，城址所在的丘陵山冈下面不远处就是海岸线，或者说是珠江河口。

因此，从时间因素考量，真正受官方认可并由官方主导实施的海上丝绸之路贸易活动，与广州城建城以及珠江三角洲成陆，可以说起始于同一时期，是同呼吸、共命运的三个新生事物。而如果我们从这三者的相互关系上看，则可能更有趣。假使我们将大陆、珠江三角洲比作父亲，将海洋和海上丝绸之路比作母亲，而广州毫无疑问就是那个幸运儿。事实上，广州的城市发展的确仰赖中原内陆和珠三角地方社会的资源供给与协作，同时受到海洋资源和海上丝绸之路沟通交往之便的直接推动，两方面条件缺一不可。到了明清，以广佛为中心的珠三角地区区域城市化、系统化和国际化的长远受益者则转变为中国内陆和海上丝绸之路沿途的各国，以及最终的世界体系。这一连串复杂事件和因果联系，使我们必须清楚认识珠江三角洲及其周边的海洋环境。

## 一、珠三角成陆

晚更新世地体沉降和海面上升，珠江三角洲地区相继发生了晚更新世晚期和全新世中期的海侵，接受了厚达20～30米、局部超过50米的晚第四纪海陆交互沉积，奠定了现代珠江三角洲的发育基础。[①] 在这一地质基础上，珠江三角洲则主要是西江、北江、东江、流溪河和潭江等河流泥沙下泄堆积而成的复合型三角洲，范围西起三水的思贤滘，东至东莞的石龙，南至八大出海口门，总面积9000平方千米。珠江三角洲成形于江河泥沙沉积，所以，水和沙都很重要。西江是最大的贡献者，它是珠江最大支流，径流量占76%，其次为北江，约占14%。输沙量亦显示相同的贡献情况：西江89%，北江7%。总体上，珠江上游来水来沙随季节变化显著，洪季占全年水沙输入量的80%～90%。[②]（以上数据根据1950—1980年水文资料统计）

---

① 尤联元、杨景春主编：《中国地貌》，科学出版社2013年版，第491页。
② 尤联元、杨景春主编：《中国地貌》，科学出版社2013年版，第492页。

海岸线的变化反映出珠江三角洲的形成速率。全新世中期，由于海侵珠江三角洲地区是一片溺谷型海湾，海岸线大约位于黄埔—市桥—陈村—大良—江门—沙富一线，称为古海岸线（6000aB.P.）。古海岸线以外主要是沙田平原，地势较低（2500aB.P.）。海岸线 6000～2000aB.P. 标志线维持了相当长时间，变化不大。因为泥沙下泄量小，形成了潮滩和潮成平原。"秦汉开始，岭南地区逐渐开发，流域泥沙下泄加剧。6 世纪，海岸线发展到婆仔峡—西樵山—沙湾—黄埔一线。唐宋以后淤积更加显著，13 世纪岸线推进到横栏—港口—三角—石楼—莞城一线。明清时期，岸线变化进一步加快，以每年数十米的速率淤长。17 世纪初，西江、北江联合三角洲迅速淤长，西江主干达磨刀山门附近。三角洲岸线从新会双水，经由三江、大鳌、大涌、张家边、三角、南沙、茭塘、黄埔、漳澎和太平，迄于宝安沙井一线。至此，统一的珠江河口湾演化为以西、北江联合三角洲为主体，以伶仃洋和黄茅海河口湾为两翼的复合体，奠定了珠江三角洲八大出海口门的基本形式。近代三角洲岸线以 100 米/年以上的速度向海推进。因此，珠江三角洲主要是近 2000 年来，人类活动加大固体径流量之后形成的。"

唐以前，珠江三角洲地形特征发育尚不显著。但"公元 6 世纪，海岸线发展到婆仔峡—西樵山—沙湾—黄埔一线"。珠江三角洲平原地形形态初见端倪，同时，广州与阿拉伯商人的海上贸易已经热火朝天。海湾里、珠江上甚至城门下，到处停泊着满载货物的商船。"'自州东八十里有村，号曰古斗，自此出海，浩森无际。'此古斗村'在今广州治之东南，海道八十里，扶胥之口，黄木之湾'。扶胥和黄木湾依山面海，樵汲充足，扶胥镇因扶胥江得名。而黄木之湾正如倒置斗形，古斗村即在斗形的底部。此湾正是今狮子洋和广州珠江接连地点，东西向珠江漏斗湾到此转南北向的狮子洋大漏斗湾。珠江漏斗湾由广州'小海'阔 1500 米，到扶胥口扩为 2500 米，称为'大海'。珠江口内，洪潮急紧，而由扶胥口转南，江面骤宽，洪潮转弱。加上南面的市桥台地在一定程度上减弱台风的侵袭。……随着河南、市桥台地逐渐被附近泥沙淤积而扩大，珠江不断东进，加上海水涨潮和退潮的影响，至宋时，广州南海县以东的江道，既受潮水影响，又受珠江影响，故这段漏斗状河道处于内河与海洋的交汇地段，而在唐时，这段水道为海水作用，海舶可以直接航至广州城下。"①

上述引文极为写实地将地图转化为文字场景，图文对照应该已经清楚地解释了珠江三角洲的形成过程，以及该地区陆海关系的地形变化。我们应该注意的是这些地形环境的特点以及赋予广州的港口条件。

首先，广州的地理位置深入内陆。广州以东有东莞、惠州，以西有清远、肇庆、江门，两翼像扇面一样朝向狮子洋打开，广州位于最靠近内陆的位置。无论盛行东北季风，还是西南季风，都很难冲击到夹在两翼地区中间的广州。

---

① 王元林：《海陆古道——海陆丝绸之路对接通道》，广东经济出版社 2015 年版，第 50 页。

从海面情况看，广州港与外海之间有狮子洋大漏斗湾和黄木湾，大小两个海湾作为风浪和海潮的过渡空间。而且，狮子洋大漏斗湾和黄木湾之间还存在近似"L"形的转向，就像中国古建筑入户大门处总是设法通过"L"路径避免直面庭院或厅堂主体建筑一样。海湾以及海湾的特殊形态，使广州港免于经受风浪的直接冲撞。即使超强台风经过也会被大大缓解，降低气象等级。

另一个天然的防风条件是，广州城下珠江南岸的河南、市桥台地随着周围泥沙沉积，这两处原本就地势较高的丘陵台地规模面积大为增加，看上去酷似一座影壁挡在广州面前。

从总体看，广州港深入内陆，加上海湾的形态、三角洲淤长，以及河南、市桥两处丘陵台地规模扩大，珠江口向东推进的过程使河道与狮子洋相连的这一段航程的航道逐渐变窄、廊道化，向狮子洋推伸，不再是直面河口，广州港的防风、防潮优势得到强化。

## 二、南海地貌与航线优势

广州港口条件得天独厚的另一方面，是南海作为外部航海环境，不仅对防风防潮有所增益，而且对近海沿岸航行和直线航行均十分有利。

南海位于太平洋西部，亚洲大陆和澳大利亚大陆之间，面积相当于东海、黄海和渤海总面积的2.8倍。北至西为中国大陆和中南半岛所封闭，海岸西凹成两大海湾——北部湾和泰国湾；东至南为台湾岛、吕宋岛等大型岛屿所环绕，有众多海峡与邻近海洋沟通，比如东北有海槛水深2600米的巴士海峡等通太平洋。应该注意一系列体现地貌环境特点和有利于区域环境形成的关键词，它使我们知道，南海首先是一片处于大陆之间的辽阔海域，周围被大型岛屿封闭、环绕，还有很深的海槛；与外围深海的沟通主要通过海峡，海峡之间大体呈环状，层层向外展开。

海面环境是海底地貌构造的表征。南海海底地貌形态总体呈环状包围态势，最外围由大陆架、大陆坡组成。其中，西南部和北部大陆架外缘隆起构造脊，属堤坝型陆架，水深发育层级丰富，尤其以80～100米水深分布最广。大陆坡自大陆架下缘呈阶梯状向深海平原缓降，在海底形成了一个斜菱形海盆。海盆位置偏东北，致使南海略呈西南高（水浅）、东北低（水深）之势。这一由地质结构决定的海底海盆与狮子洋大漏斗湾和黄木湾构成了一个嵌入内陆的围合海域环境，颇具大海套（海底）小海（海面）的特点。

海底地形构造和海上地形决定了南海与东海、黄海、渤海海域环境相比最大的环境特征——区域围合性。海底大陆架有构造脊隆起，海面则环布岛屿、大陆与海峡。这些地质地貌特征使整个南海就像一个大海盆，区域环境完整独立。海盆外缘海域广阔平缓，有环岛围护，内陆小海域水深浪平，十分利于海船进港避风。

南海平均水深1000～1100米，海水体积约为东海、黄海和渤海海水体积的13倍。珠江河口海域也满足大型港口对水深的要求。由于广州地处亚热带气候环境，常年雨量充沛，西江、北江、东江三条大江年平均流量达每秒 11600 立方米，仅次于长江而超过黄河 7 倍以上。因此，广州港近海河道经常保持丰满的水位，水量充足，水位高，淤浅小。从广州港至南海的 80 海里航道，平均水深 7 米，潮汐时水位更高。吃水 30 英尺的货轮可以乘潮驶入黄埔港。①

琼州海峡是海上丝绸之路早期近海沿岸航行的必经之路，对海上贸易活动产生了难以取代的历史影响。琼州海峡的存在，无疑为早期航海条件与造船技术提供了极为必要的补充。"琼州海峡位于雷州半岛与海南岛之间，东西长约 80 千米，南北宽 20～40 千米，最窄处 18 千米，平均水深 44 米，最大深度 114 米。琼州海峡的地形使从南海进入北部湾的潮流形成狭管效应，涨潮流由南海进入琼州海峡东口，最大流速 3.0～3.5 节，西口流速 1.0～1.8 节，落潮流主要自西向东，流速 2.5～3.0 节。潮流通过海峡形成喷射流，将琼州海峡海底冲刷成槽（保证海峡不容易淤浅，常年可供大型货船通过）。"②

琼州海峡的狭管效应与灶台风箱的作用异曲同工，是近海沿岸航行的助推器。只要领航员具备丰富的经验，就很容易判断洋流方向和流速，及时搭乘洋流推进力顺利通过海峡。狭管作用下的洋流还有利于推送船只绕行北部湾，沿越南中南部海岸顺流南下。船只返航时，同样可以利用落潮期间琼州海峡的反向推送效应和季风推力。

对于至迟南朝已经建立的直线航行而言，南海海洋地貌环境同样极为有利。直线航行摆脱了海岸限制，但增加了触礁风险和遭遇强风大浪的可能。南海独特的海域地理环境有效地缓解、规避了上述主要威胁。南海海盆呈东北、西南向倾斜，西南大陆架高、水浅，东北则相反。当远洋商船进入南海海域乘西南季风向东北方向直航时，船体逐渐经由南海海盆的西南浅水区向东北深水区行驶，水深、环岛排布清晰规则等特点，大大减少了船只触礁的风险。另外，区域南海自环境在大陆、环岛和海峡的包围下，风浪洋流已较外海更加有规律、平缓。这些都使得海上丝绸之路，至少南海段，较早开始了离岸直线航行的尝试，极大地推动了海上贸易的发展进程。当然，也从根本上巩固和强化了广州作为国际海上贸易大港的突出重要地位。可以说，由于大自然的恩赐，广州港几乎可以等同于南海港，在起步阶段就已经万事俱备，包括东风！

## 三、内陆辐射圈、珠三角与海上贸易

广州港的发展阶段，则主要依赖人的主观创造力。即使自然地理环境、气候条件和物产多么有优势，但对于延续两千余年不曾中断、转移的海上贸易，特别是 19 世纪世界体系重构过程中，

---

① 陈柏坚、黄启臣编著：《广州外贸史》，广州出版社 1995 年版，第 9 页。
② 尤联元、杨景春主编：《中国地貌》，科学出版社 2013 年版，第 559－560 页。

广州依然能作为不可逾越的重要一极屹立于东方，代表中国和中国悠久的历史文化，这便绝不仅仅是大自然的恩赐所能给予的。

唐宋时期，包括岭南在内的中国社会进入全面、整体发展阶段，以城市发展为显著标志。这一趋势在南方和北方都有体现，尤其是南宋时期南方城市的发展，影响极为广泛和深远。这一时期，岭南地区的人口中心由处于粤北的连州等地转移到广东中部和东部，比如广州、潮州、惠州，尤以广州规模最大、密度最高。

人口是重要的社会资源之一，人口分布密度反映了一个地区的资源配置水平和社会发展潜力。高密度人口分布既表明广州具有强大的发展动力，是岭南地区新兴的人口中心和资源中心，但同时也说明，要提供庞大的城市社会日常所需和发展所需，必须有完备的资源供给系统和高效的交通运输网络。

这一问题早在秦汉中原王朝入主岭南之初，便已经提上议事日程。富于战略发展眼光、擅长农耕的中原对于相土识水最擅长不过。秦五路大军深入岭南，没有灵渠是不可想象的。岭南地区进入秦朝政治编制之后，秦又进行了大规模的"新道"建设，即"秦所通越道"。这一系列道路基础设施，主要是为满足秦王朝对岭南地区实施系统、统一的封建统治而集中建设，共由四条水陆相通的专门通道构成，分别将湖南、广西、江西等中原腹地与岭南之间的重要郡县联系在一起，保障中央与岭南的直接沟通。与此同时，还有大量修筑峤道和构筑关隘的配套工程。在疏通道路、打通关节的同时，也在加强中央管控，在"收"和"放"之间力图兼顾、平衡。

类似这样的水陆交通总体规划和系统实施，自秦汉形成传统后从未中断或停歇。"广州作为隋唐帝国交通体系中的一个重要枢纽，交通设施与管理制度相当完善，在水陆交通要道上，一般都设有水驿或陆驿，为行旅提供服务。广州对外交通北可至长安、洛阳，东可通闽、浙、淮海，西可达岭西、川、黔，南可直航海外诸国，形成四通八达的交通网络，无远弗届。"① 从广州出发北上内地的水陆交通路线，自大庾岭通拓并疏浚北江，珠江水系的浈水与长江水系的赣水连接起来，形成了自广州、清远、浈阳、韶州（今韶关）、浈昌、大庾、贡水，进入长江水系的水陆联运主线。② 大致可分为北、西、南、东四条主干线。同时，还有以广州为中心的沿海交通，分东、西两条线展开。远洋交通方面，唐代特别是唐代中后期，随着远洋航线的开发和扩展，中西方沟通交往路线由陆上根本性地转变为以海路为主。这时期重要的航线拓展以贾耽的"广州通海夷道"为代表，途经90多个国家和地区，是当时世界上最长的国际直航航线。

时至明清，广州的水运航线通过经常性的疏浚维护，仍然十分高效和必不可少。同一时期，陆上交通也大规模拓展，与内河航运实现了广泛畅达的水陆联运交通网。广州是东、西、北三江

---

① 杨万秀、钟卓安主编：《广州简史》，广东人民出版社1996年版，第74－75页。
② 陈柏坚、黄启臣编著：《广州外贸史》，广州出版社1995年版，第97页。

汇合处，而三江又同时与各支流如桂江、贺江、南江、潭江等水系连接在一起，形成了一个极为密集且相互连通的内河交通体系。[①] 明清仍以水运为主要交通方式，广州通过三江及其支流共同构成的水运网络与珠江三角洲地区各府县之间互通有无，也通过这一水运网络结合内地陆上交通，与各个外省建立广泛的、经常性的地区贸易往来。这些以广州为中心和起点的水陆交通线仍然部分地继承了前代的发展基础，主要分为北、西、东、南四条干线。地区贸易和商品经济尤其仰赖这些高效系统的交通运输网络，这进一步促进了各地区专业性商品生产技术的提高和地区合作。

明代，广州取代泉州，再次成为海上丝绸之路对外贸易第一大港。系统完备的内陆交通运输体系，成为广州这一时期区域城市化发展的重要前提和基础。广州作为中国内陆与海外市场贸易往来、资本流通和文化交往的中心与枢纽，既是首屈一指的国际大港，又是转接内陆水系的重要河港。在岭南南北和国内外之间，广州以经贸、交通、文化枢纽的向心力与整合力，组建起一个由海港、河港、海路、陆路共同构成的从中心向边缘辐射的区域交通和社会交往体系。广州背后有广阔的经济腹地作为资源和市场空间，由近及远分别是：①由西、北、东三江中下游流域形成的珠江三角洲内层腹地，包括狭义珠江三角洲和泛珠江三角洲所涵盖的地区。②由西、北、东三江中上游流域组成的中层经济腹地，包括广西、湖南、江西南部等地。③珠江上游地区云南、贵州、四川、湖南、江西，以及安徽、江浙、华北平原等内地组成的外层经济腹地。

随着市场体系的建立和深入发展，专业性商品生产和精加工手工业制品，要求更多的商业资本进入产业资本运作，近代工业机械化生产率先从珠江三角洲起步发展。在地区贸易和国际贸易的相互推动下，广州城市化发展进入区域化发展阶段，更大的社会发展空间吸引了更多的城市移民，他们再一次为明清广州城市文化带来了不同地区的影响，也正是在这里，他们把第一次接触和认识的西方近代科技、产品、文化、艺术，连同以往的奢侈品、白银，甚至鸦片带回家乡。

---

[①] 杨万秀、钟卓安主编：《广州简史》（修订本），广东人民出版社2015版，第173页。

# 秦—隋：巡海封疆，国家祭祀

王真真

纵观中国古代社会，中央集权封建统治制度经历了长期坎坷的社会结构调整，特别是文化建设，才最终得以确立。虽然各个历史时期都为国家统一和社会文化制度做出了特定贡献和产生了相应的影响，但是，就封建统治制度建立早期而言，秦和隋无疑是两个非常重要的阶段。这两个阶段有很多有趣的相似性，经常被拿来做比较。

本文在此希望突出的是，这两个重要历史阶段在开疆扩土方面所做的两件大事。这两起事件分别对应了两处非常重要的建筑文化遗产——南越王宫署遗址和南海神庙。这两起事件都发生在岭南，时间上先后相继；同时，事件的性质非常具有可比性。以下将着重探讨南越王宫署和南海神庙。正是这两座标志性建筑的建成，在国家层面，为以广州为中心的海上丝绸之路国际贸易与文化交往，打开了历史性的文化叙事空间。

## 一、秦汉：南越王宫署

公元前221年，秦始皇完成统一大业之后的一项重要治国方针是北御外敌，南拓疆域。从中可以一窥统治者所秉持的民族文化心理。对于北方外敌，要军事防御；对于南面大后方，则以开疆扩土为主。因此，对于人们颇有争议的秦五十万大军的构成和南下目的，其实不妨做如下理解。

秦五十万大军分五路：一军塞镡城之岭，一军守九嶷之塞，一军处番禺之都，一军守南野之界，一军结余干之水。简明扼要就是"塞岭、守塞、处都、守界、结水"五项具有高度战略意义的部署。这五项举措与其说是一次系统的、有目的的军事占领行动，不如说是一项周密计划的意在强化地方行政建制的社会管理长期工作。因为要"塞、守、处、结"就非一日之功。可见，秦王朝对岭南实施中央集权统治的决心之大，全面开展地方社会事务管理的筹划之周。

据《读史方舆纪要》记载："相传南海人高固为楚威王相时，有五羊衔谷穗于楚庭，遂增南武城周十五里，为五羊城。"① 今天越秀山仍有"古之楚庭"花岗石牌坊。此牌坊原建于清顺治元年（1644），后经同治六年（1867）重建，作为广州城可上溯到的源头。由此可见，凡一时一地有所建制、有所谓身份归属，就会有相应的纪念性建筑或构筑物作为文化标记。秦王朝入主岭南，自然少不了筑城营郭，占据根据地。

南下秦军毕竟是千里奔袭，来到一个与家乡故土迥异的地方，身处南越土著好奇的目光中，即使没有敌意也足以令人惶恐不安。何况秦王朝任命的第一位大军统帅屠睢入越（三罗地区，今云浮市）后不久便遇刺身亡。这段非常时期的史实已经无从确认，但是秦军与岭南土著居民之间的摩擦冲突自是预料中事，只不过最高统帅一夜之间离奇身亡，事件的爆发性和冲击力大大超过了事实本身，对秦军的心理影响，以及此后中原王朝与岭南地区的交往模式，产生了深远的影响——秦军三年内身不解甲，手不离矛。有意思的是，这一场景和清朝满族士兵驻扎鞑靼城的景象很相似。可见，地区族群差异，尤其是文化心理和身份意识差别是自然存在的，任何时期任何族群之间都有可能发生。人们通过建筑物围合自身、区别他者，本质上是出于一种文化自觉。

屠睢遇刺，任嚣接任主帅。为了稳住秦军阵脚，尽快择定安营扎寨的地点无疑是明智的。遇刺事件之后，秦军迅速离开事发地向岭南中东部进发。由于当时珠江三角洲平原尚未形成，海岸线还基本维持在据古海岸线不远的沙田平原边缘，咸潮时常涌入珠江河口，大部分裸露的地表由湿地沼泽、丘陵和低矮的山冈构成，留给秦军的选择空间并不十分理想。随大军南下为数众多的北方移民不得不就近潜居于附近地势高爽的山林，于是和土著的冲突时有发生。秦军必须加紧构筑军营城池以自保。

中国东南沿海自北向南分布着三个由大型江河沉积作用而成的冲积平原，这些地区往往丘陵沼泽河网密布。因借自然地势，利用高亢干爽的地方构筑城池和居住区显然是合理而有效的方式，既改善了定居环境，又可以最大限度减少土石方工程，节约建造成本，秦军一定也出于相同的目的，选择了位于今越秀山山麓南缘的番禺古城城址。鉴于当时的社会背景和秦军的处境，番禺古城更像一个军事据点，或者说是秦王朝中央政权权力的象征和中原农业文明在岭南的第一面旗帜。

任嚣城作为军事据点是适合的，但很难算得上是真正的城。尽管赵佗城有所扩建，也不过周回十里。但作为权力的象征和文化旗帜，任嚣城意义重大、影响深远。

行政宫署、王陵等我们熟知的政权标志和文化符号，宣示了中原王朝对岭南的政治所属关系正式确立。据此，我们可以认为，自秦军入越至西汉南越国建立，中原王朝对岭南计划实施的主权认领和军事收编初步完成。宫署、王陵成为在秦军入主岭南建立行政编制，以及在海上丝绸之路对外贸易之间建立联动机制的关键。虽然南越国的建立偏离了当初既定的政治路线，但由于蕃

---

① 陆琦：《岭南私家园林》，清华大学出版社2013年版，第3页。

汉双方共同认可臣属关系，本质上并未瓦解官方主体化以及通过官方活动确认国土海域和政治边界的策略意图。

海上丝绸之路对外贸易活动，正是由官方作为主体，通过官方认可并受官方鼓励和保护的多边贸易活动，是对贸易国之间主权身份、疆土海域边界，以及文化主体性的认识和相互确认。海上丝绸之路对外贸易活动实质上成为前现代时期国家之间、地方社会之间开展多层交往的方式。海上贸易商船就像漂浮移动的市场，是市场找到并发现了各个国家，确认了他们各自所处的边界，同时又将它们联系在一起。正是这些海上漂移的市场，帮助建立起最初的国际秩序格局。

任嚣和赵佗代表秦王朝在岭南建立的军事据点——任嚣城、赵佗城，是受秦王朝官方认可的军事构筑物，目的在于扩土戍边，确立新的中原政权与岭南的政治所属关系。同样，海上丝绸之路贸易活动及其准备阶段所进行的数次海巡也具有官方性质，海巡本身更是直接对沿海疆域进行了多次确认和重申。只不过海上贸易活动正式拉开后，近海沿岸梯航潜在的政治意味和军事意味，被沿海边境贸易的经贸往来与文化传播淡化或转型了。但不代表疆域边境消失，或国家主权独立性有所削弱。因为在人们打开城门、疏通濠渠的同时，不会忘记加筑墙垣。

无论早期梯航还是远洋直航，海上贸易的有序进行从根本上取决于沿岸各国对国土海域边界的清晰认识。这种认识既立足于国家自身，也建立于国际的相互认同。边境模糊，则海上贸易的起止点、航线、航程均无所依据。所谓公海，并非漫无边际、随风漂移的海上政治飞地，而是基于国际共识的一个边界清晰的国际化海上公共空间。在这一承载国际社会公共秩序的特定空间，在各国边境线上发生的一切则都是可计算的，并且得到相互间承认。

基于上述分析，针对南越国都城规模、布局形态、建筑形制和制度文化等问题的研究，有必要结合以下几方面综合分析：

其一，社会环境。如果将秦军进入岭南的时间定在公元前221年，任嚣去世是公元前208年。那么，任嚣城之小可以理解。赵佗在同一年接替任嚣任都尉一职，直到公元前137年去世，执掌岭南大权共71年（按照南越王墓博物馆记录赵佗在位时间为公元前203年—前137年，共66年）。看上去赵佗不仅有时间为自己建造宫城，还应该能够建一座更大的外城。但事实上，数字无法体现的事情太多。赵佗接管的仍然是一个遍布威胁的岭南，有来自中原王朝的压力，也有岭南土著、流民制造的小规模但不间断的骚乱。要改善这样的社会秩序，需要投入巨大的时间精力、人力物力，要求统治者拥有高超的政治智慧和管理经验。这样算起来，70年光阴能建造南越王宫署、规划王陵已实属不易。

其二，自然环境。任嚣、赵佗选址建城的时候，岭南的地理环境与现在大不相同，与明清也完全两样。前文已经介绍过珠江三角洲的成陆过程、海岸线的变化。秦汉时期珠江北岸可供利用的建筑用地不可能满足大型城址需要。即使排干沼泽、挖山填海也无法抵挡海潮的冲击。所有努力都会瞬间崩溃。没有一位负责任的政治领袖和明智的军事统帅敢于下令做这样的无用功。并且，秦汉时期番禺虽为一都会，但城市化水平毕竟有限，没有那么多的城市人口需要安置。广州直到宋朝才真正成为岭南人口中心。没有一定水平的城市化发展和商业发展，不可能有大量人口需要依附城市生活。因此，就人口密度而言，南越国时期建造大型城址不具备必要性。同时，就南越国都城所在地当时的地理环境看，缺乏足够的证据表明存在大型城址的现实可行性。

其三，地方文化环境。南越国地处岭南，北方中原文化必然面临岭南地方文化的影响。先秦时期的岭南与东南亚地区文化联系非常紧密，相近的自然地理环境、气候、物产等客观因素，使得东南亚作为一个完整的社会单元，与岭南地区既有区别，又有广泛的地缘和族群联系。

就城市和聚落文化方面看，东南亚城市不设防，没有城墙，至多是用竹木栅栏做临时性、象征性的空间划分。东南亚人很少把城市作为一个实体空间去防御，而是随时准备在遭遇危险的时候抛弃城市逃进丛林，或者把整座城市一同搬走。对于他们来说，木质干栏式建筑在热带丛林的任何一个地方都可以迅速重建，何须负隅顽抗？

这或许就是我们今天难以完整复原古番禺城城墙和南越国都城城墙的原因。因为它们可能从来就不存在，又或者，它们只是仿效岭南土著，或东南亚聚落，采用木栅栏做临时围护。而且，考虑到沼泽丘陵河网密布的复杂地理环境，这些木栅栏很可能同时与中原人习惯的夯土结构交叉使用，以适应地形地貌变化。这些不可知的因素导致城墙即使存在，也有可能因建筑材料不耐久，或者城墙结构随地形而无法平整、规则、连贯。

其四，主体文化建构。作为南下秦军的统帅，也作为西汉南越国的开国领袖，赵佗必然有建立文化权威的主观需要和现实考虑。吸取前任任嚣遇刺的失败经验，赵佗在处理臣属关系、睦邻关系和族群关系时采取远攻近交的策略，重视改善区域社会关系。在同中原王朝保持必要的臣属关系的同时，与闽越国、长沙国和夜郎国建立起紧密的经济役属关系，从根本上保障了南越国享有一个和平、安定、友好的社会生活环境。

相对于周边邻国占据经济优势，南越国离不开与中原王朝建立和保持稳固的政治军事互信。在文化价值观念方面，这首先表现为对中原王朝正统文化的尊崇与借鉴。因此，南越国宫署的建设大量吸收了秦汉都城的宫室建设经验和文化传统。

根据已知的考古发掘证据，带有"万岁""未央"字样的瓦当、青釉筒瓦等，表明南越国宫署建筑不仅以学习借鉴汉长安城，甚至有僭越之嫌，在筒瓦、窗扉等建筑构件用材方面仿效汉代王制，用青釉瓦饰装点建筑。

此外，南越王宫署遗址曲流石渠的结构布局特点，与西汉长安城未央宫石渠阁的记载十分契合，疑两者建筑形态和使用功能存在诸多相似之处。值得进一步比较研究的方面包括：①叠石击水在人工水景中的应用；②临水台榭建筑作为宫室藏宝阁；③临水野宴和流觞习俗。

以上三点在自秦汉至两晋南北朝的宫室园林建筑文献中多有记载，能够看到清晰的文化传统。南越国宫署遗址曲流石渠作为这一园林文化传统在岭南地区的代表，具有非常突出的历史价值和文化价值。将这一问题与越王井、流觞池等同时期历史遗迹进行综合研究，将有助于揭示秦汉宫室建筑、园林艺术和社会风尚的重要方面。

基于以上探讨，笔者认为，秦汉时期直至唐中期以前，古番禺城和南越国都城遗址无论从空间规模，还是城市功能与设施，特别是人口密度指标看，尚不具备较高程度的城市化水平。笔者姑且称这一历史阶段为"广州城市发展的前现代时期"。城市的社会化职能构成相对单一，以代行中原王朝地方行政管理职能和军事戍边防御职能为主；同时，兼具推动内陆贸易，开展边境贸易和海上国际贸易等对外经贸职能。从城市空间规模考量，宫署作为内城存在的可能性存在。但外城构筑很可能受到丘陵、沼泽和湖泊等自然环境影响，存在高度起伏或空间上的不连贯，或者有可能受到有机质建筑用材影响，导致城墙结构不耐久，难以发现有效遗迹。

综合广州城市发展前现代时期的建筑遗存，如行政公署、宫殿苑囿、王陵以及其他形式的纪念性建筑的存在，代表了特定时期政治主权身份的一种官方宣示；同时，还代表了主体政权对该纪念性建筑所在空间所体现的国土疆域和海域边界进行主权申明。官方宣示主权，并对所属国土疆域、海域边界进行主权申明，毫无疑问构成了对外贸易活动的前提和基础。

## 二、隋唐：南海神庙

（一）南海神庙

隋文帝敕建南海神庙事件的文化效应，可谓与南越国宫署的建设异曲同工。

隋开皇九年（589），岭南地方首领南朝梁高凉太守冯宝遗孀洗夫人主动顺应时局归顺隋政权，协助其以和平方式接管所辖八个州，顺利进驻广州，结束了自东汉以来近四百年的分裂局面。岭南地区进入隋朝版图，设南海郡，治所广州。五年后（594），隋文帝在隋朝南海边陲插下一支"定海神针"——南海神庙。为了表明隋政权克复失土、重申疆域的政治意图，隋文帝在五岳基础上，又命名了五大镇山。同时，还在中国北方开通驰道，凿通纵贯南北的大运河，修建了举世闻名的赵州桥。

我们无从知道这一切是否依据一张预先设计的规划蓝图，但这一系列大型公共建设工程的确与强化疆域意识、申明新生政权对国土海域的主权责任存在直接密切的因果联系。尽管其中只有南海神庙与广州直接相关，但不得不说只有类似举措同时遍及帝国的其他重要城市地区——换句话说，被当作一项重要的官方政策大力推动时，其制度效应才能充分发挥并进一步辐射渗透岭南地区，推进广州海上贸易活动，带动广州城市发展。

隋文帝下令建造的南海神庙不只是一座祭祀南方方位主神祝融的神庙，也是中原王朝的政治坐标，一座对外象征中国文化的灯塔。如果将南海神庙比作中国的自由女神，那么，黄埔港就是广州最早的曼哈顿港。

浴日亭初创时间稍晚于南海神庙，但两者同属于一处人文景观，是扶胥镇黄埔港的象征，也是广州的城市意象和中原王朝的标志。每艘进港离港的船只都会情不自禁地望向它。置身茫茫大海连续航行几周或数月需要巨大的勇气和耐力，无论启航还是归航，人们都需要这样一座精神上的灯塔和目标来安抚鼓舞可能荒芜不定的内心。

人们对南海神之尊崇，在其壮美，亦在其古意章法制度。可谓日月星辰之下，首列南海，他神不得比隆。"隋文帝开皇十四年（公元594年），以廷臣建议，以为海神灵应昭著，望祀非虔，宜就各方创庙奉事，以答元贶，于礼为协，于是诏下守臣如议举行，祀四镇四海，……兹庙乃其遗址也。遣告之使，岁不绝于道；然一时仪节，第视三公。唐武德贞观之制，则岳镇海渎，年别一祭，各以五郊迎气之日祭之，各于其所。南海于广州，祠官以都督刺史望，此祠祭之始也。至唐天宝中，乃尊以王爵，服以衮冕，谥以广利，祝号祭式，舆次俱升；币帛祝告，比昔加隆，因其故庙易新之。……天宝十载（公元751年）正月，并封四海为王（以东海为广德王，南海为广利王，西海为广顺王，北海为广泽王，分命卿监诸岳及山川，取三月十七日一时备礼益册），以三月十七日同时备礼，此封爵之始也。"① 由此，我们可以清楚地知道，南海神庙立祠"以答元祝"，与隋王朝践祚、属意四海归一之宏愿息息相关。此后，更是由此衍生一系列与日俱隆的国家祭祀仪礼和民间信仰文化。

唐天宝年间（742—756），广州海上贸易活动蓬勃发展，黄埔港码头日渐兴隆，人们对南海神的尊崇向往与日俱增，官方顺应民意加封南海神王公封号，标志着南海神信仰的世俗化和民间化。南海神虽为"神"，但官方、民间往往以王公之礼奉祀元祝。包括神之冠服、牺牲器币、廷坛居次之布置等典祭仪礼，皆尊王仪。"最奇异者，乃此种礼式自唐以来，未见若何变化之一事。……尤可幸者，其居次之平面布置，仍如唐时之规模。"②

可见，南海神信仰的世俗化并未削弱其文化价值和社会影响力。相反，祭祀尊崇礼仪的世俗化、等级化和制度化，将"神灵的事情"转化组织到俗世人间的社会结构中，使南海神信仰成为岭南地区民间文化和海上贸易文化的一部分，得到集体纪念与传承。官方文化和世俗文化在融会贯通的基础上有机统一。

依照中国传统儒家思想和礼仪制度文化，如《春秋繁露》卷七《服制》、《新书》卷一《服疑》所载："奇服文章，以等上下，而差贵贱，是以高下异，则名号异，则权力异，……则宫室异，则床席异，则器皿异，则饮食异，则祭祀异，则死丧异。"唐天宝十年（751）以前，南海神第视三公，仅祀以公侯之礼。天宝十年，南海神再封广利王，祝册遣祭，祭式衣服，牺币居次

---

① 龙庆忠：《中国建筑与中华民族》，华南理工大学出版社1990年版，第256页。
② 龙庆忠：《中国建筑与中华民族》，华南理工大学出版社1990年版，第261页。

之尊崇,皆以王公遇南海神之爵制。同年,更因其故庙易而新之。后于唐元和十四年(819),又以年久失修,广此宫庙而大之,治其廷坛,改作东西两序斋庐之房,称其南海神广利王庙。①

另据龙庆忠先生于1948年3月对黄埔港南海神庙遗址的勘察测绘和历史研究,可知上述南海神庙建筑形制之渊源与最初构成,自唐中期形成奠定以来,历经南汉、宋元修葺增补乃至重建,均未对其平面布局和主体建筑基本形制加以根本变更。廷坛、厢序之制属初唐,或至晚唐中期王公庙堂祭祀之仪,代代相因而至今世,古制遗风明晰可辨。

廷坛,易于理解,"廷"即殿堂,为县寺主要事务活动空间。在廷坛形制中,"坛"多位于厅堂、殿堂之前是用于祭祀进香的专门空间。厢序制度比较复杂,概念更容易混淆,主要参照龙庆忠先生有关南海神庙庙堂厢序形制考证成果,将厢序、廊庑概念之相习相因关系摘引如下,以供参照。

厢序制度据《尔雅·释宫》所言:"室有东西厢曰庙,无东西厢有室曰寝","东西墙谓之序"。可知,序之存在,于堂前东西两侧,以别内外。至于厢、序若何,仍据《尔雅·释宫》记载:"东西厢谓之序。"则两者可做同义理解。另据《广韵》所述:"厢,殿下庑也。"则厢序之义,在汉、南北朝、唐、宋之时,皆可解为廊庑之属。而廊庑之义,按《玉篇》曰:"廊,庑下也。"师古注《汉书·窦婴传》:"廊,堂下周屋也,庑,门屋也。"《说文》曰:"庑,堂下周屋也。"《声类》亦云:"是则廊为殿下屋也,堂下周屋也,东西序也;庑为堂下周屋也,门屋也。今此庙之廊庑,或犹可仿佛昔日厢序之规模,盖今廊庑之属,亦曰东西序,实由来已久矣!"②

简而言之,庙堂之东西、左右两侧,隋唐时已有东西序为制。宋乾道年间,始有廊庑之名以称序。可见,厢序、廊庑之谓,本属一物。从平面布局分析,所谓"周屋""门屋"等概念的存在,表明由廷坛、厢序共同构成的这一建筑空间,应属围合型区域空间。围合空间的中心,即廷坛、殿堂等主体建筑。主体建筑四周的"周屋""门屋",起到围合空间的作用,形成院落,处于院落边缘。在区域空间秩序方面,属次一等级空间,从属于主体建筑。从单体建筑形制的角度,主体建筑形制复杂,体量规模大,次一等级围合空间的建筑形制,构成相对简单,规模体量也更小。

据此阐述,龙庆忠先生实地测绘勘察后推测,南海神庙廷坛东西两侧之序,或因唐元和十四年(819)的扩建改建,与周时或周以前之序,形制略有不同。龙庆忠先生认为,周时或周以前,序仅为墙。周时至汉、北朝,序已为单廊。至唐,则成为复廊。从南海神庙唐代之后的相关记载看,廷坛两侧已不再称"序""厢",而是如宋代之称"廊庑""侠庑",元代称"两庑",明代称"廊庑""东西廊庑"。可见,"序"之形制随朝代更迭呈日渐繁复、扩大之势。而通过

---

① 龙庆忠:《中国建筑与中华民族》,华南理工大学出版社1990年版,第261页。
② 龙庆忠:《中国建筑与中华民族》,华南理工大学出版社1990年版,第261页。

"治其廷坛"看，唐元和十四年的扩建改建，似乎主要针对厢序，廷坛主体建筑仍遵隋唐制之五间九架重橼。

今天看来，即使经过了千余年历代修葺，南海神庙无论就其平面布局，还是单体建筑形制而言，总体仍承袭延续了隋唐以来较为成熟完备的庙堂建筑规制和礼仪祭祀制度。龙庆忠先生20世纪中叶对此做出的学术评价，今天读来不仅深入精辟，而且严谨客观，仍足以作为我们今天解读南海神庙建筑遗产价值的重要理论依据。

> 兹庙之遗规，胚胎于周，成形于隋，成长于唐，以后历宋增建，更踵事增华，遂至败废。然而幸又重生于元，扶养于明，垂危于清而迄今。其上盖虽因其为木架构，而时修时废，然其平面之规模，固历千余岁而仍存，此益以其一为昔日"国家祀典"之一，二为"神灵所寓"之地，三为封建国体礼制之未变，四为居乡无占射拆迁之害，故得以保存迄今也。此在我国过去多变之中，尚能获此遗规于岭南之区，实建筑上之一珍贵资料也。①

南海神庙尤为值得一提的是，除了隋文帝敕建的扶胥镇黄埔港东庙之外，还有一座西别庙，规模较小，位于府城西南，现已不存，着实是一件憾事！南海神庙东西两座庙址之间形成的人文对景关系，取决于太多不可或缺、难以复制的历史因素，既有自然历史方面，更有社会历史方面。简单地说，一方面直接得益于两座庙址所在的地理位置和区位关系；另一方面，两座庙址更深刻地反映了海上丝绸之路对外贸易活动的历史兴衰和变化，对广州作为海上贸易第一大港中心地位的直接影响。而广州正是因为在社会历史兴衰演进的历次重要变革中，不断地抓住新的发展机遇，才最终因势而起，在明代再次成为海上贸易第一大港。

（二）对景：南海神庙与西别庙

以下，我们简要介绍南海神庙东西庙址对景关系的形成。

首先，地理位置和区位关系。据记载，西别庙原址约位于今广州酒家周边，靠近华林寺。华林寺的前身西来庵，为纪念天竺高僧菩提达摩西来登陆而建，初创于南朝梁武帝普通八年（527）。华林寺的存在和历史渊源表明，至迟在南朝这里已成为一处成熟的内港码头，是到港离岸的一处必经之地，也是南北朝至隋唐、宋元之际，广州内港区域的象征。凡船只自黄埔港西行80海里至此，方可说濒临广州城下。

根据珠江三角洲自然地理环境的发展演变，唐代广州港的内港尚位于流花湖和光塔街一带，海舶可以轻松驶入内港停靠。想必，隋唐之际，广州府城西郊的珠江河道与支流环境，应与华林

---

① 龙庆忠：《中国建筑与中华民族》，华南理工大学出版社1990年版，第265页。

寺初创时期比较相似,这一区域当时仍可能是一座较大的沙洲,凸显在府城西南远郊的江面之上,平时亦有离岸到港船只在此停靠。

从自然地形条件上讲,沙洲自身已足够成为一个特征显著的空间标识,与80海里以外珠江内河航道东端的黄埔港外港形成空间对应关系。

其次,区域空间的文化景观联系。南海神庙西别庙与华林寺相距不远,建造时代相近,但两座寺庙代表了一种独特的文化形态,一个是中国传统道教文化,另一个是印度佛教文化。一方代表东道主,另一方代表海外来客。这样两座个性鲜明的庙宇同在一块沙洲上,各念各经,却又相安无事的景象,使沙洲呈现出一种戏剧化的多元文化景观,成为一个具有自身独立性和标志性的文化空间,不仅与广州府城遥相辉映,成为城市空间的对景;同时,与黄埔港南海神庙互为珠江航道起止点和空间对景。

最后,海上丝绸之路对外贸易中心的演变。元代,海上丝绸之路对外贸易中心一度由广州迁移至泉州。随着海外贸易中心东移,黄埔港南海神庙逐渐沉寂下来,虽然唐宋之间不断对寺庙建筑进行整饬修缮,但港口衰落带来的直接影响仍显而易见。元世祖至元二十八年(1291)遣使广州,加以灵孚之号时,黄埔港南海神庙损毁严重,遂下令于府城西别庙行礼。两年后,元世祖亲命重建黄埔港南海神庙。广州港口建设在相对萧条的低谷期,却依然得到了必要的维护与监管。明代,广州再次迎来海外贸易发展的新机遇,持续不断的港口建设和城市商业发展为广州历史性地抓住这一机遇奠定了前提、基础。黄埔港南海神庙和西别庙分立于珠江河道东西两端,再度放射出历史的光芒,一定程度上,的确要感谢那些富于战略眼光的政治领袖,他们在中国社会历史发展的不同时期,成功扮演了城市规划设计师的角色。

## 三、海上丝路与广州城市景观

元世祖遣使行礼西别庙,重建黄埔港南海神庙的一系列重要政治举措,从一个侧面表明,西别庙与黄埔港南海神庙从创建之初就属于同一建制,具有同等重要的政治寓意和文化纪念意义。黄埔港南海神庙在不能履行其国家祭祀职能的特殊时期,西别庙足以代行其责。两座庙址只是根据内外港之分,进行了相应的空间位置区分,而无职责差异。西别庙之所以规模体量小,不是因为其不重要,显然是出于对区域景观空间的美学需要做出的有意规划。

南海神庙东、西两座庙所构成的整体空间布局,堪称神来之笔,将对景手法的优势发挥得淋漓尽致。对景是中国古典园林常用常新的造景手法,用在大尺度的城市空间规划中,首先要对城市空间的形体特点了然于胸,此外,还需要极大的艺术想象力和坚定的信念。通过对景让东西两座南海神庙形成空间上的呼应,同时又一大一小,不至呆板。人们完成了一段航程,不经意间发现早有人等在那儿,把航线行程安排掐算得妥妥帖帖,实在是很有人文温情的设计。巧妙的城市空间设计，使黄埔港东庙至广州城下西庙的这段航程，在作为一条海上贸易商道的同时，也成为一段有文化连续性和对应性的文化景观大道。南海神庙东、西两座庙分别可以作为这段航行的起点和终点。每次人们从两点起航，无异于开始了一段阅读广州的完整旅程，既在相见初，也在告别时。

对景手法除了应用在南海神庙东西两座寺庙上，还体现在黄埔港南海神庙与越秀山南越王宫署之间的空间对应关系上。前文我们已经详细分析了南越王宫署的政治象征性和文化意味，隋文帝敕建南海神庙时的社会背景与秦始皇统一中国时的社会背景十分相似。两位帝王都想着治国安邦大业，首先要"平南越""定南海"。于是，隋文帝在北方大举发展水陆交通的同时，在南海边陲采取了积极却稳妥的姿态，请南方主神祝融坐镇南海，镇海镇疆、标点江山。从这层政治寄托看，黄埔港南海神庙的敕建与南越王宫署如出一辙，异曲同工。

明洪武十三年（1380），广州城扩建北郊，在越秀山麓南侧建筑镇海楼。顾名思义也是为了兴地脉，改善城市所处的空间环境而为。万历二十五年（1597），黄埔港以西琵琶洲建起高50余米的海鳌塔，即我们熟知的琶洲塔。珠江东西河道的两端一楼、一塔再次竖立起一对新的文化景观，并遥相映照。

# 唐宋：渡海观星，直帆远洋

王真真

秦汉至隋，海上丝绸之路对外贸易活动的初期官方化基本完成。唐宋迎来了海上贸易和广州城市发展的规模化发展阶段。这一阶段的海上贸易主体开始由国家转向城市，并且首先以贸易港口城市的城市化、国际化和社会化生产为主要特征。

以城市为主体的海上贸易，是海上丝绸之路对外贸易的成熟和快速发展阶段。经过前一阶段的官方认证和对外贸易机制的初步建设，这一阶段的海上贸易终于可以在城市与城市之间自如开展。从一个城市直线航行到另一个城市，一方面对海上地理知识和相应的造船技术、航海技术提出了更高要求；另一方面，城市主体之间通过直线航行广泛频繁地开展海上贸易，也对世界范围内人类文化的建构和传播产生深远影响，直接表现为人们对城市形象和城市文化的关注。

人类的交通方式深刻改变了文化的传播，也从根本上改变了人类对文化的建构和理解。当人们遇到以自身的文化无法识别和理解的文化符号时，就会追问符号的意义与来源。城市虽然直观可见、可被触摸，但可能又是人类所创造的最抽象的符号体系。人们必须通过阅读城市的一系列构成形象的要素来认识城市、理解城市的内心。

另外，从城市的角度，远洋直航正在以更高的频率将城市展现在大批外国商人、水手面前。城市急需一个适合的形象表征自己的身份和个性。这就使得城市管理者需要更加主动地干预城市形象的构成，而不是任其有机生成。这体现了西方现代城市规划的科学认识，即打造城市形象。中国人有自己独特的审美价值判断，传统道家文化中大量内容涉及堪舆形胜学说，与此异曲同工。从现代科学的角度看，这门学说更接近地景艺术，或者西方后现代大地艺术。

中国传统文化不缺乏整合提升城市形象的思想和技术手段。事实上，我们做得一直非常成功。在堪舆形胜思想指导下，我们不仅十分关注城市的空间形态之美，同时，还充分考虑到城市空间的实际效能。虽然不得不承认，所有评判这些美与实际效能的标准，与西方现代化城市不同，但这正是中国传统城市真实的形象。

中国传统城市的可读性很强。无论从平面的城池图，还是在实际的城市街道中，每一个转角，每一次站在笔直的街道中间望向汇聚成点的尽头，总可以阅读到笔直的意义，体会到转角的意味。

# 一、光塔、怀圣寺和蕃坊

（一）光塔

我们先来看光塔（见图一）。多数文献记载光塔建立于贞观元年（627），也有学者认为应晚至中唐。龙庆忠先生专门撰文《广州怀圣光塔寺》论证怀圣寺主体建筑具有初唐建筑形制，并且以唐尺为标尺，测定了塔身砖块尺寸，结果显示砖块为该塔初唐创建时期建筑用材，应无误。笔者认同龙庆忠先生的观点，并在本文援引龙庆忠先生有关怀圣寺及光塔建筑前身的分析，作为探讨唐宋时期包括蕃坊在内的广州城市空间建设和城市化发展特点之基础。现将重点词句摘录如下：

其一，怀圣光塔之位置。"据元至正十年（公元1350年）郭嘉《重建怀圣寺记》：'白云之麓，坡山之隈。'这和宋皇鏞之隐楼'俯坡山，控越冈'是同一地地点，即今广州儿童公园东邻秦汉遗址处。"①

其二，怀圣寺、光塔前身。"可能在楚庭或南越王城时，这里是海滩皋湿地，曾有盐场亭场，后于其水旁亭皋之地设驿亭、邮亭之侯或乡亭、亭燧，或者在楚庭，其地有乡，乃为亭侯。在海边盐场上设烽燧或朝台（或即今光塔之前身），又于亭廷中设亭（即后世之拜亭或测日景碑表之午亭，或附有漏壶之泉亭）。到隋唐时又改为波斯胡寺，将拜亭改为月台，将烽燧朝台改为番塔，即光塔。"②

其三，光塔形态。"至其形象，据郭嘉碑记所载：'有浮图焉。其制则西域，硙然石立，中州所未睹。'这与宋隐楼所见光塔'萃堵婆，童童如雯笔书空'，及南宋岳珂《桯史》所记：'后有卒堵婆，高入云表，式度不比它塔，环似砖，为大址，累而增之，外圜而加灰饰，望之如银笔'。清康熙三十一年《重修怀圣塔寺记》所记'始至广州，登高遥望，有塔十余丈，若华表耸出城中，上锐而多圆，古色苍翠'相一致。"③

龙庆忠先生上述举证文献，至少向我们说明三方面的情况。第一，怀圣光塔的所在位置与秦汉任嚣城、赵佗城，以及今天已知的南越王宫署遗址非常接近，处在古番禺城北部略偏西的白云山麓，地势高亢。

第二，怀圣光塔虽然矗立高冈，但其所处位置在先秦或南越国时为城西郊一处盐场，周围是

---

① 龙庆忠：《中国建筑与中华民族》，华南理工大学出版社1990年版，第159页。
② 龙庆忠：《中国建筑与中华民族》，华南理工大学出版社1990年版，第159页。
③ 龙庆忠：《中国建筑与中华民族》，华南理工大学出版社1990年版，第159页。

海岸浅滩和沼泽，官府的船只常来往穿行于这些浅滩河道运送盐货。因为盐是重要的社会物资，由官方垄断经营，所以，官府在生产加工地点建立烽燧和朝台以瞭望监管，进行军事防御。亭廷有可能指盐场的行政管理部门，亭廷所设之亭是盐场计时器。在古盐场的基础上，烽燧和朝台可能成为光塔之前身，而亭廷之亭——拜亭，则可能为今怀圣寺月台前身。隋唐时，盐场废弃，改建波斯胡寺，拜亭为今怀圣寺月台，烽燧为光塔。

第三，怀圣光塔的外形与唐宋中国塔式建筑形制完全不同，呈现西域样式，砖石砌筑，塔身浑圆，外表饰以银白色石灰，直耸入云，就像一支银白色的笔。直至清康熙年间，人们所见到的怀圣光塔形制亦无明显改变，远观如华表，周围苍翠古雅。

图一　光塔

龙庆忠先生观点的合理之处在于，首先，充分考虑了历史地理因素对建筑和城市空间的影响。通过地标建筑的相对位置、地势、地貌等条件推测目标建筑物的所在地以及与其他参照物之间的空间关系。其次，充分考虑特定历史时期社会发展状况和社会形态，借助社会历史信息帮助推断目标建筑的功能属性、建筑形制的社会渊源等。结合已知研究，珠江三角洲平原地貌于近两千余年逐渐形成。因此，先秦、南越国时期，现珠江三角洲地区除较高海拔地方之外，许多地方处于海平面以下，咸潮时常涌入内河水网。同时，白云山山麓中的天然淡水水系也由北至南汇集到地势低洼的河口地区，形成大面积沼泽、河网和丘陵地形。怀圣光塔所在的古盐场正处在这样的地理环境中，在官方严密垄断中生产经营，偶尔有得到特许的民间商人前来支取盐货贩卖。无论官商还是民间商人，都是乘船往来运送盐货。最后，从建筑学角度对目标建筑的形态特征进行核实确认，以避免先入为主。因此，笔者认为，龙庆忠先生对怀圣光塔历史渊源的文献举证和观点是合理客观的。

尽管我们无法通过实证的方法验证上述观点和推论，特别是先秦和南越国时期古盐场的情况，但不乏其他学者基于研究提出与龙庆忠先生相近的观点，即怀圣光塔作为陆文航标灯塔的可能性的确存在。"每当外国商船于每年五、六月间乘西南季风来到广州时，伊斯兰教徒即登上塔顶，'以祈信风'，希望自己国家的商船顺利到达广州港口。同时，因光塔常在夜间装点灯光，可为光塔、兰湖两码头的商船夜间航行和停泊导航。可以说，光塔是广州最早的灯塔。"[①]

怀圣光塔和古盐场烽燧的相通之处，在于都可以为周围河网海口航行的船只提供导航，成为陆文航标灯塔。这一社会功能使灯塔很自然地成为以船为生、视江海为家的人们心目中的归宿与目标，成为社会活动的中心和焦点，产生强烈的文化凝聚力与向心力。因此，烽燧、朝台、灯塔的所在地，也是最早被开辟为船只停靠点和码头的地方。

（二）怀圣寺与蕃坊

视光塔为家的人们不只是世代生活在江海浮城的船家，更有远道而来的蕃商。从唐代一直到元代，或者说在新航线开辟和地理大发现之前，阿拉伯商人是中国最大的贸易伙伴。在广州居停的蕃商中绝大部分是来自阿拉伯的伊斯兰教徒。虔诚的教徒可以一整天不吃不喝，但不可以落下哪怕一次常规的祈祷。因此，全世界任何有伊斯兰教徒的地方就会有清真寺和阿訇。在阿拉伯世界，清真寺是社会秩序的中心和圣殿。无论是自发的聚落，还是社会化的城市社区，清真寺和阿訇都是秩序的源泉。

在遥远的中国珠江河畔，虔诚的教徒更加不能缺少神的指引、圣殿的庇护和阿訇的规训点拨。因此，随着最早一批阿拉伯商人登陆广州，清真寺和宣礼塔就成为他们内心一刻不能停歇的期待。如果恰好他们登陆的地方曾经有过烽燧、朝台，那不是更表明是真主指引他们来到这遥远的彼岸？在这里，离家远航的人们将再次找到平静和安详，因为真主早已为他们准备好了天梯和殿堂。

将登陆地、码头与寺庙宗教建筑联系在一起，不只出现在唐代。南朝梁普通七年（526），菩提达摩祖师到达广州。为了纪念这位先行者和神圣智慧的传播者，人们在他初来登陆的荔枝湾内港码头建起西来庵，成为华林寺的前身。隋开皇十四年（594），为表达克复失土的荣耀，以及统治者对国土边疆海域的热爱与崇敬，隋文帝敕建南海神庙，分别在自东晋就开始启用的黄埔

---

① 陈柏坚、黄启臣编著：《广州外贸史》，广州出版社1995年版，第88页。

港码头以及荔枝湾码头同时建起一座东庙和一座西别庙。两座南海神庙，一大一小，一东一西，分距80海里，河道东西两端遥相对景。宝贵的人文历史遗迹与标记社会历史进程起承转合的港口码头叠加在一起，文化象征意味、地标效应典型而直观。

唐代广州内港——兰湖码头、南澳码头位于府城西郊水网最密集的地方。继古盐场和烽燧、朝台之后，这里陆续出现了光孝寺、宝庄严寺（或称净慧寺、六榕寺），随后又建起了怀圣寺和璀璨的光塔。它们无一例外是随海上丝绸之路贸易商船到达广州，为人们所铭记的海上文明的象征。

怀圣寺是东亚最早的一座清真寺。多数文献记载，怀圣寺初创于唐贞观元年（627）。这个时间与伊斯兰教的创建时间十分接近，一部分学者难以相信，一座完全西域风格、高达50米的圆形砖石宣礼塔，如何能够在这么短的时间出现在东亚的海岸线上？事实上，熟悉伊斯兰教五时礼的人们或许能够理解这一点。虔诚的伊斯兰教徒，每一天在五个不同的时段要分别进行一次短时的礼拜活动。除去吃饭、睡觉和工作等必要时间，礼拜活动的频次和密集程度可想而知。如此严谨规律的宗教生活，如果缺少了清真寺，可能比缺少水和电带来的不便更让教徒难以接受。因此，更为可能的情况是，每当伊斯兰教徒到达一块新的未知天地，第一件事就是寻找可以建造清真寺的石头。

据《羊城古钞》记载，怀圣寺和光塔的确由当时蕃人所建。无论乘沙漠之舟，还是海上之舟，阿拉伯商人都是最早穿行欧亚非三块大陆的勇者。所到之处，总是热衷于为自己建造美丽的清真寺和坚固的城堡。阿拉伯游牧商队在沙漠聚落中建造的人工水渠是世界上最早、最精湛的水利工程杰作。直到今天，他们在广州怀圣寺建造的光塔，仍然是中国古代同类型砖石环塔最杰出的典范。虽然在光塔之前和之后，我们再难见到相同工程技术的建造实例，但隋代赵州桥的砖石拱券技术，或可作为同类技术的早期实例，为我们进一步研究怀圣寺光塔所采用的砖石发券技术的源流提供了启示。从这个角度看，怀圣寺光塔的建筑学意义和建筑史学价值都具有突出且重大的科学价值和文化意义。

光塔位于怀圣寺总体平面布局西南。光塔东北一侧的大部分区域，由北向南是由看月楼、廊庑、月台以及礼拜堂串连围合起来的矩形庭院空间。

据龙庆忠先生考证，月台和光塔的原型及前身或可追溯到南越国时期古盐场的朝台、烽燧。礼拜堂外部建筑形态采用中国古代木结构建筑形制，内部穹隆顶和空间朝向则遵循中亚伊斯兰建筑风格和宗教文化的要求，体现了两种不同地域文化和建筑艺术的有机融合，非常合理自然。

礼拜堂、月台是怀圣寺总体平面布局的中心和主体建筑。在月台朝向庭院的正南方，正对着看月楼。月台和看月楼的平面中轴线南北贯通，形成中轴对称的中国式内庭院格局。虽然礼拜堂内部空间朝西，但建筑的其余三侧立面的间广和比例分配，仍遵照中国古代木结构建筑的基本形制建造。特别是礼拜堂的南立面明间，仍保持与庭院中轴线对应一致。因此，怀圣寺总平面中轴对称格局未被打乱，中国式庭院布局和建筑风格显著。

看月楼肋下东西两侧分设廊庑厢序，分别由南向北呈环抱状，环绕月台。再一次从庭院东西两翼加强了廷坛院落的内部围合性以及中轴对称特征。从礼拜堂、月台主体建筑，以及看月楼、廊庑厢序等庭院构成元素和格局特点，不难看出怀圣寺总体平面带有中唐乃至初唐唐风。

元代海上贸易中心东移，由于阿拉伯商人教徒大量迁移泉州，怀圣寺曾一度萧条冷落，毁于大火。但元至正十年（1350）很快得到重建，当时，还有萨都剌等十七家阿拉伯商人家庭选择留在广州，看管怀圣寺及教徒墓地。后随广州港再度崛起，怀圣寺及其周边商业区再次繁盛。元代和明成化四年（1468）等，怀圣寺经过多次重缮，无一例外保持了怀圣寺最初的唐代旧制。

怀圣寺看月楼及廊庑厢序制度与黄埔港南海神庙相似却不尽相同。它们表现了唐中期中轴对称式中国传统庭院的典型特征。同时，作为两处唐中期（甚至初唐）建筑风格实例，怀圣寺和南海神庙平面布局的不同之处，体现出中国式庭院建筑在空间形态方面的可塑性、灵活性。我们也可以由此看出，中国传统庭院建筑文化对外来文化的兼容和吸收，赋予本土建筑形式极为必要的探索空间。特别是初唐和中唐时期，是中国古代建筑基本形式初步成型的重要历史阶段，外来文化诸如西域和中亚的伊斯兰文明，以及波斯祆教文化、印度佛教文化、犍陀罗艺术、东南亚海洋文明等，都为这一时期中国古代建筑的形制发展、制度发展、文化艺术发展带来了必不可少的影响因子。这些早期外来文化中的许多因素，已经沉淀下来转化为中国古代建筑艺术的重要内容。

唐代广州有两处深入内陆的内港：怀圣寺和光塔所在地就是其中一处，即南澳码头（或称光塔码头，今称光塔街）；另一处为兰湖码头，位于府城西北，主要接收来自西江、北江内河水路往返广州的船只。内地商人源源不断带来陶瓷、土产、杂货、铁器农具等货品。南澳码头，由于更靠近珠江河道，海舶驶入内港的第一站就是这里，因此，商人大多选择在这里停泊，登陆交易。阿拉伯商人带来了琳琅满目的珠玑、香料、犀牛角、象牙等奢侈品。两处码头的商人们很快就发现这是一个绝佳的交易地点。"不仅日中为市，而且出现夜市。每当午时的鼓声敲响，居住在广州的各种肤色的外国人以及来自唐朝境内各地的汉人，都被召唤到了大市场。……有时在夜晚，他们偶尔也到夜市去，操着异国腔调大声地讨价还价。"[①] 越来越多的商人汇聚到这里，连广州本地坐商都要拼命抢占一席之地。久而久之，南澳码头怀圣寺光塔附近成为广州府最繁华热闹的商业区、居住区。人们贪恋市井繁华和财富，宁愿放弃在恬淡悠然之处栖身。

自贞观元年（627）怀圣寺和光塔创建之后，兰湖码头和南澳码头附近渐渐出现了大片居住区和城市商业区，大量蕃商、城市商人、内地商贩，以及生活在河域周围以渔猎、交换为生的人聚居在广州府城西郊，南澳码头附近。尽管自秦汉至唐代，广州已经建立起许多与海上贸易相关

---

① 李庆新：《濒海之地——南海贸易与中外关系史研究》，中华书局2010年版，第99页。

的律令章程，但仍然有因杂处、利益产生的乱象和摩擦。开元元年（836），岭南节度使卢钧看到"土人与蛮獠杂居不便管理"，终于，在南澳码头怀圣寺和光塔附近开辟了蕃坊专供蕃商停居。

作为一项制度，蕃坊自阿拉伯商人登陆广州，经历了近两百年，终于应运而生。作为一种濒海之地的聚落模式，蕃坊出现和所经历的过程，则可作为广州城市空间形成以及社会机制建立的一次再现。通过对蕃坊的还原，我们可以清楚地看到，在自发状态下，并且在没有明确可依的预先设计和规划原则的前提下，人们如何跟随并适应客观环境与社会环境的变化，建立起有利于社会活动、有利于主体交往的社会空间。同时，这个社会空间及其相应的社会机制又能够吻合既有的社会规约，能够体现人们对文化和审美的主观需要。简要地说，这样的聚落形式、城市空间和社会机制，从根本上归属于基于必要条件自发产生的并且通过有机生成的方式成长发展的地方文化的产物。

## 二、北京路城市中轴线

北京路作为广州城市空间中轴线的出现和发展，可谓遵循了一条与蕃坊完全不同的逻辑。如果说蕃坊体现了一种从自发到自觉的城市发展模式，那么，北京路则完全代表一种文化自觉意识的发展。

文献记载首次承认北京路作为广州城市空间中轴线，保守地说，可追溯至唐代。据历史地理学家徐俊鸣教授研究，"唐代为适应南濠码头和蕃坊的管理需要，修建唐城已经以今天北京路为轴，成为主街，刺史署也移至今财政厅处，城分三重，即瓮城、青海楼子城和郡城。临江边建有高大的商馆招待客商。可以想象，唐代的西城已经形成一大片繁华的市区"[①]。

唐代以后，根据现有对南汉兴王府以及宋代广州城的研究，北京路作为广州城市中轴线，一直跟随城市整体空间不断向南再向西的扩张趋势，并得到延伸。也就是说，北京路成为中轴线并非唐代一时，而是作为城市空间制式得到了南汉至宋的继承和发展。明清北京路南段发生了西北、东南方向的微弱倾斜，具体原因不明。但自唐宋开始，北京路大体上一直是广州城市空间格局发展的中轴线，而且唐宋时期北京路城市中轴线最为规整清晰，似乎源于一种对当时或此前时代主流价值的刻意回归和彰显。这种主流价值是什么，基于什么原因，是我们需要回答的问题。

（一）北京路城市中轴线的形成

在城市规划方面，可供比较借鉴的实例，最为典型的莫过于西汉长安城。安门大街纵贯城市

---

[①] 陈柏坚、黄启臣编著：《广州外贸史》，广州出版社1995年版，第92页。

南北，绵延约5000米，东西城区呈均衡态势布列大街两侧。将安门大街南端继续向南延伸，则恰与子午岭重合。这一安排明显与子午岭天然界标有关，同时，巧妙因借子午岭两侧山体的对称夹持效应，烘托突显长安城安门大街的中轴对称效应。同类因借自然山体模拟门阙制式，将自然景观作为建筑景观一部分的做法，在帝王陵寝中也有广泛体现，比如唐昭陵。这些同类型空间规划手法，表明南北向中轴对称在空间关系中具有重要意义，并且与儒家礼仪制度紧密结合在一起，广泛运用于帝王陵寝、王城、都城的空间规划。

唐代广州城是基于三国城基础扩建的结果，因此，选择北京路作为中轴线一定还有更早的渊源。让我们大胆将这条线推至西汉南越国时期。基于目前考古工作者对南越王宫署遗址的发掘成果，学者推测，"宫署及池苑遗址大致分布在东至旧仓巷、西至吉祥路、北至越华路的范围内，其南界超过了中山路。目前发现的宫殿、池苑、水井等均在此范围之内。从布局上看，一、二号宫殿和水池、曲流石渠均位于唐宋以来广州城的中轴线北京路以东，它们距离北部越华路有相当一段距离，所以，推测这些建筑并非番禺城内主体建筑。其主体建筑应在这些遗址以北区域，特别是与北京路正对的广东省财政厅周围地区，这片区域也是唐宋以来历代的行政中心"①。假设学者的推测成立，那么，自西汉以来广州城就确立了以北京路为中轴线的空间发展规划，并且一直被继承到明清广州城。究竟是什么使北京路所在的这条南北通衢如此特别，无论广州城南北向扩建还是东西向扩建都不能离弃这个"中心"？或许关键还在于"两个基本点"。这两个基本点就是番山和禺山。

南汉兴王府的城市建设与番山、禺山直接相关。研究显示，兴王府府城南界很可能明确参照了这两座山。"南汉城区扩大了，扩至番、禺二山之上，并在两山门之间低平处建双阙，称清海军楼，是当时城市的南门。"② 这个扩建的区域呈南北向，大致相当于从今西湖路南扩至大南路、文明路一线。这样，北京路在唐代基础上（今中山路至今西湖路），又向南伸展一大截。通过南汉的中轴线延展，北京路作为城中中轴线的形式特征更显著了。

假设我们将从南向北贯穿大南路、文明路，以及惠福路、西湖路和中山路的北京路北端继续向北推伸至越华路，我们基本可以得到一个从南越国至南汉时期的广州府城图，在这一漫长历史时期内，府城东西界基本不出东至仓边路，西至吉祥路范围。在这个粗略的空间范围里，我们再加进海拔高度数据作为参考，则府城北部制高地海拔在25~30米高处为广东省财政厅、儿童公园一带，自此沿北京路中轴线，由北向南海拔逐渐递减至15~20米。北京路南端近终点处东西两侧各有一山——番山、禺山，并且颇具艺术家和军事家眼光的南汉王刘䶮在此二山低平处建双

---

① 《南越国时期番禺城相关问题的探讨》，载中国社会科学院考古研究所、广州市文物考古研究所主编《西汉南越国考古与汉文化》，科学出版社2010年版，第69—70页。
② 《南越国时期番禺城相关问题的探讨》，载中国社会科学院考古研究所、广州市文物考古研究所主编《西汉南越国考古与汉文化》，科学出版社2010年版，第66页。

阙为镇南门，则整座府城的空间格局一目了然——以北京路为中轴线，以南端海拔地势最低处镇南门双阙北望，地势渐高，城市中轴线南北通衢威严笔直，直通城市制高点。

北京路中轴线的北端可攀升至何处，目前仍缺乏考古学实证。结合文献和相近时期同等级城市实例，推测北京路中轴线北部尽端应在今中山路至财政厅的南北向路段之间。理由有二：

第一，秦汉时期城市空间尚以宫室建筑为主，特别是内城和子城，除南北向中轴线明朗清晰、城市东西两侧截然分开之外，南北向空间关系尚未建立标准制式。

第二，鉴于唐代广州城承袭三国故址，因此，三国时期曹魏邺城和东吴建康城就变得尤其具有参照意义。其中，曹魏邺城可谓中国传统里坊制城市典范，其城市空间的一个重要特征和历史性突破就是东西向通衢大道的出现，将城市空间截然划分为南北两部分。城市出现了北部宫室建筑区和南部坊市区的功能区划。东吴建康城的借鉴意义，在于江左历来是百越民族聚居之地。从族群关系和地方文化的角度，东吴建康城在族群文化和地缘特征方面，为我们研究唐代广州城的空间形态提供了宝贵的历史参照。比如，东吴建康城因借自然地形地貌，普遍使用临时性竹木栅栏作为江岸军事防御设施的做法，说明在丘陵、河网密布的百越民族地区，随江河进退是城市空间形态的重要原则。这一点，在北京路中轴线不断向南延伸方面得到体现。

结合上述实例，我们有理由推测，唐代广州城所承袭的三国故址，很可能同时受到曹魏邺城和东吴建康城的影响，并从中吸取了城市空间建设的实际经验。这些构成了广州作为海上丝绸之路贸易港口城市进一步发展的基础和前提。

番山和禺山的存在，相信秦军入越之初即已领会其深意。这样一派从北部越秀山山麓直面番、禺二山的对景对峙之势，既相互映照，又相互以为凭借和依仗，阻而不塞，毫无疑问成为择址建城的首选。

西汉南越国时期至南汉，广州府城之所以一直沿着南北向扩建空间，一方面由于人口城市化水平尚保持平稳增长，并且没有严重超出城市空间的容载量。另一方面，宋以前，珠江三角洲平原的淤长速率也相对平稳。西江、北江河域泥沙沉积带来的成陆影响不足以为府城城市空间提供足够的建筑用地，特别是府城西郊本就河流众多，地势低洼。

持续的南北向城市空间扩建，使得府城越来越趋向正方形。至少自唐代以来，城市内部空间构成以里坊制为原则。南汉承唐制，广州府城内部空间均为里坊制。当城市总体呈正方形趋势，内部空间又以矩形里坊作为构成要素时，那么，毫无疑问中轴对称也就成为最为合理、经济、美观的空间组织原则。这一局面随着"条状的"列肆街市取代"块状的"城市里坊被彻底改变，广州府城以宋代为转折，开始向东西两侧寻求空间，也就是加筑子城，并先后增筑东城和西城。

（二）北京路中轴线城市景观

唐宋之际，经由南汉兴王府建设，北京路中轴线进一步景观化。回看这一时期北京路中轴线南端北起西湖路、南至大南路——文明路一线的路段，我们将首先看到一片湖光山色。湖曰西湖，山为番、禺二山，两山坐镇府城南关，建双阙，称镇南门。

西湖是六脉渠的一部分。六脉渠前身是原本分布在府城东、西、南三侧的若干天然淡水水系。宋代广州府城三次大规模扩建，同时环城疏浚六脉渠，内城濠池体系自越楼向东南角楼环城贯通东西两侧。

疏浚后，六脉渠可通过水闸调节环濠水量、潮位，有效防洪、防潮，提高环城水系自体净化能力。同时，六脉渠环城可通舟楫，可供海舶、河舶进港避风，极大地便利了内城交通运输，尤其符合港口型城市的发展需要。在城市建设和水利基础设施方面，六脉渠通达环城各个主要城市区域，从内港码头商业区至相邻居民区，以及内城行政管理各机构衙署，盐仓等均可借水利之便。此外，六脉渠成为近城最主要的地表水源，随内城建筑密度日益增高，作为近城水源防备火灾等不时之需，实在是非常必要的准备，可谓便民利民的一大切实举措。

南汉至宋时期，经过刘䶮清淤并大规模拓挖，城南西湖成为一处水面广阔、景致优美的地方。加之，番、禺二山相伴左右，湖山相映。更有镇南门矗立湖山之间，北京路大道通衢纵贯南北，庄严雄壮之余不乏山水雅趣，足可以称得上南关雅园。城在景中，景亦为城。

对于北京路城市中轴线的景观化，有必要与北宋汴梁"千步廊"进行比较分析。

结合考古发掘成果，府城南关一带西湖、北京路、镇南门的相对位置关系已经得到证实。概括地说，南汉扩建兴王府府城南界时曾以番、禺二山为据。城南界或经二山之上，或跨过二山将其包括在城南界以内。扩建后，番、禺二山之间低平处曾建双阙，亦称"清海军楼"，是当时城市南门。"此门在宋代重建，改为双门，清代称拱北门，也称双门底。此门所在位置地势最高，南北两面地势均有所下降。通过双门底的南北大街在宋代为子城直门，后来改称双门大街，其位置在今之北京路。从唐末至明清，此门及其南北道路成为广州城的中心轴线。双门底位置在今青年文化宫前，西湖位于其西。"①

前文提到，将北京路继续向北延伸，便会遇到一条东西向大道（今中山路）横亘其北。北京路中轴线在此之后是否继续北进，目前仍待解。不排除北京路中轴线至中山路处即止的可能性。这样，中山路和北京路两条同等量级的大道通衢，构成了唐宋广州府城平面呈"丁"字形布局这一结构特征。

据此，中山路东西走向，相当于"丁"字形横划。中山路路北即为南越王宫署遗址所在范围，也是其后历代广州府治衙署、宫苑所在地，为城市的心脏。北京路南北走向，相当于"丁"字形竖划，是唐宋广州内城重要的商业区和居住区。唐宋时期，北京路持续向南延伸拓展，南汉

---

① 《南越国时期番禺城相关问题的探讨》，载中国社会科学院考古研究所、广州市文物考古研究所主编《西汉南越国考古与汉文化》，科学出版社2010年版，第66页。

尤为显著。当时城市商品经济十分发达，农业、手工业、制造业等均大幅发展，生产技术提高，生产行业随专业化生产趋于细分。商品质量因此居十国之首。

在官署以南建设"丁"字形主干道布局的特点，与后梁以及北宋时期汴梁广泛应用的千步廊，形制十分相似。

根据建筑师和建筑史学家林徽因先生对北京紫禁城午门燕翅楼建筑形制的研究，午门燕翅楼体现了中国古代城市空间的一项重要构成原则，即千步廊形制。"据我们所知道的汉、唐的两京，长安和洛阳，都没有这千步廊的形制。但是至少在唐末与五代城市中商业性质的市廊却是很发展的。长列廊屋既便于存贮来往货物，前檐又可以遮蔽风雨以便行人"①。

林徽因先生所指"千步廊"形制，即为一种平面呈"丁"字形的商业街区形态。该形制的出现既然源于城市商业经济发展，则保守估计其上限约略为唐末。但也不排除千步廊形制源于曹魏邺城的可能。而这一假设，与唐代广州继承三国故址的记载亦不矛盾。林徽因先生有关千步廊的研究，提供了一条非常重要的线索，至少表明南汉同时期，广州府城在商业街区和居住区的城市布局方面，很有可能与汴梁当时盛行的千步廊商业街区存在联系。

南汉地方政权自恃"小南强"。后梁建立后，南汉视其为"伪廷"，称后梁君主"洛阳刺史"。可见，南汉对当时的中原正统颇不以为然。加之，南汉刘氏出身巨商富贾，向来热衷于发展商业，南汉宫廷经常接待南来北往的富商和各国使节，虽偏安一隅却丝毫没有闭塞视听。想来，一定听闻过南北商人向他讲述当时的商都汴梁。那么，对于汴河上繁华热闹的河街桥市、千步廊车水马龙的场景，应该是耳熟能详。

没有直接证据表明，南汉兴王府商业区建设的确借鉴了汴梁。但相关研究成果至少表明，两者在空间形态、功能分区和布局方面的确存在明显的相似之处。

比较南汉时期北京路和北宋汴梁千步廊，不难看出两者之间的历史联系。"汴梁最主要的特点是有四条水道穿城而过，它的上边有许多壮美的桥梁，大的水道汴河上就有十三道桥，其次蔡河上也有十一道，所以那里又产生了所谓'河街桥市'的特殊布局。商业常集中在桥头一带。……汴州郡署的前门是正对着汴河上一道最大的桥，俗称'州桥'的。它的桥市当然也最大，郡署前街两列的廊子可能就是这种桥市。到北宋以汴梁为国都时，这一段路被称为'御街'，而两边廊屋也就随着被称为御廊，禁止人民使用。"②

再看兴王府。"唐新南城，大体上以今西湖路以南、文明路—大南路以北的北京路为中轴，坊市布列大街左右，称'左街'和'右街'，是人烟稠密的商业居住区；其行政管理大街以东（右街）属咸宁县管辖，以西（左街）属常康县管辖。大宝末，有莳田漂至鱼藻门外，鱼藻门应

---

① 林徽因：《谈北京的几个文物建筑》，收入《林徽因讲建筑》，陕西师范大学出版社2004年版，第93页。
② 林徽因：《谈北京的几个文物建筑》，收入《林徽因讲建筑》，陕西师范大学出版社2004年版，第93页。

即郭城的一个南门，濒临珠江。"①

南汉兴王府城南商业居住区和同时期汴梁的千步廊，在建筑形制和空间布局、功能规划各方面极为相似。至少从一个侧面可以说明，在唐末至宋这个城市商业经济空前发展的历史阶段，无论南北，中国各个致力于城市建设和发展社会经济的城市，都在探索某种更有益于促进城市社会总体繁荣的空间组织方式和社会机制。

这种新型的带有现代工商业城市特征的空间形态，首先以开放的街道系统和具有典型性的城市地标建筑、地景、构筑物为显著特征和重要前提。在兴王府城南和汴梁御街的例子中，我们可以找到许多共同的重要因素。它们代表了开放性城市商业居住空间的一种基本形态。比如：①城市主干道，以利于各方向往来交通的"十"字形或"丁"字形组织在一起；②空间节点，比如城门、宫门、阙、牌坊、桥梁、华表、关隘等地标性建筑；③地景，包括河流、湖泊、山脉、丘陵、树木、高地等；④构筑物，包括商业建筑及其辅助结构，比如列肆、廊道、拱廊等。在面向主干道开放的行列式商业建筑主体结构一侧，或相邻空间，外接辅助结构——廊道、拱廊、回廊、阁道等，在完全开放的街道和店铺之间发挥过渡空间的作用，同时，强化街道的线形形态和条状分布，为商贸交通、社会交往等户外活动提供便利。

此外，以北京路为中轴线的城市空间发展线索，体现了广州府城内部空间建设和城市化发展的计划性。这与以怀圣寺和光塔为中心自发形成的番坊形成了鲜明对照。自觉规划和自发形成构成了唐宋时期广州城市化发展的重要特点，为明清广州城市景观的进一步建设和完善奠定了基础。

---

① 杨万秀、钟卓安主编：《广州简史》（修订本），广东人民出版社1996年版，第105页。

# 广州：十九世纪"天朝上国"的会客厅

王真真

19世纪中叶，大航海时代海上贸易空前发展，世界悄然迎来全球化进程，国际关系以洲际为单位通过全球贸易体系和资本流通建立起新秩序。

此时，大西洋彼岸的巴黎正值路易·拿破仑·波拿巴第二帝国时期。由奥斯曼男爵主持巴黎旧城改造，巴黎被看作当时所有现代城市的缩影。在奥斯曼及其团队雄心勃勃的城市变革运动中，最为世人熟知的莫过于歌剧院大道、城市公园、林荫大道、巴黎地下供水和下水道工程，以及中央果菜市场和城市各处的雕塑喷泉。① 这些城市现代化的重要标志为巴黎带来了崭新的现代气息。更具历史意义的是，巴黎作为西方现代工商业城市开放性和公共性特征的划时代标志，整个西方世界为之心潮澎湃、纷纷效仿。

为使在华利益最大化，各国都在向中国频繁派出谈判使团。清王朝一口通商政策将全世界对商业利润的渴盼和对一国政治主权的贪婪幻想聚焦到广州——一个在当时统治者看来最宜于作为"天朝上国"会客厅的边疆城市。

法国拉萼尼公使团就是众多外国使团之一。在随行医生伊凡和许多欧洲人眼中，广州显得暮气沉沉，幕墙、藩篱层层叠叠，晦暗如阴郁的热带丛林。礼制法度、节令风俗也令这座城市每日上演的各种活动处处有别于他们的既有经验。

相信许多初到广州的欧洲人都会将自己的家乡城市与广州进行比较。比较，既出于认知习惯的需要，也是思乡情绪的自然流露。多数时候成为这些远渡重洋的欧洲人认知中国的有效方式。伊凡自己就多次将新城和巴黎的林荫大道相提并论。他认为新城的环境最好，因为那里最接近他对林荫大道的认识。但伊凡和许多欧洲人很快便发现，努力在广州寻找歌剧院、城市雕塑，以及从城市中心辐射开去的交通干道网，或者那些他们引以为荣的城市标志的中国对应物，结果不仅徒劳，而且失落，这更加重了他们对广州城市文化的迷茫，同时也加深了中国与西方彼此间的文

---

① ［美］大卫·哈维著，黄煜文译：《巴黎城记：现代性之都的诞生》，广西师范大学出版社2010年版，第111页。

化误读。毫不奇怪，没有哪种方式会比拿西方资本主义工商业城市作为参照去理解中国传统城市的历史和文化派生出更多谬误。

对于这些声称以自由贸易为目的来华的商人、使团、传教士来说，他们不能理解也无法接受的事实是，经历了数月海上颠簸、风吹日晒来到中国，不仅人身自由受到种种限制，居留地也被隔离在真正的广州城区之外。好不容易被允许觐见皇帝，一方面要兴师动众忍受北上南下的往返之苦，另一方面还必须向那位对他们母国知之甚少的中国皇帝履行三拜九叩觐见礼。被这种深刻的文化差异和严重的认知错误（姑且不谈动机不纯）坑害不浅的欧洲人一定不在少数。最悲惨的例子恐怕要数1817年到华的英国阿美士德使团。由于海上交通和信息迟缓，这个使团来华公干的任务早在船队起航之前就已得到解决。一场没有目的、注定徒劳无功的来访虽然得到了觐见机会，却一直就觐见礼规格争执不下，一路且行且谈。就在使团抵达北京的当晚，商谈最终失败，皇帝拒绝接见使团，本就因为公干任务失效失意沮丧的英国人又被取消觐见资格连夜遣出北京，窘迫之相可以想见，文化心理裂隙之深亦可预见。

从中国文化角度来看，无论一口通商，还是进京觐见，都是完全符合文化价值取向、合乎"天朝上国"礼仪风尚之举，是中西双方相互间文化关注、奠定文化接纳基础的开端和象征。在中国皇帝的心目中，这完全是一场富于浪漫主义审美意味的契约仪式，对双方而言都意味着尊重和敬意。有趣的是，19世纪，在西方世界认为所谓"天朝上国"正在显露颓败衰落之象时，广州和国都之间自西汉以来一直上演的觐见仪式，某种程度倒像极了现代西方基督教教堂婚礼仪式。一口通商非但没有减损其重要性，反而加深了文化仪式感。相反，人们更认为这一过程神圣庄严、不可或缺，代表双方在缔约之前负责任的相视确认，代表社会对正在建立的新的社会合作关系的认可与见证。而在这样的文化仪式中，表达的难道不是彼此尊重？

中西双方之所以觐见观念相悖，重要原因在于双方对通道和通道两端点构成的廊道式礼仪空间及其必要性持有不同理解。在西方人看来，两点一线构成的廊道式礼仪空间是宗教建筑的典型特征，比如教堂用于敬神。真正尊贵的客人应该被直接允许进入国都，准许客人在帝国各处随意游览，进行博物学式的考察访问，传播西方宗教文化、社会思想和科学文化知识。中国皇帝则应该像一位英国开明绅士，不附加任何条件，礼貌而热情地款待尊贵的客人，倾听、赞许客人的真知灼见。然而，事实不仅相反且出乎意料，更难以用西方文化来解释。华夷双方更像是在用两种不同的语言、评价标准衡量中国在对外经贸关系、政治外交事务方面的社会交往尺度，以及由此对国家社会空间进行的整体部署。

为了解答这个问题，我们至少需要了解中国文化对时间、空间的认识，以及如何通过时间感知空间的存在，并增强空间的仪式感。

# 一、中国古代建筑中的时间和空间

当人们置身于一座典型的中国式庭院,环顾四周,首先意识到的是一个围合空间的存在,即庭院。这一由围墙圈定的区域空间作为与实体建筑同等重要的主体而存在,至少在庭院的平面组织关系中如此。当我们分别把建筑实体和庭院占据的平面空间作为整体图形中的黑白正负形看待,便会得到一个与格式塔心理学中埃德加·鲁宾"杯图"完全一致的图例——当我们把建筑实体和庭院任何一方视作(正)图形的时候,另一方则会成为与之互文的(负)非图形。也就是说,黑白正负形分别代表的建筑实体和庭院,在平面构成关系中既分别构成了两个完整的图形,同时又互为两者完整性的前提。

正因为中国式庭院相对于建筑实体具有独立完形特征,我们常可以在城市、庭院、陵墓等围合的区域空间中辨析出"回"字、"中"字、"十"字、"丁"字、"甲"子、"工"字、"亚"字形等中心对称结构。也正是这些以十字正交为原型的平面几何构成形制,将看上去外观极其相似但等级、功能各异的建筑物安排在庭院最适宜的空间方位上,同时也帮助人找到通往这些建筑的正确路径。

当视平线回到与地面平行,人们很难尽览庭院的图形特点。但是,通过行走在横平竖直、相互正交的庭院交通线,或者环绕回廊,就可以清晰地体会到庭院空间的图形结构特点。如此规划道路无疑违背了人们在行走时自然遵循的经济原则,即走对角线横穿该区域。可见,这样做意在通过引导和规约人的行走路径,使人不断地强化一种环境氛围,不断地体验到一个围合空间的存在。慢慢地,环境体验潜移默化为我们对空间的最初记忆和理解,也成为我们认知空间、对空间环境做出评价的依据。这解释了中国式庭院十分看重地面铺装,总是通过变换材料、设置路基等方式,强化突显中轴线以及与之垂直相交的东西交通线。

从这个角度来说,当身处中国庭院、街道、城市空地时,人们对于空间平面形态的感知主要来自观察者随时间推移在行进中获得的连贯而有变化的环境信息。也就是说,认知二维平面空间,需要通过在第四维的时间维度中从事社会活动来实现。这成为中国古代建筑环境体认的一项重要特点。

有助于人们通过上述认知习惯达成空间认知目的的另一个有利条件,是中国古代建筑在三维立面具有的特点。日本建筑历史学家芦原义信曾指出,基于气候、建筑材料的原因,中国、日本、东南亚传统建筑体现了"地板型"建筑的不同地区模式。这些国家和地区的传统建筑普遍具有强调地板、轻视墙壁的文化共性。这构成了东方建筑体系有别于西方"墙壁式"建筑的根本之处。

由于轻视墙壁,中国古代建筑不以高度见长。并不是技术达不到,而是文化价值取向更加重视台基、地面、开间等平面空间的布置、规模、构成关系，以及所象征的文化内涵。因此，处于城墙、庭院之内的绝大部分建筑的标高普遍低于围墙，或与围墙持平。只有少数地标建筑，比如佛塔，或因借地势而建的楼阁、亭台、庙观，以及用于防卫的望楼、碉堡，偶尔凸现于围墙勾画的天际线之外，以天空为布景，成为区域环境的标志。

不难想象，基本形制相同或相近，同时不以绝对高度为先，中国古代建筑自然不会出现因标新立异、竞相争高导致任何视觉无序的状况。因此，建筑立面造型和线条由于总是与围墙重合，或与回廊等附属建筑相连，显得模糊后退，与庭院融为一体，充当人们感知平面环境的凭借和参照。庭院围墙默默整肃着自家院落的天际线，正如城墙为人们望向天空的视角做出了规划。围墙以及围墙之内进一步围合空间的建筑立面，整齐划一地构成了中国人在任何一个角落环顾四周的背景。

中国古代建筑环境在立面空间所体现的秩序统一，无疑为人们在社会活动中进一步潜在地观察、领会二维平面空间，提供了有利的视觉条件。同时，也在无形中加深了中国人通过整合多维度环境信息完善二维平面空间体认的认知方式和规律。这两方面表明中国古代建筑具有"地板型"建筑的特点，人们在认知环境的过程中优先关注建筑平面空间的特征和意义。

自中国古代建筑时空观念中看待广州与国都所构成的礼仪廊道，以及安排商人、使团觐见皇帝的一系列礼仪活动流程，便不难理解这一切社会空间部署、社会活动的组织安排其实渗透着深厚的华夏人文思想和社会交往礼仪。

如果把晚清中国疆域视为一座典型的中国式庭院，由南向北、三条东西走向主要江河是三重院落层层递进的标志，由起点广州至终点北京的水陆交通干线就是这座中国庭院的中轴线——任何尊贵的客人都不会也不应该擅自偏离这条主线。那么，通过充当"会客厅"的广州直达北京——最后一进清幽僻静的后院，客人就来到了皇帝的家园。

需要说明的是，这条线路的设计并非晚清中国强撑大国风范而刻意为之。

据《汉书·地理志》记载，西汉时广州已成为西方世界经由海上丝绸之路西洋航线进入中国境内的登陆港。按照贡舶业务传统，凡经广州刺史部登记注册的使团（唐以后由市舶机构统管），不仅可以享受广州刺史当地最高行政长官的犒赏、体验中国式宾主之仪，还会在官员陪同引领下到京都觐见皇帝，行使朝贡礼仪，接受皇帝礼遇，并再次由官员护送返回广州，待番市自由买卖交易完毕便可择期返航。

这一政治外交惯例在两宋朝廷积极主动的主权贸易推动下，逐渐转变为犒赏奖励机制的一部分。尤其是一口通商形势下，觐见礼因专人专程专门路线所具有的唯一性、专属性，成为皇家给予使团的最高规格的对外经贸礼仪。觐见活动过程也因而具有深层次的文化象征意味和仪式意义，表明朝廷对该次贸易活动的首肯，以及在政治、外交层面双方相互间的文化接纳与认同。

这套历时数月才能完成的觐见礼仪，自西汉至19世纪晚清在广州和国都之间不断上演。随着世界格局悄然变化，仪礼本身的价值和意义也在发生改变，但始终在循序渐进的节奏中展开。或许也就是这样的按部就班、层层递进、不疾不徐和有条不紊，体现了中国传统文化对庄严、崇高、礼仪、秩序的审美评价。

不出所料的是，尊贵的客人对这一段充满东方审美意味的旅程没有给予积极评价。在他们的日记中随处可见针对随行官员、衙役、交通工具和人身自由限制等方面的诸多抱怨、嘲弄。应该承认，这些言辞犀利的批判的确客观反映了晚清中国社会的许多弊病，但对有关觐见仪礼和程序的抵制与不满，显然应该归咎于他们对中国历史和中国古代建筑文化缺乏常识，无法辨析晚清中央政府用三千千米国土疆域营造这样一个仪式空间和社会交往机制所体现的大国外交智慧。

## 二、城市空间与社会组织机制

正如广州、北京之间的礼仪廊道体现了晚清政府在对外经贸合作、政治外交事务方面所进行的社会空间部署，广州城的平面空间布局则同时体现了中国人对本国本土内部事务的文化态度。而这同样引发了西方使者的疑惑不解。

1844年，法国医生伊凡随拉萼尼师团来到广州，以医生特有的观察力和在当时看来极为难得的人文情怀，为我们记录了许多珍贵的历史见闻。这些描述将明清广州府城整体风貌复原得更加丰满真切。

> 广州坐落在珠江左岸。穿过这座城市即使快步走也至少要花6小时。城市分成互相连接的三个部分。它是正方形的，东西走向；南面和西边有河环绕，说得更准确点，是被漂浮的城镇环绕。东边，是荒芜的、沼泽丛生的平原；北边是有斜坡的小山，属于远处可以看见的白云山脉。
>
> 形成广东首府的三部分是郊区和被围墙包围的城市，后者包括旧城或称鞑靼城（Tartar city），以及新城或称中国城（Chinese city）。郊区就像巴黎的林荫大道，是广州最热闹最整洁最富裕的商业中心，位于珠江与两座城墙之间的南边和西边。东部地区微不足道，地势低洼泥泞，上面分布着一些小屋。城墙与河平行，四面环绕，真正的城市就围在里面。鞑靼城是中国城的三倍大，坐落在北部。后来，我们发现，分为两座城是为了预防汉人作乱。
>
> 这两座城连在一起，并且通过城墙上的16个城门与广袤的郊区互通联系。这16个入口守卫森严。市民与军队官府就驻在这座双重堡垒里。通常禁止外来夷人进入城内。当你从一处高地向下俯瞰有人居住的河域和巨大的城市时，你就会被壮观的全景所打动。当你在这个富饶的平原游览过之后，当绕着珠江，绕着与郊区壮观的房屋混杂在一起的船屋，感到疲劳之后，目光就会停留在两座官城的弯檐屋顶上。从这大片房屋中间，两座多边形的塔升起

来,像时间之手雕刻的方尖石塔。①

这三段文字为我们勾勒出 19 世纪中期广州府城的概貌,简明清晰,其中包含许多人们感知城市形象所必需的信息。城市中容易理解或容易看到的东西最容易留下印象,而构成城市形象的五个因素为:路线、边缘、区域、节点和目标。② 结合凯文·林奇的城市意象理论,从上述引文中,我们不难得到以下方面的信息:①城市形状、走向、地势;②城市周围自然环境:山、河流、环濠、沼泽;③城市边界:围墙;④城市区域:郊区、新城、旧城;⑤城市节点:城门;⑥城市目标:官城、弯檐屋顶、塔;⑦城市全景:综合前述各方面。

令人欣慰的是,伊凡对他看到的广州城十分满意。正如他所说,"你会被壮观的全景所打动"。没错,伊凡领悟了古老东方城市的审美价值,而这正体现了中国古代建筑优先关注二维平面空间建设的文化特点。从社会学角度看,19 世纪广州城市空间布局直观地反映了广州当时社会结构的构成和关系。

(一)族群与城市空间

以围墙为界,广州分为三个相互连接的部分:郊区、新城和旧城。郊区是城西南一片河道密布的开阔地,不设外墙围护,是欧洲人唯一被许可的居留地,十三行商馆集中设在那里。一般情况下,欧洲人不被允许进入广州城区。原则上,他们与中国官方的任何正式沟通都需要通过商馆和通事代理。郊区和真正的广州城区之间隔着两重坚实的城墙。城墙以内又分为新城和旧城,居住着广州的市民,同时也是官府和驻城军队的集结地。新城和旧城之间不仅隔着城墙,而且从中国城和鞑靼城字面表述,更能直截了当地看到城市分区与特定社会群体之间的对位关系。

自秦以来,中原王朝政治边界深入岭南,一直面临岭南当地土著居民的威胁和挑战。直到清朝满族人进驻岭南之初仍是如此。因此,他们驻扎在鞑靼城的北部高地据点。那里也是清以前历代广州老城的核心堡垒。不同的历史时期,所谓岭南土著居民的概念和构成也在改变。伊凡观察到,"他们(清政府官兵)不断受到郊区民众的威胁。这些陆上的居民与珠江船屋主人的彬彬有礼颇不相同;他们是来自福建和广东的一群流氓,充满了仇恨和嫉妒。没有任何措施可以保护一个陌生人免受这些坏人的攻击"③。

郊区流民在夜晚骚扰城内驻军和民众着实恼人,但此时清王朝中央政权最大的威胁已不再是土著,或者内部矛盾,而是日益紧张的国际关系秩序,特别是帝国与西方资本主义扩张之间的问

---

① [法]伊凡著,张小贵、杨向艳译:《广州城内》,广东人民出版社 2008 年版,第 22—23 页。
② [日]芦原义信著,尹培桐译:《街道的美学》,百花文艺出版社 2006 年版,第 108 页。
③ [法]伊凡著,张小贵、杨向艳译:《广州城内》,广东人民出版社 2008 年版,第 24 页。

题。因此，中央政府在来不及全面应对海上贸易活动带来的政治外交威胁的情况下，紧急将对外通商口岸缩减为广州一处，即所谓一口通商。同时对广州郊区十三行商馆实行"广州制度"，不仅明文限定外国商人使团的在华居留地，而且对其日常活动进行了一系列的规范约束，目的在于将外事摩擦、经贸利益争端和可能引发的深层民族矛盾与军事冲突降到最低程度和距离城市核心区域最远的区域。从帝国疆域来看，一口通商同样意在将矛盾冲突控制在离帝国心脏最远的地区，以使政治军事危机的波及范围最小化。

尽管如此，来华的商人使团几乎无不对被禁足有抱怨。他们的确击中了郊区十三行商馆居留地在调和社会群体矛盾方面的局限性。对此，伊凡记述道："我必须告诉同行的伙伴，我们将不会真的离开郊区，而是留在合法的地方。我们不会逾越这一界限，猜疑嫉妒的中国人在白天把这一界限当作对欧洲人的无形牢狱。我有意用了'白天的牢狱'这一表达方式，因为到了晚上，我们自以为是的同胞首先被关在一个'隔离区'（ghetto），就像中世纪的犹太人一样，只要一离开这个地方就会遭遇危险。"① 没有人能够解释他们为什么这么做，"突然地反复无常，吹着的风，甚或一个恶作剧，是他们行为的唯一动机"。人口构成的复杂性和社会组织结构的多元性，特别是不同社会群体的差异与摩擦，使得通过城墙对城市空间进行区隔难以达到有效分化管理城市人口、不同族群和社会阶层的目的。

（二）生计方式与城市空间

根据人们对城市的需求和依赖程度不一，城内居住着大量常驻市民，他们以城市为生。同时，城市周边还游移着数量更加庞大的城市流民，他们的主要生计是渔猎、采集、农耕、商贸，与城市保持着必要但松散的联系。

珠江船家容纳的人口同样令人瞠目结舌，据当时广州四大家族之一、官商巨富潘士诚估计，至少有30余万人在珠江上浮家泛宅。这些人很多是来自湖南、广西、福建一带的苗族、瑶族和疍民。除非必须购买或交换一些工具和制成品，船家人很少离船登岸。

珠江船家生活极大地吸引了伊凡的注意，他花了许多笔墨描述珠江浮城的社会生态，包括船家、商旅货船、富商官员的江上书斋、船家商贩、花艇、海关官船等等。如果说存在一个快乐的、理想化的、嘈杂的和勤劳的广州，那么，它是指郊区和水上浮城②。这些迹象表明，广州作为区域中心城市吸纳了大量构成复杂的移民，城市社会生态的丰富性超越了以往任何保守的认识，已经或正在经历城市化发展。

---

① ［法］伊凡著，张小贵、杨向艳译：《广州城内》，广东人民出版社2008年版，第23-24页。
② ［法］伊凡著，张小贵、杨向艳译：《广州城内》，广东人民出版社2008年版，第37页。

### (三) 城市空间及其社会职能

随着移民的增加，对边缘地区土地、森林、河流、山地沼泽等自然资源和社会资源的开发，城市将更大范围的边缘认可为开化之地，吸纳进城市社会空间。城市的边缘不断扩展，城墙一圈一圈向外推进。城墙限定了城市的形体，但城市的发展从未止步。某种程度上，正是由于存在城墙，城市不得不建立更加灵活的社会机制作为城市职能的延伸，以调节空间的相对固化和客观局限。

由于广州是海上丝绸之路至关重要的口岸城市，尤其在晚清一口通商特殊时期，朝廷仍然历史性地选择广州作为唯一保留的对外经贸门户，毫无疑问是审慎之举。因此，对于广州城市职能的管理十分科学慎重。

唐代广州已经发展出内外港设置，经历两宋海上丝绸之路的快速发展，至明清，不仅建立了完善的内外港网络，内港码头也进行了业务细分。晚清，由于珠江上游河道淤积加重，内港码头不断外迁，向城市东部地区延伸形成近岸港，外港也随之向外海推进。澳门成为进出广州港的重要外港。海上贸易的许多重要业务流程都以澳门为起止点。

海上丝绸之路的兴起得益于西太平洋上特有的周期性季风。每年4—8月盛行夏季西南季风，10月至次年1月、2月则以冬季东北季风为主。海上丝绸之路贸易季随季风风向变化，每年从4月开始持续到8月。一年中剩下的时间是海上贸易的淡季。广州郊区十三行的外国商人按照"广州制度"规定照例忙着搬家，要么赶上合适的商船返回家乡，要么暂时居停澳门，等待下一年贸易季到来。于是，广州作为清朝专为海上丝绸之路开设的"会客厅"，每年逢贸易淡季便关起大门暂不执行口岸业务，其职能由澳门暂行代理。

清朝门户随贸易季的周期性停开，在广州和澳门之间有规律地延伸、回收，既杜绝了非贸易季海上事务对广州政务和城市安全带来的影响，又保障了贸易季期间广州能够快速恢复和开展实际业务，保证海上贸易在周期性停开切换中平顺畅达。因此，从城市社会空间的角度，广州城市职能的覆盖面实际上辐射到了澳门。一方面，广州和澳门之间显现出中心—边缘的区域城市群模式，说明泛珠三角地区的社会系统化已达到较高水平。另一方面，特别是非贸易季期间，澳门不仅是广州口岸的外港，而且代为履行对外贸易职能，体现出社会机制对城市空间客观局限性的补充、调节作用。广州作为清朝唯一的对外经贸和国际交往门户城市，在贸易季期间肩负了重要的经贸、政治、外交职能，成为国家职能的延伸和拓展。这说明，城市空间格局是社会组织结构的体现，通过社会机制必要调节也在参与社会结构的建构。

更进一步说，在广州—北京形成的廊道式礼仪空间的基础上，与之相应的社会交往机制发挥了更大的灵活性和延伸性，使得礼仪秩序本身作为清朝国际政治外交的重要机制和原则得到空间上的扩展。清帝国版图疆域边界和主权意识更加清晰，疆域之内社会空间的文化定位、职能分工也在走向集约化、系统化的同时，推动整个帝国向现代性不断跃进。

# 晚清广州城市肖像

王真真

在前文中，我们以府城为中心，由内向外梳理、推导广州城市空间的构成和布局。这一部分，我们将沿着相反的方向组织一条"参观路线"，循着逆珠江而上的轨迹，从东到西，由外及内，从水上到陆上，穿针引线式地通览城市全景。因此，我们把构成城市形象的后三个点、线因素进行合并介绍，姑且称之为"阅读路径"，帮助我们系统、直观地摸清广州城市形象的主要骨点。

作为构成城市形象的因素，所谓路线、节点、目标，分别指涉城市道路网络、环濠、城门、水闸、地标性建筑等能够清晰提示城市空间形态变化的结构元素。这些结构元素存在的意义主要体现在三个方面：第一，作为实体空间存在；第二，作为社会组织机制的表征存在；第三，作为城市文化的象征存在。前两个方面，我们已经进行了阐述，现在主要探讨第三个方面。

就广州的具体情况而言，应该先分列清楚路线、节点、地标的具体所指和内容。

（1）路线。由于广州得天独厚的自然环境条件，天然水系在交通运输方面的优势极为显著，以至于城市道路的重要性反而被削弱。这与内陆城市清晰的网格化道路系统有所不同。因此，构成广州城市形象的路线因素首推六脉渠。旧城道路系统中最重要的是北京路。

（2）节点，指港口码头。

（3）目标，也就是地标性建筑。从东向西按照逆流而上的顺序可分为四段：第一段包括莲花塔、南海神庙（浴日亭）、琶洲塔、赤岗塔；第二段包括华林寺、南海神庙、西别庙；第三段包括怀圣寺（光塔）、光孝寺、六榕寺（旧称宝庄严寺、净慧寺）；第四段为镇海楼（官城治所）。

现在，让我们具体规划一下阅读路径。

据《羊城古钞》所载粤会山川形胜，"东粤省会……包山带海。连山隔其阴，巨海敌其阳；五岭峙其北，大海环其东，众水汇于前，群峰拥于后"。我们立刻能够描绘出一种复原景象，广州坐落在五岭山脉群山环抱中，负山向海，丘陵、沼泽和滩涂依着山形地势由北向南缓缓深入江海。

这体现了一种从陆地望向大海、从中国望向海外、从自我望向他者的观看方式以及文化思维方式。在这种思维框架下，我们主要受到内陆水系流向的引导，特别容易注意到六脉渠的重要性。

与这一观看方式相反，观看者主要是来自海上的他者。随海上贸易货船而来，循江而上，逐渐深入内陆，接近一种只属于这片大陆的文明形式。沿途，他们将看到一系列关于这种文明形态的标志物。可惜，对于异质文化的他者而言，以建筑语言编码的文化符号过于抽象。一时间，他们无法辨识、解读。但是，他们已经准备好用好奇的目光迎接一个接一个精心编码的文化符号。最终，两种方向相对的视角和观看方式，将会聚焦在广州所在的地方。

## 一、陆上视角

### （一）六脉渠

"《广州通志》：内城古渠有六脉渠。渠通于濠，濠通于海。……六脉通而城中无水患，盖城渠之水达于闸，闸之水达于濠，濠之水入于海，此城内水利所由通也。"六脉渠"古有东濠、西濠、南濠、清水濠之名"。"其实不但西南本属一濠，即四濠亦只一水也。若外城则以珠江为池，东接东江，西引三水，汤汤数百里，与海相委输。"①

> 州城濒海，每蕃舶至岸，常苦飓风。凿内濠通舟，飓不能害，及被疾，夷民蕃贾集僧寺，设会以祷之。②

> 纳城中诸渠水以达于海，维舟于是者，无风涛恐，且以备火灾。③

池，即城墙之外环濠。池之所成与濠渠密切相关。"《广东通志》：宋大中祥符中，邵晔知广州，始凿濠为池以通舟楫。庆历中，魏瓘以集贤院学士再知广州，环城浚之。熙宁初，转运使王靖城东城，复濠其外。嘉定三年，经略陈岘重浚之，长一千六百丈，东西置闸。开庆元年，经略使谢子强复拓之，广二十丈，深三丈，东西坝头甃以石。"④ 由上述记载可见，六脉渠的重要性不仅在于其数量，更在于它由渠入濠、由濠入池、由池入海的网络式格局和发展，将整个广州的

---

① 〔清〕仇巨川：《羊城古钞》，广东人民出版社1993年版，第102页。
② 陈柏坚、黄启臣编著：《广州外贸史》，广州出版社1995年版，第115页。
③ 陈柏坚、黄启臣编著：《广州外贸史》，广州出版社1995年版，第115页。
④ 〔清〕仇巨川：《羊城古钞》，广东人民出版社1993年版，第97页。

城市水利和交通运输问题，共同纳入一个相互连通的系统，高效率地解决了两个通常情况最棘手也最容易制约城市发展的基本问题，为晚清广州城市化发展提供了不可或缺的前提条件。

另一个不容忽视的方面是，深入江海带来一个长期困扰，咸潮时常随潮汐侵入内陆淡水河域，同时影响地下水。《羊城古钞》记述，越溪"去邑城东北五里。吴刺史陆胤以海水味咸，导以给民"。这表明，早在两宋广州大规模城市化发展以前，六脉渠的前身就已经开始服务于城市淡水供给。

相对于当时的城市人口规模和社会发展需要，天然水系的社会经济效应尚未充分显露，主要被作为饮用水源加以利用。但是，当宋代广州人口城市化进程明显加快，并且主要是基于基础人口增加带动的持续增长，城市不仅面临扩建的需要，咸潮带来的淡水供给问题也迫在眉睫。疏浚府城周围天然河道，沟通濠渠，通利舟楫，增强城市防潮防汛、排洪排污能力，成为广州城市水利建设的新任务。它同时推动了城市水路交通运输的效能提升。城市淡水和饮用水需要，主要通过深水井满足。

从城市空间形态的角度，六脉渠和城市环濠的存在正体现了中原农业文明在改善自然环境，使其适应人类社会发展需要方面具有突出优势。两宋是广州城市化发展的一个非常重要转折期。当时，广州面临的最大问题就是城市建设。城市空间成为社会组织机制的重大决定性深度呈现。而正是这一时期南方城市的商品经济发展，为明清海上贸易的再度兴盛奠定了基础，同时开启了晚清珠江三角洲区域的城市化进程。面对巨大的人口压力，广州府城不断加建新城，一扩再扩。与此同时，六脉渠和城市环濠屡次疏浚，无疑为城市肌体发展打通了关节，疏通了经络血脉，使窘境中的城市得以喘息，并找到再度发展的空间和方式。

六脉渠以通利为重，港口码头则以截流、驻停为特征。通览广州港口码头的位置变迁和其中规律，不难看到贯穿海上丝绸之路的发展阶段，广州港口码头的位置变迁大体呈现出从西北向东南、从内陆向近海推进的趋势。这一趋势的重要节点同样落在了两宋。因此，广州城市人口增长、城市空间扩展，以及港口码头的位置变迁，三方面完全同步，并且与珠江三角洲的成陆过程密切联系在一起。这使得广州的城市发展历程注定是一个不可复制的特例，甚至带有一定程度的传奇色彩。在此，我们再来看港口码头的变化。

（二）港口码头

唐代广州的内港尚在今天的光塔街、流花湖公园一带。而两宋期间，内港则向东南迁移至东濠、南濠，即府城以南环濠的北岸，今大德路、文明路一线。可见变化之大。

明代，随海上贸易航线逐渐向外海深入，广州的内外港也在进一步扩展。内港码头向城外移动。而原本的近城外港则向内陆收缩聚拢，与内港形成联系更加紧密的近城港区。真正的外港则应航线变化向外海推进。这样，明代外港包括浪白、濠镜（澳门）。近城外港为黄埔、琶琶洲。

内港码头进一步南迁至砚子步怀远驿附近，即今第十七甫。

清代广州港口码头的位置变化不明显，但港口业务发生了专业化细分，出现了专用码头和专业码头。其中，专用码头除十三行商馆码头外，还根据货源地对码头进行了区分。四会、清远、三水商人的码头尤其繁忙。专业码头主要针对货物类型进行分类，但尚没有达到十分精细化的程度。与其他码头不同，东堤主要供装卸果菜之用。

## 二、海上视角

海上视角为我们提供了一个机会，我们逆江而上，试着体验贸易商船上的人们所见之广州。

需要说明的是，这条阅读路径的特殊之处在于它始终在变，就像一个成长中的孩子，虽然你日夜同他／她相处，但每每还是惊喜于他／她成长带来的显著变化。珠江三角洲就是这样一片自形成便始终处于生长状态的平原陆地，不断为生活在这里的人们带来新的发现和契机。

### （一）会"生长"的珠三角

广州所处的珠江三角洲形属于冲积型平原，主要由西江、北江和东江上游河域带来的泥沙堆积而形成。宋以前，珠江三角洲平原地貌尚未发育完全，珠江岸线深入内陆，半岛和岛屿之间填充着宽阔的江面。尽管对于海上贸易来说畅通无阻，但城市规模发展仍部分受到地形地貌条件限制。秦汉至隋唐，广州城始终围绕官城治所小规模向外扩展。依附于城市生活的人们，绝大部分散在郊野和乡间聚落，未完全城市化。宋元时期，由于三江上游地区移民增加，土地开发加剧，水土流失导致珠江三角洲平原地貌加速形成。广州城市空间规模化扩展基本不再受自然地形限制，逐渐随着淤积而成的滩涂地步步深入珠江。

江河泥沙形成的淤积发展速率不尽相同，不可能依照平行直线向江岸推进。总体上，由于西江、北江流域占珠江总流量的70%～80%，与东江悬殊，广州府城以西的珠江三角洲淤长更快、更显著。因此，当广州城市面临扩建的需要，港口码头由于受泥沙淤积的影响不得不向城外移动的时候，城市空间的生长主线优先选择先南向、后西向。

由此，我们看到从唐代到明代期间，内港位置不仅继续南移，而且明显向西发展，说明在宋代城市空间中心向西扩展，以及在六脉渠、环濠水利工程的基础上，西城作为城市主要商业街区和市民居住空间，已显著改变了河流沼泽密布的自然地貌特征，适宜于城市内部空间的密集型和集约型发展，城市空间整体重心有条件继续向西南方向倾斜。

唐代内港设在今光塔街一带足以说明海岸线之深。经黄埔外港之后，一路畅行无阻、水深浪平，再不用担心强风大浪和暗礁险滩的威胁。相比晚清，随海上贸易来到广州的异域人，了解认知广州的起点更加深入内陆，大致集中在今西起长寿路，东至大南路、文明路一线。这就是为什么年代最为久远的重要历史文化古迹，如光孝寺、华林寺、六榕寺及花塔、怀圣寺及光塔都集中在这里。这说明，以海上丝绸之路为纽带的世界宗教文化传播与民族文化交流早期最集中、最繁盛的地点，直接受到广州城市中心以及内外港港口码头位置、整体布局的决定性影响。

晚清，凡远洋贸易商船经过澳门港之后继续向西北方向航行三四天，便可以到达港区前哨莲花塔（建于明万历四十年，1612年），以及当时的近城外港——黄埔港码头。这里自唐代以来便是广州最重要的外港。在海关验货、办理进港手续，以及等候驳船接驳货物的同时，人们或许仍可以远远望见黄埔港久负盛名的南海神庙和浴日亭。这里就是我们逆江而上旅程的第一站。

（二）地标建筑

明清，广州港港口码头已较唐宋时期显著南移、外迁。与此同时，港区规划和业务职能方面都发生了深层现代化转型。更能直观反映这一变化的是，自珠江河口以西至府城下珠江河道，相继建起了三座规模宏大、造型精巧美观的地标性建筑——塔。它们分别是近城港区前哨莲花塔（见图一）、内河航道航标琶洲塔（海鳌塔，见图二）和赤岗塔（见图三）。这三座塔与内城怀圣寺光塔并称明清时期广州四塔，是海上丝绸之路文化的重要遗迹。如果我们进一步把视线向城内延伸，会发现，这一系列集中营建活动最终推升起来的高潮，以越秀山镇海楼为突出标志（见图四）。

图一　莲花塔

图二　琶洲塔

图三　赤岗塔

图四　镇海楼（引自《城市及其周边——旧日中国影像选图》）

莲花塔、琶洲塔（海鳌塔）、赤岗塔和镇海楼的三塔一楼格局，初创年代有先后，但大体集中在明代洪武至万历年间，带有明显的地标建筑特征，且琶洲塔和赤岗塔两处直接以地名命名，足见其地理标记意义之重。而且，根据记载，这些塔、楼无一例外都是出于"兴地脉"的地景需要，同时兼具陆上航标灯的导航作用。这一共性从侧面表明，它们与广州海上丝绸之路在明代再度崛起紧密相关，与宗教文化联系不大。

唐宋以前，佛教、伊斯兰教等盛行于欧亚大陆之间的宗教文化通过海上丝绸之路迅速传播。而明清，由于远洋航线改变和增多，特别是海上贸易商品由奢侈品结构性地转变为生产原料、消费品这一趋势的出现，国家之间、洲际文化的传播开始以近代科学技术知识为主要内容，意识形态交流趋于淡化，或转变为文化外交的工具，客观上削弱了宗教文化对明清海上贸易文化交流的影响。广州与海上丝绸之路贸易相关的宗教建筑建设，让位于体现城市本土文化的地标性建筑。

另一个值得注意的方面是，塔、楼虽然集中建造，但并没有沿着单一方向逐个建设。相反，从它们先后创建的时间和相对位置关系来看，此现象反而折射出明代这次有意为之的城市文化系统建设，创意策源地在广州旧城，启动工程的第一锹土是从越秀山上开挖的。

从塔、楼建设总体布局看，与镇海楼遥相辉映的正是琵琶洲的海鳌塔。镇海楼建成之后，两百余年并没有急于兴建其他大型地标建筑，而是待到广州对外贸易业务再度繁盛，成为海外贸易第一大港，才进一步跟进航道沿线地标建筑和航标建筑的集中建设。先是在宋代已开始作为内港使用的琵琶洲建造海鳌塔。十多年之后，明万历四十年（1612）和万历四十七年（1619），接连建造了莲花塔和赤岗塔。

莲花塔位于狮子洋西侧今番禺区莲花山，作为珠江内河航道的前哨，是深入入海口最为深远的一座近城地标和航标塔。由莲花塔继续向内陆北进，才能陆续看到黄埔港南海神庙、琵琶洲海鳌塔，以及赤岗塔。这个布点设计，以及点与点之间留下的文化想象和空间节奏，不仅划时代地提升了广州作为海上贸易国际大港的文化地位，也为今天广州的现代化发展开创了新的历史局面，实在可以称得上慧眼独具。

如果这还不足以说明明代已经开始进行系统城市文化建设，那么，莲花塔的创建时间早于赤岗塔这一细节，则可证明风水塔、楼集中建设存在有意识的规划设计，更直接与海上贸易活动的兴衰起伏息息相关。中国古代地景艺术传统和丰富的山川形胜实际经验，也使得这一系列带有显著现代性特征的文化建设规划，完全具备切实可行的知识积累和技术保障。

（三）小结

当我们分别通过陆上和海上视角，沿着两个相对的阅读路径，通览广州初为定型的晚清陆海城市空间格局，我们充满欣喜地追踪到一条绵延不断的对城市空间形态不懈追求的思维路径，感受到一双充满人性关怀的眼睛始终在温情地俯瞰着这座城市：哪里有新生的土地可供城市开拓？哪里有必不可少的水源？而天然水系奔向的地方一定还有更广阔的空间可待发展，我们应该如何利用属于自己本民族的建筑语言——人类文明的足迹和社会文明象征，对新的可用空间加以申明和界定？

这些问题很早就成为中原农业文明首先关注的内容，它们构成了一种基于土地的文化视野。先秦时期，中原文化因素就已经通过相邻诸侯国——楚国、吴国间接传入岭南。秦汉以来，中原政权和北方移民大举南下，更是直接带入了中原农业文明整体体系。在广州城市发展的历程中，具体体现在包括城市选址、宋代城市扩建空间规划，以及六脉渠、城市环濠、港口码头等城市化设施的系统建设等方面。其中，对岭南自然地理环境所进行的有针对性的改造、开发和利用成就显著，尤其表现在天然山川水系、江河和近海海域等领域，有效地开发出自然地理环境和天然资源的社会经济效益与社会发展效能。

广州城市建设和社会发展同样蕴含并彰显着深厚的岭南地方文化特点。多样的自然地理环境和充沛的天然水资源条件显而易见，既有山川、丘陵、平原、沼泽、滩涂，又有林泉、江河、海洋。这些大自然的馈赠，从根本上支持着广州延续两千余年的城市建设和社会发展进程。广州城市空间形态与建筑文化传统对岭南地方自然环境的顺从和适应，使得广州城市历史风貌成为岭南地缘文化的生动写照。

广州城市建设及其城市化、国际化发展，可以说适逢海上丝绸之路，也应海上丝绸之路而兴，与海上丝绸之路贸易同呼吸、共命运。但是，海上丝绸之路的发展只反映了广州区域交通优势的一个典型方面。客观地说，几乎每一座兴旺发达的商贸城市都离不开同样发达的交通运输系统。

就广州及其周边城市群而言，根本优势在于其城市水利设施和珠三角地区的内陆河水系。

从更大的地理范围看，则需要考虑陆上交通和水陆联运的潜在优势。这些必要条件，广州统统具备：向西可达桂、云、贵、川、黔，并辐射越南北部和滇缅、印藏；向北则有两湖、安徽、江西、浙闽和华北腹地；向东可至福建、浙沪杭，与长江三角洲地区会合。

西江、北江、东江三条重要的内陆交通运输线，意味着存在三条商品经济通道和三条地区文化传播路径。同一个中心和起点，三条各不相同的线索，形成了一个不可或缺的社会交往辐射网。而与陆上辐射网相应、相通的海上交通，由密集的航线勾画出去。广州之于珠江三角洲、之于岭南、之于中国、之于世界的意义则一览无余。

## 三、府城

当我们试图勾勒广州城市区域构成形态的时候，意识到两种截然相对的社会生态系统构成了作为整体的广州。两种系统形式相对，一个以陆上城市为载体和标志，另一个则以江海和郊野为特征；但两者构成关系不能用两两相对来概括。事实上，它们以同心圆的方式建立内在联系。

同心圆的圆心位于广州旧城北部制高点。那里地势高爽、负山向海、视野开阔，曾经是秦汉以来广州历代治所所在地和中央皇权地方组织机构的重要驻扎地。清王朝进入岭南后，满族士兵仍然驻扎在这里。抚院、将军府、学政、布政使、按察司、盐运司、府学、贡院、书院等，环布旧城外围，呈拱卫北部高地之势。"城内的庙宇……规模最大最漂亮的是光孝寺，它位于鞑靼城，在西北角。像几乎所有的宗教性建筑一样，周围是田地，租给别人耕种，地租则用来供养僧侣。"① 在治所衙署和各职能机关,以及官方教育机构、宗教文化机构之外,"还有大量市民、文人、学者、士兵,以及纵横交错的纪念性水道,上面漂浮着成百上千的船只"②。简单勾勒,我们大致可以得到晚清广州城区的总体印象。

清代广州城除在新城外加建东西两翼城,城市主体结构承袭自明。"明嘉靖四十二年,都御史吴桂芳创筑自西南角楼,以及五羊驿,绕环至东南角楼新城,以固防御焉。为门八……殆今之外城也。"③ 此即新城。据清代广州府城郭图(见图五),可以看到新城总体面积不大,的确如伊凡所看到的,鞑靼城是新城近三倍。新城由于靠近环濠主干,同时临近珠江,每天有成百上千外贸驳船在此靠岸,等候卸货进入十三行。同时,还有大量内河运输货船等待接驳外贸商品运往内地。南来北往的商人、船只,还有不计其数的华洋商货汇集在新城以南珠江北岸。伊凡抵达广州的第二天清晨,便发现自己"迷失在一片干木林中。周围环绕着密密麻麻聚在一起的桅杆"④。因此,设置新城的目的不仅是容纳日渐增加的城市人口,更重要的是行使对外贸易管理职能,在喧嚣繁忙的海上贸易和内城政务、社会日常生活之间形成一层空间屏障和缓冲,以维护内城的社会秩序。

经过宋至明清多次疏浚整修,清代广州内城和外城之间由四通八达的濠渠相互串连贯通,可通舟楫,城市交通运输十分便利昌达。河流濠渠"主要是用来运送旅客和货物。这些载重的水帮助人们卸下疲劳,直伸到运河里,是为了实用,而不是为了装饰"⑤。濠渠有通利之便,对一座以商品经济和对外贸易著称的城市至关重要,但城市同样十分重视防御和社会制度管理,进行必要的空间区隔、分层和管制。城墙是最直接的区域隔离手段。广州府不仅有城郊之分,城市内部还有新旧内外之分。内城也是在合并了宋东、西、子三城的基础上才形成了统一的区域。另外,广州府内外城墙共计十六座城门并若干水闸水关。环濠、水闸、城墙、城门共同调配管理着城市中各种资源流动。每到夜晚,内外城门关闭,全城宵禁,一切就都趋于沉静,熙熙攘攘的一天在落日余晖中慢慢消散余热。水闸水关也一样,这些河流的主干"靠近商馆,进入靠近太平门的新城,入口晚上关闭,白天被打开"⑥。

环濠、水闸、城墙、城门是城市空间结构的重要组成部分和功能设施,起到军事防御和社会资源调配的双重作用。在社会组织结构、族属关系和文化关系等深层方面,这些城市空间形态和设施的象征意味同样值得注意。在晚清广州城市文化和现代性建构的过程中,作为城市文化复杂

---

① 〔法〕伊凡著,张小贵、杨向艳译:《广州城内》,广东人民出版社2008年版,第60-61页。
② 〔法〕伊凡著,张小贵、杨向艳译:《广州城内》,广东人民出版社2008年版,第59页。
③ 〔清〕仇巨川:《羊城古钞》,广东人民出版社1993年版,第95页。
④ 〔法〕伊凡著,张小贵、杨向艳译:《广州城内》,广东人民出版社2008年版,第13页。
⑤ 〔法〕伊凡著,张小贵、杨向艳译:《广州城内》,广东人民出版社2008年版,第62页。
⑥ 〔法〕伊凡著,张小贵、杨向艳译:《广州城内》,广东人民出版社2008年版,第62页。

图五 广州府城（1860年，来自英文维基百科）

性和多元性的表征，单一文化意象的多重阐释表明，广州的城市社会组织结构在多元性、开放性和系统性方面，较相对封闭固化的传统地方性社会更具现代特征。晚清广州城市社会组织结构的现代性，一方面体现为内部社会空间和外部社会空间的差异、区隔和联系，另一方面，极为类似的社会结构细分和联系同样体现在内部社会空间中。

正如当时两广盐运使潘仕成向伊凡解释的："在中国，权力就像自然界的造物一样是分等级的。在山区，一个人通常看到一个山顶居于整个地区之最高处。在它旁边，群山缓缓下降。"① 在广州府城，城市之所以细分为鞑靼城和中国城，说明中华民族内部族群之间存在差异，甚至对抗——但这种差异乃至对抗是人类社会客观存在的，如同人的个体差异一样自然和必要。满汉之间政权演变导致的社会结构的根本逆转，加剧了这种具有普遍意义的族群差异，或者说是超越了差异的普遍性。因而，在城市形态上体现为空间在表里内外——内城与外城，远近亲疏——城市与郊区，高低卑亢——官居东北、商处西南，启承开合——北据山关、南通水利方面进行空间和文化上的等差细分与秩序管制。

潘仕成继续向伊凡讲述了他不可能获准进入的内城。以下描述将进一步把我们带入19世纪中叶广州城市情境。

在权力的顶峰——鞑靼城，旗下街，游牧民族出身的满族士兵仍然和他们先辈们一样住在帐篷里，有一些则住在洞窟里。洞窟由干土建造而成，地面凹凸不平。这些地方只有一间房，男女老幼，聚族而居，与鸟兽为伍，完全裸露，同吃同睡。出于挡住北风的需要，洞穴入口处挂着一张破旧的席子。……小路缺乏修整……挤满肮脏的小屋。稍微下阵雨就会毁坏路面，形成污秽的水坑②。以潘仕成的官商身份以及他与伊凡的朋友之谊，这些描述很可能极具写实性。

美国商行通晓中文的翻译亨特先生在《旧中国杂记》（1825—1844）中提供了一个侧面佐证。"清初，鞑靼士兵进驻广州内城受到周围汉族官民的仇视。因为他们独特的发型使他们特征显著而屡遭暗杀。以至于最终颁布法令强行推行满族发式以弥合族群体征差异，达到缓解社会矛盾的目的。"这说明，经过清王朝初建，满汉之间无论是族群外貌体征，还是社会空间建构，差异仍显著存在。这既来自客观因素，也来自深层文化心理。

不得不说，现象和现象描述本身既有现实性，也不同程度带有狭隘性。无知往往导致欺骗和轻信。正是对族群文化差异的无知，使得在任何族群文化本位主义基础上对他者的主观臆想，都可能沦为狭隘偏见。而这部分构成了晚清广州社会的内层结构。几乎根植于同样的偏见、盲从和轻信，"鞑靼城以前分为四块明显的地区，互相独立，有围墙包围。这种设置的目的是孤立这些

---

① ［法］伊凡著，张小贵、杨向艳译：《广州城内》，广东人民出版社2008年版，第67页。
② ［法］伊凡著，张小贵、杨向艳译：《广州城内》，广东人民出版社2008年版，第62页。

官员，使他们互相监督，因为太频繁的交流会使他们密谋造反"①。

有壁垒限制还不够，还要设立文化坐标。作为权力中心向边缘的辐射，新城中除海关、通判、督院行署等政务机构外，规模最大最显要的纪念性建筑是万寿宫。它代表清王朝中央权力始终在场并无处不在。环城濠渠这条人造河流，其干流"一直通到万寿宫前面的水池，万寿宫的屋顶、房门和装饰完全是黄色的，因为它属于君王。那儿有一块石碑，刻着我们伟大的君王——天子的名字。每个重大的节日，所有的官员都来向这个伟大的名字致敬。他们以一种非常崇敬的态度在这里沉思一会儿，比在自己的主人面前尤甚。没有人有权利在这座宫殿的任何座椅上坐下来。最高级别的官员自带垫子，盘腿坐在门口"②。

出于防范心理，为了避免激化族群之间以及统治者和被统治者之间的摩擦、对抗，人们建起了一重又一重城墙以相互隔离。但同时，人们又在城墙之间打开了越来越多的城门、濠渠，通过文化和社会资源的交换、共享、互惠互利建立认识基础，着力在族群文化形象方面淡化差异，强调共识与价值认同。并且，在不断扩展的城市形态上通过建立新的文化坐标和象征，对未被申明的空间加以描述和界定，将新的城市空间纳入文化建构。这既是晚清广州城市现代性在中华民族内部族群关系方面的写照，也体现了中国传统社会差序格局特点，面对社会组织结构的复杂多样性现实，必然会做出的一种文化选择——以同心圆的方式建构现代性社会空间，在中心和边缘之间，以等差原则组织管理社会关系。

## 四、郊野

在介绍了府城之后，现在让我们沿着从府城东北高地向西南低地沼泽再至江海的视序，分别介绍广州府城之外的郊野、十三行商馆区和水上浮城。

广州府城外的郊野，我们重点介绍两部分：第一，分布在广州府城北部山地高冈，以渔猎采集、种植、伐木、采矿为生计方式的乡野；第二，府城西郊风光旖旎的自然景观园林、官员富商的私家园林和繁华喧闹的商业街区。

### （一）乡野

岭南得天独厚的自然地理环境，使这里的居民享有大自然能够赋予他们的几乎所有有利的生存条件——高山河谷、沼泽平原、滩涂海岛、森林海洋。聪明的人们无愧于这些馈赠。明代初期，依据人们使用土地的密集程度，我们大致可以将最主要的土地利用方式分为：①狩猎、捕鱼

---

① ［法］伊凡著，张小贵、杨向艳译：《广州城内》，广东人民出版社2008年版，第65页。
② ［法］伊凡著，张小贵、杨向艳译：《广州城内》，广东人民出版社2008年版，第62－63页。

和采集；②伐木；③采矿；④农业。①

在城市和郊区最常见到的是①④两种土地利用方式。这两种方式同时也是供给城市所需最直接的渠道。"河谷地区的鹿、山区野猪和山羊，为技艺高超的猎手们提供了展示的机会，当地制造出的鹿皮通过广州大量出口，熊和貂皮也有很高的价值，虎皮可以装饰军官的制服，金丝猴皮可以制作皇帝的帽子。"②"岭南的河流和周边的海洋中生活着大量的鱼类，雷州半岛东岸的海床地带和廉州府沿海也盛产牡蛎和珍珠。"③

伊凡以他充满人文情怀的眼光，各处欣赏中国人专心致志于劳作的画面。"他们自身便拥有不可思议的神奇力量，能够自我控制易叛乱的本性，并使贫瘠的土地变得肥沃；他们热爱劳动、遵纪守法和勤俭节约。……在岸上，妇女们卷起裤腿，正在珠江的泥泞中寻找贝壳，那是用来制造石灰的；而渔民则站在竹筏上，追逐那些反应迟钝的水生物，紧随它们在河底礁石组成的迷宫中穿梭。"④

靠渔猎、采集和农业种植谋生的人们，大多生活在广州城市周边高冈山地、远郊和江海浮城。山地、丘陵、沼泽、江海就是他们各自的家。只有当他们需要交易工具、食盐或其他商品时才会进入包罗万象的城市和市场。但他们绝没有像府城中的人们那样，在自己与世界之间建立重重阻隔又千方百计维持联系。他们的日常活动始终构成了广州城市生活和社会文化的主要内容。

广州北部的白云山山麓山地高冈平均海拔是 70～200 米，还不足以使生活在其中的人们天然地产生隔绝心理。而且，丘陵山间处处流淌着清泉溪流，这些水系不仅维系着高地与平原沼泽人们的生活，也维系着彼此之间的交往和认同。

他们对海上生活和贸易活动同样不陌生。一些生活习俗明显说明海上贸易和海洋文化对他们存在影响。海上贸易两千年，至晚清，广州早已习惯看着海上一艘艘远洋货船，也清楚地知道如何与这些来往的商人船只打交道。客人来了，我们要鸣礼炮，要登船，备薄礼果品以示欢迎；客人走了，我们同样以礼相待，长长地随船送出去，鸣礼炮致意。直到今天，广东一些地区，比如肇庆，仍然保留着当家人离家出行要给利是包的习俗——有些还在利是包里装少许稻米。特别是在长辈与晚辈之间，当晚辈出行，长辈都会这么做，以示送行祈福。在人们心里，他们也是生在江边、长在江边、望着大海长大的。每个人只要离开家，就是向着面前这片江海远行，也就无异于一叶孤舟，在茫茫江海之间，尤其需要陆地上家人的牵挂和联系。

---

① ［美］马立博著，王玉茹、关永强译：《虎、米、丝、泥：帝制晚期华南的环境与经济》，江苏人民出版社 2011 年版，第 98 页。
② ［美］马立博著，王玉茹、关永强译：《虎、米、丝、泥：帝制晚期华南的环境与经济》，江苏人民出版社 2011 年版，第 99 页。
③ ［美］马立博著，王玉茹、关永强译：《虎、米、丝、泥：帝制晚期华南的环境与经济》，江苏人民出版社 2011 年版，第 99 页。
④ ［法］伊凡著，张小贵、杨向艳译：《广州城内》，广东人民出版社 2008 年版，第 11 页。

府城西郊是广州的天然后花园。北部苍翠的白云山麓就像一个天然蓄水池和过滤、净化地表水的大海绵，成为广州城的重要水源地，不仅供给部分饮用水，还为广州内河交通运输提供充足的运能基础。在众多山泉溪流中，白云山东侧长腰岭以西蒲涧泰霞洞的一处天然山泉，名曰蒲涧，尤为重要，是宋广州城六脉渠干流——甘溪的主要源头。据《广州志》称："涧水味极甘冷，异于常流，又名甘溪涧。"

甘溪出白云山东侧蒲涧泰霞洞，循山势地形向西南流，至小北折向东南形成一条重要支流文溪。其余甘溪干流则继续流向城市西南，汇同白云山其他山溪河流，形成大小不一若干湖泊，散落在府城西郊沼泽低洼处，波光粼粼宛若宝石。规模较大的有芝兰湖、荔枝湾和城南西湖。荔枝湾古称荔枝洲。据《南越志》记载："江南洲周回九十里，中有荔枝洲，上有荔枝，冬夏不凋，盖以荔枝湾为古荔枝洲也。"唐代，荔枝湾便以种植荔枝闻名。南汉后主刘鋹在此建有华林苑、昌华苑、芳华苑、显德苑等，合称西园。每当荔枝成熟、红云压枝的时候，便会举行红云宴，尽赏荔枝园景。

广州明清园林艺术一方面得益于优越的自然环境，另一方面更基于南汉时期的基础和文化传统。南汉兴王府建设和社会发展的重要标志之一，是宫殿别业、园林苑囿的空前发展。由于偏居一隅，南汉与非中原系统的南方割据政权结成盟友，地区社会安宁稳定、经济显著发展。同时，垄断海上贸易进入中原的通道，也给南汉政权带来了难以估量的巨大财富，使其足以雄踞一方。

南汉政权仿效唐代长安兴建了大批宫殿苑囿。城东地狭，没有大型宫苑建筑，明清时主要为盐仓占据。城东北部靠近白云山山麓则有不少风景名胜和古迹遗址，南汉时辟为御苑。其中，重要的一项就是将城北越秀山原越王台旧址改建为游台，台前叠石为道，两旁遍栽金菊、芙蓉，名曰"呼銮道"。越溪是甘溪的另一条主要支流，位于城市东郊。据《羊城古钞》记述：越溪"去邑城东北五里。吴刺史陆胤以海水味咸，导以给民。唐节度使卢钧后加疏凿以济舟楫，更饰广厦为踏青、游览之所；旁水皆种木棉、刺桐。南汉广之为甘泉苑，苑中有泛杯池、濯足渠、避暑亭。"南汉对越溪的复浚扩充使水源上接白云山菖蒲涧，下通荔枝湾，乘小舟可漫游南汉各处离宫，欣赏各处桃红柳绿。透过树丛，满眼尽是亭台楼阁、别苑美景。南汉后宫视之为游园避暑胜地。①

南汉时期，兴王府宫殿苑囿大发展时期为明清岭南私家园林和自然风景园林的发展奠定了不可或缺的基础，尤其体现在两个重要方面：其一，南汉宫苑园林充分利用了岭南自然环境条件，比如山地、丘陵、沼泽，特别是河流湖泊等天然水系。稍加园林建筑点缀期间，便形成了一种充满自然野趣的园林景致。以分散、灵动、自然而然的整体布局，表达一种朴素、闲适、随遇而安的审美情趣。其二，"广州城北白云山留下来的甘溪和文溪穿城而过，南汉时凿池形成芝兰湖、

---

① 陆琦：《岭南私家园林》，清华大学出版社2013年版，第14-15页。

西湖、菊湖等,与双溪连通,而后又形成六脉渠,溪水最终汇入珠江"①。这样有头有尾、有始有终、连贯昌达的自然山水园景是最能体现岭南园林造园艺术与人文情怀,最宜展现广州城市性格执着、练达、有责任、敢担当的景观艺术手法。明清岭南园林很好地继承了这一传统。

(二) 自然风景园

南汉园林善用景观建筑,提高园林的游赏价值,强调园林环境和建筑空间在社会交往方面的实用性,所谓"可望、可行、可游、可居"。五代十国政权分立,既有纷争,却又不约而同选择尽力平息争端。因此,中原系统和非中原系统之间,以及系统内部的联系与平衡往往通过社会交往维系。相互派出使节,定期向中原进贡等社会活动,推动了这一时期各个割据政权的领地建设。南汉实力雄厚,更加刻意为之,以唐长安为样板在兴王府周边大肆建设。珠江南岸大片地区辟为刘氏王陵,并专门建立陵寝管理制度加以管理。

南汉重视园林建筑和景观环境的实用性和社会交往性,也被作为一项重要传统,在明清岭南园林中得到体现。晚清,广州府城西郊的园林多为官商巨富大家族的私家园林。经常为我们介绍广州府城的潘仕成就是其中之一。潘仕成(1804—1873),字德畲,曾任两广盐运使、浙江盐运使。清道光、咸丰年间,潘仕成及其潘氏家族雄踞广州行商潘、卢、伍、叶四大家族之首。他的一处私家园林"海山仙馆"就是当时最著名的府城郊区园林之一。

"海山仙馆"得名于落成之日的一副对联"海上神山、仙人旧馆",上、下联各取两字。海山仙馆园林占地12公顷,是规模宏大的自然风景园。尤其以其造园艺术高超,宛若天成,享有"南粤之冠"的美誉。"此园不仅吸引四方达官贵人、文人雅士,还曾作为官府的外交活动场所。"② 富家大族和官员士大夫个人的社会交往也经常借游园赏景进行。城西十八甫磊园就经常出借供人游赏宴请。"时城中各官宦皆悉此园美观,常假以张宴,月必数举。宴时架棚堂前,演剧阶下,……面散秩闲曹又欲卜夜,请以继烛。主人素慷慨,亦欣然优礼。"③

潘仕成时任两广盐运使,又是十三行行商首富,与法国、美国、英国的许多商人使团交往密切,建立了良好的友谊。伊凡及其同伴就经常接到潘仕成邀请,游览他的私家园林和官邸。"外国朋友们认为,得到许可到潘启官在泮塘(PunTong)的美丽住宅去游玩和野餐是一种宠遇,特别是当他一家不在泮塘而在河南的时候。无论我们是划船的时候去休息,还是到那布置美妙的园子去散步,任何时候都有负责管理的仆人彬彬有礼地接待我们。"④

---

① 陆琦:《岭南私家园林》,清华大学出版社2013年版,第15页。
② 陆琦:《岭南私家园林》,清华大学出版社2013年版,第70页。
③ 陆琦:《岭南私家园林》,清华大学出版社2013年版,第18-19页。
④ [美]亨特著,冯树铁、沈正邦译:《广州番鬼录 旧中国杂记》,广东人民出版社2009年版,第282页。

与西方文化注重城市公共空间建设不同,时至晚清,海上贸易已经持续进行了两千年,而广州也进入区域城市化发展阶段,可是仍然没有建造一座歌剧院,或者开通林荫大道的计划。对此,潘仕成与伊凡进行过一次极为有趣的文化交流对话。潘仕成向伊凡解释说:"当你去看戏的时候,你必须混入人群,会被人推挤着呢。而对于我来说,当我想看戏时,我可以把演员请到家里来,同时邀请我的朋友们……那么,在那正举行舞会的庭院里你能找到什么样的快乐呢?受人尊敬的人是不会参加此类娱乐活动的。"① 事实上的确如此,这体现了中国人在公共性、开放性问题上特有的文化尺度,不仅戏班子和朋友可以请到家里来,连印刷作坊也可以建在自己家里,专供自己研究使用。

对于中国文人,或者说,掌握足够的社会资源而享有良好教育和社会地位的人,获取和传播知识技艺是一种个人化的活动。各种学识技艺固然有"道""术"之分而有三六九等,但总体仍取决于个人。即使关涉外部世界,也将是以他们自己为中心辐射开去的一个有限的小圈子。这个圈子极少或从不会跨越既有的社会阶层。处于社会下层阶级的人们虽然被允许通过科举考试向上流动,但也只有通过了考试,才获准进入知识传播的领域、特定的社会阶层,才能与这个圈子处于同层的社会群体建立交往。

一位独自泛舟江上的中国朋友这样向伊凡解释他无目的的航行:"当我希望享受一下圣人所期望的宁静与孤独时,我就会到河道居住。但是有时候,根据季节变化,我会离开寓所,去享受大自然的美丽和其他地方的迷人景色。春天,我会沿河而上,去欣赏那些被茂盛的竹林和树林包围的碧绿稻田。到了夏天,我喜欢到河口处,那儿总是有微风吹过。整天,我会目睹成千艘船只来来往往,它们在河道中或进或出。我非常喜欢这些小规模的航行。"②

## 五、十三行商馆区

十三行商馆区位于府城西郊最南端的珠江北岸。这里是外国商人使团在广州唯一被指定的居留地。亨特先生作为美国旗昌行的翻译,于1825—1844年在广州工作生活,十分熟悉十三行商馆区和当时的广州,自视为"旧广州"的"一位老居民"。由于通晓中文,亨特对旧中国社会历史状况的描述和理解更具理性主义色彩,很多中西方文化、社会制度方面的差异,在他眼里变得更容易解读。以下我们对十三行商馆区的区域复原,将主要依赖亨特先生的记述,同时,补充以伊凡艺术家般的洞察力和表现力的内容。

"外国侨民在广州所占据的地方离珠江边约300英尺,离澳门80英里,离伶仃60英里,离

---

① [法] 伊凡著,张小贵、杨向艳译:《广州城内》,广东人民出版社2008年版,第123-124页。
② [法] 伊凡著,张小贵、杨向艳译:《广州城内》,广东人民出版社2008年版,第101页。

虎门炮台40英里，离黄埔碇泊所10英里。这片地方东西宽约1000英尺，各国商馆就建在上面。每个前来贸易的国家，最初各以一所大房子作为居停贸易之所，由此形成商馆。"① 每座商馆的正面都是一样的，全部朝南面向珠江。伊凡一定曾乘船缓慢地经过这段江面，他写道："这片地方没有包围在灰暗的、有裂缝的围墙里，它自由地沿着河岸伸展。用砖砌和花岗岩建造的房屋，向南、向东，平静地环绕在珠江上。"②

与中国传统城市的营建原则不同，十三行商馆区每天要接收大量来自江岸驳船的外贸商品，同时，也有大量的中国商品等待运往欧洲，近岸运输变得十分重要。因此，商馆区的建筑用地开发首先是从沿江一线开始的，由南向北、从江岸向城郊内陆推进。从商馆建筑的门牌号也可以看出这样的发展序列，"前面的称为一号，后面的称为二号、三号，以此类推"③。沿江区域由于具有近岸优势变成了黄金岸线，十分抢手。为了节省用地，最大限度地发挥这条东西约1000英尺区域的空间优势，商馆被规划建造为统一的标准化建筑结构，开间被控制在必要尺度之内，同时发挥建筑空间南北进深的实用性。因此，在伊凡看来，"每个商馆都包含一套统一建造的房屋，整个商馆像一座完全孤立的巨型建筑，几乎像傅立叶（Fourier）的空想社会主义学说中希望用来供养人们的大军营"④。商馆面前这条东西走向横贯十三行商馆区的主街被叫作十三行街，听上去真的颇有军营整肃的气息。

从十三行商馆区的平面布局来看，广场更像是一座必不可少的内庭院。事实上，外国商人每天都要途经这里数次，并且还很乐意专程前来散步，这里很像巴黎的林荫大道和城市公园。亨特清楚地为我们留下了这座广场的文字影像。

> 在中间的六座商馆前面，直到约300英尺远的江边，是一座开阔的"广场"，是经双方认可，专门规划出来归外国侨民使用的。广场的四周起初围着设有石头地基的坚固的木栏杆。每座商馆都有门通入广场，广场的另一边又有门对着江边。因而每座商馆都有自己的码头。

划给夷人居住的部分包含三条完全中式的街道。一条叫猪巷，或称新豆栏街。尽管你现在看不到那里肮脏的动物了，此街即按照那些动物的名字命名，的确恰如其分；另两条分别叫靖远

---

① ［美］亨特著，冯树铁、沈正邦译：《广州番鬼录 旧中国杂记》，广东人民出版社2009年版，第33页。
② ［法］伊凡著，张小贵、杨向艳译：《广州城内》，广东人民出版社2008年版，第37页。
③ ［美］亨特著，冯树铁、沈正邦译：《广州番鬼录 旧中国杂记》，广东人民出版社2009年版，第33页。
④ ［法］伊凡著，张小贵、杨向艳译：《广州城内》，广东人民出版社2008年版，第24-25页。

街、同文街。①

按照天主教徒一丝不苟的现代卫生观念，对这三条街的评价即使会有所夸张，但不能否认伊凡对外国人居住区的环境评价的确不高。就连一贯冷静客观的亨特也在竭力克制地表达因现代设施严重匮乏导致的无可奈何。

> 如果我们没有银行、没有日报、没有蒸汽在船只和陆上的各式各样用法，没有邮局和海关，没有传话管，没有电报、电灯，甚至连煤气灯都没有；如果我们既说没有教堂，也没有动物园；没有周末下午的音乐会，也没有星期一的通俗歌声，我们不是还有我们的"小而丰富"，我们的一切的一切，我们的牡驴尖吗？②

十三行商馆制度开始于乾隆二十二年（1757），是时全面施行广州一口通商对外经贸政策和外交政策。十三行商馆是行商的私产，大部分为浩官和潘启官所有。他们将商馆租给外国商团使用，每年交一次租。但是，有些令亨特先生难以理解的是，在他居住广州的长时间里，从来没有听说过为租赁这些房子订立正式契约的事。但商馆区从不缺乏管理，只是管理制度本身存在文化差异，外国商人以自身的文化背景难以全盘理解或接受中国社会内部奉行的制度体系及其合理性。中国传统社会所习惯的权利义务不是根据契约履行，而是通过社会结构自身的归约性发挥影响。

商馆公所是十三行的管理中枢，位于同文街北面尽头，由一组相当漂亮气派的中式建筑组成。"公所由中国人负责管理，经常是井井有条，十分洁净。公所是行商的公产，靠行商拨款来维持。任何与外国贸易有关的事都需要通过公所。"③ 事务所需的时候，也会请"大班"即外国商馆负责人前来共同商议。在没有专门事务的情况下，外国商人随时都被许可和欢迎来到公所了解官方法令和有关外国商人日常活动的管理规范，也就是"广州制度"。公所为外国商人们准备了各种温馨提示，告诉他们每月准许外国商人乘船出游的具体日子，奉劝他们不要外出做短暂停留等。

除了由公所对十三行事务进行直接管理，海关监督衙门和广州各港口码头也逐渐产生了现代化职能演进，建立了相应的工作制度，顺应对外贸易活动的内在要求。例如，每年新年期间，由于正值东北季风，大批外国商人起航归国或暂时转移澳门居停，许多外贸管理事务需要及时处

---

① ［法］伊凡著，张小贵、杨向艳译：《广州城内》，广东人民出版社2008年版，第26页。
② ［美］亨特著，冯树铁、沈正邦译：《旧中国杂记》，广东人民出版社2009年版，第432页。
③ ［美］亨特著，冯树铁、沈正邦译：《广州番鬼录　旧中国杂记》，广东人民出版社2009年版，第35页。

理。因此,"海关监督衙门一年到头,除了正月初一之外,都向他们开放"①。机构职能的现代化程度,堪比今天的全年无休制工作制度。

商馆由行商所有,按照统一的标准建造,从用地的角度看十分经济节约,同时,也能够有效满足商馆业务职能需要。亨特先生对商馆再熟悉不过,他为我们描述的商馆最大限度复原了商馆的旧时情境。

> 商馆的后面与前面有一条有拱顶的通道相连。底层为账房、仓库、储藏室、买办室及其助理、仆役和苦力的房间,以及一个筑有石墙、铁门的银库,这是商馆的一个基本特征,因为当时还没有银行。……二楼为饭厅和客厅,三楼为卧室。每座楼房都有宽阔的走廊,并且建筑得很精细,尽管未多加装饰,用起来还是很舒适的。②

现在,让我们跟随伊凡和他的同伴回到十三行街,去参观一下"药街",即今光复南路一带的中国店铺和商业街。我们对整个十三行商馆区的全景复原才近乎完整。

> 商人的房屋只有一层,包括商铺,或者主屋,在地面;上面是走廊,通过楼梯与下面的楼层相连;毗邻走廊有两间房屋和一个无盖的露台。商店的后面,根据功能不同,可以用来做储藏室、实验室或者餐厅;而走廊,确切地说,只是商店的仓库,储备着要卖的商品,它们整齐地摆在里面;旁边的两间小房间,通常放着箱子和包裹,供两三个商店主在晚上使用,而露台则用来晾晒那些长时储藏的货物,或者用来加工原材料,或者由药材师用来晾干药材。③

中国式商铺的内部结构,显然已经令伊凡眼花缭乱。除此以外,尤其吸引他的还有店铺的招牌和外部装饰。

> 商铺装饰奢华,招牌美观,或侧或横着排在商店的入口处。这些招牌用黑、红或蓝底,配以绝妙的文字,镀金,用浮雕雕镂。无论你看向哪边,右边抑或左边总会看到商人追求完美的招牌,它们确实是迷人的装饰品,环绕着铺门周围。没有一个国家,即使在巴黎,人们

---

① [美]亨特著,冯树铁、沈正邦译:《广州番鬼录 旧中国杂记》,广东人民出版社2009年版,第433页。
② [美]亨特著,冯树铁、沈正邦译:《广州番鬼录 旧中国杂记》,广东人民出版社2009年版,第36页。
③ [法]伊凡著,张小贵、杨向艳译:《广州城内》,广东人民出版社2008年版,第49-50页。

也不会发明这么机智的方法，通过展示它们来宣传货物，吸引顾客。①

当伊凡还在对这些复杂的中国式商铺和炫目的店面装饰恋恋不舍的时候，就被街上汹涌的"人河"吞没，不能自已。

> 当落入这个深渊之后，我失去了知觉，经历了一个溺死者感受到的事情。……我迷失在这些人群中，什么也感觉不到，什么也看不到，任凭自己随着人流摆动，就像随波逐流的尸体或树干一样。……我们只是看到了男人，到处都是男人：穿着丝制长袍的男子，戴着尖帽子的男子，男人们或者手中摇着扇子，或者背着货物，或者搬运着椅子。②

这满是男人的汹涌人河绝不是奔向新年庙会，或者花地苗圃。这完全是一条专业从事商贸活动的商业街，是中国的华尔街、曼哈顿，是中国的菩提树下大街。每天准时出现在这里，奋不顾身跃入人河，毫不吝惜自己的身体被推来搡去，在中国只有男人被勉强允许如此。理所当然，从事商贸活动也被认为是只有男人才可以从事的工作。所以，我们看不到妇女、孩子。事实上，对于中国人，但凡希望自己真正受人尊敬，都会想方设法抽身出来，远离拥挤，远离任何无差别、无秩序的混沌漩涡。像潘仕成那样，当他需要什么，便会在某个专门空间，与同阶层对此享有共同志趣的人们聚享由此带来的满足和欢乐。

不幸的是，这与外国商人对广州的期待格格不入。即使最彬彬有礼、富于同情心和洞察力的伊凡也会不满清王朝封闭自守的政治姿态。"没有根据最新条约中关于每个国家都有权利为自己的商业目的在开放口岸建造房屋的规定，联合大不列颠和美国一致行动，在某一公共地域建房，在珠江岸边建立一座真正的西方城镇。如果一致行动，将会向中国人表明如何更好地理解文明国家之间的关系；它将更好地保证我们的使团和商人的安全，将比挂着英国、美国和法国国旗的舰队在船上准备的防御措施更安全。"③伊凡的评论不可避免地带有西方人对中国文化的一种"想当然"，他天真地认为，西方一切有利于现代自由贸易的文明形式，在中国同样理所当然。尽管如此，伊凡仍不失为一位客观公正的西方观察家，他的话切中要害，也很客观地暗示了十三行商馆制度代表一种有中国特色的城市现代性模式。

正如伊凡所见，在西方现代资本主义制度中，以商业目的在一处开放口岸的公共地域建造房屋是合情合理的。而这需要所有在华贸易国统一行动，并建立统一的行动机制。这些活动的最终

---

① ［法］伊凡著，张小贵、杨向艳译：《广州城内》，广东人民出版社2008年版，第40页。
② ［法］伊凡著，张小贵、杨向艳译：《广州城内》，广东人民出版社2008年版，第39—40页。
③ ［法］伊凡著，张小贵、杨向艳译：《广州城内》，广东人民出版社2008年版，第26页。

结果，是为一个良性的国际贸易关系和国际政治关系奠定基础。然而，中国以"广州制度——八项规章"为对此问题的主体理解和文化应对。

八项规章的具体内容取材于嘉庆十四年（1809）《民夷交易章程》、道光十一年（1831）《防范夷人八项规条》和道光十五年（1835）《酌减防夷新规八条》等中国官方文件。总的来说并不复杂，主要针对外国商团的武装战舰、武器兵械等进行管制；同时，以法令规范的方式告知外国商人使团贸易事务办理的主要流程、中国官方的专设机构，以及外国商人与行商的经济责任义务等。除此之外，绝大部分章程是对外国商人在广州的日常活动进行中国式礼仪规范，以便在外国人与华人之间建立文化隔离，保障清王朝内部核心社会固有秩序。

这显然与西方现代资本主义制度所期待的开放、自由、公共、系统、国际关系等核心价值的根本相悖。因此，从城市的社会组织机制方面，广州难以真正应对西方资本主义发展的全面需要，不可避免地在社会结构和社会关系的内在机制方面始终坚持中国传统文化价值判断。正如广州府城的空间形态所表征的，为满足现实功利需要、促成工具性目的的实现，我们会在重重城墙之上开设城门、关卡，会在城市内外之间沟通濠渠，以实现便利、畅流无阻。但这不妨碍我们在社会结构和社会关系领域，对族群、文化加以等差细分，并以直观的空间隔离为标志和象征，对相应的社会秩序进行礼仪规范。

中国传统的社会组织机制，毫无疑问具有较大的弹性空间，对于应对社会矛盾尤其见长于内部调节，而非暴力解构。当清朝广州随海上贸易发展，特别是一口通商政策施行，进入区域城市化发展阶段，城市空间和社会组织机制面临全方位的开放趋势，广州立足固有的文化价值取向，进行了卓有成效的城市空间变革和社会机制调整。广州或许没有照抄照搬法国歌剧院、林荫大道、煤气灯、百货公司和辐射状的城市交通网等西方现代城市设施，但广州有珠江游艇、私家园林、自然风景园、寺庙、古迹、花圃、商业区，这些至少对从事外贸交易、对城市公共空间尤其看重的外国商人、中国官商巨贾、州府仕人都是开放的。广州也不需要到处辐射的道路交通网，因为广州有天赐的自然水系和江海通利之便。每一天挤满江面濠渠的驳船舢板都在帮助广州舒筋活络。每当夜晚来临，船家们才会回到自己的泊位，在船头亮起像水母一样的竹篾灯笼，与家人悠然恬静地共享晚餐。那灯笼一点点、一朵朵晃动着、漂浮着，像极了江海精灵欢快的聚会。

# 六、水上浮城

环绕府城自东向西旅程的最后一站，我们回到了江海和水上浮城。如果我们把广州府城视为包括广阔城郊在内的整体区域看待，那么，漂浮于江海的浮城无疑是府城所在区域的重要组成部分之一。同时，也是广州城市和社会生活如此灵动多姿、丰富多彩的重要原因。

郊野、十三行商馆区和水上浮城，自东向西环绕着作为中心的府城，从城市空间角度来看，形成了中心与边缘的整体结构格局。同时，从社会组织机制方面，边缘与中心也拥有各自建立联系的方式。总体而言，分为两方面。其一，相对于十三行商馆区，郊野和水上浮城从文化身份认同的角度，无疑更接近府城中心——这个中心的内核以中原汉族儒家文化和清朝统治阶级皇家文化为主要内容。在府城与郊野、水上浮城之间构成的中心与边缘结构关系建立在同一文化认同的基础上。也就是说，中心和边缘同处于中华民族共同文化圈中，是清朝中国社会的内层空间。中心与边缘之间以差序格局的形式，通过社会交往和共同享有生存空间，建立共同现实，进而分享由此获得的共同经验和共同利益。其二，在府城与十三行商馆区之间构成的中心与边缘结构关系，代表了清朝与外部世界的另一种联系方式。由于双方并不对任何一种共同文化持有认同，中心与边缘结构的实质在于，作为本体的中华民族文化与作为他者的异质文化之间的区别和联系。从表现形式上体现为两个方面：一方面固守区域空间的差异性、封闭性和排他性，强化文化身份意识；另一方面在异质文化之间，强调社会组织机制的相通性、系统性，弥合文化鸿沟。

水上浮城与府城中心的联系方式属于第一种类型。边缘与中心享有共同的文化认同基础，同时，通过社会生活、社会交往，在各自主体差异的基础上，为共识建构和共同利益分享发展平衡机制。以下，我们仍将截取伊凡和亨特两位先生有关水上浮城的见闻，以佐证上述对中心与边缘结构关系的论述。

城市周围交错如织的河道濠渠构成了一个与陆上城市截然不同的世界。它们就像璀璨的项链在青山中忽隐忽现、逶迤而出，环绕在广州身旁。宽阔如海的江面在城市面前尽情伸展。水上摇曳的浮城，像光怪陆离的海市蜃楼亦真亦幻、倏忽而变。伊凡曾对同伴说："我相信中国人是两栖的人类，他们不只是在水中生活得很好。我可以从我的房间眺望珠江，享受到迷人的风景！"①

对伊凡而言，浮家泛宅引他进入另一个梦幻般的叙事空间。

> ……当我们深入了解居住水上，自力更生的居民们的生活细节时，当我们看到这座城市时，发现其在世界上独一无二，像所有庞大的人口中心一样，它本身就是一个小世界的缩影……②

> 在珠江的城市里，我不仅看到木匠和裁缝铺，也看到了药剂师的药房、布匹仓库、算命者和职业写信者的店铺，甚至还有一个典当掮客的门市。"③

---

① ［法］伊凡著，张小贵、杨向艳译：《广州城内》，广东人民出版社2008年版，第38页。
② ［法］伊凡著，张小贵、杨向艳译：《广州城内》，广东人民出版社2008年版，第96页。
③ ［法］伊凡著，张小贵、杨向艳译：《广州城内》，广东人民出版社2008年版，第98页。

没有一个欧洲城市会像广州这样活动与生活。广州的水道能够表现出珠江上的狂热气氛。这些大宗的货物来来往往、装货卸货，使用的快艇、划艇、舢板、大船或停泊或起航；官员们坐着富丽的船巡游，商人们忙着进行交易。①

从内地来的货船、客船、水上居民和从内地来的船艇、政府的巡船及花艇等，其数目是惊人的。此外，还有舢板，以及来往河南的渡船，还有一些剃头艇和出售各种食物、衣服、玩具及岸上店铺所出售的日用品的艇等，另外还有算命和耍把戏的艇——总而言之，简直是一座水上浮城。这条江给人一种极好的感觉——毫不停息的活动，低微的噪音，生机勃发和愉快欢畅。②

从广场上望珠江，可以看到各式各样大大小小的船艇在不停地来往，几乎把整个江面都盖满了。这些小艇中十有九只是整个家庭的唯一住所，全家人从不在岸上落脚。③

生活在珠江上的船家或许很少接受正规教育，但他们从不缺少智慧。有一次，伊凡夸奖一个聪明伶俐的船家女孩，说她值得拥有一间岸上的小屋和一座优美的花园。可是，女孩反问，"这里不是有能够满足我们的所有东西吗？生活在珠江上的所有人不是和岸上的人一样快乐幸福吗？……我们很快会生活在陆地上！"接着叹息道："当我们死的时候，那里就是安息的地方，我们的身体将永远睡在那里。毕竟，我们住在陆地上的时间要比在水上长得多！"④

另一则颇有意味的故事是关于疍民的婚礼。向导带领伊凡拜访珠江疍民，其间聊起了江上船家的婚礼风俗。向导解释道："在收获季节，这个阶层的任何男子想要结婚，就会去邻近的田里，收集一束稻米，系到他的一只船桨上。然后，他出现在所看中的船家女面前，把桨插到水里，绕着对方的船走几圈。第二天，如果后者接受了他的敬意，就轮到她在自己的桨上系一束花，来到和她订婚的这家附近划船。然后，亲友们聚集在女孩的船上，唱一些民歌。婚礼就这样举行了！"⑤

在上述两则故事里，我们有必要注意两个重要的线索标记——陆地（墓地）、稻米（花束）。毫无疑问，这是两个来自陆地，或者依赖陆地产出的标志物。它们代表着水上浮城和渔民船家同

---

① ［法］伊凡著，张小贵、杨向艳译：《广州城内》，广东人民出版社2008年版，第109页。
② ［美］亨特著，冯树铁、沈正邦译：《广州番鬼录　旧中国杂记》，广东人民出版社2009年版，第27页。
③ ［美］亨特著，冯树铁、沈正邦译：《广州番鬼录　旧中国杂记》，广东人民出版社2009年版，第211页。
④ ［法］伊凡著，张小贵、杨向艳译：《广州城内》，广东人民出版社2008年版，第112页。
⑤ ［法］伊凡著，张小贵、杨向艳译：《广州城内》，广东人民出版社2008年版，第111页。

陆上文明的联系，以及相互关系。尽管水上浮城日夜忙碌、变换，令人炫目，但终将，无论是生命终结，还是开启一段新的生活旅程，人们都会以陆地为终点或者起点。如同海上行船，每一次停泊靠岸的终点，同时又是下一段航程的起点。

"天朝上国的哲人们如此提倡礼貌，产生了宇宙中最温顺的人们和最讲礼仪的民族。中国人互相帮助，从不试图互相伤害。生于江、长于江、死于江的人们不像想象的那样没有文化。珠江上什么职业都有，甚至有私塾教师，遇到会读会写的船家女并不是什么稀罕事。"[1] 我们有充分的理由相信伊凡对船家人修养水平的高度评价。在前面一则故事里，船家女敏锐的批判反思精神足以证明，生活本身可以教会人们认识、理解社会的基本方式。这使江上社会和水上浮城同样乐于学习，并尊崇以陆地府城为标志的中原汉族儒家文化传统和礼仪秩序。无论如何，水上社会从身体、情感和思想各方面，对陆地文化的归属与寄托已可见一斑。

---

[1] [法]伊凡著，张小贵、杨向艳译：《广州城内》，广东人民出版社2008年版，第109页。

# 下　编
## 海上丝绸之路与文化交流

# 广州海上丝绸之路遗迹遗物与域外文化交流的考古学研究

谭玉华

随着考古发掘的增多和研究的深入，反映古代广州与域外文化交流的遗迹遗物的发现日益丰富，对广州作为海上丝绸之路重要节点的认识也更加深刻。比较典型的反映古代广州对外贸易与人员往来的遗迹遗物可分为四类：第一类，广州的进口商品，包括银盒、乳香、象牙、陶犀角、陶象牙、犀角杯；第二类，广州的出口商品，包括外销画、外销瓷、茶叶、丝绸、铁器；第三类，受到域外文化影响的遗物与遗迹，包括南越王宫苑八棱立柱、汉唐胡人俑、怀圣寺光塔、巴斯人墓地；第四类，体现广州海上贸易能力的船舶遗存和管理海上贸易的遗迹，包括铜提筒船纹、陶木船模、"哥德堡号"沉船、南海神庙等。

## 一、广州进口商品

（一）银盒

银盒，1983 年出自广州市象岗南越王墓棺椁的"足箱"内。整个银盒呈扁球形，通高 12.1 厘米，盖径 14.3 厘米，腹径 14.8 厘米，重 572.6 克，盖重 243.8 克。器身有子口，盖与盒身相合之处的上下边缘各饰有一匝穗状纹带，上有谷粒状的凸起，表面有极薄的鎏金。盒身和盒盖上都有对向交错的蒜头形凸纹，纹样是用模子锤揲而成的。盖面上分立三个后加的小凸榫，分别刻有"Ⅰ""Ⅱ""Ⅲ"的记号；编号"Ⅱ"的榫旁还有一处铭文"名曰百卅一"；编号"Ⅰ"的凸榫旁有铭文"一斤四两右游一私官容三升大半口"。银盒器底附近还加了一个鎏金铜圈足，底部原有三处铭文："之三""私官容""名曰"①（见图一）。其功能似乎与当时贵族之中流行的浓郁的求仙药、追求长生不老的风气有关。

这件银盒在造型和制造工艺上与同时代的中国银器有着明显差异，显示出浓郁的西亚风格。

---

① 李妍：《西汉南越王墓出土的珍贵海外文物》，载《东方收藏》2013 年第 7 期，第 60－61 页。

制造工艺上,汉代的银器一般是铸模制成的,而这件银盒却是锤揲制成,这种工艺正是当时西亚普遍流行的技术。锤揲法是从古波斯阿契美尼德王朝兴盛起来的,经过亚历山大大帝东征和塞琉古王朝的统治后,安息人的金银细工继承和发扬了阿契美尼德时代的锤揲技术。凸瓣纹的造型最早可以追溯至阿契美尼德时期,波斯波利斯宫的浮雕外邦进贡图就有手捧筐罍(phialae)的形象,筐罍为交错凸瓣纹装饰(见图二),这种由锤揲工艺生成的凸瓣纹风格一直延续到6—7世纪,分布地域除古代伊朗外,还包括受其文化影响的印度和中亚地区。其演变特点为:阿契美尼德时期以单层凸瓣纹为主;阿契美尼德晚期至安息帝国时期出现了双层凸瓣纹装饰;在粟特时期凸瓣纹变得肥大、密实,但立体感开始削弱。

图一 南越王墓银盒

图二 波斯波利斯浮雕

南越王墓出土银盒的造型工艺特征为立体感较强的双层凸瓣纹,应为阿契美尼德王朝晚期和安息帝国时代的产品。类似银盒在山东临淄窝托村西汉齐王墓的陪葬坑发现一件(见图三),安徽巢湖北山头 1 号汉墓中也发现一件(见图四),2004 年在山东青州西辛战国墓中发现两件。此外,在云南晋宁石寨山古滇国墓地也发现两件镀锡铜盒(见图五、图六),虽然风格相近,但从工艺上来看为铸造,属于仿制品。①

图三　齐王墓银盒

图四　北头山 1 号汉墓银盒

---

① 孙机:《凸瓣纹银器与水波纹银器》,载《仰观集:古文物的欣赏与鉴别》,文物出版社 2012 年版,第 263—277 页。

图五　石寨山铜盒

图六　石寨山铜盒

银盒作为奢侈品和舶来品多出土于当时社会权贵的墓葬之中，其分布地域也没有规律，这为复原其从西亚传入的路径带来了障碍。具体到南越王墓出土银盒，很大可能是从西亚经海路传入南越国，中国工匠根据汉时器皿的特点进行了加工改造，在它的盖上加了三个小钮，又在其底部加一个铜圈足，并在盖面和底部刻上了汉字铭文，使其又具有中国传统风格。这件银盒实为一件中西合璧的精品，是目前已知广州地区发现最早的一件舶来品。

## (二) 金花泡

南越王墓主棺室和西耳室还出土有四枚金花泡,直径 1.1 厘米,高 0.5 厘米。泡体为半圆球形,底下焊接一根横梁以供连缀在服装或带具上(见图七)。金花泡的焊花非常复杂,采用了绞索焊接和金珠焊接工艺。[①] 绞索焊接工艺是用金丝缠绕呈发辫或绞索状,主要用来装饰花泡的边缘,或花泡镶嵌宝石的边缘。金珠焊接工艺是用金丝剪成小段高温吹熔凝聚而成,焊接在器表构成堆珠等。南越王墓的个别青铜牌饰和金饰件亦采用绞索和金珠装饰。

**图七 金花泡**

南越王墓出土的金花泡应是作为服装装饰物存在的,即所谓"珠襦"的饰件,不见于同时期或更早的南方地区,而在西北和北方草原地带则存在较多的这种金属泡饰,而且后者的年代普遍较早。金花泡体现出来的绞索和金珠装饰工艺早在公元前 2500 年的美索不达米亚的乌尔王朝墓葬就有发现,之后这种工艺可能向中亚及地中海各地不断扩散。

中国的绞索和金珠装饰工艺最早出现在春秋战国时期,在甘肃、新疆、内蒙古、河北、山东等地都有发现。按照李建纬统计,这一时期采用金珠工艺的金器有:陕西宝鸡益门二号墓金串珠、凤翔一号秦公大墓金串饰、内蒙古东胜市碾房渠和内蒙古阿鲁柴登出土的金耳坠、河北燕下都辛头庄 M30 金鉴与金耳坠、山东临淄商王村金耳坠。其中,益门二号墓金串珠共 908 颗,每颗直径约 0.15 厘米,大小一致,中间穿孔,不是采用金片折弯包卷制成。凤翔一号秦公大墓金串珠大小一致。而内蒙古东胜市碾房渠和内蒙古阿鲁柴登出土的金耳坠、河北燕下都辛头庄 M30

---

① 李妍:《西汉南越王墓出土的珍贵海外文物》,载《东方收藏》2013 年第 7 期,第 60-61 页。

金珌与金耳坠、山东临淄商王村金耳坠等则采用了金珠镶嵌技术，金珠往往呈串状或簇状镶嵌在金器表面。此外，这一时期还存在假金珠饰品，即采用锤揲法制成的金珠饰[①]。从其遗存地的文化性质来看，均与中亚文化存在密切关系，可能为陆路的舶来品或受中亚文化影响的产品。

到了西汉时期，中国境内出土的金珠工艺制品种类更丰，数量更多。从这一时期金珠制品独特的只有中国才有的造型来看，中国工匠已经掌握了将自然金加工成细小的金珠作为装饰的技术手法，打上了"中国制造"的烙印。虽然如此，南越王墓的金花泡饰的独特性，极有可能经由海路传至。越南湄公河口的扶南国遗址喔哎（Oc Eo）遗址，发现大量1—7世纪罗马帝国时期的金银和宝石制品，采用了成熟的金珠焊接、绞索装饰工艺，显示当时的越南与地中海地区已建立了稳固的海上联系，而这种联系的发端应该可以上推至南越国甚至更早的时期，并且与地域毗邻的南越国日南郡发生联系，使得个别海外舶来商品出现在南越国王室成员的墓葬之中。

### （三）乳香

战国及汉代熏香之风盛行，也是由南向北普及开来的。但香料传入的路径却有海路和陆路两个。南越王墓西耳室发现了重21.22克的乳香（见图八）以及十一件铜熏炉（见图九），后者分单体和四连体两种，其中四连体铜熏炉有五件。此外还有陶质熏炉出土。

汉代中国熏香以茅香为主，茅香为草本植物，直接燃烧使用，不经和香，比较普遍易得。而南越王墓出土的乳香，则为树脂香，其数量较少，比较珍贵。

图八 乳香

---

[①] 李建纬：《中西交流与品味变异之轨迹——中国早期黄金焊珠工艺初探》，载《史物论坛》2009年第9卷，第67–98页。

图九　熏炉

乳香（Frankincense），学名 Boswellia carterii。乳香树是一种原产于北非和部分阿拉伯国家的树种。树皮损伤时，乳香树会分泌树脂，用蒸汽蒸馏法蒸馏树脂，就可以得到乳香精油。乳香春夏均可采收，于树干的皮部由下向上顺序切伤，并开一狭沟，使树脂从伤口渗出，流入沟中，数日后凝成硬块，即可收取。乳香呈小型乳头状、泪滴状颗粒或不规则小块状，长0.5～2厘米，有时黏连成团块。淡黄色，常微带绿色或棕红色，半透明。表面常有一层类白色或淡黄色粉霜，久贮色加深。质坚脆，断面蜡样，无光泽，亦有少部分显玻璃样光泽。气微芳香，味微苦。嚼之，初破碎成小块，即软化成胶块，黏附牙齿，唾液成为乳白色，并微有香辣感。与少量水共研，能形成白色乳状液体。乳香的颜色很多，从无色到非常淡的黄色都有。它的气味非常清新，还带有樟脑的刺鼻味。其化学成分有：1-蒎烯、二戊烯、水芹烯、樟烯、乳香醇及多种松香。

古希腊罗马时代早期，祭坛、神殿和寺庙就经常燃烧乳香的树脂。但在最古老的文字记载出现之前，人们可能就已经开始使用乳香了，现在许多宗教都还保留了这种传统。乳香特质可以让人的呼吸加深、变慢，进而让人产生平静的感觉，因此非常适合祈祷者和冥想者使用。乳香的这个功能古人可能很早就发现了，古人将乳香视为祭品奉献给天神，是因为当时乳香是种非常珍贵的物品，希伯来人和埃及人都曾为了向腓尼基人进口乳香而花费大笔金钱。除了具有典礼和宗教上的用途之外，乳香也被当作香料应用在化妆品和药品等方面。埃及人利用乳香来保存尸体，制作木乃伊。

而现代医学研究显示，乳香对肺非常好，是最适合治疗呼吸道感染的精油之一。它是种有效的肺部杀菌剂，可以缓解咳嗽，治疗支气管黏膜炎（如慢性支气管炎）等病症。让患者吸入精油蒸汽，进行按摩和沐浴等方法，都非常适合。乳香精油可以减缓或加深患者的呼吸，因此适合气喘患者使用。气喘患者最好使用按摩的方式,用浓缩的精油进行按摩,可以扩展胸腔,避免气喘发作时阻塞呼吸道。使用热蒸汽吸入法也能有效帮助气喘患者,但使用这种方法要特别小心。

乳香具有平复情绪的功能。对于气喘患者来说,乳香具有双重疗效:一来可以调整呼吸;二来可以安抚情绪,避免焦虑的情绪引发气喘。

过去,人们使用乳香来驱赶邪恶的灵魂,也有人用乳香斩断自己的过去。如果有人经常沉浸在过去的回忆里无法自拔,不妨试试乳香。

乳香的另一个名字是"欧黎巴嫩"(Olibanum),早期的书籍中多用这个名字称呼乳香。这个名字可能是从拉丁文"Olium Libanum"(黎巴嫩之油)而来。而乳香的英文名字则是从中世纪法文"真正的熏香"一词而来。[①]

中国本土不产乳香,相关文献多记载乳香从罗马经由东南亚传入中国,《魏略·西戎传》中提到的大秦国出产的十二种香料之中就有乳香。嵇含《南方草木状》曰:"薰陆香,出大秦。在海边,有大树,枝叶正如古松,生于沙中。盛夏,树胶流出沙上,方采之。"晋郭义恭《广志》曰:"薰陆出交州,又大秦海边人采与贾人易谷,若无贾人,取食之。"从晋人的记载可以看出,从大秦国进口的乳香主要是从南方地区输入的。汉代乳香是否已经输入中国虽无文献记载,但从南越王墓的发现来看,乳香在西汉前期就已经传入中国了。而且其传入路线几乎可以肯定是经由海路而来的。[②]

(四)象牙

在南越王墓的西耳室,还发现有五支原支大象牙,象牙每支长120厘米以上,经鉴别,它不同于纤细的亚洲象牙,而为非洲象牙。汉以来,广州(番禺)与南洋的海上贸易频繁,据文献记载:"南洋多犀、象、玳瑁、珠玑、银、铜、果、布之凑,中国往商贾者多取富焉。"可见当时象牙已大量输入中国。南越王墓原支象牙的出土,经研究,断定为非洲象牙,这说明早在西汉初期,中国象牙的来源除了东南亚、印度外,还有非洲。这大约与公元前3世纪中叶布匿战争之后,罗马战胜迦太基争得西部地中海的霸权,罗马商人频繁活动于红海海域,他们可以轻易地得到主要产于红海沿岸的乳香和非洲象牙,并用这些物品与汉人交易有关。所以,这些乳香和象牙完全可能是经罗马商人之手传入广州的。此外,南越王墓还出土有陶犀角、陶象牙、象牙产品,亦是中外文化交流的影响所致。

---

① [英]派翠西亚·戴维斯著,李清芳译:《芳香疗法大百科》,中信出版社2014年版,第45-47页。
② 中共广州市委宣传部、广州市文化局编:《海上丝绸之路:广州文化遗产》(考古发现卷),文物出版社2008年版,第99页。

## 二、广州出口商品

### （一）外销瓷

广州历来是中国海上丝绸之路的重要港口，享有"千年商都"的美誉，是中外文化交流的前沿阵地。从唐代开始，瓷器逐渐成为外贸的大宗商品，中国也因瓷器而闻名海外，广州正是瓷器流出的重要中转站。18世纪以前主要以转口景德镇的青花瓷为主，在漫漫历史长河之中，广州本地在接受、加工名窑瓷器的同时也存在过自行烧制而成的外销瓷，前者以广彩为代表，而本地形成的窑口则主要是西村窑。

广彩，又称广州织金彩瓷、广州彩瓷，是清代广州地区为适应海外市场而生产的外销彩瓷，主要市场在西欧和北美。商人将景德镇出产的白瓷运抵广州后，在广州当地施彩并进行二次烧造，即"借胎加彩"。广彩吸收和运用了五彩、粉彩、珐琅彩等多种装饰方法，并融合西洋绘画技法造就了"炫彩华丽、金碧辉煌"的独特釉上彩瓷器，其绘画取材主要来源于国外市场的需求，为迎合西方人的审美诉求而多见西洋船帆、欧洲城堡、风景花园、西方名画等元素，同时也不乏中国传统装饰花纹如山水、人物、花鸟一类，形成了"式多奇巧、岁无定样"的纹饰主题特征；器形包括盘、瓶、碗、罐等（见图十）。

**图十 广彩瓷盘**

根据《竹园陶说》《南中行旅记》等诸多中外文献史料的记载推知,广彩滥觞于清代康熙年间,延续至今已有三百多年,其艺术风格大致经历了三个阶段:初期广彩中国传统特征保留较多,纯色较为普遍,色彩古朴厚重,尚不具备"金碧辉煌"的特征。中期流行满地式构图风格,给人以满密、繁复、华贵之感,同时注重"开光"即图像分区和分明主次的边饰,在用色方面受欧洲古典画派影响多使用凸显层次感的复色,同时大量采用金色,部分瓷器有仿造传统丝绸"织金锦"的效果;在彩绘主题上趋于多样。晚期受美洲市场的激励,多见大红、大绿、大金的装饰风格;而出于批量生产的需要,纹饰、笔法等逐渐形成了固定的程式,工匠的自由发挥受到了一定的约束。

清代广彩由于外销瓷的性质,其实物多存于欧美而少见于中国境内,故而早期对其研究者寥寥,近年逐渐增多。对广彩展开系统的研究有益于加深对岭南制瓷业、中外贸易与文化交流、海上丝绸之路的发展、重振当代广彩制造业等问题的认识。

广州海外贸易的繁荣直接促成了当地手工业的发展,特别是当地的制茶、冶铁和制瓷业。位于广州市西北的西村增埗河东岸岗地的西村窑就是著名的民营外销瓷窑口,从唐末创烧至南宋衰落,五代北宋时期是其发展的黄金阶段。该窑口生产瓷器种类繁多,碗、盘、盆、瓶、罐、盒、灯、烛台、枕、漏斗等生活用瓷一应俱全,形制多样;釉色有青釉、青白釉、黑釉、黄釉等;胎质分为粗瓷和精瓷两种,粗瓷质地粗糙,占出口瓷器的大部分,精瓷数量较少,制作精美。西村窑瓷器中的凤首壶、军持等颇受东南亚、西亚地区人民的喜爱;青釉盆更是迎合东南亚国家手抓饭习俗而制;青釉莲瓣纹炉因其独特的外形而受到东南亚地区佛教徒的热捧。该窑广泛仿烧耀州窑、磁州窑、龙泉窑等名窑,采用刻花、划花、印花、彩绘、点彩、镂刻、捏塑等装饰手法,常见纹饰包括菊花、牡丹、莲瓣、缠枝花卉纹、草叶纹、云纹、篦纹、弦纹等。

西村窑出口瓷器对提升东南亚、西亚等地平民的生活质量,改变原有的起居方式具有巨大的作用,该窑口生产的外销瓷在与当时国内诸多外销瓷的对比中凸显出品质高、成本低的特点,是研究广州本地瓷器烧造技艺、瓷器倾销地经济文化的重要材料。

西村窑的兴盛主要依靠广州的重要港口地位。北宋灭亡以后,泉州成为新兴的贸易港口,追名逐利的商人群体离开广州奔向泉州,西村窑自此衰落。在漫长的历史进程中,广州凭借天然的地理优势成为重要的外贸港口,是海上丝绸之路南线的起点。广彩、西村窑的存在为我们研究瓷器制作技艺的沿革、广州在海上丝绸之路中的作用、广府文化的发展演变、中西文化的交流提供了重要的历史信息。

(二)其他

除外销瓷外,古代广州生产、出售、转口的外销产品还包括外销画、茶叶、丝绸、铁器等。

## 三、受域外文化影响的商品与遗迹

（一）汉代胡人俑

在广州汉墓出土的人物俑当中，有一部分陶俑形象异于汉人，表现为头较短而面宽，深目高鼻，两颧高，宽鼻厚唇，下颌较为突出，身材不太高，脸上有大胡子，身体有胸毛等面部、体质特征以及裸身赤足的"野蛮人"形象，一般认为带有这些特征的俑应为胡人俑，其种类有侍俑、劳作俑、武士俑、托灯俑（见图十一）、镇墓俑、抱婴幼儿俑等。①

图十一　汉墓胡人俑

按照覃杰的统计，胡人侍俑十一件，形象主要为服侍主人的家奴，基本上表现为抬手持物服侍主人，有男有女。均具深目高鼻，下颌向前突出等特征。胡人劳作俑十三件，表现为劳作姿态，有的肩扛工具，有的手持斧头、绳子、木棒等工具，进行生产劳动的胡人形象俑，大多数有深目高鼻，下颌向前的特征。胡人武士俑三件，指佩戴或手持武器的胡人形象人物俑，主要见于东汉后期墓葬。胡人托灯俑（又叫胡人俑座灯）十九件，表现为以各种姿势用手或头托灯的胡人形象座灯。这些托灯的俑有裸体、跣足、体毛多等特征。

迄今为止，岭南地区两汉墓出土的胡人俑，其时代基本上都处于西汉中后期至东汉时期。按照人物形体特征可以大致分为三类：第一类胡人俑用简单的画线表现披纱，下体着长裙如纱笼等

---

① 覃杰：《广州汉墓出土人物俑的发现与研究》，吉林大学2010年硕士学位论文，第2页。

服饰特点,主要是体现在胡人侍俑中。第二类胡人俑,脸上有大胡子,上身裸露,身体有胸毛,跣足等体质特征,主要体现在胡人俑座灯中。这一类胡人俑的身体上都用粗糙的线纹表示其毛发,可能是意欲表达其"野蛮人"的体毛特征。第三类胡人俑,具有深目高鼻、下颌较为突出的特征。具有这种面部特征的胡人俑较多,如侍俑、劳作俑和少部分的胡人俑座灯等。

以异域外邦的人物形象塑造成陶俑随葬,在当时是全国普遍存在的一种习俗。这种俑所具有的高鼻或者"深目高鼻"的体质特征,让人联想到非华夏族的胡人特征,但很难确认这里的胡人是哪里人,通过什么路线和方式来到中国或为中国人所认知。而广州汉墓的胡人俑,既有可能是受到了中原和内地以胡人俑随葬习俗的熏染,也有可能与汉代海上航线的开通和来自不同的国家及地区的人到广州进行商贸活动有关。随着海上航线的开通,东南亚、南亚诸国、西亚以及东非通过海上与汉朝直接或间接有商贸往来,在这种商贸往来的关系中,不仅仅是商品的贸易关系,还从西方输入了杂技表演艺术和佛教文化,应当还存在着人口的贩卖。

广州汉墓中出土的胡人俑是汉代海上丝绸之路中外交通频繁带来的产物,这些胡人俑一方面可能反映了汉代盛行蓄奴之风,另一方面也是中外文化交流和域外人种进入岭南地区的历史见证,见证了这段海上丝绸之路中外交通的盛况。广州汉代胡人俑随葬的习俗,在随后的南朝及唐代得到了延续和发扬。

(二) 南越王宫署的石构建筑

南越王宫署遗址位于广州中山四路北面的忠佑大街,1995年、1997年、2000年分别发现了南越国时期的大型地下石构水池为主题的南越国王宫御苑和南越国宫殿遗址。特别是1997年,在石构水池的南面又发掘出长逾150米的石渠,石渠北端与上述石池底暗槽相接,石渠由北向南延伸,再蜿蜒回转西去,最终与西端暗槽相接。石渠由红砂岩石块砌筑,截面净高0.7米,净宽1.4米,渠底铺满灰黑色卵石,渠内左右相错地摆放着一些大卵石。石渠中段有两处弧形石板构成的矮堰,渠壁有三处缺口,缺口内斜铺石板。石渠东端有一弯月形石池(见图十二),池中竖立着两道石板墙和两根八楞(棱)石柱,池底有大量龟鳖遗骸。[①]

石水池池壁和石曲渠渠底的石板以及"渠陂"、"斜口"、八棱石柱、石栏杆等构件的表面经过细致的打凿之后,还进行了磨光处理,使得表面平整光滑,可见南越国的建筑业已有优良的工具和熟练的技术。

作为"弯月形石池"的水潭是石渠中最重要的部分,潭中有相对而立的两块石板和两根石柱,石板一方面可起到减缓水流冲击的作用,另一方面又和两边矗立的石柱一起发挥着撑托上面

---

① 高大伟、岳升阳:《南越国宫苑遗址的文化价值研究》,载中国秦汉史研究会、中山大学历史系、西汉南越王博物馆编《南越国史迹研讨会论文选集》,文物出版社2005年版,第174 – 192页。

图十二　南越王宫署水池

建筑物的功用。

板式和抬梁式混合结构为秦汉建筑典例。池中立两根八棱石柱，石柱平置于池底石板之上，柱底与石板之间并没有榫卯相接，而柱头却有一方形凸榫，可见其上应有构件相套接。该建筑说明西汉早期已有板式和抬梁柱式混合结构，为研究汉代石构建筑提供了重要的物证。

池西壁地面上的三根残存的牛鼻梁石，呈放射状向弯月石池张开，面向池中的石板、石柱。而朝池的一端突出处有一孔，很明显有磨损过的痕迹，可知这牛鼻梁石与池中的石构建筑起斜拉的作用，与池中的石板和石柱当为一组整体建筑。

南越王宫苑遗址的以石构建筑为主的特点显示了独特的岭南地方特色。汉代及以前，中国古代建筑以木结构为主，西方古代建筑则是以石结构为主，一木一石，形成中国与西方在建筑文化史上的分野。① 一般认为，中国建筑在唐宋以后才大量使用石质材料，人们在南越王宫苑遗址发现了大量的石质材料，诸如石柱、石梁、石墙、石门、石砖、石池、石渠，等等，不一而足。整个南越王宫苑石构建筑普及程度，可以用"石头城"来形容，而八棱立柱等石构件和西方古罗马式建筑有相通之处，这在全国考古界都是罕见的。南越王宫苑独树一帜的石建筑，可能意味着当时的广州（番禺）已经引进了西方的建筑技术和人才。如果这些外籍建筑工程师真的存在，那么，中外建筑文化交流史就得重新谱写了，汉代海上丝绸之路的文化内涵将由此大大丰富。

当然，南越王宫苑遗址大量石构建筑的发现，也可能是岭南自身地方的建筑特色，是岭南自然人文环境的产物，显示中国园林建筑特色的多样性，而非受外来文化的影响。首先，岭南终年高温、潮湿、多雨的热带海洋性气候，势必造成土木建筑的易损易毁，建筑景观的维护成本较

---

① 广州南越国遗迹申报世界文化遗产工作领导小组办公室：《南越国遗迹研究》，广东人民出版社2011年版，第43-75页。

高，而石构建筑材料相对而言，坚固耐用，寿命要长，维护成本要低。这在当今岭南建筑中亦有体现，岭南牌坊建筑多为石质，中原则以木牌坊为主。其次，岭南有着相对独立的人文和自然环境，在文化上、政治上与中原内地相对隔绝，一定程度上可以避免文化上的过分趋同，而石构建筑则是这种独立性的重要表现。南越王墓的石构墓葬的建筑特点不同于中原内地的诸侯王墓的大型土封堆墓的特点，似乎也可以旁证南越王宫苑遗址中的大量石构建筑是地方特色。

（三）巴斯人墓地

清代黄埔巴斯教徒墓地，是琐罗亚斯德教在华的墓葬实例，是清朝番禺地方政府划定给旅居广州的巴斯教徒的专用墓地。由于年久失修，黄埔巴斯教徒墓地杂树丛生，墓地边界不清，占地面积不明，维修前仅在巴斯山山腰和山顶发现正面刻"番禺县正堂定界"，背面刻"西界"界碑和两块刻"Parsee Ground 巴斯墓界"（界碑石）（见图十三）。

**图十三 巴斯教徒墓地**

广州的巴斯教徒墓地位于黄埔长洲岛上的巴斯山，此山又名白头斑，原名猪腰冈，海拔38.9米。墓地面向珠海，有成人墓十余座，儿童墓两座，自西向东排列，经考证可断定墓地采用依山势西高东低，坐西朝东的墓葬风俗。各墓距2～3米，墓穴大小有异。根据成人墓所刻有的墓葬编号，可知墓群最早葬于清道光二十七年（1847），最迟葬于清咸丰二年（1852）。

成人墓墓葬碑文都刻在棺盖石面上，也有一块墓碑是竖立在石棺前的。碑文用英语和古吉拉特语刻写，一般英文在上，古吉拉特语在下，只有一方碑文古吉拉特语在上，英文在下。墓碑内容多记述死者的姓名、宗教信仰、籍贯、死亡日期、死时年龄等。儿童墓碑文只刻英文，注明墓主的姓名、出生地、死亡地、出生日期、死亡日期和死时年龄等，虽未注明死者的宗教信仰，但明显是巴斯教徒的后代。碑文除用公元纪年外,还用伊斯提泽德①纪年。②

广州是我国最早对外通商的城市,鸦片战争后,又是开放五口通商口岸之一,外国使者、商人纷至沓来,巴斯教徒墓地处于黄埔港及海关附近,显然与来华贸易有关。因此,对巴斯墓地进行考查,有助于海上丝绸之路文化价值的研究。

## 四、船舶遗存与贸易遗迹

(一) 铜提筒船纹

1983年秋,广州市解放北路西侧象岗基建时发现南越王赵眜陵墓,其东耳室出土叠套在一起的铜提筒三件,其中较小的一件提筒,腹部装饰四条船纹(见图十四)。

图十四　南越王墓铜提筒船纹

根据发掘者摹写的船纹线图分析,该船艏艉上翘,干舷较低,其侧视图显示船身、船舱及船甲板有着相同的弧度,而船底可能为平底,这说明该船为木板拼合船,而非独木舟或独木舟与木板的复合结构船。船纹上全部人物脚部被清晰地刻画出来,显示该船可能采用了全甲板结构,采

---

① 伊斯提泽德为波斯国萨珊王朝君主伊斯提泽德三世的年号。
② 李民涌:《清代黄埔巴斯墓地诠释》,载广州市文化局、广州市文物博物馆学会编《广州文博》,文物出版社2007年版,第100–108页。

用全甲板结构的木板船应该存在用以加强横向强度的横隔舱或肋骨。但是，基于船身的四等分结构（实际为装饰）而得出提筒船纹存在横隔舱的提法，可能并不准确，当时人可能还没有意识以剖视画法来表现隔舱。这种船身划分为不均等份的情况亦见于西林县普驮铜鼓船纹①，只是后者以短横线或戳点纹填充小方框很像是船身装饰。船上有"Π"形船楼，盖顶装饰四个连续性的圆圈，楼顶盖上有人，船楼既做瞭望指挥之用，又可以用作舱存储各类器物。这件船楼装置应为比较原始的船舶上层建筑。此外，提筒船纹的一些船舶装饰值得注意，如舳艉装饰羽旌象征鸟形，船舷圆圈纹象征鸟眼，这种船舶的鸟形装饰普遍见于同时期的铜鼓船纹。可能就是《淮南子·本经训》中的"龙舟鹢首，浮吹以娱"。"鹢，大鸟也。画其像著船头，故曰鹢首。"② 提筒船纹证明了此类装饰早在战国秦汉时期就已用于船舶装饰。同理可以推知，南越王墓铜提筒船纹的船身划分为均等的四份，其中两份有圈点纹，构成船身装饰。

有学者认为提筒船纹是一艘有舵、桅、帆、锚碇等设施的先进战船。实际上，从提筒船纹所显示的具体船舶构件与相关铜鼓船纹的比较分析可知，该船并不存在舵、桅、帆、锚碇等船舶属具，整体上还处于较为原始的水平。提筒船纹尾部装置为弓形，上方有一条斜向的绳索用于悬吊，一人面向前操持柄端，其功能可能既做推进装置，又做控制航向之用的尾桨，与其他舷侧桨，共同推动船只运动。类似的装置常见于中国西南地区及东南亚铜鼓船纹之中，罗泊湾铜鼓船纹、东京茂利铜鼓船纹、玉镂铜鼓船纹、黄下铜鼓船纹都具有同样的弓形尾桨和悬吊索，这显示船纹所代表的船舶尾桨具有专门的功能，已经开始向尾舵转变。应该强调的是，船尾尾桨从一开始就位于船尾中部，以单支的状态存在，这直接催生了后来的船尾中心舵（拖舵、轴转舵），并且相沿成为中国船的传统，与环地中海地区的侧舵传统区别开来。

船纹中间部位有一人呈坐姿、持短棒做连续击打状，其正前方竖立羽旌，羽旌中部似乎为鼓。黄下铜鼓、玉镂铜鼓、东京茂利铜鼓、广西贵港梁君垌陶船模都有类似羽旌与鼓的复合装置——船载建鼓。

（二）先烈路陶船模

1955 年，广州市先烈路十九路军坟场附近一座汉墓出土陶船模一件。陶船模陶质较硬，呈灰白色，施青绿色釉，但几已全部脱落，仅船楼上有个别地方还存一些痕迹。全长 54 厘米，通高 16 厘米，前宽 8.5 厘米，中宽 15.5 厘米，后宽 11.5 厘米。③ 该件陶船除前揭尾舵装置、多组上层建筑、舳艉出艄、船头挡板等特征外，另有多处技术细节值得注意（见图十五）。

---

① 王克荣、蒋廷瑜：《广西西林县普驮铜鼓墓葬》，载《文物》1978 年第 9 期，第 43-51 页；广西壮族自治区博物馆：《广西铜鼓图录》，文物出版社 1991 年版，第 60-61 页。
② 刘文典：《淮南鸿烈集解》（上册），中华书局 1989 年版，第 262 页。
③ 广州市文物管理委员会、广州市博物馆：《广州汉墓》，文物出版社 1981 年版，第 426-430 页。

**图十五　广州先烈路东汉陶船**

### 1. 上层建筑

船体上层建筑复杂，采用双层桥楼和双层舵楼结构。桥楼盖顶呈拱形，装饰着方形编织纹样，上面两片交错遮盖下面三片。舵楼篷盖顶呈两面坡式，饰菱格纹，上面一片遮盖下面两片。桥楼和舵楼的上层篷盖顶可以前后移动，下雨时盖上可以避雨，天气炎热时移开可以通风透气，非常适宜岭南多雨湿热的气候特点，梁君垌陶船模也采用了这种篷盖结构。广州先烈路陶船模桥楼舵楼错落有致，美观大方。舵楼明显为全船制高点，桥楼高度次之，不设艏楼，保证船尾舵手有良好的视野观察航域情况。这种船楼高度递减，不设艏楼或仅设简易低矮艏楼的上层建筑布列方式，也见于梁君垌陶船模和德庆陶船模。

### 2. 艏艉出艄

所谓出艄，是在船的艏封板和艉封板上部各横向附加一块厚平板，伸出船体外。一方面，艏艉出艄增大船甲板作业面积和人的活动空间，便于安置上层建筑和船舶属具。广州先烈路陶船艏出艄即用来安装船头挡板和系缆柱，人在上面操作绳缆装置；艉出艄则分担了部分舵楼的重量，舵楼掌舵俑正是站立于尾艄之上，两手放于前做持物状来操舵的。另一方面，艏艉出艄使得干舷上部的水密空间增大，增强了船舶的储备浮力；同时，艏艉出艄前后伸出，也起到压浪的作用，防止和减少甲板上浪；而且，艏艉出艄还能承受外部碰撞，垫护前后封板，使得船舶航行更加安全。类似的艏艉出艄结构亦见于梁君垌陶船模、广州皇帝岗木船模[①]和大学城北亭陶船模。

---

① 广州市文物管理委员会、广州市博物馆：《广州汉墓》，文物出版社1981年版，第246—248页。

李约瑟把先烈路陶船的尾舵作为中国最早的轴转舵，齐吉祥也认为先烈路陶船的尾部装置是轴转舵，但二者在具体复原和解说该舵的使用时并不一致。前者认为"船尾由最后的方形尾板向后延伸相当距离，构成船尾楼，上面的地板由交叉的板材铺成，舵柱即穿过这些板材放入水中。……舵肩上钻有一个孔，正好是在应该连接悬吊索具的地方。……在舵柱的顶端还有第二个孔。有一点也非常值得注意，即该舵很明显是平衡舵，大约有三分之一的舵板宽度在舵柱轴的前面"①。依据李约瑟的复原推想，显然舵杆长度不够，根本无法穿过舵楼，陶俑不能在舵楼上方控制船舵。后者认为"在舵杆的顶端有穿孔，可能是用来安装舵把的；舵杆用十字状结构固定，从船尾斜伸入水……"②。通过安装、操作舵把控制舵杆，最终达到控制舵叶摆动的目的。在这一复原推想中，舵杆从船尾斜向入水而不是垂直入水，舵杆一端以十字状结构固定，舵杆围绕此固定点做点转动，而不做轴转动，属于较原始的尾桨或拖舵，还不是轴转舵，因此，只有德庆陶船才是明确的最早轴转舵模型实物。

3. 木石复合碇

先烈路陶船船艏有木石复合碇一件，正视呈"十"字形，侧视呈"Y"字形。实物应该是将一块条状石插在木杆中孔上，同时在木杆上安装两支木叉，并用绳索固定。利用条状石的自身重量，保证碇下水时条状石横置，而有一爪抓底。该碇已经是比较先进的木石复合结构的齿碇，比单纯依靠自身重力稳固船体的石碇要先进，但相对宋明代的铁锚则保留着部分原始特性。在相对简单的水环境、近岸和为小型船舶的情况下，停船可以不必用锚，可以采用系缆于岸或撑篙停船（广西独木舟采用此种停船方式）等。但在复杂水环境，或船只较大的情况下，或在船舶运行中的停船则往往需要借助专门的停泊工具。木石复合碇是汉代船舶发达锚泊系统的见证。

4. 梁担结构及舷伸甲板

先烈路陶船模有八根梁担承托上层建筑，伸出船舷之外，上面覆板构成舷伸甲板。发掘报告将其厘定为司篙走道。孙机认为这个司篙走道就是《淮南子·说林训》中的"譬犹客之乘舟，中流遗其剑，遽刻其舟楫"的楫。③ 1986年版电视剧《西游记》第四集陈光蕊与殷温娇乘船赴任所乘之船，就是采用的这种司篙走道，剧中还有撑篙划船的方式，也即《释名·释船》："所

---

① ［英］李约瑟著，王铃、鲁桂珍协助，汪受琪译：《中国科学技术史》（第四卷物理学及相关技术第三分册土木工程与航海技术），科学出版社、上海古籍出版社2008年，第714-715页。
② 齐吉祥：《中国古代船舶的两项重大发明——舵和水密隔舱》，载《历史教学》2005年第4期，第59-60页。
③ 孙机：《汉代物质文化资料图说》（增订本），文物出版社2011年版，第122页。

用斥旁岸曰交，一人前，一人还，相交错也。"① 舷侧司篙走道的结构亦见于宋摹顾恺之《洛神赋图》中的大舫船。类似梁担结构和舷伸甲板见于1954年广州东郊红花岗东汉残砖墓出土的陶船模，后者舱内亦横架梁担八条，伸出船体之外，构成舷伸甲板。② 此外，1957年广州皇帝岗西汉墓出土木船模、1993年广州番禺番沙汉墓M13出土陶船模、1997年广州先烈中路出土陶船模虽无梁担结构，但也具有同样的舷伸甲板，说明舷伸甲板结构已经成为汉代船舶结构的主要特征。这种舷伸甲板又可称为"瞰板"或"艉艎"，明吴承恩《西游记》第九十八回"行者却引沙僧八戒，牵马挑担，也上了船，都立在艉艎之上"，即是也。这种梁担结构承托船体上层建筑，伸出船体外构成舷伸甲板，增加了入水时的船宽，一定程度上也加强了船的储备浮力和稳性。

此外，先烈路陶船模和红花岗陶船模的梁担结构应该也有加强船体强度、固定船壳的作用，也说明这个时期的船舶没有用于固定船型的框架、肋骨结构，其建造过程采用的是"壳先法"。

5. 船头挡板

船头挡板由紧密排列向上展开的五齿组成，齿端呈三角形，齿间空隙狭窄，并联五齿下部有均匀两孔。船头挡板前侧部有一系缆桩（将军柱）和两孔（可能也为安装将军柱之用）。挡板内侧亦有一尖端带凹孔的短柱。类似的齿状船头挡板亦见于梁君峒陶船模，齿间有缝隙，下部有均匀的圆孔，齿旁有系缆桩，显示两者存在紧密关系。此种齿状船头挡板迄今并未引起关注与重视。综合其形状和安装位置，很像近世广船的龙牙与月镜装置。阳江海陵岛专门从事船模制作的蔡数师傅告知，这种装置仅见于海上或内河货运船，主要为挡浪和防止锚链缠绕之用。齿状船头挡板与系缆桩显示船舶有着比较复杂的锚泊或系泊工具，是船舶技术进步的一个重要指标。此外，皇帝岗汉墓木船模也有船头挡板，形制为圆形。

甲板上还布置了六组矛和盾，与嘉峪关3号魏晋墓壁画《军屯图》中所见者相似，故而推断其是一艘有武装保护的内河航船模型。

---

① 王国珍：《〈释名〉语源疏证》，上海辞书出版社2009年版，第317－318页。
② 广州市文物管理委员会、广州市博物馆：《广州汉墓》，文物出版社1981年版，第426－430页。

# 广州光孝寺早期沿革与驻锡外国高僧事迹考略

## ——兼论光孝寺在中外佛教文化交流中的地位

姚崇新

南北朝至隋唐时期，作为广州乃至华南地区的一座著名的佛教寺院，广州光孝寺在中外佛教文化交流方面充当了重要角色。这方面的研究，有罗香林先生导夫先路。20世纪60年代初，罗香林出版了《唐代广州光孝寺与中印交通之关系》（以下简称《关系》）一书[①]，成为这一领域的奠基之作，探讨光孝寺所呈现的中印佛教文化交流情形自然成为该书的重点。但由于该书在文献资料的使用上不够谨严，因而书中的部分结论需要重新加以审视。虽然饶宗颐先生对《关系》一书有所评论，但侧重于增补史料，对其文献运用方面可能存在的问题并未涉及。[②] 厘清光孝寺的沿革是研究与光孝寺有关的一切其他问题的前提和基础，但遗憾的是，学界对光孝寺早期沿革的梳理至今仍不太到位[③]，因此，本文首先对光孝寺的早期沿革进行必要的考察。其次，若欲探讨光孝寺在中外佛教文化交流中的地位，曾驻锡于光孝寺的外国高僧以及走海道西行求法且曾驻锡光孝寺的中国僧人应是最重要的线索，但《关系》对部分外国高僧事迹的梳理存在较多问题，因此，重新梳理部分外国高僧与光孝寺的关系将是本文的第二项工作。在前两项工作的基础上，

---

① 罗香林：《唐代广州光孝寺与中印交通之关系》，香港中国学社1960年版。
② 饶宗颐《读罗香林先生新著〈唐代广州光孝寺与中印交通之关系〉——兼论交广道佛教之传播问题》，载《大陆杂志》1960年第21卷第7期，第1-4页。按饶文增补的史料中，有的可靠性也需要重新加以检讨，因为其所据主要是晚期方志文献。
③ 《唐代广州光孝寺与中印交通之关系》对光孝寺沿革有初步梳理，近年，又有数篇侧重讨论光孝寺寺名演变的论文，内容均涉及其沿革问题，如陈泽泓《光孝寺旧称考》，载《广东史志》2003年第4期，第39-43页；妙智《〈光孝寺志〉若干问题简析》，载明生主编《禅和之声："禅宗优秀文化与构建和谐社会"学术研讨会论文集》，宗教文化出版社2007年版，第465-478页；存德《广州光孝寺寺名变迁考述》，载氏著《中国佛教述论》，宗教文化出版社2014年版，第235-254页；等等。这些文章对推进光孝寺寺名研究、沿革研究等有不同程度的贡献，但在文献资料的使用方面仍存在一些问题，因此在笔者看来，仍有深入的空间。

结合近期学者的相关研究成果①，本文尝试重新审视光孝寺在中外佛教文化交流中的地位。

## 一、光孝寺早期沿革考略

广州古谚云：未有羊城，先有光孝。这句话虽不符合历史实际，但折射出在广州普通民众眼中光孝寺历史的悠久。但涉及光孝寺历史的早期文献今天并不多见，亦无早期金石材料可征，我们只能从早期僧传文献中勾稽零星记载，因此，对早期（宋以前）光孝寺沿革的考察有一定困难。《关系》一书对光孝寺的沿革有所考证，但所据主要是清乾隆年间顾光所纂的《光孝寺志》②，文献形成的年代太晚。而此前谢扶雅等人的文章中对光孝寺沿革的考察也主要依靠《光孝寺志》的记载，并没有结合其他文献资料。③ 直到最近，论者在论及光孝寺寺名演变及沿革时仍主要以《光孝寺志》的记载为据。④ 虽然晚出的方志文献仍有可靠的一面，但使用时必须谨慎甄别，这是使用方志类古籍的基本要求。在笔者看来，考察光孝寺早期沿革的重点在于对相关文献记载的可靠性的辨析。

宋代以前的文献，与该寺有关的零星记载主要见于僧传资料，但往往作为高僧活动与驻锡的背景信息提及，因而迄今未见宋以前正面记录该寺沿革的文字，当然，这一定程度上也与宋以前编纂寺志山志的传统尚未普遍形成有关。迄今所见最早记录光孝寺沿革的文献，是南宋方信孺所撰的《南海百咏》"法性寺"条，其文云：

> 刘氏时为乾亨寺，后复旧名，今为报恩光孝寺。乃南越赵建德之宅，虞翻之园圃也。相传六祖祝发于此。《图经》云，本乾明、法性二寺，后并为一。又云院有诃子，取西廊罗汉院井水煎汤，颇能疗疾。如此则又有罗汉之名，当不止乾明、法性二寺也。⑤

按：方信孺（1177—1222）为南宋中期人，能文，曾荫补番禺尉，故有是作。《四库未收书

---

① 最近，何方耀先生从探讨晋唐海路佛僧所译之密教典籍与光孝寺的关系的角度，考察了光孝寺在佛教东传过程中的特殊作用，可视为考察光孝寺在中外佛教文化交流中的地位之一环。参看何方耀《晋唐海路佛僧所传译之密教典籍及其与广州光孝寺之关系》，载明生主编《禅和之声："禅宗优秀文化与构建和谐社会"学术研讨会论文集》，358－371页。又见氏著《晋唐时期南海求法高僧群体研究》第六章《晋唐海路佛僧的经典传译活动》，宗教文化出版社2008年版，第203－206页。
② 罗香林：《关系》，第27－30页。
③ 谢扶雅：《光孝寺与六祖慧能》，载《岭南学报》1935年第4卷第1期；载张曼涛主编《禅宗史实考辨》（《现代佛教学术丛刊》第4册），台湾大乘文化出版社1977年，第313－317页。
④ 如前揭陈泽泓《光孝寺旧称考》，第39－43页；妙智《〈光孝寺志〉若干问题简析》，第465－478页；存德《广州光孝寺寺名变迁考述》，第235－254页；等等。
⑤ 〔南宋〕方信孺：《南海百咏》"法性寺"条，江苏古籍出版社影印《宛委别藏》本1988年版，第13－14页。

提要·南海百咏提要》云："是编乃是其官番禺漫尉时所作，取南海古迹，每一事为七言绝句一首，每题之下各词其颠末。注中所记多五代南汉刘氏事，所引沈怀远《南越志》、郑熊《番禺杂志》，近多不传。"①由此可知，文中"刘氏"当指南汉刘龑政权。因是书重点不在古迹沿革而在诗作，上引有关法性寺沿革的记载实际上是作者按是书写作惯例为所赋对象法性寺所作的小序，稍叙始末，因而其对光孝寺沿革交代得比较简单也就可以理解了。

笔者认为，《南海百咏》对光孝寺南汉至两宋时期的记载是可靠的，因为"注中所记多五代南汉刘氏事"，说明作者熟稔南汉情况，至于两宋时期的情况，作者更有宋代文献做参考。文中所引《图经》已亡佚，不知是何种志书。不过《南海百咏》"番山"条为我们提供了一些线索，其文云："番、禺，二山也。……国初前摄南海簿郑熊所作《番禺杂志》云：'番山在城中东北隅，禺山在南二百许步，两山旧相联属，刘龑凿平之……'至《图经》则谓番山，在今府学后，禺山在清海军楼雉堞下，是番山南而禺在北矣。……然《番禺志》，古书也，熊为潘美客……"②《番禺志》即《番禺杂志》，这条记载提示我们，郑熊之所以熟稔南汉情况，应与他曾"摄南海簿"有关。而他之所以有机会"摄南海簿"，应与他曾"为潘美客"有关，因为南汉是北宋开宝三年（970）由潘美率军攻灭的，郑熊很可能也参与了灭南汉的军事行动，因此《番禺杂志》应作于970年之后不久。由"至《图经》则谓"云云可知，《图经》应晚于《番禺杂志》。

值得注意的是，与方信孺同时代的陈振孙（约1186—1262）所撰的《直斋书录解题》著录有王中行撰的《广州图经》二卷③，而且广州方志类文献以"图经"为名见于《解题》著录者仅此一种，《解题》同时著录的其他广州方志类文献还有刘宋沈怀远的《南越志》和郑熊的《番禺杂志》④，可见《解题》是凡有必录，由此约可推知，至方信孺、陈振孙时代，广州方志类文献中以"图经"为名者仍只有王中行的《广州图经》一种。⑤更为重要的是，从王中行的经历看，王氏为南宋前期人，与方信孺、陈振孙大体同时代而又略早于方、陈。综合上述考察，笔者认为，方信孺所引的《图经》应即王中行所撰的《广州图经》。那么，比《南海百咏》更早记录光孝寺沿革的应是王中行的《广州图经》。

---

① 参见《宛委别藏》本《南海百咏》正文前所附《四库未收书提要·南海百咏提要》。
② 参见《宛委别藏》本《南海百咏》正文前所附《四库未收书提要·南海百咏提要》，第1-2页。《番禺杂志》、陈振孙的《直斋书录解题》、马端临的《文献通考·经籍考》、陶宗仪的《说郛》等均作《番禺杂记》，郑樵的《通志·二十略》作《番禺杂录》，笔者倾向于《番禺杂志》。《说郛》所收已是辑本，可知是书元末明初时已亡佚。
③ "《广州图经》二卷，教授王中行撰。"〔南宋〕陈振孙撰，徐小蛮、顾美华点校：《直斋书录解题》卷八《地理类》，上海古籍出版社1987年版，第259页。
④ 《直斋书录解题》卷八《地理类》，第259页。
⑤ 王中行，潮州揭阳人，南宋孝宗隆兴元年（1163）进士，淳熙十二年（1185）宰东莞，博学能文，除《广州图经》外，还撰有《潮州图经》《潮州记》等。参见马楚坚《两宋潮州方志之史辙考索》，载黄挺主编《第七届潮学国际研讨会论文集》，花城出版社2009年版，第338-341页。

综上所述，不难判断，《南海百咏》中对光孝寺南汉至两宋时期的记载是可以采信的，结合其他文献石刻资料可知，《南海百咏》对光孝寺唐代的记载也基本可信，因此进而还可以逆向推知该寺唐朝时期的一些情况：据唐广州法性寺住持法才所撰的《瘗发塔记》，六祖慧能曾祝发于法性寺①，因此，《南海百咏》"六祖祝发于此"的说法可以采信，由此也可以推知，广州的法性寺之名在唐前期已出现；法性寺后来与乾明寺合并，形成新的法性寺，合并的具体时间不得而知，但应在唐代②，新法性寺至少在晚唐已形成；南汉时期新法性寺一度改名为乾亨寺，这应与刘龑以"乾亨"为开国年号有关③，后又恢复法性寺旧名④；入宋，仍名法性寺⑤，约在南宋某

---

① 〔唐〕法才《瘗发塔记》，收入《全唐文》卷九一二；此据前揭顾光、何淙修撰《光孝寺志》卷十《艺文志·碑记》，第119页。《瘗发塔记》撰于唐高宗仪凤元年（676）。《全唐文》题名为《光孝寺瘗发塔记》，而今人皆因袭《全唐文》的题名，这不太合适，因为光孝寺之称不早于南宋（详后文）。这一题名应系后人所拟，塔记最后落款可以为证，最后落款为"法性寺住持法才谨识"，说明碑铭自身作"法性寺"。

② 〔明〕李贤、万安等编纂《大明一统志》（又名《天下一统志》）卷七九《广州府》"寺观"条载："光孝寺，在府城内西北，旧为乾明、法性二寺，宋合为一，改今名。"（《四库提要著录丛书》第207册《史部》，北京出版社2010年版，第428页）该志称二寺合并的时间为宋，显然不确。不过，南宋王象之《舆地纪胜》的记载颇令人费解，须稍加辨析。今版《舆地纪胜》卷八九《广南东路·广州》载："南越王弟建德故宅，在州西，故虞翻之园囿。今报恩光孝寺乾明、法性二寺。"（李勇先点校本，四川大学出版社2005年版，第3065页）后半句话显得不太通顺，疑有脱字。李勇先注意到《校勘记》引张氏鉴云，"乾"上当有"及"字（第3101页注204），但并未据以添加"及"字。加上"及"字文句虽然通顺了，但新的问题也出现了。若然，南宋时期，除报恩光孝寺外，乾明、法性二寺仍存在，呈三寺并列的局面。这显然不符合事实，笔者怀疑，"乾"上的脱字是"即"而不是"及"，这样就与实际情况相符了。

③ 检视金石资料可以发现，南汉境内以"乾亨寺"为名的寺院不止一座，至少海南琼山县、广西贺县存在同名寺院。〔清〕吴兰修撰《南汉金石志》卷一所载"琼州乾亨寺钟铭""乾亨寺钟款"条，前者有南汉乾和九年（951）款；后者有南汉大宝辛未年（971）款，并引《广西金石略》的记载称钟在广西贺县三乘寺（参看《南汉金石志》卷一，中华书局1985年版，第7、17页）。可见改寺名为"乾亨"是南汉皇家意志的体现，是敕改。揆诸史乘，刘龑开国之初确有改名之举。《旧五代史》卷一三五《僭伪列传·刘陟传》载："贞明三年，陟乃僭号于广州，国号大汉，伪改元为乾亨。明年，僭行郊礼，赦其境内，及改名岩。"（中华书局1976年版，第1808页）刘陟即刘龑。

④ 《旧五代史》卷一三五《僭伪列传·刘陟传附刘鋹传》："先是，广州法性寺有菩提树一株，高一百四十尺，大十围，传云萧梁时西域僧真谛之所手植，盖四百余年矣。皇朝乾德五年夏，为大风所拔。"（中华书局标点本，第1809页）刘鋹为刘龑孙，南汉末代皇帝，大宝元年（958）即位。这条记载表明，至少在南汉后期，已恢复法性寺旧名，从而印证了《南海百咏》的记载。但有一情况需要加以说明：南汉长乐（今广东五华）人林藺曾有《题广州光孝寺》诗一首（收入李调元编《全五代诗》卷六一；刘应麟《南汉春秋》卷九亦载。该诗内容后文还将涉及）。若按该诗的题名，南汉时就已开始称光孝寺，这与实际情况显然不符，光孝寺之名不能早于南宋以前（详后文），因此笔者怀疑这首诗的题名系后人所拟，这与前揭"光孝寺瘗发塔记"一名的形成情况相似。

⑤ 《南海百咏》引《番禺杂志》云："〔任〕嚣庙，在今法性寺前道东四十余步，广民岁时享之，墓在庙下。"（参见《南海百咏》"任嚣墓"条，第17页）可知宋初仍称法性寺。

时（中期以前）改为报恩光孝寺①。由此约可推知，"光孝寺"应是"报恩光孝寺"的简称。自南宋改名报恩光孝寺后，一直相沿不改。至迟南宋中期已开始使用简称②，南宋晚期及元以后主要以简称行③。

以上认知可以成为我们进一步厘清光孝寺早期沿革的基础。

所谓光孝寺最初为"南越赵建德之宅，虞翻之园囿"的说法，目前最早的记载见于《南海百咏》，推测《广州图经》已有此说。但这一说法于唐及唐以前文献无征（包括世俗文献和佛教典籍），南越王旧宅之说更令人难以置信④。不过，"虞翻之园囿"一说似非完全向壁虚构，因为虞翻事迹尚可考。至少，它间接地为我们提供了一些光孝寺始建年代的线索。

据《三国志》记载，虞翻为会稽余姚人，初为东汉会稽太守王朗的功曹，后归顺孙策，为官于东吴政权，但其"性疏直，数有酒失……〔孙〕权积怒非一，遂徙翻交州。虽处罪放，而讲学不倦，门徒常数百人。又为《老子》《论语》《国语》训注，皆传于世……在南十余年，年

---

① 方信孺在撰写《南海百咏》时法性寺已改名报恩光孝寺，表明改名在南宋中期以前。但他仍以"法性寺"而不以"报恩光孝寺"作条目，似乎表明改名的时间并不长，旧寺名的惯性仍主导着人们的思维。而明陈循等纂《寰宇通志》卷一〇二《广州府》"寺观"条载："光孝寺，在府城中，西（当作北——引者）宋崇宁间建，国朝僧纲司在焉。"（郑振铎辑《玄览堂丛书》第9册，广陵书社2010年版，第6176页）这句话约可理解为法性寺改名光孝寺的时间在北宋崇宁年间，但不知根据所从出，不予采信。另外，检视金石资料也可以发现，跟乾亨寺名一样，宋代岭南地区也同样不止一座报恩光孝寺。《南汉金石志》卷一"昭州光孝寺铜佛识"条引《舆地纪胜》载云："铜佛识在昭州报恩光孝寺……伪刘时所铸……后有识云：'维大汉大宝四年（961）。'"（第20页）按昭州即今广西平乐县，属南汉辖境。铜佛识虽为南汉物，但其所在寺院的寺名报恩光孝寺应是宋代统改的。因此改寺名为报恩光孝寺同样是宋朝皇家意志的体现。

② 《南海百咏》"任嚣墓"条有云："法性寺今光孝寺也。"（第17页）可见南宋中期时已开始使用简称。那么，顾光《光孝寺志序》所谓"光孝之称，则自明成化年始也"显然不确。（参见〔清〕乾隆三十四年（1769）顾光、何淙修撰，仇江、曾燕闻点校《光孝寺志》之序文部分，广州教育出版社2015年版）但乾隆《光孝寺志》的说法一直影响着后来学者的判断，直到近期，仍有学者认为"光孝寺"之称，始于明成化十八年（1482）敕赐光孝寺匾额（参看王邦维《义净法师的印度及南海之行与广州制旨寺》，载明生主编《禅和之声："禅宗优秀文化与构建和谐社会"学术研讨会论文集》，第290页）。

③ 南宋咸淳五年至六年（1269—1270），陈宗礼为光孝寺所撰《六祖大鉴禅师殿记》《天宫法宝轮藏记》中皆简称光孝寺。二记均收入明成化九年（1473）王文凤纂《广州志》卷三二《寺观类·广州府》"报恩光孝寺"条（参看陈建华、曹淳亮主编《广州大典》第三十五辑《史部方志类》第二十五册，广州出版社2008年版，第120-122页。《广州大典》据国家图书馆藏明成化九年刻本影印），可见南宋晚期主要以简称行。而明清时期除偶有称"报恩光孝寺"者（如明成化《广州志》，见上注），皆称"光孝寺"，有多种明清方志文献为证，这里不赘，唯元代的称谓须略加举证。〔元〕陈大震、吕桂孙《南海志》卷七《物产》载："诃子，故乾明寺有之，即今光孝。取寺之罗汉井水，与甘草合煎，乳白而甘。"按是书成书于元大德八年（1304），是目前部分可见的广州最早的方志，原书二十卷，已散佚，现残存元大德刻本五卷（卷六至卷十）及《序》。（参看广州市地方志办公室编《元大德南海志残本（附辑佚）》，广东人民出版社1991年版，第29页）由此条记载可知，元代仍沿用宋代旧名，简称"光孝寺"。

④ 已有学者对这一说法提出了怀疑，认为经过汉武帝灭南越的战火之后，赵建德宅第能否留存至三百多年以后值得怀疑。（参看胡巧利《光孝寺》，广东人民出版社2005年版，第6页）笔者认为这一怀疑有一定道理。

七十卒。归葬旧墓，妻子得还"①。但虞翻生卒年不详。不过，《三国志》虞翻本传《裴注》引《江表传》云，孙权曾遣将士乘海之辽东，于海中遭风浪，损失惨重，遂想起"虞翻亮直，善于尽言"的好处，因此认为"前使翻在此，此役不成"，因"促下问交州，翻若尚存者，给其人船，发遣还都；若以亡者，送丧还本郡，使儿子仕宦。会翻已终"②。检视《三国志·吴书·吴主传》可知，孙权遣将士乘海之辽东事在嘉禾元年（232）。③ 由此推测虞翻应卒于嘉禾元年之后不久④，而他既在贬所长达十余年，那么他被徙交州的时间约在 220 年之前或是年前后。又据《晋书·地理志》载："吴黄武五年（226），分交州之南海、苍梧、郁林、高梁四郡立广州，俄复旧。永安六年（263，《三国志·吴书·三嗣主传》作七年）复分交州置广州。"⑤可知广州其实是自交州析出，初次析出在 226 年，但旋复旧，再次析出在 264 年。

又《宋书·州郡志》载："汉献帝建安八年（203），改［交趾］曰交州，治苍梧广信县（今广西梧州境内）。十六年（211，《晋书·地理志》、司马彪《续汉书》刘昭注均作十五年）徙治南海番禺县（今广州）。及分为广州，治番禺，交州还治龙编（今越南河内东，交趾刺史原治于此）。"⑥据此可知，自 211 年至 264 年交州治所一直在今广州。综合上引文献可知，虞翻虽曰被贬交州，但其贬所应就在今广州，因为其时交州治所就在当时的番禺，而彼时广州尚未真正确立（广州的真正确立是在虞翻死后三十年之后，即 264 年之后了）。再考虑到虞翻虽为罪身，但讲学不倦，门徒云集，应是当时广州名噪一时的大儒，那么，当地后来出现专祀虞翻的祠庙也就不奇怪了。⑦ 既然虞翻贬居广州于史可征，那么，广州存在"虞翻之园囿"（后来文献称虞苑）应是可信的。只是从虞翻的生平事迹看不出他与佛教有任何联系，进而也无从想象在虞翻死后，虞苑是如何与初期光孝寺建立联系的。至于南越王赵建德旧宅是否与虞苑有联系，就更无从查证了。建德旧宅是否能够留存到三国时期，颇值得怀疑。但无论如何，虞翻贬居广州一事的落实至少给了我们这样一个提示，即这似乎表明光孝寺的初建应在虞翻死后的某个时期，但不会立刻，因为参诸广州早期佛教传播史，3 世纪中期前后，佛教在广州尚无广泛传播的迹象。

广州很早就成为对外交通的港口，无疑是佛教海上传入的前码头之一，但从文献的角度看，

---

① 《三国志》卷五七《吴书·虞陆张骆陆吾朱传》，中华书局 1982 年版，第 1317—1324 页。
② 《三国志》卷五七《吴书·虞陆张骆陆吾朱传》，中华书局 1982 年版，第 1324 页。
③ 《三国志》卷四七《吴书·吴主传》载："嘉禾元年……三月，遣将军周贺、校尉裴潜之辽东。"（第 1136 页）
④ 有人将虞翻的生卒年确定为 164—233 年，大致不误，但过于绝对了，因为毕竟没有更直接的证据资料。
⑤ 《晋书》卷十五《地理志下》，中华书局 1974 年版，第 466 页。
⑥ 《宋书》卷三八《州郡志》，中华书局 1974 年版，第 1204 页。
⑦ 《舆地纪胜》卷八九《广州》载："虞翻庙，在南海县西北三里。虞翻尝为孙权骑都尉，以数谏诤，徙交州。"（第 3065 页）虞翻庙始建于何时不得而知，但唐时已有（"虞翻庙，在［南海］县西北三里。"〔唐〕李吉甫撰，贺次君点校：《元和郡县图志》卷三四《岭南道一·广州》，中华书局 1983 年，第 888 页），据《舆地纪胜》可知南宋时尚存。

佛教初传广州并不太早，约在东汉末期，且与安世高有关。① 虽然西晋时期广州已见自海道而来的天竺等外国僧人的身影②，且有的在广州还有译经活动③，但当地的佛教于东晋以后才渐有起色。综合僧传文献记载，学者认为佛教正式传入广州的时间在 3 世纪后半叶④。结合以上佛教在广州传播的早期情形，以及早期光孝寺与虞苑可能存在的联系，笔者认为，将光孝寺的初建定在 3 世纪末 4 世纪初（即西晋晚期）较为妥当，当是广州最早的寺院之一⑤。

《南海百咏》记载的可靠性虽然较高，但仍有差误，如有关罗汉院的记载，作者将罗汉院视为与乾明、法性二寺并列的另一座寺院。按罗汉院的建造应与罗汉信仰的兴起有关，其出现不会早于五代时期，应是后起的建筑，因此《南海百咏》将罗汉院视为另一座寺院是不正确的，它应是后来在合并后的新法性寺内建造的附属建筑，罗汉院的位置在寺之"西廊"可以为证。宋代是罗汉信仰大流行的时期，因此，光孝寺的罗汉院建于宋代的可能性更大，这并非纯属推测。据明崇祯年间张悰所修的《光孝寺志》记载，光孝寺原有宋住持僧祖荣所建罗汉阁，明时已废⑥。这表明该寺供奉罗汉的建筑确为后起建筑，笔者颇疑《南海百咏》中的罗汉院即祖荣所建的罗汉阁所在的院落。

前揭明成化九年（1473）王文凤纂的《广州志》是现存对光孝寺沿革记载甚详的最早方志文献，其卷二四《寺观类·广州府》"报恩光孝寺"条载其早期沿革云：

在郡城西北角。按《旧志》为南粤王建德故宅，三国吴虞翻谪南海居此……时人称为

---

① 参见拙稿《佛教初传海道说、滇缅道说辨正——兼论悬泉东汉浮屠简发现的意义》，载荣新江、朱玉麒主编《西域考古、史地、语言研究新视野：黄文弼与中瑞西北科学考查团国际学术研讨会论文集》，科学出版社 2014 年版，第 473 页。

② 据《高僧传》《梁书》等的记载，西晋惠帝末年（4 世纪初），天竺异僧耆域经扶南至交广。参看〔梁〕慧皎撰，汤用彤校注《高僧传》卷九《耆域传》，中华书局 1992 年版，第 364 - 366 页。

③ 据〔隋〕费长房《历代三宝纪》卷六转引《始兴录》和《宝唱录》的记载，西晋泰始二年（266），外国沙门强梁娄至在广州译出《十二游经》一卷，参见《大正新修大藏经》（以下简称《大正藏》）卷四九，第 65 页上。

④ 杨鹤书：《从公元 3—7 世纪佛教在广州的传播看中外文化交流》，载广东省社会科学院等编《广州与海上丝绸之路》，广东省社会科学院，1991 年，第 108 页。

⑤ 〔明〕叶廷祚为崇祯十三年（1640）张悰所修《光孝寺志》所作的序中称："诃林肇自东晋，粤中名刹。"（张悰所修《光孝寺志》已佚，叶序尚存，收入顾光、何淙修撰《光孝寺志》中）现在看来，光孝寺的初建可以早到西晋后期。一种观点认为，制止寺的初建可以早到孙吴嘉禾年间（232—234），所据为乾隆《光孝寺志》卷二所记"［虞］翻卒，后人施其宅为寺，匾曰制止"一语（参看陈泽泓《光孝寺前身寺名考略暨释疑》，原载《羊城古今》1995 年第 1 期，此据陈泽泓主编《广州话旧》，广州出版社 2002 年版，第 532 - 533 页）。但《光孝寺志》的这一说法找不到任何早期文献加以验证，再综合考虑广州的早期佛教传播史，制止寺建于吴嘉禾年间说难以成立。

⑥ 前揭顾光、何淙修撰《光孝寺志》卷一《旧志殿宇》"罗汉阁"条："罗汉阁，三间，宋住持僧祖荣建，今废。"（见 8 页）按《旧志》当指明崇祯张悰所修《光孝寺志》，表明"罗汉阁"条是转述崇祯《光孝寺志》的内容。

虞翻苑。晋安帝隆安间，罽宾国三藏法师昙摩耶舍尊者至广，喜兹福地，创梵刹，名王园寺。宋高祖永初间，梵僧求那跋陀罗三藏飞锡至此，睹兹之胜，复依寺右创戒坛，立制止道场，谶曰："后有肉身菩萨于此受戒。"梁天监元年，智药三藏自西竺国持菩提树一株，航海而来，植于戒坛之前，且预志曰："一百六十年后有肉身菩萨于此树下开演上乘，度无量众。"梁普通间达摩大师至此。唐贞观间，太宗改制止、王园二寺作乾明、法性二寺。唐高宗龙朔元年，六代祖慧能在黄梅东山寺传五祖忍师衣钵南归，居法性寺者。①

而乾隆《光孝寺志》述光孝寺早期沿革曰：

> 寺在郡城西北，本南越王故宅……三国吴虞翻谪徙居此……时人称为虞苑，又曰诃林。翻卒，后人施其宅为寺，扁曰"制止"。……东晋安帝隆安中，罽宾国三藏法师始创为王苑朝延寺，又曰王园寺……刘宋武帝永初元年，梵僧求那罗跋陀（按：即求那跋陀罗——引者）三藏飞锡至此，始创戒坛，立制止道场。初，师至，以指苛子树谓众曰：此西方诃梨勒果之林也，宜曰苛林。制止立碑，预谶曰：后当有肉身菩萨，于此受戒。梁武帝天监元年，梵僧智药三藏至诃林。……普通八年，达摩初祖至自天竺，止于诃林。……陈武帝永定元年，西印度优禅尼国波罗末佗三藏，陈言真谛，来游中国，至广州，刺史欧阳頠延居本寺。……唐太宗贞观十九年，改制止、王园为乾明、法性寺。高宗仪凤元年，六祖慧能剃发菩提树下，遂开东山法门……武宗会昌五年，改乾明、法性作西云道宫。宣宗大中十三年，复改乾明、法性寺。②

两相比较不难发现，乾隆《光孝寺志》基本上因袭了成化《广州志》的记载，而又有所添加。但我们知道，乾隆《光孝寺志》实际上是在崇祯《光孝寺志》的基础上添加补充而成的③。这意味着，崇祯《光孝寺志》也主要因袭了成化《广州志》的记载。那么，成化《广州志》记载的可靠性成为问题的关键。

成化《广州志》的信息已远超《南海百咏》，显然前者主要参考的是当地的方志类文献。除

---

① 前揭王文凤纂《广州志》卷二四，《广州大典》第三十五辑《史部方志类》第二十五册，第119页。
② 前揭顾光、何淙修撰《光孝寺志》卷二《建置志》，第16-18页。需要指出的是，乾隆以后编纂的广州方志类文献中有关光孝寺沿革的记载基本上抄自乾隆《光孝寺志》，如清乾嘉年间学者仇巨川所纂《羊城古钞》卷三《寺观》所载即如此。而近年有学者在涉及光孝寺早期沿革时以是书为据，有失谨严（参见明生主编《禅和之声："禅宗优秀文化与构建和谐社会"学术研讨会论文集》，第290页）。
③ 顾光《光孝寺志·序》："于时宝陀圆公，以人天师来主法席，茶瓜留客，流连往事，得观崇祯十三年张君悰所撰《寺志》二卷，昔其简略，发愿重修。"（参见仇江、曾燕闻点校《光孝寺志》之序文部分；另参仇江《〈光孝寺志〉的成书及传播》，载《岭南文史》1999年第3期，第52-53页）

前文已提到的刘宋沈怀远的《南越志》、北宋郑熊的《番禺杂志》、南宋王中行的《广州图经》外，检视目录学及方志类著作，明以前属于广州或与广州密切相关的重要方志类文献还有宋佚名《广州新图经》（《舆地纪胜》引）、宋佚名《南海郡略》（《舆地纪胜》引）、宋佚名《广东路图经》（《通志·二十略》著录）、南宋嘉定年间陈岘所撰《南海志》（《宋史·艺文志》著录）、南宋淳祐年间方大琮纂辑《南海志》（明嘉靖黄佐纂《广东通志·艺文志》著录）、宋李木撰《南海图经》（黄佐《广东通志·艺文志》著录）、宋元佚名《广州府图经志》（《永乐大典》卷一一九○五至一一九○七引）①，以及元大德年间陈大震、吕桂孙纂辑《南海志》（黄佐《广东通志·艺文志》著录，道光《广东通志·艺文略》作《南海县志》）等。② 其中，《南越志》虽然是"五岭诸书之最在前者"③，但元代已佚④，对元明以后广州志乘的编撰影响不大，可置不论。

除此之外，不难看出，两宋时期是广州方志类文献生成的重要时期，毫无疑问，有关光孝寺历史的系统梳理也应始于两宋时期。虽然两宋时期编纂的广州方志类文献到元代大多也已亡佚⑤，但仍有少量得以保存下来，成为元代修志的重要参考，如大德《南海志》，它是在嘉定《南海志》和淳祐《南海志》的基础上添加而成的，⑥因而仍有较高的学术价值⑦。至明代，两宋时期所撰岭南方志类文献进一步减少，但黄佐《广东通志·艺文志》在著录北宋王中行的《广州图经》时，未注"今亡"（依照黄氏书例，对于已亡佚之书，黄佐一般会注明"今亡"字

---

① 骆伟：《岭南〈图经〉考述——兼以〈广州图经〉为例》，载《广东史志》2015年第3期，第55－61页。

② 需要指出的是，有学者误将《广州图经》等同于嘉定《南海志》，误将《广州新图经》等同于淳祐《南海志》。参看王元林《宋南海神东、西庙与海上丝绸之路》，载《海交史研究》2006年第1期，第34页注［4］。

③ 语出《直斋书录解题》（第259页），但确切的意思是，《南越志》是陈振孙时代尚完整保存的最早的岭南方志文献，而不是说它是最早的岭南方志文献。事实上，比《南越志》更早的岭南方志文献还有若干种，多形成于晋，只不过到陈振孙时代它们已或残或佚，如晋王范的《交广二州记》、晋王隐的《交广记》、晋顾徽的《广州记》、晋裴渊的《广州记》以及刘宋刘澄之的《广州记》等，参看张国淦编著《中国古方志考》，中华书局1962年版，第598－594页。

④ 《南越志》的亡佚大约在宋末元初，故对其的辑佚工作从元代就开始了，参看骆伟《〈南越志〉辑录》，载《广东史志》2000年第3期，第37页。

⑤ 陈大震《南海志·序》云："《南海志》从来久废则必修，今搜之故笈，存者仅有嘉定、淳祐二本，首尾残缺。"（见前揭《元大德南海志残本（附辑佚）》附录一，第103页）所谓嘉定、淳祐二本，即陈岘所撰《南海志》和方大琮纂辑《南海志》，可见早在元代前期，两宋所纂岭南志乘的亡佚情况已非常严重了。嘉定、淳祐二志大概在大德《南海志》编成不久即彻底亡佚，而大德《南海志》今仅存6～10卷。参看前揭《元大德南海志残本（附辑佚）》；陈金林、齐德生《大德南海志考》，载《上海师范大学学报》1985年第4期，第63页。该文将淳祐《南海志》的作者写作"大琮"，遗漏了作者姓氏。

⑥ 参见陈大震《南海志·序》，第103页；陈金林、齐德生《大德南海志考》，第63页。

⑦ 大德《南海志》的学术价值早已引起学界关注，参看陈连庆《〈大德南海志〉所见西域南海诸国考实》（原载《文史》1986年第27辑，收入氏著《中国古代史研究——陈连庆教授学术论文集》，吉林文史出版社1991年版，第785－815页）；同氏著《〈大德南海志〉研究》（原载《古籍论丛》第二辑，福建人民出版社1985年版，收入氏著《中国古代史研究——陈连庆教授学术论文集》，第816－844页）；陈佳荣《中外交通史》，香港学津书店1987年版，第365－368页；等等。

样),表明此书明嘉靖年间尚存;而衍生于宋代《南海志》的元大德《南海志》明嘉靖年间亦尚存①。

综上所述,成化《广州志》编纂时主要参考的文献应当包括王中行《广州图经》、佚名《广州府图经志》以及元大德《南海志》等,基本上属于宋代文献或在宋代文献基础上添加的元代文献。虽然相对于光孝寺的早期历史而言,宋代文献也属于晚出文献,可信度要打折扣,但相对于整个光孝寺志乘的文献架构而言,于广州方志文献(本文所指"广州方志文献"包含冠名"番禺""南海"的方志类文献,下同)重要生成期形成的宋代广州方志文献中有关光孝寺的记载无疑是最可靠的。特别值得注意的是,号称"五岭诸书之最在前者"的《南越志》宋代尚存②,而据前引《直斋书录解题》著录的信息,更可知该书南宋时尚存,在选择余地不大的情况下,该书必然是宋代广州方志文献编撰的首选参考文献,这无疑增加了宋代广州方志文献记载的可靠性③。又,或许是因为《南越志》地位重要,唐代又出现了续修,名《续南越志》,且宋时尚存④,因此该书也必然成为宋代广州方志文献编撰的重要参考文献之一。

此外,成化《广州志》的编纂还可以参考当时尚存于光孝寺内的宋元时期的碑刻资料,这些碑刻有的述及光孝寺的沿革,如元至正己丑(1349)高若凤所撰《重建毗卢殿记》中即有对光孝寺沿革的追述:

> 南粤光孝禅寺,始自晋代,即吴虞翻故宅之苛林创建佛刹。宋三藏法师求那跋陀建戒坛。梁天监初,梵僧智药自西竺持菩提树植于坛侧……时寺额名制止。唐贞观间寺分为二,曰乾明曰法性。至高宗仪凤初,六祖能禅师自黄梅传衣钵,来见二僧……祝发受具足戒。……武宗会昌五年,改西云道宫,德宗朝复乾明、法性寺。宋徽宗朝合为天宁万寿寺,

---

① 黄氏《广东通志·艺文志》著录此书时,也未言亡佚。另参陈金林、齐德生《大德南海志考》,第64页。
② 宋佚名《谢氏诗源》曾引《南越志》记载1条:"宋迁寄试莺诗有云:'誓成乌鲗墨,人似楚山云',人多不解'乌鲗'义。《南越志》云:'乌鲗怀墨,江东人取墨,书契以给人物,逾年墨消,空纸耳。'"(《谢氏诗源》已佚,参看托名元伊世珍撰《琅嬛记》卷上对《谢氏诗源》该条的转引,薛洪勣、王汝梅主编《稀见珍本明清传奇小说集》,吉林文史出版社2007年,第111页)可见《南越志》宋代尚存。
③ 即便如此,宋代广州方志文献以及金石材料中有关光孝寺的记载也不能照单全收,比如前引成化《广州志》中有关求那跋陀罗、菩提达摩与光孝寺关系的记载,均于早期僧传文献无征,不足凭信(后文还将就这些僧人与光孝寺关系的文献记载进行辨析)。但通过上文的分析,若要追根溯源的话,元明方志中的相关记载恐怕大多源自宋代方志文献。
④ 〔宋〕乐史《太平寰宇记》卷一五七《岭南道一·广州府》"增城"条引有《续南越志》,言唐天后时增城县何氏女因服云母粉得道于罗浮山一事(王文楚等点校,中华书局2007年版,第3016页),可知《续南越志》乃唐人续撰(同参〔清〕章宗源《隋书经籍志考证》卷三"南越志"条,《二十五史补编》第四册,中华书局2013年版,第4963页)。

绍兴七年改报恩广孝寺,二十七年赐名光孝。①

求那跋陀即求那跋陀罗。两相比较不难发现,成化《广州志》的记载与《重建毗卢殿记》的记载也十分相似,后者早于前者一百多年,且后者被前者收录,应是前者的参考资料之一。不过,后者的记载应同样来自宋代广州方志文献的记载。

另外值得注意的是,黄佐在纂成《广东通志》之前,已于嘉靖六年(1527)纂成《广州志》七十卷(黄佐《广东通志·艺文志》著录,后世文献又称《广州府志》),可谓是广州志乘空前的集大成者,其信息之丰富可想而知。黄佐的《广州府志》所参考的文献至少包括北宋王中行的《广州图经》、大德《南海志》以及成化《广州志》等,因此,《广州府志》有关宋元及其以前的记录主要信息仍来自宋代广州方志文献或在宋代文献基础上添加的元代广州方志文献,仍然具有较高的可信度。

王中行的《广州图经》大概明末清初已亡佚②,而《大德南海志》明末崇祯年间已残缺③,因此,崇祯《光孝寺志》的主要参考文献应是成化《广州志》和嘉靖《广州志》以及少量宋元所遗金石材料。要之,崇祯《光孝寺志》有关该寺早期沿革的记载追根溯源仍主要出自宋代广州方志文献。但是,乾隆《光孝寺志》有关该寺早期沿革的记载虽然与崇祯《光孝寺志》同源,即同样可追溯至宋代广州方志文献的记载,但明显有所添加,添加的信息不知所据。

综上,就现存文献及其相对可靠性而言,考察光孝寺早期沿革的首选文献应是《南海百咏》及少量保存至今的与光孝寺有关的宋元时期的碑刻资料,其次是成化《广州志》,再次是嘉靖《广州志》,乾隆《光孝寺志》的参考价值最低。至于乾隆以后形成的广州方志文献中有关光孝寺的记载(包括对其早期沿革的记载),基本上都是直接抄自乾隆《光孝寺志》,如乾隆《南海县志》以及近人黄佛颐编撰的《广州城坊志》中有关光孝寺的记载等,对考察光孝寺的早期沿革基本没有参考价值。

在前文梳理的基础上,综合《南海百咏》、成化《广州志》等的记载,参以僧传、石刻文献,现试对光孝寺宋代及其以前的沿革简单勾勒如下:

光孝寺最初由孙吴贬官虞翻的苑囿改建而成,改建年代约在3世纪末4世纪初。东晋以降至南朝时期,因不断有自海道而来的外国高僧驻锡于此而渐知名。光孝寺初为一寺,寺名王园,后

---

① 〔元〕高若凤:《重建毗卢殿记》,载成化《广州志》卷二四《寺观类·广州府》"报恩光孝寺"条,第121页。
② 清道光年间阮元纂修的《广东通志》卷一九一《艺文略三》载:"《广州图经》二卷,宋王中行撰,佚。"(清道光二年刻本,第12504页)笔者推测,该书亡佚的时间可能在明末清初。
③ 明崇祯年间朱光熙纂修的《南海县志》卷十二《艺文志》载:"元《南海志》二十卷,陈大震撰,今无。"据此,元大德《南海志》似乎在明末崇祯年间已佚,但事实上并未彻底亡佚,因为其部分内容至今尚存,参看前揭《元大德南海志残本(附辑佚)》。

因制止道场的设立，始析为二寺，即王园寺与制止（一作制旨）寺。① 唐初，改制止、王园二寺作乾明、法性二寺。乾明、法性的称谓一直延续到高宗时期。② 武周时期，乾明、法性二寺一度改为大云寺。③ 中宗复位后，又一度改为龙兴寺，龙兴之名至少使用到了建中年间（780—783）。④ 但至迟到宝历年间（825—826）又恢复为法性寺。⑤ 会昌五年（845）又一度改为西云道宫，宣宗时恢复二寺旧名。⑥ 约晚唐时，乾明、法性二寺合并，总称法性寺，是为新法性寺。南汉时期，新法性寺一度改名为乾亨寺。入宋，恢复法性寺旧名。至真宗咸平年间（998—

---

① 有人认为制止、王园为一寺，但据《续高僧传·拘那罗陀传》记载，真谛再次回到广州时驻锡的寺院先为制旨寺，后为王园寺，后文更明确指出制止、王园为两寺："今见译讫，止是数甲之文，并在广州制旨、王园两寺。"〔唐〕道宣撰，郭绍林点校：《续高僧传》卷一，中华书局2014年版，第21页。唐智昇《开元释教录》因袭了这一说法，参看《大正藏》卷五五，第546页下。按中古时期，寺名中出现"道场"一词，可以与"寺"互换使用，因此"制止道场"即"制止寺"。他例如唐京师纪国寺又被称为"纪国道场"，参看《续高僧传》卷三《唐京师纪国寺沙门释慧净传》，第72、77页。"道场"本来是用来翻译"bodhimaṇḍa"的词，指菩提树下释迦成佛之地，后来演变成举行佛教仪式的地方（参看周一良著，钱文忠译：《唐代密宗》附录三，上海远东出版社1996年版，第84页），进一步演变成"寺院"的同义语。因此，613年，隋炀帝将天下所有的寺院的"寺"改称"道场"（参见《续高僧传》中有关隋代僧人的传记资料）。

② 参见前揭《瘗发塔记》。不过，偶有后来的文献仍喜欢用旧称"制旨寺"，而不称法性寺，如《曹溪大师别传》（详后注）。

③ 此据罗香林先生据日僧真人元开《唐大和上东征传》的记载所作的考证，参见《关系》，第96－97页。对于罗氏的判断，学界有赞同者，有不赞同者。参见前揭存德《广州光孝寺寺名变迁考述》，第246页；妙智《〈光孝寺志〉若干问题简析》，第478页。笔者倾向于罗氏的判断。罗氏指出，彼时光孝寺改名大云寺，应与武周天授元年（690）敕"两京及天下诸州，各置大云寺一所"（〔宋〕王溥：《唐会要》卷四八《寺》，上海古籍出版社1991年版，第996页）有关，其说可从。

④ 据〔唐〕佚名撰《曹溪大师别传》（以下简称《别传》）载，慧能"至仪凤元年初，于广州制旨寺听印宗法师讲《涅槃经》……今广州龙兴寺是也"（《卍新续藏》第八十六册，No.1598，第50页）。这里的"制旨寺"应是沿用了旧称，其时该寺早已改名法性寺，《瘗发塔记》即采用了新名。这条记载透露的另一重要信息是，光孝寺在唐代曾一度改名龙兴寺。《别传》一作《曹溪大师传》，是记述禅宗南宗创始人慧能生平事迹和禅法语录的禅宗史书，在中国已久佚，但在日本得以保存。具体撰写年代不详，但据日本宝历十二年（1762）日僧祖芳所撰《书别传后》的提示，《别传》末原有"贞元十九二月十九日毕天台最澄封"字样，则约可推知《别传》撰于贞元十九年（803）以前（祖芳文见《卍新续藏》第八十六册，No.1598－B，第54页）。据学者的进一步考证，《别传》完成于唐建中二年（781）前后（杨曾文：《唐五代禅宗史》，中国社会科学出版社1999年版，第146页）。又据《旧唐书·中宗睿宗本纪》载，中宗神龙元年（705）二月，令天下诸州立中兴寺、中兴观。神龙三年（707）二月，复改中兴寺、观为龙兴寺、观，自是内外不得言中兴。（《旧唐书》卷七，中华书局1975年版，第137－143页）综合以上信息可知，光孝寺在唐代改名龙兴寺当在神龙三年，至迟建中年间仍用此名。不过，有的文献仍喜欢用旧称"法性寺"来称谓这期间的光孝寺，如《宋高僧传·不空传》及《不空三藏行状》将不空在广州驻锡的寺院皆写作法性寺，不空在广州的时间是开元后期（详后文）。

⑤ 按光孝寺之唐代遗物大悲心陀罗尼经幢幢身题铭落有云："宝历二年岁次景（丙）午，十二月一日，法性寺住持大德，兼蒲涧寺大德，僧钦造书。"可知至迟宝历二年（826）光孝寺已恢复旧名法性寺。题铭录文参见罗香林《关系》，第133页。

⑥ 会昌五年恰是唐武宗正式颁布灭法敕令之年，因此此次改名应与会昌灭佛有关。宣宗旋恢复旧名，则"西云道宫"的称谓只是昙花一现。

1003），仍称法性寺。① 但早在宋开宝初年（968），又有乾明禅院之设②，疑为旧乾明寺的恢复。因此，入宋以后又恢复成二寺格局。大概在徽宗时二寺再次合二为一，称万寿禅寺，先称崇宁万寿禅寺，又改称天宁万寿禅寺。高宗绍兴初改为报恩广孝禅寺，绍兴后期又改为报恩光孝禅寺③，"光孝"之名自此始。南宋晚期已开始使用简称"光孝寺"，元以后普遍使用简称，但也偶称光孝禅寺。④

## 二、光孝寺早期之驻锡外国高僧事迹考略

首先需要说明的是，部分外国高僧驻锡光孝寺的记载仅见于晚期文献，因此，这里首先要做的工作是厘清这些仅见载于晚期文献特别是仅见载于明清的广州方志文献（包括乾隆《光孝寺志》），而于早期文献无征特别是于早期僧传文献无征的外国高僧与光孝寺的关系。其中亟待厘清以下几位高僧与光孝寺的关系，他们是昙摩耶舍、求那跋陀罗、菩提达摩和智药三藏，因为在现代有关光孝寺的著述中，他们与光孝寺的关系几乎已成定论。⑤ 兹先就以上四位高僧与光孝寺的关系略加稽考。

### （一）昙摩耶舍

迄今所见最早提及昙摩耶舍与光孝寺有关系的文献是明代方志文献，如前引成化《广州志》的记载："晋安帝隆安间，罽宾国三藏法师昙摩耶舍尊者至广，喜兹福地，创梵刹，名王园寺。"即便这条记载是因袭宋元广州方志类文献，这一说法也是宋代以后才出现的。乾隆《光孝寺志·法系志》因之并有所添加：

---

① 北宋咸平四年（1001）曾有比丘给光孝寺舍钟一口，今钟已不存，钟款载于阮元修《广东通志》，其铭曰："临坛比丘义明舍铜钟一口，重三百斤。于广州法性寺大佛殿内悬挂，永充常住，二时声击。时大宋咸平四年岁次辛丑九月一日己巳朔七月七日乙亥，殿主表白，传律临坛宗志大师普亮记。"（阮元修《广东通志》卷二〇五《金石略七》，清道光二年刻本，13299页）据此可知，咸平年间光孝寺仍称法性寺。
② 此据北宋彭惟节于大中祥符元年（1008）所撰《新建大藏经阁记》（乾隆《光孝寺志》卷十《艺文志·碑记》题作《乾明禅院大藏经碑》）的记载："南海郡有乾明禅院者，前通阛阓，旁有戒坛，祖师行道之方，檀越瞻崇之地。……开宝初，南海郡岳牧清何公延范请师（守荣）住持……寻诣京师，上言丹陛，遂锡'乾明'之额。"（文载成化《广州志》卷二四《寺观类·广州府》"报恩光孝寺"条，第122页）据此记载，乾明禅院在开宝初已设立。
③〔南宋〕赵升《朝野类要》卷一"报恩光孝寺观"条载："高宗皇帝中兴以来，令诸州、军各建置报恩光孝寺、观一所，追崇佑陵香火。"（中华书局1985年版，第10页）可见高若凤所撰《重建毗卢殿记》的记载基本可靠。
④ 如前引高若凤撰《重建毗卢殿记》所称。
⑤ 近期出版物可以前揭胡巧利著的《光孝寺》为代表，从该书第二至五节的标题即可见一斑，标题分别为"昙摩耶舍创大殿""求那跋陀罗建戒坛""智药三藏栽菩提""达摩祖师留圣迹"等，第10－41页。

昙摩耶舍尊者，罽宾国三藏法师也。东晋安帝隆安间来游震旦，至广州止此。时地为虞翻旧苑，尊者乃创建大殿五间，名曰王园寺。随于此寺奉敕译经，有武当沙门慧严笔授。其他事实及住世年月，俱无记载可考。①

然而，据《高僧传·昙摩耶舍传》记载：

昙摩耶舍，此云法明，罽宾人。……以晋隆安（397—401）中，初达广州，住白沙寺。耶舍善诵《毗婆沙律》，人咸号为"大毗婆沙"，时年已八十五，徒众八十五人。时有清信女张普明，咨受佛法，耶舍为说《佛生缘起》，并为译出《差摩经》一卷。至义熙（405—418）中，来入长安。②

可见昙摩耶舍自海道而来不虚，且从广州入境，但初达广州时驻锡于白沙寺而不是光孝寺的前身王园寺，因为没有任何证据显示白沙寺即是王园寺。不难看出，昙摩耶舍与光孝寺的关系是晚期文献杜撰的。而罗香林在乾隆《光孝寺志》记载的基础上，将白沙寺视为王园寺的别称，从而认定昙摩耶舍在广州驻锡与译经的寺院是光孝寺的前身王园寺，明显证据不足③。白沙寺故址究竟何在，今已无从稽考，但与王园寺非同一寺院无疑。也有学者虽然承认白沙寺与王园寺非同一寺院，但他们根据乾隆《光孝寺志》的记载，仍然认定王园寺系昙摩耶舍所创建④，显然也难以成立。

（二）求那跋陀罗

据《高僧传·求那跋陀罗传》载：

---

① 顾光、何淙修撰：《光孝寺志》卷六，第65页。个别标点笔者有改动。
② 《高僧传》卷一，第42页。
③ 成化《广州志》、乾隆《光孝寺志》皆有意回避了《高僧传》的记载，只字未提白沙寺，直接将昙摩耶舍视为光孝寺的前身王园寺的创建者，因此《关系》将白沙寺视为王园寺的别称缺乏依据。《关系》所举唯一的旁证材料是，今光孝寺附近有白沙巷，推测白沙寺得名于此巷名（参见《关系》，第34页）。对于罗氏的判断，学界有赞同者，有不赞同者，有存疑者。（参见前揭陈泽泓《光孝寺旧称考》，第39-43页；妙智《〈光孝寺志〉若干问题简析》，第478页；存德《广州光孝寺寺名变迁考述》，第245页）笔者认为，即便罗氏这一推测能够成立，但事实上，白沙巷位于今中山六路以南约一里处，而光孝寺则位于中山六路以北约一里处，可见白沙巷与光孝寺之间仍有一定的距离，因此白沙寺与光孝寺不太可能为同一寺院。
④ 参见徐文明《广东佛教与海上丝绸之路》，羊城晚报出版社2015年版，第105页；广州市越秀区地方志办公室、越秀区政协学习和文史委员会编《越秀史稿》第一卷《先秦—五代南汉国》，广东经济出版社2016年版，第125页。

> 求那跋陀罗，此云功德贤，中天竺人。……既有缘东方，乃随舶泛海……元嘉十二年（435）至广州，刺史车朗表闻，宋太祖遣使迎接。……初住祇洹寺……顷之，众僧共请出经，于祇洹寺集义学诸僧，译出《杂阿含经》，东安寺出《法鼓经》，后于丹阳郡译出《胜鬘》《楞伽经》。①

因此其本传只显示他自海道入华时曾经停广州，看不出他与光孝寺之间有任何关系。迄今所见最早提及求那跋陀罗与光孝寺有关系的文字资料是前揭法性寺住持法才所撰的《瘗发塔记》："昔宋朝求那跋陀罗三藏，建兹戒坛，豫谶曰：'后当有肉身菩萨受戒于此。'"②前揭《别传》以及《宋高僧传·慧能传》皆有类似的说法，但均误将求那跋陀罗写成了求那跋摩③，而求那跋摩系另一位外国高僧，《高僧传》有传。据《高僧传》求那跋摩本传，其为罽宾禅僧，刘宋元嘉年间，受邀自南海入华至广州，旋入京师，在广州驻锡何寺并未交代④，因此，将其与光孝寺相联系缺乏依据。可见，《别传》和《宋高僧传》的相关记载应源出《瘗发塔记》，但混淆了求那跋摩与求那跋陀罗。

是故宋元以降并未采纳上述两种文献的记载，仍因袭《瘗发塔记》的说法，作求那跋陀罗，如元代高若凤所撰《重建毗卢殿记》记作"宋三藏法师求那跋陀建戒坛"（见前引）。成化《广州志》因之并有所添加："宋高祖永初间，梵僧求那跋陀罗三藏飞锡至此，睹兹之胜，复依寺右创戒坛，立制止道场，谶曰：后有肉身菩萨于此受戒。"（见前引）而乾隆《光孝寺志》卷二《建置志》因袭成化《广州志》并进一步添加："刘宋武帝永初元年，梵僧求那跋陀罗三藏飞锡至此，始创戒坛，立制止道场。……立碑预谶曰：'后当有肉身菩萨于此受戒。'梁（当作齐——引者）永明间，奉诏译《五百本经》《伽毗利律》。"⑤不难看出，求那跋陀罗与光孝寺的关系也系唐以后文献所层累建构的。据前引《高僧传》求那跋陀罗本传，他的译经活动主要在建康、荆州一带，而且也不曾译《五百本经》《伽毗利律》二经。另外，核检现存历代经目，此二经均未见著录，说明此二经经名纯系后人杜撰。另据本传，求那跋陀罗于泰始四年（468）卒于建康，享年75岁，怎么可能还有齐永明间（483—493）奉诏译经之事呢？然而后世学者多采信乾隆《光孝寺志》的说法，以罗香林先生为代表，他对乾隆《光孝寺志》有关求那跋陀罗的记载未有任何怀疑，既相信他曾驻锡光孝寺，也相信他在光孝寺有译经活动。⑥

---

① 《高僧传》卷三，第130-131页；〔梁〕僧祐《出三藏记集》卷十四《求那跋陀罗传》所载略同。
② 顾光、何淙修撰《光孝寺志》卷十《艺文志·碑记》，第119页。
③ 《卍新续藏》第八十六册，第51页；〔北宋〕赞宁撰，范祥雍点校《宋高僧传》卷八，中华书局1993年版，第174页。
④ 《高僧传》卷三，第107页；《出三藏记集》卷十四《求那跋摩传》所载略同。
⑤ 顾光、何淙修撰：《光孝寺志》卷二《建置志》，第17页。
⑥ 罗香林：《关系》，第35-36页。

## （三）菩提达摩

一作菩提达磨，现存最早有关菩提达摩的记载见于北魏杨衒之的《洛阳伽蓝记》，该书卷一"永宁寺"条载：

> 菩提达摩者，波斯国胡人也。起自荒裔，来游中土，见［永宁寺］金盘炫日，光照云表；宝铎含风，响出天外。歌咏赞叹，实是神功。自云："年一百五十岁，历涉诸国，靡不周遍。而此寺精丽，阎浮所无也。极佛境界，亦未有此。"口唱南无，合掌连日。①

而菩提达摩最早的传记资料是《续高僧传·菩提达磨传》的记载：

> 菩提达磨，南天竺婆罗门种。神慧疏朗，闻皆晓悟。志存大乘，冥心虚寂，通微彻数，定学高之。悲此边隅，以法相导。初达宋境南越，末又北度至魏，随其所止，诲以禅教。……自言年一百五十余岁，游化为务，不测于终。②

可见这两种文献所记菩提达摩的籍贯不同：《洛阳伽蓝记》作"波斯国胡人"，《续高僧传》作"南天竺婆罗门种"。按：杨衒之是大致与菩提达摩同时代的人，且一般认为《伽蓝记》的记载甚为谨严③，而《续高僧传》的成书晚于达摩时代百余年，因此，"波斯国胡人"的说法按理比"南天竺婆罗门种"的说法可信度应该更高。但是，《续高僧传》之后形成的佛教文献却绝大部分采用了道宣的说法④，这颇耐人寻味。首先可以肯定的是，道宣在为菩提达摩作传时，也注意到了《伽蓝记》有关菩提达摩的记载，《续高僧传·菩提达磨传》中"自言年一百五十余岁"应是因袭了《伽蓝记》的说法。可见，就菩提达摩的籍贯而言，道宣在权衡了《伽蓝记》的记

---

① 〔北魏〕杨衒之撰，范祥雍校注：《洛阳伽蓝记校注》卷一，上海古籍出版社1999年版，第5页。
② 《续高僧传》卷十六《菩提达磨传》，第565－566页。
③ 关于杨衒之要求记载准确的严谨态度，范祥雍先生已做举证分析，参见氏著《洛阳伽蓝记校注·序》，16－17页。
④ 笔者检视发现，《续高僧传》以及之后形成的佛教文献中，只有智昇的《开元释教录》和圆照的《贞元新定释教目录》采用了杨衒之的说法。《开元释教录》卷六《菩提留支传附菩提达摩传》："时有西域沙门菩提达摩者，波斯国人也。越自西域，来游洛京。见金盘炫日，光照云表；宝铎含风，响出天外。歌咏赞叹，疑是神工。"（《大正藏》卷五五，第541页中）而《贞元新定释教目录》卷九《菩提留支传附菩提达摩传》所载与《开元释教录》完全相同，应是抄自后者（参见《大正藏》卷五五，第839页下）。显然，智昇因袭了《洛阳伽蓝记》的说法，并将《洛阳伽蓝记》的"起自荒裔，来游中土"一句改为"越自西域，来游洛京"，似乎是在进一步强调达摩的西域身份。但除此之外的其他佛教文献，尤其是禅宗文献，几乎无一例外地采用了道宣的说法。

载之后，放弃了其所谓"波斯国胡人"的说法而另立"南天竺婆罗门种"新说，因此，这个新说一定有所本。《续高僧传》之后的佛教文献绝大部分采用了道宣的说法似乎证实了这一点。但即便采信道宣的说法，就本文的关切而言，也只能确定菩提达摩自海路入华，于"宋境南越"登陆，因此，达摩可能在广州有过短暂停留①，至于驻锡于哪家寺院，则无任何提示。

前揭成化《广州志》是迄今所见最早提及其与光孝寺有关系的文献，见前文所引"梁普通间，达摩大师至此"一语。而乾隆《光孝寺志》则有了更为具体的说法："普通八年，达摩初祖至自天竺，止于诃林。"（见前引）不难看出，菩提达摩与光孝寺的关系也系晚期文献所层累建构的。按：将菩提达摩入华的年份安置在"梁普通间"或"普通八年"系宋代以来禅宗《灯录》的杜撰，如道原的《景德传灯录》、契嵩的《传法正宗记》等，可见，成化《广州志》及乾隆《光孝寺志》的说法是对宋代以来《传灯录》记载的再杜撰，乾隆《光孝寺志》卷六《法系志》中的《菩提达摩专传》则是直接抄自《传灯录》文献。然而，不少研究者视其为信史，仍以罗香林为代表，他据乾隆《光孝寺志》的记载认为，"此所谓达摩年代，容或有误。然谓达摩曾止于诃林，则殆无可疑者"②。

此外，光孝寺遗迹中还有所谓的达摩井，这看似可以作为菩提达摩与光孝寺有关系的证据之一，因此不能不辨。广州由于地处海边，易受海潮的影响，水质较咸，所以城中多井泉，2009年在南越国宫署遗址发掘出一批古井可以为证。其中名井很多，达摩井就是其中重要的一个，但仔细梳理相关文献可以看出，达摩井其实是从越台井附会而来的，附会的时间约在南汉时期。《南海百咏》"越台井"条载：

> 按《岭表异录》（即《岭表录异》，唐刘恂撰——引者）云：井在州北越王台下，深百尺余，砖甃完备。云南越赵佗所凿。广之井泉率卤咸，惟此井冷而甘。《番禺杂志》亦云：越井半存古甃，曰赵佗井，水味清甘，刘氏呼为玉龙泉，民莫得汲。潘美克平后，方与众共之。今此井在悟性寺前，清甘实为一郡之冠。而后来乃亭其上而榜焉，曰达磨泉。初无所据，只何公异所作《南征录》及《图经》：达磨初来，指其地曰：是下有黄金，取之不尽。贫民竭力掘之，数丈而遇石穴而泉迸。达磨云：即此是也。何公乾道中入南，盖此泉已在达磨泉之后，好事者又为此说以附会之。今越冈无他井，即此无疑。又偿读《唐子西集》（北宋诗人唐庚的诗集——引者）有《游广州悟性寺》诗，其结句云："泉脉来何处，中含定慧

---

① 从道宣的写作习惯看，"宋境南越"既包含地域概念，又包含时间概念，指刘宋所属的南越地区。南越泛指今岭南地区大致不误，刘宋时该区域属广州管辖。刘宋广州的管辖范围大致相当于今广东、广西两省（区）。谭其骧主编：《中国历史地图集》第四册《东晋十六国·南北朝时期》，中国地图出版社1982年版，图25-26。

② 参见《关系》，第74页。

香。"则亦指此为达磨井矣。①

由此可见，达摩井实系越台井附会而来，北宋时期附会已定格。这一附会与广州其他达摩遗迹（如达磨石②）的附会一样，其出现的时间大体不早于五代宋，还有更晚出的附会，如"西来初地"，明代以后才出现。③所有这一切附会，都应与禅宗南系在岭南的传播有关。而成化《广州志·寺观类·广州府》"悟性寺"条载："在郡北粤台（即"越王台"——引者）下，梁普通七年，达磨禅师自西竺航海至，凿井，一号达磨泉。南汉大宝间（958—971）建寺于泉北，以达磨悟性成佛故名。"④可见，南汉时期这一穿凿附会就已出现，且悟性寺因达摩井而建。但即便如此，达摩井与光孝寺仍无关系，因为此井的具体位置在"越王台下""悟性寺前"⑤。关于越王台的具体位置，《南海百咏》"越井冈"条引《番禺杂志》云："一名台冈，一名越王台，《南越志》谓之天井〔岗〕，在城西北三四里。唐广州司马刘恂《岭表异录》云：冈头有古台基址，连帅李玭于遗址上构亭，郑公愚又加崇饰。今在悟性寺后，郡人呼为越王台。"⑥可见，越王台在广州城西北隅、悟性寺后，而达摩井在悟性寺前，则达摩井与悟性寺应都在越王台附近。悟性寺实际位于"越山之麓"，元人黄观光所撰《重修悟性寺记》证实了这一点⑦，则越王台当在越山之巅。那么达摩井其实离光孝寺甚远，而悟性寺在光孝寺附近而最终被并入光孝寺的说法也显然不能成立⑧。

---

① 《南海百咏》"越台井"条，第23-24页。
② 较早的记载见于《南海百咏》，其"达磨石"条云："在广庆寺西，俗传达磨坐禅处。平坦光莹，广一丈余。"第79页。
③ 清道光年间陈昌齐撰《广东通志》卷二二九《古迹略·寺观一·广州府》"南海县"条载："华林寺在西南一里，梁普通七年，达摩从西竺国泛重溟，三周寒暑，至此始建。国朝顺治十一年宗符禅师重修，环植树木成丛林，今名'西来初地'。"（清道光二年刻本，第3034页。阮元纂《广东通志》同）其后注资料出自明郭棐的《岭海名胜志》。由此不难看出，所谓"西来初地"之说，大概明代以后才出现。
④ 成化《广州志》卷二四，第131页。
⑤ 《舆地纪胜》卷八九《广南东路·广州》载："达摩井，在悟性寺前。"第3064页。
⑥ 《南海百咏》"越井冈"条，第21-22页。《太平御览》引《南越志》："越井岗，谓之天井岗，在城西北三四里。"（参见前揭骆伟《〈南越志〉辑录》，第38页）可知《番禺杂志》引《南越志》"天井"后脱"岗"字。
⑦ 〔元〕黄观光撰《重修悟性寺记》有云："初祖（指菩提达摩——引者）当时锡卓越山之麓，因创兰若曰悟性。"（成化《广州志》卷二四《寺观类·广州府》"法性寺"条，第131-132页）此言悟性寺系菩提达摩所创，显系附会，但所言该寺位于"越山之麓"一定无误，因为黄氏撰此文时悟性寺尚存。越山即今越秀山，因其位于古代广州城北，古代文献中又称北山。胡瑞英：《试论悟性寺和达摩井的所在》，载《大众科学·科学研究与实践》2008年第1期，第229-230页。
⑧ 据乾隆《光孝寺志》卷二《建置志》云："按《番禺志》又载，悟性寺连西竺，亦以明嘉靖三年并入光孝。"（第36页）仇巨川《羊城古钞》卷三《寺观》"悟性寺"条所载略同（广东人民出版社1993年版，第274页）。有学者据此认为，悟性寺就在光孝寺附近，后被并入光孝寺，参看陈泽泓《西来堂与华林寺小考——兼考悟性寺》，载《学术研究》2005年第2期，第103页；徐文明《广东佛教与海上丝绸之路》，第116页。

然而，乾隆《光孝寺志》开始将达摩井"安置"于光孝寺中，其《古迹志》"达摩井"条载：

> 在寺东界法性寺内，旧志失载。寺中著名者四井，独此井为巨，深数丈，甃以巨石。味甚甘冽，盖石泉也。其下时有鱼游泳。按旧《经》载，广城水多咸卤。萧梁时，达摩祖师指此地有黄金，民争挖之。深数丈，遇石穴，泉水迸涌而无金。人谓师诳，师曰："是金非可以觔两计者也。"今不知所在……窃谓即此井是也。……独光孝旧志不载，为可怪已。①

可见，乾隆《光孝寺志》始将"今不知所在"的达摩井附会为光孝寺内四口井中的一口，全然不顾早期文献中对达摩井具体位置的交代。盖在修志者看来，既然光孝寺与禅宗南系关系非同一般，那么，作为东土初祖且自海道而来的菩提达摩断不可缺位，必须要有相关遗迹以显示其与光孝寺的联系。从上引"独光孝旧志不载"一语可知，明崇祯《光孝寺志》中并未记载达摩井，是以学者认为达摩井在光孝寺当是清代的说法②，甚是。笔者注意到，题咏光孝寺达摩井的诗作均出现于清代以后，这可以作为光孝寺之"达摩井"出现在清代以后的旁证。③ 可见，杜撰达摩井与光孝寺发生联系的时间比杜撰达摩与光孝寺发生联系的时间还要晚，因此，光孝寺中的所谓达摩井更不能作为达摩曾驻锡光孝寺的证据④。

又光孝寺旧藏古物中，曾有所谓屈眴布，有学者认为，此或即菩提达摩之遗物。⑤ 按屈眴系梵语，系由木绵华心织成的大细布、第一好布（见下引《祖庭事苑》《翻译名义集》等文献的解释），以此布制作的袈裟无疑为上品。禅宗兴起以后，禅宗南系开始将此布制作的袈裟与东土初祖菩提达摩的信衣联系起来。《六祖大师法宝坛经》末云："达磨所传信衣，西域屈眴布也，中宗赐磨衲宝钵，及方辩塑师真相，并道具，永镇宝林道场。"⑥ 又《别传》载："忍大师曰：'……汝可持衣去。'遂则受持不敢违命。然此传法袈裟是中天布，梵云婆罗那，唐言第一好布，是木绵花作。时人不识，谬云丝布。"⑦综合以上说法，达摩所传信衣由屈眴制成，并由弘忍传予（或由唐中宗赐予）慧能。宋代以后，"屈眴"几成达摩信衣的专称。北宋睦庵编《祖庭事苑》卷三"屈眴"条："即达磨大师所传袈裟，至六祖，遂留于曹溪。屈眴，梵语，此云大细布，缉

---

① 顾光、何淙修撰：《光孝寺志》卷三《古迹志》，第40-41页。
② 参见前揭存德《广州光孝寺寺名变迁考述》，第251页。
③ 顾光、何淙修撰：《光孝寺志》卷十一《题咏志上》、卷十二《题咏志下》，第144-187页。
④ 罗香林即将其视为菩提达摩曾驻锡光孝寺的证据，参见《关系》，第17页。
⑤ 参见前揭饶宗颐《读罗香林先生新著〈唐代广州光孝寺与中印交通之关系〉——兼论交广道佛教之传播问题》，第3页。
⑥ 《大正藏》卷四八，第362页中。
⑦ 《卍新续藏》第八十六册，No.1598，第50页中。

木绵华心织成。"①南宋法云编《翻译名义集》卷七"屈眴"条:"此云大细布,缉木绵华心织成。其色青黑,即达磨所传袈裟。"②由此可见,所谓达摩所传屈眴信衣,系禅宗南系出于维护自身法系纯正而杜撰,时间在盛中唐时期,因此,即便有"实物"为证,也不应信以为真,因为"实物"也可以伪造。何况此"圣物"一直收藏于曹溪宝林道场,与光孝寺无关。

光孝寺所藏之屈眴信衣,不见于宋代及其以前的文献记载,最早见于元吴莱《南海山水人物古迹记》的记载:"[光孝寺]藏殿内有屈眴布西天衣,绣内相,大如两指。"③其后明清方志相继跟进,如黄佐《广东通志》卷六九《杂事》"像塔"条云:"光孝寺库中旧藏观音像一……西天衣,内相一,大如两指。所织之纹,颜色不变。老僧云:'此屈眴国布也。'"④乾隆《番禺县志》卷二十《杂记》"象塔"条、道光《广东通志》卷三三一《杂录一·广州府》同。可见,光孝寺所藏之屈眴信衣具体来历不明,且系晚出物,若认定其为达摩遗物,其谬也远矣。

(四)智药三藏

晚期文献均谓智药三藏于梁武帝天监元年自西天竺国持菩提树一株航海而来,但揭橥《高僧传》及《续高僧传》等早期僧传文献,发现不但没有智药三藏的专传,甚至在其他僧人的传记中也未见提及他的只言片语。

现存最早提及智药三藏与光孝寺发生联系的文字资料(同时也是现存最早提及智药三藏的文字资料)是前揭法才所撰的《瘗发塔记》:

……梁天监元年(502),又有梵僧智药三藏航海而至,自西竺持来菩提树一株,植于戒坛前,立碑云:"吾过后一百七十年,当有肉身菩萨来此树下,开演上乘,度无量,真传佛心印之法王也。"⑤

及至《别传》撰成,有关智药三藏的内容则有了大幅度的添加:

梁天监壬午九年正月五日时,婆罗门三藏,字智药,是中天竺国那烂陀寺大德。辞彼国王,来此五台山礼谒文殊。……巡历诸国,远涉沧波,泛舶至韶州曹溪口村。谓村人曰:"看此水源必有胜地,堪为沙门居止,代代高僧不绝,吾欲寻之。"行至曹溪,劝村人修造

---

① 《卍新续藏》第六十四册,No.1261,第349页上。
② 《大正藏》卷五四,第1172页上。
③ 《广州大典》第三十四辑《史部地理类》第十九册,第826页。
④ 《广州大典》第三十五辑《史部方志类》第四册,第494页。
⑤ 顾光、何淙修撰:《光孝寺志》卷十《艺文志·碑记》,第119页。

住处，经五年，号此山门名宝林寺。……使君问三藏云："何以名此山门为宝林耶？"答曰："吾去后一百七十年，有无上法宝于此地弘化，有学者如林，故号宝林耳。"①

至此，智药三藏已被杜撰成宝林寺的创建者、曹溪宗的开山祖师了。

宋代以降，基本上因袭、糅合了以上两家说法。由撰成年代不早于北宋晚期的《六祖大师缘起外纪》的表述可见一斑：

> 又梁天监元年，智药三藏自西竺国航海而来，将彼土菩提树一株植此坛畔，亦预志曰："后一百七十年，有肉身菩萨，于此树下开演上乘度无量众，真传佛心印之法主也。"[慧能]师至是祝发受戒，及与四众开示单传之旨，一如昔谶。……其宝林道场，亦先是西国智药三藏自南海经曹溪口，掬水而饮，香美，异之。谓其徒曰："此水与西天之水无别，溪源上必有胜地，堪为兰若。"随流至源上，四顾山水回环，峰峦奇秀，叹曰："宛如西天宝林山也。"乃谓曹侯村居民曰："可于此山建一梵刹，一百七十年后，当有无上法宝于此演化，得道者如林，宜号宝林。"②

宋元以降的广州方志及金石文献基本上也同样因袭、糅合了以上两家说法。如前揭元高若凤所撰《重建毗卢殿记》谓："梁天监初，梵僧智药自西竺持菩提树植于坛侧，记云：'吾过后一百六十年，有肉身菩萨于此树下开演上乘，度无量众。'"③又如前引成化《广州志》追述光孝寺早期沿革时有关智药三藏事迹的记载："梁天监元年，智药三藏自西竺国持菩提树一株，航海而来，植于戒坛之前，且预志曰：'一百六十年后有肉身菩萨于此树下开演上乘，度无量众。'"。这一做法一直延续到了乾隆《光孝寺志》的编纂，该志《法系志》结合《广东通志》及光孝旧志给智药三藏编写了更加丰盈的专传：

> 智药三藏法师，天竺国僧也。梁武帝天监元年，自其本国持菩提树航海而来，植于王园寺戒坛前。志曰："吾过后一百七十年，有肉身菩萨于此树下开演上乘，度无量众。"复去，循流上至韶州曹溪水口，闻水香，掬而尝之，曰："此溯上流别有胜地。"寻之，遂开山立

---

① 《卍新续藏》第八十六册，No.1598，第49页中-下。
② 该文署名"门人法海等集"，成文时间不明，但后来往往附录于《六祖坛经》之后，随《六祖坛经》入藏，此据《大正藏》卷四八《六祖大师法宝坛经》附录，第362页下-363页上。按《大正藏》题作《六祖大师缘记外记》，不确，今据其他版本改作《六祖大师缘起外纪》；又据文末提及"张商英（1043—1121）丞相作《五祖记》"云云，约可推知其形成时间当不早于北宋晚期。
③ 成化《广州志》卷二四《寺观类·广州府》"报恩光孝寺"条，第121页。

石宝林，乃预记："一百七十年后，有肉身菩萨来此演法。"至唐六祖祝发菩提树下，传衣钵于曹溪，皆符其说。尝开月华寺；住罗浮，创宝积寺；后来韶，又开檀特、灵鹫寺。神异莫测，朝游罗浮，暮归灵、特。普通六年，于罗浮受龙王请，入海演法，不复返。将去时，剪爪发付弟子善普塑像，永镇檀特。①

至此可以看出，到明清时期，对智药三藏事迹的杜撰已日臻完美。不过，从《瘗发塔记》到《别传》，再到宋元以降的广州方志金石文献的记载，不难看出，智药三藏的故事肇始于禅宗南系在岭南兴起以后，服务于南宗，其后的进一步杜撰一直是在禅宗的语境之内进行的，至上引《法系志》的记载，已将其与南宗的关系演绎到了极致。现在用历史的眼光重新审视有关智药三藏的所有文献资料，我们只能做出以下审慎的判断：因为早期僧传及其他佛教文献中没有任何智药三藏的信息，是否真有其人都是值得怀疑的，遑论其他？既如此，其与光孝寺的关系就更显得虚无缥缈了。

除以上四位高僧外，需要审视的外国僧人还有耆多罗律师和密多三藏。据《别传》记载，这两位僧人是慧能在法性寺受戒时的证戒大德，其文略云："仪凤元年正月十七日，印宗与能大师剃发落。二月八日于法性寺受戒……其证戒大德，一是中天耆多罗律师，二是密多三藏。此二大德皆罗汉，博达三藏，善中边言，印宗法师请为尊证也。"②罗香林据此认为耆多罗律师和密多三藏也是曾寄居光孝寺的梵僧。③ 但是，检视王维《六祖能禅师碑铭》、柳宗元《曹溪第六祖赐谥大鉴禅师碑》、刘禹锡《大唐曹溪第六祖大鉴禅师第二碑》等，均未见提及此二梵僧，说明《别传》中有关此二梵僧的记载自王维以降都是存疑的。特别是《宋高僧传》慧能的专传中，也仅提及印宗法师，对此二梵僧只字未提，此二僧的真实性更值得怀疑。因此，在进一步的证据资料发现以前，笔者认为耆多罗律师和密多三藏的身份及其与光孝寺的关系以存疑为宜。

剔除以上几位高僧，通过文献资料能够落实的确曾在光孝寺驻锡过的外国高僧有以下几位。

（五）真谛

真谛三藏的行历与译事活动，主要见于《续高僧传·拘那罗陀传》记载，汤用彤先生据此并结合其他文献资料，已做初步梳理④，之后苏公望先生又做了更系统的梳理⑤，近期杨维中、

---

① 顾光、何淙修撰：《光孝寺志》卷六《法系志》，第65-66页。
② 《卍新续藏》第八十六册，No.1598，第50页上－中。
③ 罗香林：《关系》，第125-126页。
④ 汤用彤：《汉魏两晋南北朝佛教史》，北京大学出版社1997年版，第618-626页。
⑤ 苏公望：《真谛三藏译述考》，载张曼涛主编《佛典翻译史论》（《现代佛教学术丛刊》第三十八册），台湾大乘文化出版社1978年版，第67-108页。

船山彻等学者又有进一步梳理①。但他在广州活动的时间问题,由于现存《续高僧传》文本本身记载的矛盾,学者意见不一,因此,仍须加以辨析。兹略引《续高僧传》相关信息考证如下:

> 拘那罗陀,陈言亲依,或云波罗末陀,译云真谛,并梵文之名字也,本西天竺优禅尼国人焉。……以大同十二年八月十五日达于南海。沿路所经,乃停两载,以太清二年闰八月始届京邑。武皇面申顶礼,于宝云殿竭诚供养。……至文帝天嘉四年,扬都建元寺沙门……僧忍律师等,并建业标领,钦闻新教,故使远浮江表,亲承芳问。谛欣其来意,乃为翻《摄大乘》等论,首尾两载,覆疏宗旨。而飘寓投委,心无宁寄,又泛小舶至梁安郡,更装大舶,欲返西国。……至三年九月,发自梁安泛舶西引。业风赋命,飘还广州,十二月中,上南海岸。刺史欧阳穆公頠,延住制旨寺,请翻新文。谛顾此业缘,西还无措,乃对沙门慧恺等,翻《广义法门经》及《唯识论》等。后穆公薨没,世子纥重为檀越,开传经论,时又许焉。……至光太二年六月,谛厌世浮杂,情弊形骸,未若佩理资神,早生胜壤,遂入南海北山,将捐身命。时智恺(即慧恺)正讲《俱舍》,闻告驰往。道俗奔赴,相继山川。刺史又遣使人伺卫防遏,躬自稽颡,致留三日。方纡本情,因尔迎还,止于王园寺。时宗、恺诸僧,欲延还建业。会杨辇硕望恐夺时荣,乃奏曰:"岭表所译众部,多明无尘唯识,言乖治术,有蔽国风,不隶诸华,可流荒服。"帝然之。故南海新文,有藏陈世。以太建元年遘疾……至正月十一日午时迁化,时年七十有一。②

我们重点关注的是真谛在广州的停留情况。"光太"当即"光大",为陈废帝年号。据上述记载,真谛初达广州的时间是梁大同十二年(即中大同元年,546),但旋即北赴京师,沿路经停两载,于太清二年(548)到达建康。学界对真谛初达广州的时间并无异议。真谛复返广州的时间,罗香林定为陈永定元年(557)③,未知何据;汤用彤定为陈天嘉三年(562)十二月,杨维中因之;④ 船山彻没有明确交代⑤。若定为天嘉三年(562)十二月,与真谛译经的序跋所提示

---

① 杨维中:《真谛三藏行历及其以广东为核心的翻译活动考实》,载明生主编《禅和之声:"禅宗优秀文化与构建和谐社会"学术研讨会论文集》,第340-357页;[日]船山彻:《真谛の活动と著作の基本的特征》,载船山彻编《真谛三藏研究论集》,京都大学人文科学研究所,2012年,第1-13页。
② 《续高僧传》卷一,第18-20页。
③ 罗香林:《关系》,第38页。
④ 汤用彤前揭书,第622页;杨维中前揭文,第353页。
⑤ 船山彻前揭文,第1-13页。

的信息基本一致①，同时与欧阳頠的卒年记载相吻合②。

事实上，上引文自"至文帝天嘉四年"至"请翻新文"一段存在逻辑错误。根据这段记载，天嘉四年（563）真谛似乎还在别处应邀翻译《摄大乘论》等，前后两年。之后才泛舶至梁安郡，再从梁安郡泛舶至广州。因此，照这样推算，真谛再到广州的时间应在天嘉六年（565）以后。又"至三年九月"前没有注明年号，我们假定作者是按承前省的逻辑，省去了前句已出现过的"天嘉"二字，但这样一来时序颠倒了，"四年"之后又怎能出现"至三年"的说法？这明显不合逻辑。又据《摄大乘论·序》（详后文），《摄大乘论》译于广州而非他处。可见，这段文字明显存在错简，但以往的研究者多对此避而不谈。这不似原作者所犯的错误，因为比较低级，很可能是文本传抄刊刻过程中出现的讹误，暂时无法解决。

综合上述情况，笔者也倾向于认为真谛再到广州的时间是天嘉三年（562）十二月。真谛初达广州应只是短暂经停，是否驻锡光孝寺不得而知，但他再到广州驻锡的寺院先为制旨寺，后为王园寺，皆为光孝寺的前身。直到太建元年（569）正月，他迁化于广州，其间除曾短期去广州另一寺院宣讲外③，基本没有离开过这两座寺院，因此，他在这两座寺院总共驻锡的时间近六年，在广州停留近七年④。

（六）般剌蜜帝

般剌蜜帝，中印度僧人，他与光孝寺的关系《宋高僧传·唐广州制止寺极量传》记载得比较清楚：

> 释极量，中印度人也，梵名般剌蜜帝，此言极量。怀道观方，随缘济物，辗转游化，渐达支那，乃于广州制止道场驻锡。众知博达，祈请颇多，量以利乐为心，因敷秘赜。神龙元年（705）乙巳五月二十三日，于《灌顶部》诵出一品，名《大佛顶如来密因修正了义诸菩萨万行首楞严经》（简称《楞严经》或《首楞严经》），译成一部十卷。乌苌国沙门弥伽释迦译语，菩萨戒弟子前正议大夫同中书门下平章事清河房融笔受，循州罗浮山南楼寺沙门怀迪证译。量翻传事毕，会本国王怒其擅出经本，遣人追摄，泛舶西归。后因南使入京，经随

---

① 序跋显示，真谛在广州的译经活动始于天嘉四年初。如慧恺《大乘唯识论后记》云："菩提留支法师先于北翻出《唯识论》。[慧恺]以陈天嘉四年岁次癸未正月十六日，于广州制旨寺，请三藏法师拘罗那他（即拘那罗陀）重译此论。"（《大正藏》卷三，第73页下）

② 据《陈书》卷九《欧阳頠传》记载："頠以天嘉四年薨，时年六十六。"（中华书局1974年版，第159页）真谛到达广州时既然由欧阳頠"延住制旨寺"，其到达时间必在欧阳頠卒年即天嘉四年之前。

③ 《续高僧传》卷一《法泰传附智恺传》智恺（慧恺）曾延真谛至显明寺重讲《俱舍》一遍："恺后延谛，还广州显明寺，住本房中，请谛重讲《俱舍》，才得一遍。"（第24页）显明寺当即智恺本寺。

④ 罗香林认为，真谛在广州先后停留十二年，显然不确。参见《关系》，第50页。

流布，有惟悫法师，资中沈公各著《疏》解之。①

可知般剌蜜帝约于武周末抵广州，驻锡于制止寺，中宗复位即事翻译。乌荼国沙门弥伽释迦参与译事，可知当时驻锡制止寺的外国僧人并非个别。《宋高僧传》未明言般剌蜜帝是否经海道至广州，但略晚于《宋高僧传》、由北宋中期僧人子璿所集的《首楞严经义疏注经》卷一径称"先是，［般剌蜜帝］三藏将梵本，泛海达广州制止寺"②，因此，我们基本可以确定般剌蜜帝是自海道而来的。

不过，部分学者怀疑《楞严经》为伪托，若然，般剌蜜帝事迹的真实性也将受到怀疑，因此下一节中还将针对这些问题进一步讨论。

（七）不空

《宋高僧传·唐京兆大兴善寺不空传》载：

> 释不空，梵名阿月佉跋折罗，华言不空金刚，止行二字，略也。本北天竺婆罗门族，幼失所天，随叔父观光东国。年十五，师事金刚智三藏……授予《五部灌顶护摩阿阇梨法》及《毗卢遮那经》《苏悉地轨则》等，尽传付之。厥后师往洛阳，随侍之际，遇其示灭，即开元二十年矣。影堂既成，追谥已毕，曾奉遗旨，令往五天并师子国，遂议遐征。初至南海郡，采访使刘巨麟（鳞），恳请灌顶，乃于法性寺，相次度人百千万众。空自对本尊，祈请旬日，感文殊现身。及将登舟，采访使召诫番禺界蕃客大首领伊习宾等曰："今三藏往南天竺狮子国，宜约束船主，好将三藏并弟子含光、慧辩等三七人、国信等达彼，无令疏失。"二十九年十二月，附昆仑舶，离南海至诃陵国界。……既达狮子国，王遣使迎之。……次游五印度境，屡彰瑞应，至天宝五载还京。……天宝八载，许回本国，乘驿骑五匹，至南海郡，有敕再留。十二载，敕令赴河西节度使哥舒翰所请。十三载，至武威，住开元寺。③

但唐人赵迁所撰《大唐故大德赠司空大辨正广智不空三藏行状》（简称《不空三藏行状》）的记载有所不同：

> 后数年，祖师（指金刚智——引者）奉诏归国，大师随侍。至河南府，祖师示疾而终，

---

① 《宋高僧传》卷二，第31页。
② 《大正藏》卷三九，第825页中。
③ 《宋高僧传》卷一，第6-8页。

是时开元二十九年仲秋矣。影塔既成，以先奉先师遗言，令往师子国。至天实（宝）初，到南海郡。信舶未至，采访刘巨鳞，三请大师，哀求灌顶，我师许之，权于法性寺建立道场。因刘公也，四众咸赖，度人亿千。大师之未往也，入曼荼罗，对本尊像，金刚三密以加持，念诵经行。未逾旬日，文殊师利现身。因诚大愿不孤，夙心已遂。便率门人含光、惠辩僧俗三七，杖锡登舟。采访已下，举州士庶大会，陈设香（香）花，遍于海浦。……天宝五载，还归上京。……八载，恩旨许归本国。垂（乘）驿骑之五足，到南海郡，后敕令且住。十二载，敕令赴河泷节度御史大夫哥舒翰所请。十三载，到武威，住开元寺。①

根据以上两种文献记载，不空在其师金刚智于洛阳示寂之后不久，奉师遗命前往五天竺及狮子国，路经广州，被邀暂时停留，驻锡法性寺②。以上内容两种文献记载基本一致，二者记载的差异主要在于不空在广州停留的时间。按照《宋高僧传》的说法，不空开元年间到达广州的时间约在开元二十年（732）之后不久，直到开元二十九年（741）才离开广州前往诃陵国。但《不空三藏行状》则记为天宝初，在广州短暂停留后，旋即登舟前往诃陵国。造成这一差异的根本原因是二者对金刚智的圆寂时间记载不一，可见，金刚智的卒年成为问题的关键。关于金刚智的卒年，《宋高僧传》作"开元二十年"，而《不空三藏行状》作"开元二十九年"。《宋高僧传》记载道："二十年壬申八月既望，于洛阳广福寺……寂然而化。……其年十一月七日葬于龙门南伊川之右，建塔旌表。"③ 但据周一良先生考证，《宋高僧传》的记载有误，金刚智应卒于开元二十九年。④ 那么，不空这次到广州应是开元二十九年年底，但同年十二月就附舶归国，因此，他在广州的停留十分短暂。由于受季风的影响，从广州航海赴印度通常在冬季启程，这应是此次不空不愿久留广州的主要原因，即所谓"遇好风便，更不停留"⑤。又据以上两种文献记载可知，天宝五载（746），不空结束了这次赴印求法之旅，回到长安。考虑到他往返印度皆取海道，这次回国应经过广州，在广州应有短暂经停。

从以上两种文献记载看，天宝八载（749）后，不空再次取海道回印度，给人造成他再次经停广州的强烈印象，因为记载明确说到他"乘驿骑五匹，至南海郡"。但这次不空的归国之旅，圆照在其《贞元新定释教目录》里说得很清楚：

---

① 〔唐〕赵迁：《大唐故大德赠司空大辨正广智不空三藏行状》，载《大正藏》卷五十，第292页中。
② 这里的"法性寺"应是沿袭了旧称，下文所引《不空三藏行状》亦是如此。但根据前文对光孝寺沿革的梳理，此时的光孝寺应称龙兴寺。
③ 《宋高僧传》卷一《唐洛阳广福寺金刚智传》，第6页。
④ 周一良：《唐代密宗》，第51、59页。
⑤ 〔唐〕圆照：《贞元新定释教目录》卷十五，载《大正藏》卷五五，第881页上。

[天宝] 九载己丑（当作庚寅），复有恩旨，放令劫（赦）归。[不空] 发自京都，路次染疾，不能前进，寄止韶州。日夜精勤，卷不释手，扶疾翻译，为国为家。至癸巳天宝十二载，……敕下韶州，追赴长安，止保寿寺。……憩息逾月，令赴河西，至武威城，住开元寺。①

由此可知，不空在天宝九载（750）获得恩准回国，但因病一直滞留韶州，直到天宝十二载（753），复奉敕从韶州北返京师。可见，这次不空根本没有到达广州。《宋高僧传》不空本传大体参考赵迁的《不空三藏行状》和飞锡的《唐大兴善寺故大德大辨正广智三藏和尚碑铭》综合而成，②因此"乘驿骑五匹，至南海郡"应是因袭了赵迁的说法，而并没有采用圆照"路次染疾……寄止韶州"的说法，但赵迁的说法并不准确。有学者认为，不空滞留韶州期间，有可能去过广州，但没有证据，纯属臆测。如此看来，不空在广州有两次经停，除此之外，在同属岭南的韶州有一次较长时间的停留，停留时间达三年之久。③

通过本节的辨析考证可以看出，有据可考的曾驻锡于光孝寺的外国高僧并不多，但相较于有据可按者，南北朝隋唐时期，无据可考的曾在光孝寺驻锡过的外国僧人应更多，只是他们没有上述高僧知名，因而，被僧传文献疏于记载罢了。这些高僧和其他疏于记载的僧人一起，成为铸就光孝寺中外佛教文化交流地位的主要力量。的确，仅就上述有限的几位高僧而言，他们对光孝寺在中外佛教文化交流中地位的形成起到了举足轻重的作用。

## 三、光孝寺在中外佛教文化交流中的地位

悠久的历史与绵绵的香火，使光孝寺最终成为中古岭南名刹之一。但其他岭南名刹无法与之相颉颃的是，光孝寺在中古中外佛教文化交流中扮演了重要角色。岭南素有滨海法库之称④，光孝寺以此因缘，在此法库形成的过程中同样扮演了非常重要的角色。第一重角色的形成，一方面得益于曾驻锡于光孝寺的外籍高僧，以及若干同样曾驻锡于光孝寺但名不见经传的外籍僧人；另一方面得益于取海道赴印求法，曾经停光孝寺的中国高僧。兹先以上节梳理的线索为依据，首先考察这几位曾驻锡于光孝寺的外籍高僧，继之考察取海道赴印求法的中国高僧，对于该寺在中古

---

① 圆照：《贞元新定释教目录》卷十五，第881页中。
② 周一良：《唐代密宗》，第12页。
③ 还有人认为，不空早年随师金刚智到过广州，这也是纯属臆测。金刚智到广州时，是他自海道初入华，不空尚未结识他，何来随侍师侧？有关金刚智到广州的情况，详后文。
④ 蔡鸿生：《清初岭南佛门事略》第一章《岭南——中国佛教的滨海法库》，广东高等教育出版社，1997年，第1-24页。

（一）真谛之驻锡与岭南译经中心、义学中心的形成

真谛的驻锡对光孝寺的直接影响是使光孝寺很快成为岭南佛经翻译和佛教义学的中心。真谛驻锡光孝寺期间最主要的工作是译经和讲经。据汤用彤先生根据译经序跋和僧传资料梳理，能判明真谛在广州期间翻译的经典有《大乘唯识论》（《本论》一卷、《义疏》二卷）、《摄大乘论》（《本论》三卷、《释论》十二卷）、《广义法门经》（一卷）以及《俱舍论》（即《阿毗达磨俱舍释论》，《论文》二十二卷、《论偈》一卷）等①，此外，有线索可查的还有《三无性论》（二卷）②、《明了论》（即《律二十二明了论》，一卷）③等。真谛所译经典中，有相当一部分未署译时译地，因此，上述经典只是他广州所译的一小部分。据《真谛本传》，其自"梁武之末，至陈宣初位，凡二十三载，所出经论记传六十四部，合二百七十八卷"④；又据《法泰传》，真谛入华后，因世道艰难，"一十余年，全无陈译。……泰遂与宗、恺等不惮艰辛，远寻三藏，于广州制旨寺笔受文义……前后所出五十余部，并述义记，皆此土所无者"⑤。可知，广州期间是真谛在华译经效率最高的时期，广州所译占据了他在华译经的大部分。真谛广州所译，不乏对后世中国佛学产生深远影响的经典，如《大乘唯识论》《摄大乘论》《俱舍论》等。结合下文即将讨论的他译述并举的做法，可以这样说，真谛对中国佛学的主要贡献，主要是他在广州期间做出的。

值得注意的是，在广州期间真谛译经与讲述并举，即文献所谓"并述义记""行翻行讲"，即一边翻译一边讲述，我们且称之为"译述并举"。如翻译《大乘唯识论》时，真谛"行翻行讲，并更释文本，[慧]恺为注记，又得两卷"⑥。慧恺注记之文字，当可视为真谛所造之《大

---

① 汤用彤：《汉魏两晋南北朝佛教史》第二十章《北朝之佛学》"真谛之年历"，第623－625页。
② 《三无性论》首题："真谛三藏于广州制旨寺翻译"（《大正藏》卷三一，第867页中）。
③ 《续高僧传》卷一《法泰传》，第23页；《律二十二明了论后记》，载《大正藏》卷二四，第672页下。按：《律二十二明了论》，题正量部佛陀多罗多法师造，系依正量部的律，以二十二偈及注释而成的律论，律论是有关"律"的论著。据研究，《明了论》与广律关系非常密切，参见[日]生野昌范《真谛译〈律二十二明了论〉の特征》，载船山彻编《真谛三藏研究论集》，第155－178页。
④ 《续高僧传》卷一《拘那罗陀传》，第21页。按：真谛译经的总数，经录记载不一，道宣因袭了费长房《历代三宝纪》的说法（《历代三宝纪》记作"一十六部"又"四十八部"，总计六十四部，参见《大正藏》卷四九，第95页上、第83页中）。而智昇《开元释教录》则记作"十一部"又"三十八部"（参见《大正藏》卷五五，第538页下、第546页中），总计四十九部。但智昇将所有《义疏》都视为真谛"自作"，因而排除在翻译之外，是有问题的，因为其中也有部分《义疏》是翻译外国的，如真谛在翻译《大乘唯识论》时，又翻译了此论的外国《义疏》两卷（参见慧恺《大乘唯识论后记》，载《大正藏》卷三一，第73页下；[日]大竹晋《真谛译の瞿波〈大乘唯识论义疏〉をめぐつて》，载船山彻编《真谛三藏研究论集》，第179－198页）。又，费长房、道宣均去真谛时代未远，特别是前者，因此，虽然《历代三宝纪》记载的严谨性一直受到批评，但就真谛译经而言，笔者倾向于费长房、道宣的记载。
⑤ 《续高僧传》卷一《法泰传》，第23页。
⑥ 慧恺：《大乘唯识论后记》，载《大正藏》卷三一，第73页下。

乘唯识论义疏》。又据《摄大乘论·序》，真谛翻译《摄大乘论》时是随翻随讲，最后"文义具竟"，因而同时形成《摄大乘论义疏》八卷（慧恺注记）①；又据《阿毗达磨俱舍释论序》，真谛译出《俱舍论》之后不久，旋受广州刺史欧阳纥之请"于城内讲说"②，后又被慧恺延至显明寺重讲一遍③，因而有《俱舍论义疏》五十三卷（慧恺注记）问世。此外，据《续高僧传·法泰传》，真谛在翻译《律二十二明了论》的同时，造《义疏》五卷④。由此可见，真谛在广州期间的确做到了每翻必讲、且翻且讲。而且讲说务求深透，这从其所造各经《义疏》的篇幅即可见一斑。如《俱舍论》本论仅二十二卷，而《义疏》却达五十三卷之多；又如《明了论》本论仅一卷，而《义疏》达五卷之多，《义疏》的篇幅远多于经论本文。

另须注意的是，由于真谛的到来，光孝寺一时高僧云集，汇聚于真谛门下。他们多为一时之选，佛学根基深厚，有的甚至是僧界领袖。据《续高僧传·法泰传》，其中著名者有法泰、智恺（慧恺）、曹毗（真谛菩萨戒弟子）、智敷（智敫）、僧宗、法准、惠忍等。法泰"学达释宗……与慧恺、僧宗、法忍等知名梁代，并义声高邈，宗匠当时"；智恺"素积道风，词力殷赡，乃[与真谛]对翻《摄论》，躬受其文。……后更对翻《俱舍论》"；曹毗"明敏深沉，雅有远度……受学《摄论》，咨承诸部，皆著功绩"；智敷早年听"《成实》……皆洞涉精至，研核宗旨……后翻《俱舍》，方预其席"⑤。

这批高僧在广州，或为真谛助译佛经，或为其整理《义疏》，或听其讲说，从而成为其学说的弘传人。真谛在广州的建树，与这批高僧的存在分不开，他们为弘扬真谛学说做出了巨大贡献。如真谛《摄大乘论义疏》《俱舍论义疏》的整理者慧恺曾应僧宗、法准等的请求，在广州智慧寺讲《俱舍论》，"成名学士七十余人，同钦咨询"⑥，场面之壮观可以想见。慧恺讲《俱舍论》未竟而卒，"谛抚膺哀恸，遂来法准房中，率尼、响、敷等十有二人共传香火，令弘《摄》《舍》两论，誓无断绝。皆共奉旨，无敢坠失"⑦。这"十有二人"后来大多成为真谛学说北传的中坚力量。

综上所述，不难看出，随着真谛的到来，一大批高僧辐辏而至，伴随着真谛译经讲经活动的展开，这批高僧参与其中，很快使光孝寺站在了岭南译经与义学的制高点上，从而使光孝寺一时成为岭南的佛经翻译和佛教义学的中心。这在光孝寺的历史上还是第一次，同时，这也是广州首

---

① 慧恺：《摄大乘论序》，载《大正藏》卷三一，第112页中。
② 慧恺：《阿毗达磨俱舍释论序》，载《大正藏》卷二九，第161页上。
③ 《续高僧传》卷一《法泰传附智恺传》，第24页。
④ 《律二十二明了论后记》，载《大正藏》卷二四，第672页下。《后记》所谓"注记解释得五卷"即《义疏》五卷是也。
⑤ 《续高僧传》卷一《法泰传》及《附智恺、曹毗、智敷传》，第23-25页。
⑥ 《续高僧传》卷一《法泰传附智恺传》，第24页。
⑦ 《续高僧传》卷一《法泰传附智敷传》，第25页。

次成为南方的译经中心①。

真谛对光孝寺的另一重要影响，则是使光孝寺成为《摄大乘论》《俱舍论》北传的起点。

《摄大乘论》《俱舍论》是真谛学说的重要组成部分，自来华后，真谛尤其"偏宗《摄论》"②。但正如汤用彤先生指出的那样，真谛之学在梁陈二代并不显著，主要原因是梁陈二代流行般若性空之学，《大论》《大品》《三论》等经论备受青睐，故《摄大乘论》北传受阻③。事实上，不唯《摄大乘论》，《俱舍论》《大乘唯识论》等的境遇亦如此，其中原因主要还是真谛所弘主要是有宗的学说，一时不见容于空宗主导的梁陈佛教界。《摄大乘论》《大乘唯识论》等均是有宗的重要论典，其中，《摄大乘论》是印度大乘学派中"瑜伽派"的重要著作。但正所谓"青山遮不住，毕竟东流去"，至陈末隋初，随着《摄大乘论》的北传，南之建业、九江，北之彭城、长安，均为《摄大乘论》重地，甚至进一步传至蜀部④，一时摄论师遍于大江南北。《摄大乘论》与《大乘唯识论》一起开了唐代唯识学的先河。

《俱舍论》先有真谛弟子慧恺加以弘传，特别是慧恺的私淑弟子道岳，初习《杂心》（即《杂阿毗昙心论》，简称《杂心》），后弘《俱舍论》，遂由毗昙学转入俱舍学，真谛及其弟子和再传弟子的弘传，构成了中国《俱舍论》弘传的第一阶段⑤。按毗昙之学，东晋南北朝以来中原北方及江左颇有研习者，及至北朝晚期，北方之毗昙尤盛，高昌国人慧嵩见重于北齐文宣帝，以慧学腾誉，世号"毗昙孔子"，徙于徐州，为长年僧统，是故彭城慧嵩，成为北方毗昙的重镇。⑥但原来中国研习阿毗达摩的毗昙师，都以《杂心》为主要论书，及至真谛译出《俱舍论》，乃渐改学《俱舍论》，遂出现俱舍师。因此，真谛《俱舍论》的译出，促成了中国毗昙学向俱舍学的转变。并且，随之出现了《俱舍论》的大量注疏本，为唐代新的俱舍学奠定了基础。是以罗香林先生认为，《摄大乘论》《大乘唯识论》《俱舍论》等论之传授，"尝演为陈隋间中国佛教之重要宗派"，"中土之有俱舍宗，亦自真谛始也"⑦。

综上所述，不难看出，构成真谛学说重要组成部分的《摄大乘论》《俱舍论》，对后世特别

---

① 一种观点认为，梁陈时期，南方的译经中心已从建康转移到了广州（参见万绳楠《魏晋南北朝文化史》，东方出版中心 2007 年版，第 398 页）。这种说法不够准确，事实上，广州真正成为南方的译经中心是从真谛的驻锡即陈朝开始的，在此之前，广州的译经只是零星的、小规模的，并未出现大规模的译经活动。据学者统计，自西晋至萧梁的近三百年间，广州共译出经典仅 16 部 64 卷（参见姚潇鸫《六朝岭南佛经译者考略》，收入广州市佛教协会等编《"广州佛教与宗教中国化"学术研讨会论文集》，广州，2018 年，第 106 – 107 页列表），因而真谛驻锡以前，广州与所谓译经中心相去甚远。

② 《续高僧传》卷一《拘那罗陀传》，第 21 页。

③ 参见汤用彤《汉魏两晋南北朝佛教史》，第 627 页。

④ 参见汤用彤《汉魏两晋南北朝佛教史》，第 629 页。

⑤ 参见中国佛教协会编《中国佛教》第一辑《中国佛教宗派源流·俱舍师》，知识出版社 1980 年版，第 261 页。

⑥ 参见汤用彤《汉魏两晋南北朝佛教史》，第 610 页。

⑦ 罗香林：《关系》，第 46、57 页。

是隋及唐前期的中国佛学产生过较大影响。而特别需要注意的是,真谛的这些重要学说在华传播的起点正是光孝寺,《摄大乘论》《俱舍论》《大乘唯识论》等均由此北传。按岭南由于濒临南海,得海上佛教传播之先,因而在中古佛教地理板块中占有重要地位。但历史地看,"滨海法库"的形成却经历了一个相对漫长的过程,究其原因,主要是东晋南朝以来,虽然海上交通渐趋发达,南海道上频现东来弘法和西行求法僧的身影,但无论是经海道入华弘法的外国高僧,还是经海道西行求法的中国僧人,大多将包括广州在内的岭南地区视为短暂的经停之地,他们最终的目的地或在江左的建康,或在中原北方,或在更遥远的天竺。因此,虽然在真谛之光孝寺译场形成之前,广州时或也有小规模的译事活动,但它既未能跻身我国的佛教译经中心之一,更未能跻身我国的佛教义学中心之一。而这一窘况随着真谛之驻锡光孝寺得到极大改观,因此,光孝寺成为真谛重要学说在华传播的起点的特殊意义在于,这在岭南尚属首次。因而,不仅大大提高了光孝寺的地位,同时也提高了岭南在整个佛教界的地位。

## (二) 般剌蜜帝之驻锡与楞严义学在中国的兴起

欲讨论般剌蜜帝与楞严义学兴起之间的关系,首先需要回应所谓的《楞严经》伪托问题,这里拟从相关文献分析入手。

前引《宋高僧传·极量传》的内容基本因袭智昇的《续古今译经图纪》(简称《图纪》)。《图纪》对般剌蜜帝及其译经活动的记载颇详:

> 沙门般剌蜜帝,唐云极量,中印度人也。怀道观方,随缘济度,展转游化,达我支那,乃于广州制旨道场居止。众知博达,祈请亦多,利物为心,敷斯秘赜。以神龙元年龙集乙巳五月己卯朔二十三日辛丑,遂于《灌顶部》中诵出一品,名《大佛顶如来密因修证了义诸菩萨万行首楞严经》一部(十卷)。乌苌国沙门弥迦释迦译语。菩萨戒弟子前正谏大夫同中书门下平章事清河房融笔受,循州罗浮山南楼寺沙门怀迪证译。其僧传经事毕,泛舶西归。有因南使,流通于此。①

两相比较不难发现,《宋高僧传·极量传》只是对《图纪》的记载稍加增益。稍后沙门圆照编的《贞元新定释教目录》照抄《图纪》,仅将"循州"误作"修州"②,当是字形相近致误。又据《旧唐书·中宗睿宗纪》《新唐书·则天顺圣武皇后纪》《新唐书·中宗皇帝纪》以及《资治通鉴》等的记载,武周时期,房融曾为正谏大夫(所以《宋高僧传·极量传》中"正议大

---

① 〔唐〕智昇:《续古今译经图纪·大唐传译之余》,载《大正藏》卷五五,第371页下-372页上。
② 圆照:《贞元新定释教目录》卷十四,载《大正藏》卷五五,第874页上。

夫"当是抄《图纪》时笔误)、同凤阁鸾台平章事,但因党阿张易之,神龙元年中宗复位后,先被收系狱,旋流高州。《资治通鉴》卷二〇七"神龙元年正月"条:"癸卯……收韦承庆、房融及司礼卿崔神庆系狱,皆易之之党也。"同书卷二〇八"神龙元年二月"条:"乙卯,凤阁侍郎、同平章事韦承庆贬高要尉;正谏大夫、同平章事房融除名,流高州;……司礼卿崔神庆流钦州。"① 由此可见,房融流放的时间与《楞严经》的翻译恰相先后,而且广州是房融前往流放地高州的必经之地,而且房融笔受《楞严经》翻译之前,曾笔受《圆觉经》翻译②,可见房融是懂佛学之人,其助译《楞严经》当非偶然。房融之懂佛学,盖与其家族传统有关。据考,房融出自唐初开国宰相房玄龄族系,而房氏族对于佛法素有研究,玄奘法师回国后的译经事业,唐太宗都交与房玄龄去办理。③ 综合以上考察,笔者认为上引《续古今译经图纪》及《宋高僧传》有关房融笔受之事当属可信。

又《宋高僧传·唐罗浮山石楼寺怀迪传》:

释怀迪,循州人也。……后于广府遇一梵僧,赍多罗叶经一夹,请共翻传。勒成十卷,名《大佛顶万行首楞严经》是也。迪笔受经旨,辑缀文理。④

怀迪广府译经事又见智昇《开元释教录》卷九,其文略云:

沙门释怀迪,循州人也。……后因游广府,遇一梵僧(未得其名),赍梵经一夹,请共译之。勒成十卷,即《大佛顶万行首楞严经》是也。迪笔受经旨,兼缉缀文理。⑤

又见同书卷十二:

《大佛顶如来密因修证了义诸菩萨万行首楞严经》十卷(一帙)。
大唐循州沙门怀迪共梵僧于广州译(新编入录)。⑥

可见《宋高僧传·怀迪传》基本因袭自《开元释教录》。以上诸条中提到的梵僧,参照前引

---

① 〔宋〕司马光:《资治通鉴》,中华书局1956年版,第6581、6584页。
② 罗香林:《关系》,引《宋会要·道释》之记载,第98页。
③ 南怀瑾:《楞严大义今释·叙言》,载氏著《中国文化泛言》,复旦大学出版社2016年版,第76页。
④ 《宋高僧传》卷三,第44页。
⑤ 智昇:《开元释教录》卷九,载《大正藏》卷五五,第571页下。
⑥ 智昇:《开元释教录》卷十二,载《大正藏》卷五五,第603页上。

《续古今译经图纪》文字，可知即般刺蜜帝。《宋高僧传·怀迪传》以下所引怀迪广府译经事皆可与前引《续古今译经图纪》及《宋高僧传·极量传》文字相互印证。

然而约20世纪30年代以来，学者颇有怀疑《楞严经》为伪托者，如梁启超、李翊灼、何格恩、吕澂等[①]。针对这些怀疑，罗香林先生做了针对性的系统回应，认为怀疑者都没有关键证据，似皆未能成为定论[②]；知名佛教学者南怀瑾除赞同罗氏的判断外，进一步批驳了梁启超的观点[③]。读者可以参见罗、南二先生的研究，这里不赘。笔者仅拟在罗、南二先生研究的基础上，做以下两点补充论述：

首先，通过上文对《宋高僧传》、《续古今译经图纪》、《开元释教录》、新旧《唐书》以及《资治通鉴》等文献中相关信息的梳理，围绕《楞严经》翻译的相关信息都在不同文献记载中得以相互印证，特别是此经的译时译地都可以与不同文献记载中的助译者房融、怀迪等人的行历相吻合，不同文献记载之间无任何相互抵牾之处。若《楞严经》为伪造，作伪者杜撰的信息竟能与上述不同文献中的相关信息如此严丝合缝、滴水不漏，未露任何破绽，实属罕见。

其次，有迹象表明，最早记载般刺蜜帝行历及其翻译《楞严经》情况的文献，应该是智昇的《续古今译经图纪》和《开元释教录》。而这两种文献均撰成于开元十八年（730），上距《楞严经》的翻译仅25年，可以想见，智昇比较容易获得该经翻译的有关信息，且容易获得较为准确的信息，因此，从时间的角度看，智昇的记载应该有较高的可信度。特别值得注意的是，智昇编撰经录以严谨著称，对有关译经之资料搜罗绵密，包括译经之异名、略名、卷数、存缺、原著者名、翻译年代、场所以及翻译关系者等都详加稽考——《开元释教录》随处可见对隋费长房所撰《历代三宝纪》讹误的辨正，其严谨性即可见一斑；同时，智昇特别留意对疑伪经的甄别，在《开元释教录》中特辟出"疑惑再详录"（卷十八）和"伪妄乱真录"（卷十八）两大版块以助其功。在这样的理念支配下，智昇仍将《楞严经》列为"真经"并详加著录，且正式将其"新编入录"，这说明，在智昇眼里，这部经绝不是什么"问题经典"。

因此，笔者以为，对《楞严经》继续持怀疑态度的学者们，必须认真考虑智昇这位既严谨且距该经翻译时间又十分接近的内典目录学家的态度；同时，要对相关记载做全面系统的文献学

---

[①] 参见梁启超《古书真伪及其年代》，初载氏著《饮冰室专集》，中华书局1936年版，此据氏著《国学要籍研读法四种》，吉林出版集团股份有限公司，2017年版，第23-24、49、53页；何格恩《房融笔受楞严经质疑》，原载《岭南学报》1936年第5卷第3、4合期，收入张曼涛主编《大乘起信论与楞严经考辨》（《现代佛教学术丛刊》第三十五册），台湾大乘文化出版社1978年版，第315-320页；李翊灼《佛学伪书辩略》，载《国立中央大学文艺丛刊》第1卷第2期，1934年，第6-12页；吕澂《楞严百伪》，原载《中国哲学》第2辑，生活·读书·新知三联书店1980年版，收入《吕澂佛学论著选集》卷一，齐鲁书社1991年版，第370-395页。

[②] 参见罗香林《关系》，第101-111页。按这部分内容，罗香林先生初以《唐相房融在粤笔受首楞严经翻译考》为题，发表于《学术季刊》1953年第3卷第1期。

[③] 参见前揭南怀瑾《楞严大义今释叙言》，第75-78页。

研究，对不同文献记载之间都能相互印证的事实不能视而不见，在此基础上才能做出比较客观的判断。因此，笔者认为，在怀疑论者找到足够有说服力的证据以前，般剌蜜帝行历及其翻译《楞严经》的事实，以及房融、怀迪助译《楞严经》的事实，是经得起多角度检验的。

如果说罗、南二先生的回应主要属于内证范畴的话，那么，以上笔者的补充论述则属于外证范畴，内证与外证相结合，似可进一步落实《楞严经》系翻译而非伪造的事实①。

按《楞严经》是大乘佛教的一部单译经，据学者考证，该经在印度约形成于6世纪中叶②。该经"括诸佛万行之枢纽"③"圆如来之密因，具菩萨之万行，真修行路，妙证悟门，大乘义以了明，一切事而究竟"④，是一部对中国佛教之禅、净、律、密都有着广泛而深刻影响的大乘经典。内容十分宏富，思想体系严密，几乎把大乘佛教所有重要理论都囊括其中，包含显密性相各方面的深刻道理，故自问世后，就广泛流行，并被认为是诸佛之秘密宝藏，修行奇妙之门，解脱迷悟之根本。因为它"判经不定"⑤，既不属于般若、宝积、大集、华严、涅槃这五大部中的任何一类，也与《法华》《维摩》《胜鬘》及菩萨一类的大乘经有明显的区别，故历代经目都将《楞严经》归入大乘密部，但它并不是严格意义上的密教经典。有学者将其归入密典，是不合适的。

这部经典的影响之大，从历代注疏之多即可见一斑。《楞严经》注疏主要收录于《续藏经》中，据统计，《续藏经》收录的《楞严经》历代注疏达53种之多，只有《金刚经》《法华经》等少数经典可与之相比。⑥兹以明代天台沙门传灯作《楞严经圆通疏》时引用并曾所经目的有关《楞严经》的古今注疏目录为例，略加说明：

古师

孤山法师（讳智圆）：《经疏》《谷响钞》；吴兴法师（讳仁岳）：《说题》《集解》《熏闻记》；法界庵主（讳可观）：《补注》；云间法师：《补遗》；长水法师（讳子璿）：《义疏》《经注》；栢庭法师（讳善月）：《玄览》；桐洲法师《讳思坦》：《集注》；资中法师（讳弘

---

① 最近，学者已开始尝试从语言学的角度，对《楞严经》汉文本以外的其他语文文本进行语言文本研究，这一尝试除了可以厘清不同语文文本之间的相互关系，还有助于《楞严经》真伪问题的彻底解决，据说疑似《楞严经》的梵文本已经发现，若能进一步落实这一发现，对解决《楞严经》真伪问题的意义不言而喻，因此值得期待。参见柴冰《多语种背景下〈楞严经〉的译传》，载沈卫荣主编《汉藏佛学研究：文本、人物、图像和历史》，中国藏学出版社2013年版，第627－639页。

② 参见刘果宗《楞严经时地考》，原载《佛教青年》1956年第10期，收入张曼涛主编《大乘起信论与楞严经考辨》，第351－356页。

③ 〔北宋〕许洞：《新印大佛顶首楞严经·序》，载《大正藏》卷十九，第105页中。

④ 〔北宋〕释祖派：《〈大佛顶如来万行首楞严经〉序》，载《大正藏》卷十九，第105页下。

⑤ 〔明〕虞淳熙：《楞严经悬镜·序》，载《卍新续藏》第十二册，第509页下。

⑥ 参看前揭柴冰《多语种背景下〈楞严经〉的译传》，第627页。

沇）：《经疏》；携李法师（讳洪敏）：《证真钞》；真际法师（讳崇节）：《删补疏》；道钦法师：《手鉴》；荆公王丞相（讳安石）：《经解》《补遗》《纂注》《释要》；觉范禅师（讳德洪）：《合论》；天如禅师（讳惟则）：《会解》；福唐法师（讳咸辉）：《义海》。①

今师

鲁山讲主（讳普泰）：《管见》；妙峯法师（讳真觉）：《百问》；幻居法师（讳真界）：《纂注》；月川法师（讳镇澄）：《别眼》《正观疏》；曾仪部（讳凤仪，字金简）：《宗通》；憨山法师（讳德清）：《镜悬》（应作《悬镜》——引者）、《通议》；中川法师（讳界澄）：《经疏》；交光法师（讳真鉴）：《正脉》；莲池法师（讳袾宏）：《摸象》。②

这里所谓的"古师"，是指明代以前的，上起唐代，大部分属于宋代，特别是北宋时期；"今师"，是指明代的。从前引《续古今译经图纪》和《宋高僧传·极量传》的记载可知，《楞严经》后因南使入京，开始流布于京师。从目前所见文献来看，《楞严经》最早的注疏大概出现于中唐时期的京师地区，目前所知最早的注疏是唐西京崇福寺沙门惟悫所作的《楞严经疏》，据《宋高僧传》惟悫本传，可知惟悫活跃于中唐时期。③ 约略与此同时，馆陶沙门慧震似乎也作有此经的义疏类文字④，但似未流传。之后不久，资中弘沇法师"作《义章》，开示此经，号《资中疏》"⑤，此经因此开始在蜀地流行。传灯所列之资中法师的《经疏》当即《资中疏》。值得注意的是，传灯所列的这个书目并不完整，"古师"有部分遗漏，如惟悫的《楞严经疏》、北宋温陵开元莲寺比丘戒环解的《楞严经要解》（《卍新续藏》第十一册，No. 270）、北宋首楞大师可度的《楞严经笺》（《卍新续藏》第十一册，No. 271）等都遗漏了。"今师"也有遗漏，如明广莫的《楞严经直解》（《卍新续藏》第十四册，No. 298）、明乘时的《楞严经讲录》（《卍新续藏》第十五册，No. 299）等等，这里不复赘举。

综合以上信息可以看出，《楞严经》至迟中唐时期已开始在北方流布，并伴有义疏出现。北宋时期，出现了《楞严经》注疏的第一个高峰，除一批高僧积极参与外，某些士大夫的领袖人物也对其抱有极大热忱，"古师"目录中的王安石就是其中的典型代表，他一人就贡献了《经解》《补遗》《纂注》《释要》四种文献，还有一些文人士大夫积极为新出的《楞严经》注疏或新刊《楞严经》作序，如北宋前期人许洞曾为新印《楞严经》作序（见前引）。

---

① 《卍新续藏》第十二册，第690页下。
② 《卍新续藏》第十二册，第690页下。
③ 《宋高僧传》卷六《唐京师崇福寺惟悫传》，第114页。
④ 《宋高僧传》卷六《唐京师崇福寺惟悫传附慧震传、弘沇传》，第114页。按《弘沇传》明确提到弘沇法师作《资中疏》时参考了慧震法师义例，可知慧震此前已形成义疏类文字。
⑤ 《宋高僧传》卷六《唐京师崇福寺惟悫传附弘沇传》，第114页。

明代是《楞严经》注疏的第二个高峰,从"今师"目录可以看出,其时最有影响的高僧也参与其中,如"明代四大高僧"中就有两位参与其中,即憨山德清和云栖祩宏。同时,明代文人士大夫一如宋代,对《楞严经》抱有极大兴趣者不乏其人,他们或直接参与注疏,如"今师"目录中所列的曾凤仪即是,更多的是积极为新出注疏撰写序、跋,如虞淳熙(见前引)即是。曾凤仪是明代中后期居士佛教的代表人物之一,除了《楞严经宗通》外,他还著有《金刚经宗通》《楞伽经宗通》等;虞淳熙亦明代中后期人,进士及第,官至礼部员外郎,笃信佛教,曾随莲池大师祩宏习佛学。特别值得注意的是,《楞严经》受到明末居士的特别青睐,成为他们常讲和注释的两种经典之一。圣严法师指出:"从《居士传》的记载中,见到明末居士们所常用并且被普遍重视的[经典],仅有两种,那就是《金刚经》《楞严经》。……由此可见,影响明末居士的佛教信仰及作为修持指导的经论,不论对于净土行者或者禅者,力量最大而主要的是《金刚经》,其次是《楞严经》。"①又据《池北偶谈》的记载,《楞严经》在明代甚至成为朝廷选拔僧官之考题的重要来源之一。②《楞严经》在明代的影响可见一斑。

综上所述,不难看出,《楞严经》译出后,其影响在不断扩大,且一直涵盖僧俗两界社会,出现了两次传播的高峰,常讲和常注最终促成楞严义学的形成。楞严义学在明末达到顶峰,最终成为中国佛学的重要组成部分,这当然与该经自宋代以来始终得到高僧和文人士大夫以及居士等僧俗两界知识阶层的重视分不开。连质疑《楞严经》的著名佛教学者吕澂也不得不承认:"宋明以来,释子谈玄,儒者辟佛,盖无不涉及《楞严》也。"③但从溯源的角度看,楞严义学的兴起源自般剌蜜帝、房融、怀迪等人对《楞严经》的翻译,毫无疑问,楞严义学兴起的序幕是从岭南拉开的。因此楞严义学可视为中古岭南佛教对中原佛教的又一重要贡献,而其中光孝寺扮演了重要角色。

(三)不空之驻锡与密教在岭南的传播

无论是初唐的杂密还是盛唐的纯密,都是从两京地区开始传播的。在不空到来之前,岭南地区鲜见密僧传教或密典翻译的踪迹,因此,彼时岭南地区的密教传播应处于起步阶段。虽然彼时自海路入华经岭南北上的印度密僧或有其人,但他们大多纯粹是"路过"广州,不空的业师金刚智就是个典型的例子。据《宋高僧传·金刚智传》记载,金刚智"南印度摩赖耶国人也……开元己未岁(即开元七年,719)达于广府,敕迎就慈恩寺,寻徙荐福寺。所住之刹,必建大曼

---

① 圣严法师:《明末佛教研究》,宗教文化出版社2006年版,第218页。
② 〔清〕王士禛:《池北偶谈》卷十九"僧作制义"条载:"明时,南京五大寺僧,每季考校于礼部,命题即《法华》《楞严》等经,其文则仿举子制义,文义优者选充僧录等官。"(文益人点校,中华书局2007年版,第369页)
③ 吕澂:《楞严百伪》,第370页。

拏罗灌顶道场，度于四众"①。可见，金刚智确曾"达于广府"，设想他若驻锡于广府的话，也"必建大曼拏罗灌顶道场，度于四众"，可惜只是"路过"。因此，不空的到来，是岭南密教发展的重要契机。

已有学者对不空的到来对岭南佛教特别是密教的发展进行了评估，如有学者认为，不空在法性寺的这次灌顶活动，推动了南海佛教特别是密教的发展，使唐密成为岭南佛教的重要内容，促进了密与禅的交流②，甚至影响到宋以后岭南密教的传播③。笔者认为，不空的到来对岭南密教发展的推动是毋庸置疑的，只是须做进一步的微观考察。

根据前引《不空三藏行状》和《宋高僧传》不空本传记载，应唐岭南道采访使刘巨鳞的敦请，不空三藏在光孝寺临时建立道场，为数以千计的四众灌顶④。按唐开元二十一年（733）分全国为十五道，每道置采访处置使，简称采访使，掌管检查刑狱和监察州县官吏，可知刘巨鳞是当时岭南道的最高行政长官，因此他的态度应是四众辐辏光孝寺请求灌顶的重要原因之一。这里的"道场"，与前文所说的"道场"的内涵不同，并不是"寺院"的代称，而是指密教的坛场，即曼荼罗（mandala），有"大师之未往也，入曼荼罗，对本尊像"数语为证，"本尊"应即毗卢遮那佛。

这个密教坛场建立的意义在于，这是文献所见岭南地区第一个密教坛场，因此，它对后来岭南密教仪式系统的建立应该有很强的示范意义。同时，这次的灌顶活动也是记载所见岭南地区的首例，故而也是"广州有灌顶法会之最隆重而较早出现者"⑤，因此，这次灌顶活动同样有很强的示范意义。

另须注意的是，虽然不空在广州停留的时间并不长，但其影响因其再度进入岭南而在岭南地区得以延续。据前文所引，不空再次归国途中在韶州养病期间，仍手不释卷，翻译不辍，即所谓"日夜精勤，卷不释手，扶疾翻译，为国为家"，前后长达三年之久，可见不空所翻译的密典中有一部分是在岭南地区完成的。同时，我们也有理由相信，在这么长的逗留期内，除了译经之外，不空在韶州一定还有建立坛场灌顶度人的活动。

最后需要补充说明的是，随着不空的到来，北方的文殊信仰可能也开始传入岭南地区。

---

① 《宋高僧传》卷一《唐洛阳广福寺金刚智传》，第4页。
② 前揭徐文明：《广东佛教与海上丝绸之路》，第149-150页。
③ 前揭何方耀：《晋唐海路佛僧所传译之密教典籍及其与广州光孝寺之关系》，第369页。
④ 这次接受灌顶的人数，《不空三藏行状》作"亿千"，《宋高僧传》作"百千万众"，皆是模糊语言，非确数，意在强调人数众多。但无论如何，保守估计，这次应有数以千计的人接受了灌顶。
⑤ 罗香林：《关系》，第127页。

根据文献记载,最早入华的文殊菩萨像似乎是取南海道,但并未在岭南地区留下什么痕迹。① 有迹象表明,伴随着五台山文殊道场的逐渐形成,文殊信仰首先兴起于中原北方地区,但其兴盛则是盛唐以后,特别是中晚唐时期,这从现存唐代石窟造像和壁画遗迹即可见一斑。兴盛的具体原因,可能与唐两部密法兴起以后密宗对文殊菩萨的重视有关,其代表人物就是不空。不空对文殊菩萨的重视,一方面表现在译经,据不完全统计,不空所译有关文殊的经典达七部之多;另一方面表现在行事,不空晚年对提高文殊地位尤为尽力,包括奏请天下寺院食堂中置文殊上座、奏请天下寺院置文殊院等。大概是因为文殊菩萨与寺院食堂有着特殊的因缘,大历四年(769),不空奏请天下寺院食堂中置文殊菩萨为上座,制许之;不久,不空又奏请天下寺院遍置文殊院,供养文殊菩萨,敕允奏。②

明白了不空对文殊菩萨的重视,他从广州出发赴南海之前,进入坛场,将文殊师利作为祈请对象,也就可以理解了。即所谓"大师之未往也,入曼荼罗,对本尊像,金刚三密以加持,念诵经行",结果"未逾旬日,文殊师利现身"。可谓精诚所至,文殊显灵。不空导演的这一幕"情景剧",虽不一定是有意为之,但此前岭南从未上演过,因而说开了广府僧俗的眼界并不为过。当然,随之而来的影响可能就是岭南文殊信仰的兴起。

通过以上分析,我们能切实感受到不空在促进岭南密教的传播与发展方面起到了十分关键的作用,同时,他的到来还可能间接地促成了文殊信仰在岭南的兴起,其中光孝寺再次扮演了重要角色。

(四)义净、鉴真之驻锡与律学在岭南的传播

在中国僧人西行求法史上,影响最大的僧人有三位,除法显以外,还有唐代的玄奘和义净,而这三人中只有义净往返走的都是海路。他不仅从广州出发,从广州回国,而且在归国途中在南海室利佛逝停留期间,他还一度暂回广州一次。因此,在众多的西域求法僧中,义净是与广州最为密切的一位。现存有关义净的史料,除了赞宁《宋高僧传》中的专传外,义净自己的两部著作《南海寄归内法传》和《大唐西域求法高僧传》,以及智昇的《续古今译经图纪》《开元释教录》、圆照的《贞元新定释教目录》中都有一些涉及,学者已根据这些资料对义净的生平事迹做

---

① 道宣《集神州三宝感通录》卷中"东晋庐山文殊金像缘"条载:"东晋庐山文殊师利菩萨像者,昔有晋名臣陶侃,字士衡,建牙南海,有渔人每夕见海滨光,因以白侃,侃遣寻之。俄见一金像陵(凌)波而趣船侧,检其名勒,乃阿育王所造文殊师利菩萨像也。……初侃未能信因果,既见此嘉瑞,遂大尊重,乃送武昌寒溪寺,后迁荆州。"(《大正藏》卷五二,第417页中)这是目前所见最早入华的文殊师利像,剔除记载中神话成分,约可推知,最早入华的文殊菩萨像走的是南海道,但此像并未被供奉于广州或岭南他处,很快被送往北方,辗转供奉于武昌、荆州、庐山等地。
② 参见拙著《巴蜀佛教石窟造像初步研究》,中华书局2011年版,第190-192页。

过详细考证，兹不赘述。① 我们的重点当然在于义净与广州制旨寺关系的考察。

义净从广州启程赴印之前是否驻锡于制旨寺，文献缺载，已难以知晓。② 但据《南海寄归内法传》和《大唐西域求法高僧传》卷下《重归南海传》记载，义净在归国途中，曾滞留室利佛逝数年，从事著述与佛经翻译，其间因抄写梵经需要墨纸，并须雇用手直，曾从南海乘商舶暂回广州，此次在广州即驻锡于制旨寺。《重归南海传》记载甚详："（义净）遂以永昌元年（689）七月二十日达于广府，与诸法俗重得相见。于时在制旨寺，处众嗟曰：'本行西国，有望流通，回住海南，经本尚阙。所将三藏五十余万颂，并在佛逝国，事须覆往……经典既是要门，谁能共往收取？随译随受，须得其人。'"③ 从上引义净的谈话中还知道，他此行的另一目的是在广州寻觅助手跟他一起回佛逝国助他译经，结果如愿，有贞固律师、贞固的弟子怀业，以及道宏、法朗等四人，于同年十一月一日与义净一起搭乘商船前往室利佛逝国。④ 据考证，义净于武周长寿二年（693）夏从室利佛逝正式回到广州，直到证圣元年（695）初才离开广州去洛阳，这样义净回国后又在广州停留了一年多。⑤ 文献没有明确提及这次义净在广州驻锡的寺院，但以义净在广州此前的经历，学者倾向于认为，应该还是住在制旨寺。⑥ 笔者认同这一推断，因为义净前次回国时，制旨寺对其完全持欢迎的态度，其得到了该寺的大力支持，再次回国时，入住该寺应顺理成章。

可以想见，在这一年多的时间里，广州道俗一定率先充分分享了义净求法的成果，这些成果不啻为当时广州佛教界的珍贵财富。但有迹象表明，义净留给岭南佛教界最重要的遗产是岭南律学的进步，就制旨寺而言，义净的驻锡使该寺一时成为岭南律学传播的中心。

义净是著名律师，毕生以研究律学为己任。义净时代，虽然研究和解释佛教戒律的宗派"律宗"已经出现，但在律宗内部，或在普通僧人之间，对戒律的理解和解释往往存在分歧，在实践上更是各行其是，并相互指斥。因此义净求法的主要目的，就是想从源头上解决这些问题，即通过了解印度佛教戒律方面的规定和僧伽内部的制度，试图用印度"正统"的典范来纠正当时中国佛教的偏误。他回国以后翻译的经典以律藏为主，传授学徒，以持律为先，就是出于这样的目的。⑦ 虽然因文献缺载，我们不清楚义净在广州停留期间是否正式开讲律典，但其与广州道

---

① 王邦维：《义净与〈南海寄归内法传〉》第一章《义净生平考述》，载〔唐〕义净著，王邦维校注《南海寄归内法传校注》，中华书局1995年版，第1-38页；氏著《唐高僧义净生平及其著作论考》，重庆出版社1996年版，第1-37页。

② 罗香林判断义净初达广州时就住在制旨寺，但证据不足，参见《关系》，第117页。

③ 〔唐〕义净著，王邦维校注：《大唐西域求法高僧传校注》卷下，中华书局1988年版，第214-215页。

④ 这四位僧人的事迹，具详见《大唐西域求法高僧传校注》卷下《重归南海传》，第211-245页。

⑤ 王邦维：《义净与〈南海寄归内法传〉——代校注前言》，载《南海寄归内法传校注》，第18-19页；同作者《唐高僧义净生平及其著作论考》，第14-15页。

⑥ 王邦维：《义净法师的印度及南海之行与广州制旨寺》，第292页。

⑦ 王邦维：《义净与〈南海寄归内法传〉——代校注前言》，第34-35页。

俗分享求法成果时一定包括《南海寄归内法传》的内容，因为这是他在佛逝国撰成的最重要的著作，在他看来，这应该是他历时二十多年西行求法最重要的成果之一。而该书的核心内容如书名所示，即"内法"——律，也就是佛教僧人宗教生活中应该遵守的行为准则。那么，该书涉及的印度佛教的僧伽制度和戒律规定，以及与戒律有关的日常行仪制度知识一定成为义净与广州道俗分享的重点。

唐以前，岭南地区的律学已有一定的基础，这与部分外国僧人在广州讲诵律典和翻译律典有关。前者如前文所引罽宾三藏昙摩耶舍，于东晋隆安年间在广州白沙寺大聚徒众讲诵《毗婆沙律》，号称"大毗婆沙"；后者如齐武帝（481—492年在位）时，外国沙门大乘于广州译出《他毗利》（齐言《宿德律》）；又如齐永明七年（489），沙门释僧猗于广州竹林寺请外国法师僧伽跋陀罗译出《善见毗婆沙律》（或云《毗婆沙律出》）等。①

义净的到来，还起到了开风气的作用，自此之后，岭南律学进入一个新阶段。而这一新阶段的实现，义净的弟子贞固、道宏功莫大焉，特别是贞固。

据《重归南海传》记载，贞固原本就是一位知名的律学僧，义净直接以"律师"相称，早年曾四处参学，因而深悉律藏，在遇到义净之前，就曾在广府开讲律典：

> 苾刍贞固律师者，梵名娑罗笈多（译为贞固），即郑地荥川人也。……［岘山恢觉寺澄］禅师则沉研律典……固师年余二十，即于禅师足下而进圆具。才经一岁，总涉律纲。覆向安州秀律师处三载，端心读宣律师文钞。可谓问绝邬波离，贯五篇之表里；受谐毗舍女，洞七聚之幽关。……固师既得律典斯通，更披经论。……以垂拱之岁，移锡桂林，适化游方，渐之清远峡谷。同缘赴感，后届番禺，广府法徒，请开律典。……固亦众所钦情，三藏道场，讲毗奈耶教。经乎九夏，爰竟七篇。善教法徒，泛诱时俗。……固师既法侣言散，还向峡山。……［义净］以永昌元年七月二十日达于广府，与诸法俗重得相见。……众佥告曰："去斯不远，有僧贞固，久探律教，早蕴精诚。傥得其人，斯为善伴。"……虽则平生未面，而实冥符宿心。共在良宵，颇论行事。②

可知在义净第一次回国之前，贞固律师曾应邀在广府开讲"毗奈耶教"，时间"经乎九夏"，即整整一个夏安居，凡九十天，时间不算短，从而为义净在广府推广律学打下了一定的学缘基础。罗香林先生认为，贞固讲授"毗奈耶教"的"三藏道场"即光孝寺，其根据是前有智药三

---

① 〔梁〕僧祐撰，苏晋仁、萧鍊子点校：《出三藏记集》卷二，中华书局1995年版，第63页。
② 《大唐西域求法高僧传校注》卷下，第211-215页。

藏植菩提树于光孝寺戒坛之前，并有预志云云，故有三藏道场之称，但缺乏直接证据。① 尽管贞固早已声名卓著，但在见到义净之后，仍服膺于义净，毅然随义净前往室利佛逝国助其译事。由"虽则平生未面，而实冥符宿心。共在良宵，颇论行事"数语可见，二人可谓一见如故，秉烛长谈，颇有相见恨晚之感。职是之故，更加坚定了他回国后继续留在广府弘扬律教的决心。《重归南海传》末云：

> 其僧贞固等四人，既而附舶俱至佛逝。学经三载，梵汉渐通。法朗须往诃陵国，在彼经夏，遇疾而卒。怀业恋居佛逝，不返番禺。唯有贞固、道宏相随，俱还广府。并各淹留且住，更待后追。贞固遂于三藏道场，敷扬律教，未经三载，染患身亡。道宏独在岭南……②

这是义净对当年随自己去佛逝国的四位中国僧人最终去留的交代。可知四人中，法朗、怀业没有随义净回国，留在了南海；贞固、道宏从室利佛逝回国后，并未随义净北上洛阳，而是选择继续留在广州。贞固继续在广州"敷扬律教"，直至染患身亡，可谓为弘道鞠躬尽瘁，死而后已。而道宏早在佛逝国时，受义净的影响，即"敦心律藏，随译随写，传灯是望。重莹戒珠，极所钦尚"，③ 早已成为学养深厚的律学僧，那么，可以推测，他留在广州应该跟贞固一样，同样选择以"敷扬律教"为职志。

就制旨寺而言，在义净到来之前，该寺已有一定的律学基础。④ 制旨寺时有律学僧，曰恭阇梨，曾预贞固讲席，颇悉律学，并致力推广律教。《重归南海传》云：

> 于时制旨寺恭阇梨，每于［贞固］讲席，亲自提奖。可谓恂恂善诱，弘济忘倦，阇梨则童真出家，高行贞节，年余七十，而恒敬五篇。……实亦众所知识，应物咸生，劝悟诸人，共敦律教。⑤

---

① 参见罗香林《关系》，第120页。但根据笔者前文的考证，智药三藏与光孝寺的关系是7世纪中期以后逐渐建构的，因此植树故事本身或系杜撰，不可信，此其一；即便7世纪中期以后人们相信智药三藏与光孝寺的故事是真实的，但人们是否因此将光孝寺称作"三藏道场"，缺乏直接文献证据，此其二。故而在发现直接证据之前，笔者不建议将"三藏道场"与光孝寺视为同一。
② 《大唐西域求法高僧传校注》卷下，第244页。
③ 《大唐西域求法高僧传校注》卷下，第244页。
④ 但罗香林先生认为"光孝寺自始即以特重戒律著称"则有些言过其实（参见《关系》，第45页）。其所据为求那跋陀罗所译《伽毗利律》和真谛所译《僧涩多律》，但文献出处皆为乾隆《光孝寺志》。按诸《高僧传》求那跋陀罗本传及历代经录，均未见载《伽毗利律》，可见求那跋陀罗译有《伽毗利律》的说法纯系晚期杜撰，况且据前文的考证，求那跋陀罗是否驻锡过光孝寺尚有疑问；而检视《历代三宝纪》《大唐内典录》《开元释教录》等隋唐时期的经录可知，《僧涩多律》确系真谛所译，但诸经录皆未明确该律是否译于广州制旨、王园二寺。因此，仅依据《光孝寺志》的记载做出的判断有时是不准确的。
⑤ 《大唐西域求法高僧传校注》卷下，第213-214页。

这位恭阇梨，日本学者足立喜六认为可能是般剌蜜帝，罗香林表示赞同①。但现在看来，这一说法难以成立，恭阇梨很可能是当时制旨寺的住持，是一位中国僧人②。由上述记载可知，恭阇梨无疑是一位致力于弘扬律教的律学僧。

综上所述，由于在义净到来之前，光孝寺已有一定的律学基础，随着义净的驻锡（极有可能是两次驻锡），我们有理由相信，光孝寺最终发展成彼时广州的律学中心，同时为岭南律学的进一步发展提供了契机。复有义净弟子贞固、道宏等在粤的持续推动，无疑使岭南律学的发展迈上了一个新台阶。同时，由于义净的律学并非仅热衷于纯理论的探讨，事实上他更重视与戒律有关的日常行仪制度的建设，因此，可以想见，义净的驻锡广州对岭南地区的僧伽制度建设当有所推动。

天宝七年（748）六月，唐代中日佛教文化交流的重要使者、衔命赴日传授戒律的著名律宗大师鉴真和尚，在其第五次东渡航行时，不幸遭遇恶风怒涛的袭击，最后漂泊到海南岛的振州（今海南崖县），后经崖州（今海南文昌、澄迈）、桂州（今广西桂林）、端州（今广东高要）等地至广州，驻锡光孝寺达数月之久。鉴真之与岭南、与广州，乃至与光孝寺的不期而遇，给岭南律学和戒律实践的发展带来了新的契机。《唐大和上东征传》载其第五次东渡情况略云：

> 天宝七载春，……造舟，买香药，备办百物……同行人……合有三十五人，六月二十七日，发自崇福寺，至扬州新河。……冬十一月……经三日乃到振州江口泊舟。……迎入宅内，设斋供养……又于太守厅内，设会授戒。……到崖州，州游奕大使张云出迎……登坛受（授）戒、讲律，度人已毕，仍别大使去。……始安郡（今桂林）都督……引入开元寺……随都督受菩萨戒人，其数无量。和上留住一年。……下桂江，七日至梧州，次至端州龙兴寺。……端州太守迎引送至广州，卢都督率诸道俗出迎城外，恭敬承事，其事无量。引入大云寺，四事供养，登坛受（授）戒。此寺有诃梨勒树二株，子如大枣。……大和上住此一春，发向韶州，倾城远送。③

---

① 罗香林：《关系》，第 102 页。

② 参见《大唐西域求法高僧传校注》卷下，第 232－233 页注［52］；王邦维《义净法师的印度及南海之行与广州制旨寺》，第 294 页。恭阇梨其实是一位中国僧人，"恭"应是他的中国俗姓，与梵语音译名"般剌蜜帝"无涉。"阇梨（黎）"是梵语"acarya"之音译词"阿阇梨（黎）"的省称，意译为轨范师、正行、教授、智贤、传授等。意即教授弟子，使之行为端正合宜，而自身又堪为弟子楷模之师，故又称导师。根据职责分工，阿阇梨有五种：出家阿阇梨、受戒阿阇梨、教授阿阇梨、受经阿阇梨和依止阿阇梨。但这位恭阇梨并不一定对应其中的一种，仅相当于对高僧的尊称。在汉语佛教文献中，类似的称呼并不罕见，如《续高僧传·释道庆传》有"藏阇梨"，同书《释慧意传》有"岑阇梨"等。

③［日］真人元开著，汪向荣校注：《唐大和上东征传》，中华书局 2000 年版，第 62－74 页。

按鉴真在广州所驻锡之"大云寺",罗香林先生认为即光孝寺,盖因此寺很早以前即以有诃梨勒树著称,并以诃林为名。① 此判断可信。笔者前文已指出,光孝寺旧名之一度改为大云寺应与天授元年武则天敕令天下诸州各置大云寺一所有关。根据上下文的时间推算,鉴真约在天宝八年(749)年底抵达广州,直到次年(即天宝九年)的春季一直在广州,因此鉴真在广州停留的时间保守估计也有三四个月,时间不算短。又据《唐大和上东征传》后文记载,鉴真在粤北韶州境内短暂停留后,翻越大庾岭进入江西,这样仔细算来,他在岭南各地也先后逗留了一年多的时间,有的地方(如桂林)甚至"留住一年"。

值得注意的是,鉴真每到一地、每住一寺,皆以授戒、讲律为己任,始终"讲律授戒"不辍。这方面的信息,除上引文字有所呈现外,《唐大和上东征传》后文有更明确的记载:"和上从南振州来至扬府,所经州县,立坛受(授)戒,无空过者。今亦于龙兴、崇福、大明、[延]光等寺讲律授戒,[暂]无停断。"② 因此,我们有理由相信,鉴真在广州大云寺驻锡期间,除了上文明确交代的有"登坛受(授)戒"之举外,一定还有讲律活动,时间长达三四个月。一边授戒,一边讲律,看来鉴真跟义净一样,既重视理论,又重视实践。因此,可否这样认为,随着鉴真大师及一众随侍律僧的驻锡,光孝寺继义净法师之后再度成为广州的律学和戒律实践中心?

肩负着东渡东瀛传授戒律这一特殊使命的鉴真和尚与光孝寺的结缘虽然纯属巧合,但以鉴真中日佛教文化交流使者的特殊身份,其在光孝寺的受戒、讲律活动,同样可视为光孝寺中外佛教文化交流遗产的一部分。而且,若放眼整个岭南地区,可以想见,逗留岭南一年多以来,鉴真大师在海南、广西、广东等地所经州县的"暂无停断"的"讲律授戒"活动,对整个岭南地区盛唐时期律宗以及戒律实践的发展,一定有很大的推动。因此,我们有理由相信,义净法师之后,随着鉴真大和尚的到来,岭南律宗以及戒律实践的发展又进入一个新阶段,而其中,光孝寺又扮演了十分重要的角色。

最后值得注意的是,鉴真的律学,虽师承南山宗,但他并不囿于一宗一派,固持一家之说。唐代律学,除了独占优势的道宣的南山宗外,还有相州日光寺法砺的相部宗和太原寺的西塔宗。鉴真东渡日本携带的律学典籍则兼及后两宗,在传授中又以法砺的《四分律疏》、定宾(相部宗)的《饰宗义记》与道宣的《行事钞》三书为主,重点尤在法砺、定宾所著两书。③ 可见,相对于义净于律部则独尊说一切有部传统的偏好,鉴真律学是一个开放的体系,因此这一"开放性"特点对光孝寺乃至整个岭南地区律学的影响不可低估。

---

① 参见罗香林《关系》,第125页。
② 《唐大和上东征传》,第80页。
③ 参见《中国大百科全书·宗教卷》"鉴真"条,中国大百科全书出版社1988年版,第195页。

## 结论

光孝寺最初由虞翻苑囿改建而成，改建年代约在 3 世纪末 4 世纪初。初为一寺，即王园寺，后析为二寺，即王园寺与制止寺。唐初，改制止、王园二寺作乾明、法性二寺。武周时期，乾明、法性二寺一度改为大云寺。中宗复位后，又一度改为龙兴寺。至迟到宝历年间又恢复为法性寺。会昌五年（845）又一度改为西云道宫，宣宗时恢复二寺旧名。约晚唐时期，乾明、法性二寺合并为新法性寺。南汉时法性寺一度改名为乾亨寺。入宋，又恢复成乾明、法性二寺格局。约徽宗时再次合二为一，称万寿禅寺（先称崇宁万寿禅寺，又改称天宁万寿禅寺）。宋高宗绍兴初改为报恩广孝禅寺，绍兴后期又改为报恩光孝禅寺，"光孝"之名自此始。南宋晚期已开始使用简称"光孝寺"，元以后普遍使用简称。

值得注意的是，在唐宋时期历次敕令天下诸州设置一所由朝廷统一命名的寺院及道观的政治活动中，光孝寺一再成为广州所在州郡首选的改置对象，其先后改名为大云寺、龙兴寺以及报恩光孝寺等，皆是明证。当然，南汉时期新法性寺一度改名为乾亨寺的做法，其性质与上述做法类似。这似乎表明，唐宋以来，光孝寺在广州僧俗两界的社会影响无出其右；同时也表明，它是唐宋以来广州地区与朝廷关系最密切、政治地位最高的寺院。当然，社会影响与政治地位二者之间是相互促进的，在二者的交互作用下，光孝寺在广州乃至岭南地区的地位和影响得以持续，明代广州府的僧纲司即设在光孝寺就是明证①。

通过对相关文献的系统梳理，厘清了以下几位外国高僧与光孝寺的关系，他们是昙摩耶舍、求那跋陀罗、菩提达摩、智药三藏、真谛、般剌蜜帝和不空。结论认为，昙摩耶舍、求那跋陀罗、菩提达摩曾驻锡光孝寺的记载仅见于晚期文献，于早期文献无征，而智药三藏则于早期文献无任何信息，是否真有其人尚存疑问，因此，在更可靠的证据发现以前，似可暂时认定这几位外国高僧与光孝寺无关。故而，就文献所及，能落实的真正在光孝寺驻锡的外国高僧只有真谛、般剌蜜帝和不空三位。当然，南北朝隋唐以来，在光孝寺驻锡过的外国僧人远远不止这三位，只是文献缺载。这些外国高僧和其他疏于记载的外国僧人一起，成为铸就光孝寺中外佛教文化交流地位的主要力量。

随着真谛之驻锡光孝寺，一大批高僧辐辏而至，伴随着真谛译经讲经活动的展开，这批高僧参与其中，很快使光孝寺站在了岭南译经与义学的制高点上，从而使光孝寺一时成为岭南的佛经翻译和佛教义学的中心，这在光孝寺的历史上尚属首次。同时，也使广州首次成为南方的译经中心。而特别需要注意的是，真谛之驻锡光孝寺也同时使光孝寺成为真谛重要学说在华传播的起

---

① 参见前引《寰宇通志》卷一〇二《广州府》"寺观"条的记载。

点,《摄大乘论》《俱舍论》《大乘唯识论》等均由此北传。而光孝寺成为真谛重要学说在华传播起点的特殊意义在于,这在岭南尚属首次,不仅大大提高了光孝寺的地位,同时也提高了在整个岭南佛教界的地位。

《楞严经》译出后,其影响在不断扩大,出现了两次传播的高峰,常讲和常注最终促成楞严义学的形成。楞严义学在明末达到顶峰,对我国宋明时期的佛学产生了深远的影响,最终成为中国佛学的重要组成部分。而毫无疑问,楞严义学兴起的序幕始自般刺蜜帝在光孝寺对《楞严经》的翻译,因此,我国的楞严义学是从岭南开始的。故楞严义学可视为中古岭南佛教对中原佛教的又一重要贡献,而其中光孝寺扮演了重要角色。

不空在光孝寺建立密教坛场的意义在于,这是文献所见岭南地区的第一个曼荼罗,因此,它对后来岭南密教仪式系统的建立应该有很强的示范意义。同时,这次灌顶活动也是文献所见岭南地区的首例,因此,同样有很强的示范意义。我们有理由相信,不空在促进岭南密教的传播与发展方面起到了十分关键的作用,同时,他的到来还可能间接地促成了文殊信仰在岭南的兴起,而其中光孝寺再次扮演了重要角色。

考察光孝寺与中外佛教文化交流,唐代高僧义净和鉴真不可或缺。义净之驻锡光孝寺的意义在于,义净及其弟子的共同努力,使光孝寺最终发展成为彼时广州的律学中心,同时,为岭南律学的进一步发展提供了契机;再者,由于义净的律学并非仅热衷于纯理论的探讨,更重视与戒律有关的日常行仪制度的建设,因此,对岭南地区的僧伽制度建设当有所推动。而律宗大师鉴真的岭南活动,给岭南律学和戒律实践的发展带来了新的契机。特别是鉴真律学秉持开放的特性,对整个岭南地区盛唐时期律宗和戒律实践的发展具有特殊意义。可以认为,随着义净和鉴真的先后到来,他们接力式地共同推动了岭南律宗以及戒律实践的发展,而其中,光孝寺又一次扮演了十分重要的角色。

至此,我们似乎可以对光孝寺在中古中外佛教文化交流中的地位有较准确的把握了,笔者认为,在中古时期的岭南地区,尚无出其右者。

# 广州的伊斯兰文化遗产

熊仲卿

## 一、前言

伊斯兰教是7世纪发源于阿拉伯半岛，与基督教和佛教齐名的世界三大宗教之一。现代伊斯兰教的传播不限于一地，也不限于单一民族，在全球有巨大的影响力。根据2009年232个国家和地区的人口调查结果，全球约有23%的人口，亦即约15.7亿人信仰伊斯兰教。在232个国家和地区，有大约57个国家主要信仰伊斯兰教，而这些国家大多分布在亚洲和非洲。在亚洲，约有7亿穆斯林居住在印度尼西亚、孟加拉、印度和巴基斯坦；在非洲，埃及和尼日利亚是穆斯林最多的国家。虽然伊斯兰教发源于阿拉伯半岛，但全球只有20%左右的穆斯林是阿拉伯人。在中东，以非阿拉伯人为主体、主要信仰伊斯兰教的国家有土耳其和伊朗。从历史数据来看，信仰伊斯兰教的群体自1900年到2010年共成长了8倍。根据趋势预测，到2050年，信仰伊斯兰教的人口将与基督教持平。

伊斯兰教是一神信仰的宗教。从词源来说，伊斯兰意指"完全""顺从"与"和平"，而穆斯林——信仰伊斯兰教的人——是"顺从者"的意思。伊斯兰教的教义是要信徒们顺从唯一的真主"安拉"，并依照受安拉启示的经典《古兰经》实践信仰，这其中最重要的实践内容是五功。第一是念功，即当众诵念"万物非主，唯有真主，穆罕默德是安拉的使者"；第二是礼功，要求穆斯林每日五次礼拜，每周一次主麻拜及每年两次会礼拜（古尔邦和开斋节）；第三是斋功，即健康的成年穆斯林在回历九月（拉马丹月）中，每日黎明后及太阳下山前戒饮食和房事；第四是课功，有一定财力的穆斯林捐献一定比例的财产作为慈善、济贫事业；第五是朝功，即要求穆斯林在有条件的情况下到圣地麦加朝觐。

目前，中国的穆斯林有2300多万人，根据1953年第一次和2010年第六次人口普查的结果，穆斯林人口增长约2倍。从地理分布来看，中国穆斯林大多聚集在新疆、宁夏、甘肃、河南、青海和云南等省区。虽然当前中国的穆斯林占全国总人口及全球穆斯林的比例都不高，但是从历史学和考古学上的材料来看,穆斯林几乎在伊斯兰教创立开始就来中国贸易、传教及居住。古代不少穆斯林是走海路前来中国的,而他们抵达中国的第一站就是广州,因为广州是唐代海上丝绸之路最重要的节点城市,朝廷在广州设立市舶使处理对外的海上贸易。随着穆斯林来广州定居人口的增加,朝廷在广州设置了蕃坊。乾元元年(758),波斯人和阿拉伯人在广州"劫仓库、焚庐舍,浮海而去。"① 另外,阿拉伯人阿布·赛德·哈桑(Abu Zaid Hassan)曾记载,在回教纪元264年(唐僖宗乾符五年,878),黄巢军队攻入广州,"除杀中国人外,回教徒、犹太人、基督教徒、火教徒,亦被杀甚多,死于此役者达十二万人"②。可见,自唐代开始,穆斯林就不断地在广州活动,遗留了不少史迹。

海上丝绸之路见证了古代中国与世界其他地区长期进行平等互惠贸易和文化交流的历史过程。伊斯兰教创立之后,顺着海上丝路来华贸易和传教的穆斯林,以及他们的后裔也融于这一波澜壮阔的历史过程。因此,调查及研究广州伊斯兰史迹不但能够提供古代穆斯林在华活动的证据,更重要的是,透过一些有价值的文化遗产,了解古代中国和伊斯兰文明的文化交流以及华人和穆斯林如何共同维系海上丝绸之路的智慧。

## 二、穆斯林来华的历史背景

7世纪初,伊斯兰教的先知及创始人穆罕默德组织了武装部队,并完成了阿拉伯半岛的统一事业。阿拉伯社会从信仰多神的原始宗教过渡到信仰唯一真神"安拉"的伊斯兰教。632年穆罕默德逝世后,阿拉伯帝国进入"四大哈里发时期"。以穆罕默德最信赖的四个门徒为首的伊斯兰政权首先平定了阿拉伯内部的叛乱势力,在巩固阿拉伯社会之后开始向阿拉伯半岛之外的地区发动军事征服,阿拉伯帝国的军队进入两河流域和北非。661年,叙利亚总督倭马亚家族的穆阿维叶在大马士革继任哈里发,开启了阿拉伯帝国的倭马亚王朝。虽然穆阿维叶在争取哈里发的过程中与上一任哈里发即穆罕默德的堂弟阿里发生严重的冲突,导致伊斯兰教什叶派和逊尼派分裂,但是这个内部分裂并不影响倭马亚王朝对外扩张。664年,倭马亚王朝向东深入阿富汗、撒马尔罕和花剌子模等中亚内陆,最终在帕米尔高原为中国唐朝军队所阻。东部军团的另一支部队往南进入印度大陆的信德和旁遮普地区。此外,倭马亚王朝的西部军团也将势力扩展到北非,并渡过直布罗陀海峡进入伊比利亚半岛。750年,穆罕默德叔父的后裔阿布·阿拔斯联合波斯人和伊斯兰什叶派的力量推翻了倭马亚王朝,在巴格达建立了阿拔斯王朝。此后的一百年间,随着王朝的稳定及官僚制度的建立,帝国境内商业活动发达,对外贸易也相当繁荣,阿拉伯和波斯商人逐渐

---

① 〔后晋〕刘昫等:《旧唐书》卷一九八,中华书局1975年版,第5313页。
② 张星烺:《中西交通史料汇编》第二册,中华书局1977年版,第207-208页。

加入海上丝绸之路的远洋贸易行列。在阿拔斯王朝被蒙古旭烈兀灭亡前的五百年间可能是早期穆斯林沿着海上丝路来华的重要时期。

从伊斯兰教扩张的历史来看，穆斯林传播伊斯兰教不外乎有三种方式——军事征服、商业贸易和先贤传教。早期伊斯兰教的传播主要是随着阿拉伯帝国扩张的军事征服而展开的，这主要发生在中亚、北非和印度。接着，在阿拉伯帝国稳定之后，伊斯兰教在亚、非其他地区的传播主要是借由商业贸易和传教士的主动宣教。这里最为特殊的是穆斯林商人作为宗教传播的媒介及其作为媒介所发挥的力量。穆斯林商人之所以能够发挥传教的功能，主要是伊斯兰的教义有相当世俗化的一面。伊斯兰教除了抽象的意识形态外，它的教义也建构出一个特殊且相嵌的物质文化层面和社会文化系统。这就导致了穆斯林商人所到之处就会发生伊斯兰文化与当地文化的互动。

早期伊斯兰教入华主要的传教及文化传播载体是商人、传教士和少数外交使节，而伊斯兰教入华的时间点曾经是学术界的争论焦点。最早关于穆斯林入华的碑文是唐天宝年间（742—756）的《创建清真寺碑记》，碑文记载："及隋开皇中，其教遂入中华，流行散漫于天下。"[1] 另一个石碑是元至正八年（1348）的《重建礼拜寺记》，碑文记载："隋开皇中，国人撒哈伯撒阿的斡葛思始传其教入中国。"[2] 两个碑都一致地指出隋代开皇年间是伊斯兰教入华的起始点。不过，隋开皇是581—600年，这个时候穆罕默德还没有建立伊斯兰教团，当然也就不可能有穆斯林入华。经学者考证，这两块碑都是后世所刻的伪碑。尽管如此，另一块元至正十年（1350）吴鉴所撰的泉州《重立清净寺碑记》里也记载："隋开皇七年，有撒哈八撒阿的斡葛思者，自大食航海至广，方建礼拜寺于广州，赐号怀圣。"[3] 宋明以后关于伊斯兰教的石碑大多沿用隋开皇年间为穆斯林来华的起始点，而历史文献也大多支持"隋开皇"说。例如，《明史》载："默德那（麦地那），回回祖国也……隋开皇中，其国撒哈八撒阿的斡葛思始传其教入中国，迄元世，其人遍于四方，皆守教不替。"[4]

与"隋开皇"说不一样的伊斯兰入华年代有唐代初期至中期，主要有"唐武德""唐贞观""唐永徽"说等不同的观点。有关唐代伊斯兰教入华最重要的石碑记文是元至正十年（1350）郭嘉撰的广州《重建怀圣寺碑记》，里面记载："（怀圣寺光塔）其制则西域……世传自李唐迄今……弟子撒哈八以师命来东。"[5] 此后也有石碑以唐代为穆斯林入华之始，但数量较"隋开皇中"的少。[6] 又从文献来看，明代《闽书》记载：

---

[1] 余振贵、雷晓静：《中国回族金石录》，宁夏人民出版社2001年版，第182页。
[2] 余振贵、雷晓静：《中国回族金石录》，第15页。
[3] 余振贵、雷晓静：《中国回族金石录》，第68页。
[4] 〔清〕张廷玉等：《明史》卷三三二，中华书局1974年，第8625页。
[5] 余振贵、雷晓静：《中国回族金石录》，第112页。
[6] 刘有延：《伊斯兰教入华隋开皇说溯源及其正确评价》，载《回族研究》2013年第3期，第13页。

自郡东南，折而东，遵湖岗南行为灵山。有默德那国二人葬焉，回回之祖也。回回家言："默德那国有吗喊叭德圣人，生隋开皇元年……门徒有大贤四人。唐武德中来朝，遂传教中国。一贤传教广州，二贤传教扬州，三贤、四贤传教泉州。卒葬此山。"①

来华传教的伊斯兰四贤首见于《闽书》，明以前的碑刻和文献都没有这种说法。因此，很难追溯《闽书》唐武德年中四贤来朝源自何处，也难以考证四贤的人物真伪。不过，唐武德年为618—626年，此时穆罕默德已经在麦加和麦地那传教。从时间点上来看，"唐武德说"是可能的，虽然《闽书》关于穆罕默德的生年记载错误，但是就目前在广州、扬州和泉州仍有的四贤墓，以及近来考古调查所发现的相关唐代遗物，说明"武德说"和"四贤说"具有一定的可能性。

有关"唐贞观"说的支持文献有《回回原来》，书里记载：

大唐贞观二年三月十日，夜，天子梦一缠头，追逐妖怪，闯入宫门，醒后惊疑，不知何兆。次日，召群臣问之。有圆梦官奏："缠头系西域之回回。嘉峪关西，天方国有一回王，道高德厚，国富兵强。怪物入宫，必有妖气。必得回回，庶乎可以消灭。"军师徐世勣奏："回回至诚不欺，结之以恩，则忠心悦服，永无他意。可遣使至西域见回王，求取真人，以镇压之。"天子依其言，遣大臣石名堂携指往西域谒回王。回王接旨大喜，遣其国中高僧该思、吴歪斯、噶心三人，来华报聘。行至中途，该思、吴歪斯二人不服水土病死。仅余噶心一人，跋涉山川，受尽辛苦，而至中国。②

贞观二年即628年，此时穆罕默德已经掌握了麦地那，这一年是伊斯兰教的"传道之年"，穆罕默德曾经派使者到罗马、伊朗和阿比西尼亚等地宣传伊斯兰教义，因此，是有可能派遣贤者前来中国传教的。③ 王静斋的《我之回教源流考》里提到当穆罕默德从麦加迁往麦地那传教时，有贤者在628年来中国，学习中国语言、风俗，在中国死后有华人为其立碑纪念。④ 另外，金吉堂《中国回教史研究》里也提到，628年有一群阿拉伯人从麦地那乘商船至广州，这些阿拉伯人自称是"上帝的先知"穆罕默德所派遣。⑤

不论是《回回原来》《我之回教源流考》，还是《中国回教史研究》，它们在文献的可信度

---

① 〔明〕何乔远：《闽书》卷七（第一册），福建人民出版社1994年版，第165-166页。
② 张星烺：《中西交通史料汇编》第二册，第183-184页。
③ 刘有延：《伊斯兰教入华隋开皇说溯源及其正确评价》，第18页。
④ 刘有延：《伊斯兰教入华隋开皇说溯源及其正确评价》，第19页。
⑤ 金吉堂：《中国回教史研究》，宁夏人民出版社2000年版，第52-53页。

上都有一些瑕疵。《回回原来》可能是根据中国穆斯林的口述,最终在明清时期成书的,而书中不少怪诞的记载容易使人疑惑其内容的真实性。《我之回教源流考》和《中国回教史研究》都是近代的著作,里面引用的一些内容没有确切的来源注释,因此,也无法追溯内容的可靠性。除了这几条来源可疑的文献外,没有其他的文字记录支持贞观二年(628)是穆斯林来华的起始点。然而,刘有延认为吴鉴所撰的泉州《重立清净寺碑记》是最早可信的、有关伊斯兰教的碑文,里面所载隋开皇七年(587)的谬误,起源于早期中国人没有意识到伊斯兰希吉拉历法与中国历法的差异。经过换算后,刘有延认为隋开皇七年实际上应该往后推41年,亦即唐贞观二年,为"唐贞观二年"说提供一个支持证据。①

"唐永徽"说的缘由,是根据《旧唐书》记载:"永徽二年八月乙丑,大食国始遣使朝献。"② 陈垣根据此条文献,也认为《回回原来》里面所提到的贞观二年为误算,从贞观二年往后推23年又刚好是永徽二年(651),遂以永徽二年为穆斯林入华的起始年。③ 然而,考察《旧唐书》的记载,里面只提到朝献,并没有明指这些阿拉伯使者是否有定居及传教的事实。因此,也难以认定永徽二年为最早的伊斯兰教入华时间。

其实,这些史料可能都只是试图抓取整个伊斯兰教入华过程中的一个个小片段。由于信息往来和交通不便,很难期待唐朝人能够准确无误地掌握伊斯兰教入华的年代及人物信息。此外,早期中国人还难以掌握伊斯兰希吉拉历法的算法。因此,根据这些后世所载的记录来追溯所谓最早的穆斯林入华年代可能不切实际。事实上,从伊斯兰教的发展史来看,穆罕默德于贞观二年(628)已经占领麦地那,并进逼麦加。在这一年穆罕默德与麦加贵族签订了《侯代比亚合约》,除了确立伊斯兰教的合法地位外,为了扩大伊斯兰教的影响力,穆罕默德还派遣大量的使者和教士,向阿拉伯半岛国家及海外邻国传教。唐贞观六年(632),穆罕默德逝世,此时阿拉伯半岛大抵已经接受了伊斯兰教,随后的"四大哈里发时期"更是阿拉伯帝国和伊斯兰教急速扩张的时代。因此,理论上,贞观二年以后来华的阿拉伯裔商人或教士很有可能都是已经接受伊斯兰教的穆斯林。

若从整个长时段的历史过程来看,上述这些文字史料和口述历史都能够反映一些重要的历史事实,它们同样地指出几个重要的特征。首先,最早来华的穆斯林走的是海路。其次,走海路来华的穆斯林首选传教的地点是广州,然后是扬州和泉州。这几个港口在唐代都是海上丝绸之路的重要商贸港。其中,广州由于地理位置偏南,是阿拉伯教士抵达中国的首站。伊斯兰教士在中国传教似乎是长期的,并且没有受到唐朝的阻止,最终都有一定的成果。再次,有些伊斯兰贤者在

---

① 刘有延:《伊斯兰教入华隋开皇说溯源及其正确评价》,第19-21页。
② 〔后晋〕刘昫等:《旧唐书》卷四,第69页。
③ 陈垣:《回回教入中国史略》,载白寿彝著《中国回教小史》,宁夏人民出版社2000年版,第96-98页。

中国死亡了，有教徒为其立墓、立碑。最后，在广州传教的贤者甚至还建立了第一座伊斯兰礼拜堂。

从唐代初期到中期的文献来看，唐朝廷已经知晓了阿拉伯帝国和伊斯兰教，可能也默许伊斯兰教在华传播。不过，中央政府对于伊斯兰教的内容只显露出一点好奇，了解得并不深入。《旧唐书》载，大食：

> 开元初，遣使来朝，进马及宝钿带等方物。其使谒见，唯平立不拜，宪司欲纠之，中书令张说奏曰："大食殊俗，慕义远来，不可置罪。"上特许之。寻又遣使朝献，自云在本国惟拜天神，虽见王亦无致拜之法，所司屡诘责之，其使遂请依汉法致拜。①

阿拉伯文献《中国印度见闻录》里也有一个关于伊本·瓦哈卜（Ibn Wahab）来华的记录。870—871 年，亦即唐懿宗咸通十一至十二年间，巴士拉的伊本·瓦哈卜为了逃避战乱来到尸罗夫（波斯湾古港口），在好奇心的驱使下又从尸罗夫搭上了一艘船抵达广州，接着又花了两个月的时间来到皇宫门前。伊本·瓦哈卜多次上书求见，声称自己是阿拉伯先知的亲族，皇帝下诏书给广州官员，在外商中查访这个阿拉伯先知亲族的来历。广府的官员回禀他的血统是可靠的，皇帝召见了伊本·瓦哈卜，向他打听了阿拉伯打败波斯的过程，并让他指认了诺亚、摩西、耶稣等基督教的先知。最后，皇帝拿出了一幅画，伊本·瓦哈卜说：

> 我在一帧画上，看见了先知穆罕默德，他骑在骆驼上，簇拥着他的教友们，也骑着骆驼。他们脚上穿着阿拉伯式的靴子，腰上牢牢地挂着一根很长的剔牙枝。这时，我（感动得）流泪了。②

唐懿宗接着又询问了伊本·瓦哈卜有关哈里发的情形、装束，以及伊斯兰的教规和信条。最后，唐懿宗送给伊本·瓦哈卜丰厚的赏赐，并命令广府官员安排他回国的交通路线。伊本·瓦哈卜的经历说明至少到了唐代中期，中国对于伊斯兰教及阿拉伯帝国的知识已经较为明晰了。

唐代是穆斯林商人浮海来华的重要起始点，这是因为中国的海上交通在原来的基础上又更加成熟发达了，不论是从中国到阿拉伯，或是从阿拉伯到中国，远洋航线都是畅通无阻的。贾耽的《广州通海夷道》里详细描述了从广州经海南东部、越南中部、马六甲海峡、尼可巴群岛、斯里兰卡、印度西岸到波斯湾的远洋航线。苏莱曼的《东游记》里记载巨大的唐船已经是从波斯湾

---

① 〔后晋〕刘昫等：《旧唐书》卷一九八，第 5316 页。
② 穆根来、汶江、黄倬汉译：《中国印度见闻录》，中华书局 1983 年版，第 102－107 页。

到广州的运输主力了。广州确实是唐代重要的海上贸易港。根据《唐大和上东征传》记载，鉴真和尚从广州东渡日本，目睹广州"江中有婆罗门、波斯、昆仑等大舶不知其数，并载香药、珍宝积载如山，其船深六七丈，狮子国、大食国、骨唐国、白蛮、赤蛮等往来居住，种类极多"①。随着海上交通的发达，外商来广州的数量也大幅增加。这些外国人来自大食、波斯、天竺、真腊、诃陵等地，约十几万人，其中穆斯林占多数。为了方便管理众多外商，唐朝廷在广州划定"蕃坊"供外商居住，部分蕃商长期居留在中国，甚至与中国人通婚。唐朝管理舶商的制度颇为开明，除了保障他们在华的身家财产外，还允许宗教自由，让穆斯林建怀圣寺（今广州光塔）为礼拜之用。这些蕃商除了输入中国需要的商品外，也开始向中国人介绍海外的各种香料及药草，不少有疗效的香药还被收录进唐代的药典，增加了中国人的医药知识。

宋元时期，阿拉伯和波斯穆斯林商人仍然是海上丝绸之路上的主要承运者。宋代文人士大夫阶级兴起，社会弥漫着追求精致高雅的文化，烧香、焚香的习俗很盛，这提高了中国对香料和香木的需求。《宋史》卷一八六《食货下八》称，"凡大食、古逻、阇婆、占城、勃泥、麻逸、三佛齐诸蕃，并通货易，以金、银、缗钱、铅、锡、杂色帛、瓷器，市香药、犀象、珊瑚、琥珀、珠琲、镔铁、鼊皮、玳瑁、玛瑙、车渠、水精、蕃布、乌樠樠、苏木等物"②。此时宋代输入的商品已经不止于象牙、玳瑁、犀角、珍珠等奇石异物，各种中国无法自产的香药也是输入的大宗，其中，又以乳香、龙涎香、木香、没药、血竭、阿魏、苏合香、龙脑、沉香、没石子、蔷薇水、番桅子花、摩娑石（黑琥珀）、硼砂、肉豆蔻、白豆蔻、安息香、芦荟、椰枣、丁香、无名异等为主。这些香药有部分产自阿拉伯半岛，有部分是穆斯林商人途经东南亚地区顺路运送到中国市场的。南宋以后，泉州取代广州，一跃成为东亚最重要的商港，也是阿拉伯商人云集的地方。宋末元初，泉州蒲寿庚是穆斯林海商后代在华为官的代表性人物。

明代海禁政策固然对海上丝绸之路打击严重，但明初郑和下西洋对于东南亚的伊斯兰化也有一些催化作用，不少东南亚华人穆斯林社区据说是在郑和的支持下建立的。③ 1405 年，具有穆斯林身份的郑和第一次下西洋，此时正是马六甲王国初建之时。根基不稳的马六甲王国受到满者伯夷王国和暹罗国的夹击，马六甲国王选择寻求明朝的支持，不但数次遣使，甚至还亲自率领妻子、臣子来华朝贡。1413 年马六甲国王正式皈依伊斯兰教，在明朝的支持下快速地扩大贸易和军事实力。其时不但马来半岛开始了伊斯兰化，苏门答腊、文莱、爪哇和马鲁古群岛也逐渐出现伊斯兰化的苏丹王国。这个时期除了阿拉伯商人外，印度古吉拉特的穆斯林商人也活跃于印度洋和东南亚之间。

---

① 真人元开撰，汪向荣校注：《唐大和上东征传》，中华书局 2000 年版，第 4 页。
② 〔元〕脱脱等：《宋史》卷一八六，中华书局 1977 年版，第 4558 - 4559 页。
③ 廖大珂：《郑和与东南亚华人穆斯林》，载《暨南学报（哲学社会科学版）》2005 年第 6 期，第 123 - 127 页。

1512年，葡萄牙人在欧洲大航海时代的背景下来到了东南亚。随后，逐利而来的荷兰、西班牙、英国、法国等西欧基督教王国在东亚和东南亚开启远洋贸易竞争。穆斯林商人在此区域的活动受到限制，中国和阿拉伯地区的海上贸易和交流也逐渐没落了。在这个历史背景下，广州的穆斯林群体逐渐萎缩，并融入汉文化群体，仅能从家谱和姓氏上看出先辈的穆斯林身份。

## 三、海上丝绸之路与广州的穆斯林

### （一）海上丝绸之路的历史演变

海上丝绸之路的命名是相对于陆上丝绸之路而言的。丝绸之路原指古代从中国途经中亚通往南亚、西亚、欧洲与北非的陆上贸易通道。虽然在这些贸易通道上被交换的货物不仅是丝织品，但丝绸却是主要的商品，并具有象征意义。丝绸之路上的经济活动不但带动了商品与货币的流动，还促进了东西方的文化交流与人群迁移，古代科技、知识与文化的创新就是在这样的背景下逐步发展起来的。连接东西方的丝绸之路除了走陆路通过中亚之外，也可以走海路从中国东部沿海地区经由东南亚往印度、波斯湾、阿拉伯半岛和东非。海上及陆上丝绸之路虽在路线、交换商品及文化交流的内容上有所差异，但中国与周边国家、地区开放市场、互惠互利、和平交流可以说是贯穿丝绸之路的核心精神，也是丝绸之路所象征的重要的文化意义。

从考古材料来看，古代中国养蚕织绸的历史可上推至新石器时代，浙江吴兴钱山漾良渚文化遗址出土的残绢片和丝织品是目前最早的证据，距今约4700年。[①] 虽然中国生产丝绸的历史很早，但海上丝绸之路何时开启却还难以断定。史前时代，中国南方与东南亚之间即已存在文化交流及人群往来，交换贸易应该也是并行的，但由于有机质容易腐烂，目前的考古材料还无法清晰地复原双方交换商品的种类和模式，因此，难以推论丝绸在史前华南和东南亚地区交换贸易的地位。但是，从汉代开始，随着航海技术的进步，中国与东南亚之间的远洋航行逐渐可行，再加上秦汉之后中原的势力已拓展到了岭南和交趾一带，文献中对于沿海往东南亚与印度洋贸易的情况描述较为清晰可靠，因而，据此可以得知中国丝绸和布料的重要地位，并可以将海上丝绸之路年代的上限保守定于汉代。

至于海上丝绸之路的年代下限，赵春晨认为："海上丝绸之路在明中叶以后和清代前期已经衰落，并逐渐被西人的殖民贸易所替代，海上丝绸之路的历史下限是作为古、近中国历史分界的

---

① 浙江省文物管理委员会：《吴兴钱山漾遗址第一、二次发掘报告》，载《考古学报》1960年第2期，第86-90页；汪济英、牟永抗：《关于吴兴钱山漾遗址的发掘》，载《考古》1980年第4期，第355页。

鸦片战争。"① 鸦片战争之后的中西贸易从互利互惠及和平交流的海上丝绸之路模式转变为西方殖民资本主义不对等的贸易模式,因此,赵春晨将海上丝绸之路的下限定在鸦片战争是可行的。

唐代穆斯林主要是走海上丝绸之路来华的,而广州是穆斯林停留和居住的第一个也是最重要的阵地。随着国家一统,社会安定,政治开明,经济发展,唐代各地手工业愈加发达,可供外销的产品除了丝绸外,另有陶瓷器、金银器等商品。特别是瓷器的生产技术在10世纪前唯中国所有,因此,唐代中国瓷器在海外深受好评,如同汉代的丝绸。唐中叶以后,西域动乱又起,此时伊斯兰文明已经从西亚开始扩散,重商的穆斯林络绎不绝地扬帆航向东南亚及广州。在内部及外部因素的作用下,广州的海上贸易越趋繁荣。开元二年(714)朝廷已经有为管理海上贸易的需要而设置的市舶使,其职责为检查蕃舶、收关税、接待蕃商、买卖舶货等。

承继前朝造船及航海术的发展,唐代海上交通又更加成熟发达了。贾耽的《广州通海夷道》里详细描述了从广州经海南东部、越南中部、马六甲海峡、尼可巴群岛、斯里兰卡、印度西岸到波斯湾的远洋航线。这条航线与阿拉伯人苏莱曼的《东游记》里的记载高度一致。说明唐人和阿拉伯人都利用同一条航线往来贸易。阿拉伯帝国的港口有唐人的足迹,中国的港口也有阿拉伯商人定居,形成蕃坊。

北宋结束唐末的藩镇割据后,随着海上贸易的规模加大,朝廷在广州、泉州、明州、杭州、密州等地设立市舶司,但除了广州和泉州外,其余各地的市舶司都曾面临停废的命运。北宋朝廷对于海上贸易已是采取开放的政策,南宋时期由于金人占据北方,为了增加财政税收,朝廷更加热衷于海上贸易。这极大地刺激了沿海地区造船业的发展,当时中国所造的船可以载重数百吨,而指南针的使用也提高了航海的安全性。宋代文人社会弥漫着追求精致高雅的文化氛围,烧香、焚香的习俗很盛,这提高了中国对香料和香木的需求。

《宋史·食货志下七》的一则记载相当程度上反映了中外贸易的一个转折点,"嘉定十二年(1219),臣僚言以金银博买,泄之远夷为可惜。乃命有司止以绢、帛、锦、绮、瓷、漆之属博易"②。南宋嘉定年间的某些政策透露了国家财政的窘迫以及可能存在的大量贸易逆差。总体来说,以中国精湛的手工艺产品交换海外商品(多是动物、植物等天然物产)的政策鼓励了中国陶瓷器、漆器和纺织品的生产与技术创新,珠三角也开始出现生产外销瓷的窑口,例如西村窑;但整体而言,浙江、闽南一带的外销瓷器在海外考古遗址较为常见。

由于南宋定都杭州,再加上远洋航海技术的发展,中国往东南亚的航线不一定需要经过广州,从泉州往菲律宾经苏禄群岛到婆罗洲及印度尼西亚马鲁古群岛的航线可能已经打开了,《诸番志》《岛夷志略》等文献都已记录菲律宾及婆罗洲的贸易点,如三玙、麻逸、蒲哩鲁、渤泥

---

① 赵春晨:《关于"海上丝绸之路"概念及其历史下限的思考》,载《学术研究》2002年第7期,第91页。
② 〔元〕脱脱等:《宋史》卷一八六,第4538页。

等。泉州占了地利之便,陶瓷业又较为发达,一时可与广州并驾齐驱。南宋末年,元军南侵,蒲寿庚献泉州降元,保全了泉州港,使其免受战火。之后由于蒲寿庚的关系,元朝廷持续泉州的对外贸易,泉州的贸易规模可能超越了广州,《马可·波罗游记》即称泉州港为东方第一大港。

明代是海上丝绸之路一个重大的转折点。为了抵御海寇,以及受朱元璋立国推行的农本思想影响,明洪武三年(1370),罢太仓、黄渡市舶司;洪武七年(1374),又罢广州、明州和泉州市舶司。洪武年间颁令:"凡沿海去处,下海船只,除有号票文引许令出洋外,若奸豪势要及军民人等,擅造二桅以上违式大船,将带违禁货物下海,前往番国买卖,潜通海贼,同谋结聚及为向导劫掠良民者,正犯比照谋叛已行律处斩,仍枭首示众,全家发边卫充军。"① 此外,还约束外国商人:"敢有私下诸番互市者,必置之重法,凡番香、番货皆不许贩鬻,其现有者限以三月销尽。"② 洪武二十年(1387),甚至要求沿海居民内迁。一系列打击海外贸易的政策无法消灭海寇,更无法切断中国与海外长期的商贸依赖关系,最终导致非法走私贸易的发生,不少闽粤居民被迫移民海外。

明永乐年间郑和下西洋是海上贸易史上很独特的事件。郑和的七次航行是朝廷直接资助进行的、不带有明确目标的航海活动。首先,从郑和在各国活动的情况来看,宣扬国威似乎是主要的目的,但与同时期海禁政策相矛盾的地方在于宣威的意义似乎又不是为了鼓励外商来华互通有无;况且,当时的海患主要来自日本,若郑和舰队带有外交与军事目的,则最需要宣威与解决的地方应当是东洋,而不是素来较为和平的东南亚与阿拉伯地区。其次,若郑和下西洋的目的是经济利益的话,则最多也只能说是明朝以国家主导的力量垄断了海上贸易。虽然有学者提出郑和航海为朝廷带来的收益是宋元市舶司收入的十几倍③,但这样的计算没有考虑打造舰队的成本,以及牺牲的沿海地区的民间经济利益。所以,明严从简的《殊域周咨录》记载:"三宝下西洋,费钱粮数十万,军民死且万计,纵得奇宝而回,于国家何益!此特一时敝政,大臣所当切谏者。旧案虽有,亦当毁之以拔其根。"④ 永乐末年以后,中国商船的活动范围退居到印度洋以东。⑤ 明穆宗隆庆元年(1567),明朝解除海禁,但规定民间海外贸易必须通过月港(今福建漳州)。隆庆开关后,明朝海关税收逐步增加,民间经济复苏,海寇也大为减少。

清军入关之后,治国政策上延续明朝的农本思想,再加上郑成功在台湾及东南沿海尚有反抗势力,因此,清初也有海禁政策,这为航海科技带来负面的影响。另一方面,16世纪后随着欧

---

① 怀效锋点校:《大明律》,法律出版社1998年版,第400页。
② 《明实录·太祖实录》卷二三一,台湾"中央"研究院历史语言研究所校印,1964年,第3374页。
③ 田培栋:《郑和下西洋的性质与所获财富的估计》,载《郑和下西洋研究文选》,海洋出版社2005年版,第270-272页。
④ 〔明〕严从简:《殊域周咨录》卷八,京华出版社1968年版,第434页。
⑤ 田汝康:《17—19世纪中叶中国帆船在东南亚洲》,上海人民出版社1957年版,第2-5页。

洲开启大航海时代及地理大发现，葡萄牙、西班牙、荷兰、法国、英国等列强逐步参与亚洲海上贸易，中国面对的新的贸易对手与过去的亚洲诸小王国是很不一样的。这些欧洲势力的海上贸易一开始就是带有商业垄断、军事殖民及宣扬基督教等明确目的的行动，在经济活动中夹杂了有规划的军事和文化入侵。康熙、乾隆皇帝虽然也意识到欧洲商贸军事复合体的威胁，却以闭关自守的政策逃避西方资本主义势力的纠缠。为了管理欧洲商贸军事复合体，清朝发展出"海关"及"行商"制度。乾隆二十二年（1757）以后，清朝关闭其他海关，只留广州一口通商，并使具有垄断地位的广州行商与西方商人交易，中国的瓷器、丝绸、茶叶等仍是重要商品，但洋商输入的货品已非香药、犀、象等天然物产，不少欧洲手工艺品如钟表、玻璃镜、珐琅器等也试图进入中国市场。光绪十年（1884），奉旨办理广东海防的彭玉麟说："咸丰以前，各口均未通商，外洋商贩，悉聚于广州一口。当时操奇计赢，坐拥厚赀者，比屋相望。如十三家洋行，独操利权，丰享豫大，尤天下所艳称。"①

欧洲工业革命之后，西方列强的生产模式、航海及军事科技、政经制度及文化发展在本质上很快就发展成具有侵略性的帝国主义。诸列强的全球布局是以自身民族国家的最大利益为优先考虑，而非礼尚往来及自由、互惠并存的海上丝绸之路贸易模式。亚洲海上贸易模式在西方资本帝国主义的挑战下逐渐趋于下风。清中叶以后，中国贸易顺差太大，英国只能走私鸦片输入中国以赚取白银。而林则徐打击鸦片走私的行为动摇了英国的利益。1840年英法鸦片战争中国失利，西方列强凭恃船坚炮利，从此，海上丝绸之路的贸易模式江河日下，亚洲海上贸易完全成为西方世界体系的一部分，中国从生产贸易中心变成了半边陲地区。

从历史文献来看，广州穆斯林的族群成分具有一些趋势。早期穆斯林有少数是西方来华的传教士，更多的是经营香药、珠宝、象牙生意的阿拉伯或波斯海商。中国和伊斯兰文明的交往是顺着海上丝绸之路的历史而发展的。宋元以后，随着外来穆斯林长期定居在中国，他们的后代逐渐通晓中国文化，有些成为医药家，有些担任中国朝廷的官员，有些甚至加入军队成为军官。唐代至宋元时期是穆斯林经由海上丝路来中国的高峰期，而广州是海上丝绸之路上中、伊交流的重要节点。明、清随着海上丝绸之路的逐渐没落，浮海来穗的穆斯林也逐渐减少，广州的穆斯林更多的是源自中国西北和其他地方，经由陆路而来的军人、工匠和商贩，但数量上比起前代大为减少。

（二）唐代在广州的穆斯林

广州最早有穆斯林的证据是《明史》、泉州《重立清净寺碑记》及广州《重建怀圣寺记》里所提到的撒哈八撒阿的斡葛思（或称为宛葛思），他可能也是《闽书》里最早来华传教的四大

---

① 〔清〕俞樾编：《彭刚直公（玉麟）奏稿》，台湾文海出版社1967年版，第126页。

贤人之一。显然，在早期来华传教的穆斯林中，斡葛思是一位相当重要的人物，以至于历代都有关于他的记载和传说。然而，早期对于斡葛思的身份并没有较为明确的说法。清代一些可能是根据在华穆斯林口述历史所记载的地方志里面有斡葛思身份的记录。《广州府志·杂录一》曰："唐开海舶，西域回教默德那国王谟罕蓦德，遣其母舅蕃僧苏哈白塞来中土贸易，建光塔及怀圣寺，寺塔成，寻殁，遂葬于此。"① 清代《天方正学》曰：

> 大人道号旺葛思（即斡葛思），天方人也，西方至圣之母舅也，奉使护送天经而来，于唐贞观六年，行抵长安，唐太宗见其为人耿介，讲经论道，有实学也，再三留驻长安，因饬建大清真寺……太宗后敕江宁、广州亦建清真寺分驻。阙后大人期颐之年，由粤海乘海船，放洋西去……大人在船中复命归真，真体大发真香，墓于广州城外。②

考察《天方正学》的记载，发现它与其他文献多有出入。首先，描述斡葛思来华的途径，《天方正学》不提斡葛思护送天经而来是走海路还是陆路。其次，不提斡葛思来华的首站，只提斡葛思在贞观六年（632）抵长安。最后，记载了太宗下令斡葛思在江宁和广州建清真寺，然而正史里并没有太宗下令建清真寺的记录，也没有迹象显示唐皇室支持伊斯兰教的发展。不过，斡葛思葬在广州的说法倒是与其他文献资料或是口传历史较为一致。

不论是《广州府志》还是《天方正学》，清代的文献都称斡葛思为穆罕默德的母舅。翻阅伊斯兰教史可知，穆罕默德确实有一个男性亲属叫撒哈巴·赛义德·伊本·阿比·宛葛思，他也是最早追随穆罕默德传教的信徒之一。但是，根据阿拉伯人的说法，宛葛思在673—675年间被葬于麦地那。因此，广州的先贤墓就难以被认定为穆罕默德母舅赛义德·宛葛思之墓。马以愚提出另一个不同的观点，认为《明史》记载的撒哈八可翻译为"至亲"的意思，撒阿的斡葛思按阿拉伯称名的习惯也可以理解为斡葛思之子撒阿的。因此，马以愚推论先贤墓是宛葛思的儿子撒阿的之墓。但这个说法也有点牵强，没有其他佐证。此外，还有伊萨克·梅森提出的观点，认为广州的宛葛思墓其实是《中国印度见闻录》所提到的伊本·瓦哈卜的墓，因为此人在会见唐朝皇帝的时候自称是穆罕默德的至亲，且得到广州阿拉伯人的认可。不过，矛盾的是，《中国印度见闻录》也记载瓦哈卜最终回到了伊拉克，而不是死在广州。总之，考证先贤墓主人的确切身份是有困难的，许多传说都是明清以后才形成的；但先贤墓年代定在唐代一般没有太多的疑虑，而墓主是来华的阿拉伯人也应无太大的问题。

---

① 〔清〕瑞麟，戴肇辰等修，史澄等纂：《广州府志·杂录一》卷一六〇，台湾成文出版社1966年版，第783页。

② 转引自张星烺《中西交通史料汇编》第二册，第186页。

事实上，唐代广州通海夷道打通了中国和阿拉伯之间的航线，有大量的阿拉伯和波斯人定居在广州是可以确定的。为了管理穆斯林商人，唐朝廷还设立了特殊的管理制度。9世纪成书的《中国印度见闻录》里就写道：

> 商人苏莱曼（Solaiman）提到，在商人云集之地广州，中国官长委任一个穆斯林，授权他解决这个地区各穆斯林之间的纠纷；这是照中国君主的特殊旨意办的。每逢节日，总是他带领全体穆斯林作祷告，宣讲教义，并为穆斯林的苏丹祈祷。此人行使职权，做出的一切判决，并未引起伊拉克商人的任何异议。因为他的判决是合乎正义的，是合乎尊严无上的真主的经典的，是符合伊斯兰法度的。①

这段记录说明唐代已经有阿拉伯商人在广州居住，此外，唐朝皇帝已经注意到这群来华商人的特殊性，并授权一位穆斯林（先贤墓主人？）管理广州的穆斯林社群。这位管理者要带领众穆斯林在伊斯兰节日祷告并宣教，必然需要礼拜堂。当时也必然有穆斯林死于广州，而伊斯兰的教法又规定穆斯林必须三日内尽快埋葬死者，使其入土为安，因此，必然会在广州形成穆斯林墓葬群。

至于当时广州究竟有多少穆斯林也是学术界讨论的主题。张星烺曾经引《旧唐书·李勉传》的记载："（代宗大历）四年（769），（李勉）除广州刺史，兼岭南节度观察使。前后西域舶泛海至者岁才四五，勉性廉法，舶来都不检阅，故末年至者四千余。"② 又比较《新唐书·李勉传》，最后一句"明年至者乃四千余柁"，根据这两条文献，张星烺估算以每艘船二百人计，四千多艘船就是八十多万人。③ 不少学者也引用这个线索，论述唐代广州的对外贸易之盛。④ 然而，一年四千多艘西域船和八十多万外商来广州的数字毕竟太过庞大，有些学者根据不同版本的旧（新）《唐书》，提出"四千余"其实是"四十余"的误写。⑤ 刘有廷从季风（半年一换）、蕃舶停留期间（半年）、珠江长度及容许载舶量推估每年二十艘船是比较合理的；此外，又从唐代广州蕃坊的面积及可能建筑的房子数量推算，蕃坊只能容纳五千人左右，而侨居广州的蕃商不过两千人。⑥ 刘有廷的估算结果与广州是商贸大港和穆斯林荟萃的传统观点有相当大的反差。不过，

---

① 穆根来、汶江、黄倬汉译：《中国印度见闻录》，第7页。
② 〔后晋〕刘昫等：《旧唐书》卷一三一，第3635页。
③ 张星烺：《中西交通史料汇编》第二册，第204页。
④ 加法尔·卡拉尔·阿赫默德：《唐代中国与阿拉伯世界的关系（下）》，载《新疆师范大学学报（哲学社会科学版）》2004年第3期，第55—61页；余振贵：《中国历代政权与伊斯兰教》，宁夏人民出版社2012年版，第27页。
⑤ 中村久四郎著，朱耀廷译：《唐代的广东（下）》，载《岭南文史》1983年第3期，第33页。
⑥ 刘有廷：《唐代广州蕃舶数以及城区人口和蕃客数量估计》，载《回族研究》2015年第2期，第5—13页。

《中国印度见闻录》有一段记载却支持了唐代广州城内穆斯林人口众多的说法：

> 在中国，出了一个名叫黄巢的人物……在众多的中国城市中，他开始向广府（Khanfu，广州）进发。这是阿拉伯商人荟萃的城市……广府居民起来抵抗黄巢，他便把他们困在城内，攻打了好些时日。这个事件发生在回历264年。最后，他终于得胜，攻破城池，屠杀居民。据熟悉中国情形的人说，不计罹难的中国人在内，仅寄居城中经商的伊斯兰教徒、犹太教徒、基督教徒、拜火教徒，就总共有十二万人被他杀害了。这四种宗教徒的死亡人数所以能知道得这样确凿，那是因为中国人按他们的人（头）数课税。①

另外，马苏第在《黄金草原》里也描述了黄巢攻击广州的事件，他提到穆斯林、基督徒、犹太人和祆教徒被杀的有二十万人，并且解释"我们所以能够进行这种估计是由于中国的国王们都有户籍簿，其中统计了其帝国中的臣民以及附近附属他们的民族的人"。②《中国印度见闻录》的十二万和《黄金草原》的二十万虽然差距颇多，但如果阿拉伯人的记载接近事实的话，那保守来说，广州有十万人口的阿拉伯穆斯林及其他海外商人是可以接受的。黄巢的动乱显然对于阿拉伯商人来说是很重大的，《中国印度见闻录》宣称这个事件中断了中国和阿拉伯的海上贸易。

从唐代文献来看，最早期的阿拉伯商人可能是和广州人居住在一起的，并没有所谓特定的"蕃坊"。《旧唐书·王锷传》里提到，贞元年间（785—805），"广人与夷人杂处"。元和年间（806—820），李肇的《唐国史补》有所谓"蕃长"的称号，"南海舶，外国船也，每岁至安南、广州，狮子国舶最大，梯而上下数丈，皆积宝货，至则本道奏报，郡邑为之喧阗，有蕃长为主领"。③ 不过，"蕃长"似乎只是类似蕃舶船长的性质，并非朝廷指派具有官方性质的职务。大和年间（827—835），"广州蕃坊"的名称已经出现了，唐《投荒杂录》载："在广州蕃坊，献食多用糖蜜、脑麝，有鱼俎，虽甘香而腥臭自若也。"④ 但此时的蕃坊可能只是外商自行选择集聚的地方，而不是官方指定的外商居住地。因为直到开成年间（836—840），卢钧任广州刺史时，"土人与蛮獠（阿拉伯商人）杂居，婚娶相通，吏或扰之，相诱为乱……钧至立法，俾华蛮异处，婚娶不通，蛮人不得立田宅，由是徼外肃清，而不相犯"⑤。唐初广州缺乏系统化的移民治

---

① 穆根来、汶江、黄倬汉译：《中国印度见闻录》，第96页。
② 马苏第著，耿昇译：《黄金草原》，青海人民出版社1998年版，第180-181页。
③ 杨怀中、余振贵主编：《伊斯兰与中国文化》，宁夏人民出版社1995年版，第54页。
④ 〔清〕顾炎武撰，黄坤校点：《天下郡国利病书（六）广东备录下》，上海古籍出版社2011年版，第3423页。
⑤ 〔后晋〕刘昫等：《旧唐书》卷一七七，第4592页。

理似乎的确带来了一些问题，如《旧唐书·肃宗本纪》载，"乾元元年（758）九月癸巳，广州奏大食国、波斯国兵众攻城，刺史韦利见弃城而遁"①。

虽然穆斯林移民带来一些问题，但唐代朝廷对穆斯林商人的经济和法律权益是采取保护态度的。大和八年（834），唐文宗下令：

> 南海番舶本以慕化而来，固在接以仁恩，使其感悦。如闻比年长吏多务征求，嗟怨之声，达于殊俗。况朕方宝勤俭，岂爱遐琛。深虑远人未安，率税犹重。思有矜恤，以示绥怀，其岭南、福建及扬州蕃客，宜委节度观察使常加存问，除收舶脚进奉外，任其往来通航，自为贸易。②

除了自由贸易外，《唐律疏义》还明文规定："化外人谓蕃夷之国，别立君长者，各有风俗制法不同，其有同类自相犯者须问其本国之制。"③ 这与苏莱曼所述的类似，穆斯林可以按自己的习惯法行事。《中国印度见闻录》还写道：

> 如果到中国去旅行，要有两个证明：一个是城市王爷的，另一个是太监的……太监的证明上则注明旅行者随身携带的白银与货物……这样，如果出现丢失，或在中国去世，人们将知道物品是如何丢失的，并把物品找到交还他，如他去世，便交还给其继承人……在商业交易上和债务上，中国人都讲公道。④

《中国印度见闻录》中还有一件轶事，也显示唐朝保护外商的精神。一位来自呼罗珊的商人，他的货物被广州的宦官强占，呼罗珊商人前往京师上访，最后查明真相，唐朝皇帝召回宦官（市舶使？），呵斥道：

> 你简直该当死罪。你教我落到去召见一个（吝啬的）商人的地步。他从我国（西部）边境的呼罗珊，到阿拉伯，然后从那里经过印度各国，来到中国。他是来我国寻求恩惠的。可是，你却希望他回去的时候，向各地的人说："我在中国遭到无情的虐待，财产也给强占去了。"⑤

---

① 〔后晋〕刘昫等：《旧唐书》卷十，第253页。
② 《全唐文》卷七十五，上海古籍出版社1990年版，第342页。
③ 〔唐〕长孙无忌等：《唐律疏义》卷六，中华书局1985年版，第115页。
④ 穆根来、汶江、黄倬汉译：《中国印度见闻录》，第18页。
⑤ 穆根来、汶江、黄倬汉译：《中国印度见闻录》，第116–117页。

总体来看，唐初开始有阿拉伯和波斯等穆斯林商人来广州经商是合理的。考虑到伊斯兰教和穆斯林的紧密结合关系，有一些伊斯兰教士来华服务穆斯林和传播伊斯兰教也是可能的。一开始，传教士在死后肯定最容易被众人追悼，因此，会兴建纪念性的墓葬或建筑。广州唐代至明代的穆斯林，由于战乱等因素，有断断续续存在的现象，加上后来伊斯兰教在东南沿海也逐渐没落，因此，有关广州先贤墓地主人的确切身份没有很完整地保留下来，出现的疑点和矛盾比较多。但这个结论不影响推断唐代广州有大量的穆斯林商人，而文献中也显示唐朝对外政策是保护穆斯林商人的。

（三）宋、元时期广州的穆斯林

宋代以后，随着国家日渐稳定，经济及工商业日趋发展，穆斯林商人陆续来到广州。此外，还有一些是在华开枝散叶的阿拉伯后代，他们已经熟悉中国的语言和文化，融入中国的生活，甚至当上了中国的官员。不过，随着宋、元时期海洋贸易政策的变化，广州不再是穆斯林商人主要选择居住和经商的港口，泉州的重要性逐步上升。元代穆斯林属于色目人，也算是朝廷政策保护的对象，因此，他们在中国经商具有相当的合法性和便利性。

黄巢之后，随着宋朝的建立以及政治和经济情势的稳定，阿拉伯商人来广州经商的数量回增。987年，宋太宗"遣内侍八人，赍敕书金帛，分四路招致海南诸蕃商"①。宋朝廷除了在广州之外，也在杭州、明州和泉州开口经商，设立市舶司，以掌"蕃货、海舶、征榷、贸易之事"。据说到了1077年，各个港口收入"为广最盛""课入倍于他路"②。有些富有且愿意与官方交往的大食商人也收录在历史文献中。例如，淳化四年（993），有一位叫蒲希密的大食商人到了广州，因病无法亲自到京城献贡，就派副手李亚勿担此重任。《宋史》记载：

> 大食舶主蒲希密上言……昨在本国，曾得广州蕃长寄书招谕……臣遂乘海舶……今则虽届五羊之城，犹赊双凤之阙。自念衰老，病不能兴，遐想金门，心目俱断。今遇李亚勿来贡，谨备蕃锦药物附以上献。臣希密凡进象牙五十株，乳香千八百斤，宾铁七百斤，红丝吉贝一段，五色杂花蕃锦四段，白越诺二段，都爹一琉璃瓶，无名异一块，蔷薇水百瓶。诏赐希密敕书、锦袍、银器、束帛等以答之。③

到了至道元年（995），另一个大食舶主蒲押陀黎带着蒲希密的表上京师，并贡献了不少奇

---

① 〔元〕脱脱等：《宋史》卷一八六，第4559页。
② 〔清〕徐松纂辑：《宋会要辑稿·职官》第八十六册、四四之十四，台湾新文丰出版社1976年版，第3356页。
③ 〔元〕脱脱等：《宋史》卷四百九十，第14119页。

珍异宝。在崇政殿上，翻译官代他上奏：

> 父蒲希密因缘射利，泛舶至广州，迨今五稔未归。母令臣远来寻访，至广州见之。具言前岁蒙皇帝圣恩降敕书，赐以法锦袍、紫绫缠头、间涂金银凤瓶一对、绫绢二十匹。今令臣奉章来谢，以方物致贡。①

熙宁年间（1068—1077）有位叫辛押陀罗的大食商人和使节来广州，经商有成后，他"乞统察蕃长司公事，诏广州裁度。又进钱银助修广州城，不许"②。苏轼还曾为此人写下敕书，说他"尝诣阙庭，躬陈珍币。开导种落，岁致梯航。愿自比于内臣，得均被于霈泽"③。

这些穆斯林商人经商有成，除了开始和官方打交道，逐渐想在政治上融入中国之外，也有与华人通婚，甚至出现了"土生蕃客"和"五世蕃客"的现象。在唐初蕃汉杂处的情况下，通婚自然是有的，但贞观二年（628）规定"敕诸蕃使人所娶得汉妇为妾者，并不得将还蕃"④。朱彧《萍洲可谈》："元祐间（1086—1094），广州蕃坊，刘姓人娶宗女，官至左班殿直。刘死，宗女无子。其家争分财产。遣人挝登闻鼓。朝廷方悟宗女嫁夷部。因禁止，三代须一代有官，乃得娶宗女。"⑤《宋会要辑稿》也载："大商蒲亚里者，既至广州，有右武大夫曾讷利其财，以妹嫁之，亚里因留不归。"⑥顾炎武《天下郡国利病书》记载海獠："多蒲及海姓，渐与华人结姻，或取科第……"⑦陈垣在《回回教入中国史略》中提到"五代时国主喜纳波斯女，而宋时宦族亦爱嫁大食人。"⑧

宋代的蕃坊制度延续唐代，但更制度化。蕃长除了担负招商的任务之外，也开始有初级自治权力。朱彧《萍洲可谈》记载：

> 广州蕃坊，海外诸国人聚居，置蕃长一人，管勾蕃坊公事，专切招邀蕃商入贡，用蕃官为之，巾袍履笏如华人，蕃人有罪，诣广州鞫实，送蕃坊行遣，缚之木梯上，以藤仗挞之，自踵至顶，每藤仗三下折大仗一下……徒以上罪，则广州决断。⑨

---

① 〔元〕脱脱等：《宋史》卷四九〇，第14119-14120页。
② 〔元〕脱脱等：《宋史》卷四九〇，第14121页。
③ 《东坡全集》卷一七〇，台湾世界书局1986年版，第380-450页。
④ 《唐会要》卷一〇〇，中华书局1986年版，第1796页。
⑤ 〔宋〕朱彧：《萍洲可谈》卷二，台湾商务印书馆1975年版，第10页。
⑥ 转引自张星烺《中西交通史料汇编》第二册，第230-231页。
⑦ 〔清〕顾炎武撰，黄坤校点：《天下郡国利病书（六）·广东备录下》，上海古籍出版社2011年版，第3421页。
⑧ 陈垣：《回回教入中国史略》，载白寿彝著《中国回教小史》，宁夏人民出版社2000年版，第102页。
⑨ 〔宋〕朱彧：《萍洲可谈》卷二，第5页。

由此可见，属于徒刑重罪的由广州官府判决，一般犯罪则由蕃长审判。此外，《天下郡国利病书》也说："天圣后，留寓益伙，伙首住广州者谓之蕃长，因立蕃长司。"① 宋代蕃长司的设立显然比起唐代更为行政化与机构化。李兴华认为，广州蕃坊的性质特征既是唐朝政府安置海外商人的特定场所，又是政府对外交流的一个特定窗口。其次，蕃坊性质特征之一是"主权方面的受中国政府有效管辖和领导与人权方面的尊重蕃客原有的宗教信仰、风俗习惯、给予他们一定自治权力的统一"②。此外，蕃坊是一个结合住宅区与商业区的坊市合一的形式。

穆斯林商人从海外运来的奇珍异宝在中国市场大受欢迎，也因此穆斯林商人的富豪及奢华屡屡记载于史册。岳珂《桯史》里写道：

> 番禺有海獠杂居，其最豪者蒲姓，号白番人，本占城之贵人也。既浮海而遇风涛，惮于复反，乃请于其主，愿留中国，以通往来之货。主许焉，舶事寖赖给其家。岁益久，定居城中，屋室稍侈靡逾禁。使者方务招徕，以阜国计，且以其非吾国人，不之问，故其宏丽奇伟，益张而大，富盛甲一时……有楼高百余尺，下瞰通流，谒者登之。以中金为版，施机蔽其下，奏厕铿然有声，楼上雕镂金碧，莫可名状。有池亭，池方广凡数丈，亦以中金通甃，制为甲叶而鳞次，全类今州郡公宴燎箱之为而大之，凡用钰铤数万。中堂有四柱，皆沈水香，高贯于栋，曲房便榭不论也。③

从以上有关广州穆斯林商人的描述中可看出，宋朝廷对外商态度的宽容。即便他们的奢靡可能逾越了政府的规定，但官府还是采取放任的态度，这个现象与宋朝积极发展海上贸易是有密切关系的。除了对于外商的生活、宗教和文化采取开放的政策外，对于外商的财产也有相关的保护法规。熙宁五年（1072），辛押陀罗奉宋朝皇帝之命回国招商，但回国后反为其国王所杀。辛押陀罗在广州的巨额财产应由其养子继承，或按户绝法归入官府，最后户部的判决是由其养子继续管理家业，维护了他的合法权益，并破除了其商界竞争者（广州商人）的不良企图。④

元代穆斯林属于色目人，其社会地位比起汉人和南人要高，浮海来粤经商的穆斯林商人以及宋代以来即开始华化的土生蕃客都还存在。但是，随着元朝的建立，中西陆路交通大开；此时，穆斯林商人也有不少是经由西域来华的。此外，随着泉州的贸易地位提高，不少穆斯林商人举家搬迁至泉州。尽管如此，元代广州穆斯林还是留下了一些记录。元至正十年（1350）立于怀圣

---

① 〔清〕顾炎武撰，黄坤校点：《天下郡国利病书（六）·广东备录下》，上海古籍出版社2011年版，第3423页。
② 李兴华：《广州伊斯兰教研究（上）》，载《回族研究》2011年第1期，第76页。
③ 〔南宋〕岳珂撰，吴企明点校：《桯史》卷十一，中华书局1981年版，第125－126页。
④ 王东平：《唐宋穆斯林史实杂考》，载《回族研究》2004年第1期，第29－34页。

寺的《重建怀圣寺记》里提到了马合谋，此人为倡议重建怀圣寺的人，官拜中顺大夫同知广东道宣慰使司都元帅府副都元帅；还提到了撰写碑文及记前阿拉伯文的郭嘉（阿拉伯署名哈吉·艾德①）；以及为碑文书丹的政议大夫同知广东宣慰司都元帅撒的迷失。此外，广州出土的元代墓碑《剌马丹墓碑》和《阿拉丁墓碑》说明有阿拉伯和高丽穆斯林死于广州而安葬于此。

从《重建怀圣寺记》里的叙述可以推断，郭嘉可能是已经部分华化的穆斯林后代，但他会书写阿拉伯文，说明元代以前在广州的穆斯林可能为了阅读古兰经，有学习阿拉伯文字的习惯；而《剌马丹墓碑》和《阿拉丁墓碑》的描述说明伊斯兰的墓葬习俗要求穆斯林死后必须立即下葬，而广州穆斯林在异乡人死后帮助死者刻碑纪念的做法，是穆斯林社会互助系统的体现。

（四）明、清时期广州的穆斯林

明朝建立之后，元代色目人的特权地位被取消。明太祖的重农抑商以及海禁政策也极大地阻碍了穆斯林商人来华。明代以后，广州的穆斯林人口发生了重构的现象，根据马建钊的考证，当时广州的穆斯林是"明代中叶以后，从中国的西北、东北、华北及华东等地陆续迁入的"。② 李兴华也认为"明中后期陆续从外地而来至广州驻防的数量相当可观的回回军士，他们则代替过去主要从海上来广州侨居、现已为数甚少的唐宋元时期穆斯林的后裔成为广州伊斯兰教载体的新的主体"③。

明清有两次历史事件给人口重构带来较大影响。首先是明成化年间从南京调来平定两广瑶人之乱的"达官军"。那次军事行动结束之后，"头目羽士夫、马黑麻等大小百余人，加授指挥使、挥同、挥金、镇抚、千百户，世袭安插广州四卫，设大东营、小东营、西营、竹筒营以居之"。④ 此外，还有一些人因调职、经商和犯罪而被明朝廷迁徙到广州。广州四卫的穆斯林军士在成化年间重修了光塔，还新建了东营寺、南胜寺和濠畔寺。明代的穆斯林虽然成分与唐宋的穆斯林已经不同了，但尊崇宛葛思墓的习俗沿袭了下来。《广州府志·羽凤墓志》里记载：

> 按回回坟在广城北门外，建于贞观三年。其坟筑拱顶，形如悬钟，人入内，语声相应，移时方止，故俗呼为响坟。自唐迄今千余年，乡人敬畏，不敢近坟樵采。迨元至正间，留萨都剌十七家居粤看寺及坟。明季命回教世袭指挥驻广州，因是民兵日盛。各姓每年必诣响坟瞻拜诵经，至今相沿不替。而西域诸国，服其化，每航海万里来粤，以得诣坟瞻拜为荣。虽

---

① 署名哈吉表示郭嘉可能曾经前往麦加朝圣。
② 马建钊：《广州回族社区的形成与变迁》，载《广西民族学院学报（哲学社会科学版）》1996年第4期，第54页。
③ 李兴华：《广州伊斯兰教研究（上）》，载《回族研究》2011年第1期，第80-81页。
④ 〔清〕屈大均撰，李文约校点：《翁山文外》，《屈大均全集》，人民文学出版社1996年版，第134页。

极尊贵者至此，亦葡匐膜拜于户外，极致其诚敬焉。①

第二次人口重构事件发生在明末清初。清顺治七年（1650），清兵攻打广州南明军的回族达官军首领后代羽凤麒、撒之浮、马承祖，在孤立无援的情况下他们以死殉国，被广州穆斯林尊为教门三忠。那次战乱，以及后来的三藩之乱对广州穆斯林群体造成很大的负面影响。随后，清廷从各省派驻广州的回族军士即构成最后一次较大批穆斯林的人口移入。

## 四、广州穆斯林的遗物和遗迹

从史料来看，穆斯林从唐代就已经来粤经商、传教，甚至定居，繁衍子孙。唐代中期，广州可能是全国穆斯林最多的城市，但唐末黄巢事件对侨居广州的穆斯林造成了第一次严重的打击。宋代继续唐代海上丝绸之路的主旋律，朝廷招商引资的需求使得广州穆斯林的人口恢复不少。元代穆斯林属于色目人，有朝廷对其社会地位的认可，但此时泉州后来居上，部分原来在粤的穆斯林家族为了经济利益逐渐移居泉州。明清时期的政策、战乱及社会因素使得广州的穆斯林出现另一次剧烈的人口结构的改变。从各省调来驻防广州的穆斯林军士、工匠及小商贩是这个时期的主要群体，已不复过去海商穆斯林的富裕、奢华。

广州穆斯林在这么长的历史中遗留了不少有关伊斯兰文明的遗迹和遗物，主要有清真寺、礼拜塔、古墓、石碑、墓志、家谱等。这些伊斯兰遗迹和遗物不但见证了广州穆斯林的历史，也为海上丝绸之路、全球伊斯兰发展史、中国及伊斯兰文明交流等议题提供重要的线索。

（一）怀圣寺及光塔

怀圣寺和光塔位于现在广州市光塔路和仙邻巷交叉口，地址为光塔路56号。临街大门朝南面向光塔路，寺外有红砖墙围住，门上有横刻阿拉伯字的小石碑，入大门口后有一小院，接着有第二进门，门上由右至左，有横书、涂金繁体"崇圣寺"三个字。门右边有"全国重点保护单位"牌，为"一九九九年五月一日立"。门左边有介绍"怀圣寺光塔"的石碑，上书绿字：

> 伊斯兰教传入我国后最早的清真寺之一，相传建于唐。寺内光塔屹立于珠江之滨，呈圆柱形，底径8.85米，高35.46米，实心用土夯筑，表里砌砖，外壁光平，又称"光塔"。塔内南北各有砖砌阶梯，沿塔心柱盘旋至顶。顶上原置金鸡候风仪，为停泊江岸的商船指示风向。后毁于飓风，现状为1934年重建时所改。此塔形制独特，全国罕见，是研究我国海交

---

① 〔清〕瑞麟、戴肇辰等修，史澄等纂：《广州府志·杂录一》卷一六〇，第783－784页。

史、建筑史、伊斯兰教史的重要遗迹。寺内现存看月楼和礼拜堂，重建于清康熙与民国年间。

保护范围：东从围墙向外延伸5米，南至光塔路北侧，西从围墙向外延伸5米，北至崔府街。

迈进第二进门后有一长道及第三进门，门上有匾额，匾上有横书，由右至左为"教崇西域"四个大红字，匾右有直书小字"光绪二十七年八月二十日"，匾左直书小字"怀圣寺恭承"（见图一）。另有解说牌写着：

> 教崇西域牌匾是1901年清朝光绪皇帝御赐给怀圣寺的珍贵文物。上盖皇帝之宝御印，匾框雕龙装饰。据传"教崇西域"四字为慈禧太后的手迹。教崇西域的意思是伊斯兰教是从西方传播而来的。

图一　教崇西域牌匾

二进门左手边有一小间管理室，室外墙壁上列有每日五次礼拜的时间。三进门后可见一个以红色砂岩为建筑材料的塔楼，塔楼中央有拱形门，南门上雕刻金字"看月楼"（见图二），北门上有阿拉伯文字。塔顶上有红色斗拱，再上有绿色屋瓦。塔旁有一解说牌，上面写着：

> 看月楼是伊斯兰教用于望月以确定封斋和开斋时辰之用。看月楼红砂岩石墙为明代重修时之遗迹。北门上方的经文为："这是真主，你们的主，除了他之外，绝无应受崇拜的。他

*是创造万物的，因此你们应该崇拜他。"*

**图二 看月楼**

过了拱形门后有一个大的"回"字形庭院，周边古树参天，有石栏杆围住。庭院北面有一个礼拜堂，堂的大门朝南，但堂内礼拜方向为东西向，符合伊斯兰法。整个礼拜堂建筑在大平台上，外观为中国宫殿式建筑，为三间带围廊、斗拱、歇山、重檐、绿琉璃的砖砌水泥墙，外围有带雕刻葫芦、扇子、伞盖和花卉等图案的石栏杆。礼拜堂内大梁下题字"唐贞观元年岁次丁卯鼎建，民国二十四年岁次乙亥三月二十一日辛未第三次重建"。礼拜堂左侧有碑亭，亭中有元至正十年的《重建怀圣寺记》复刻碑（见图三）。庭院左侧有一走廊，现展示其他石碑拓印及光塔旧照片。走廊南侧有一入口，越过门后可见光塔，此塔为砖石所砌，正视为圆形，中为实柱，侧视塔身中部内缩，中央实柱往上直到柱顶，柱顶呈葫芦状或有腰身的笔尖，但腰身内缩不多。塔内有螺旋形石阶梯可通往塔顶"邦克楼"。

最早有关怀圣寺（见图四、图五）的记载，可见于9世纪苏莱曼的《东游记》，里面记载："中国商埠为阿拉伯人麇集者曰康府，其处有回教牧师一人，教堂一所。"① 元代泉州《重立清真寺碑记》直指"有撒哈八撒阿的幹葛思者，自大食航海至广，方建礼拜寺于广州，赐号怀圣。"可见依据文献，唐代广州有清真寺是可能的，但是否怀圣寺即为苏莱曼所指的教堂？龙庆忠曾经测量怀圣寺礼拜堂、看月楼、平台和门楼的平面布局结构，认为怀圣寺各个建筑之间的距离符合唐制尺寸，因而认定怀圣寺为唐代所建。② 不过，怀圣寺在元至正癸未（1343）年毁于大火，至

---

① 张星烺：《中西交通史料汇编》第二册，第201页。
② 龙庆忠：《中国建筑与中华民族》，华南理工大学出版社1990年版，第166—167页。

图三　重建的怀圣寺碑

图四　怀圣寺

正十年（1350）重建，明清时期也有数次重建。

　　有关怀圣寺年代的另一个问题是，光塔建造的时间与怀圣寺同时，又或是两者建于不同时期，这一点在《东游记》及《重立清真寺碑记》里没有明说，只记载有寺，没提及是否有塔。

**图五 怀圣寺前庭及石栏杆**

从文献上来看，有关光塔的建筑年代，最早在南宋《南海百咏》里面有明确的记录：

> 番塔（光塔），始于唐时，曰怀圣塔，轮囷直上，凡十有六丈五尺，绝无等级，其倾标一金鸡，随风南北，每岁五、六月，夷人率以五鼓登绝顶，叫佛号，以祈风信，下有礼拜堂。

南宋《桯史》中也记载：

> 后有窣堵波，高入云表，式度不比它塔，环以甓，为大址，累而增之，外圜而加灰饰，望之如银笔。下有一门，拾级以上，由其中而圜转焉如旋螺，外不复见其梯磴。每数十级启一窦，岁四五月，舶将来，群獠入于塔，出于窦，嗚嘶号呼，以祈南风，亦辄有验。绝顶有金鸡甚巨，以代相轮，今亡其一足。

从南宋的文献来看，光塔可以追溯至唐代，并且塔的形制已经为当时人所注意（见图六），也被拿来与中国常见的塔楼建筑做比较，并且明确点出光塔的功能。因此，光塔是有可能与怀圣寺同时出现在唐代的。不过，所谓"始于唐时"也有可能是后人假托和误传的结果，需要更多的佐证。但无论如何，光塔最迟在南宋就已经出现，这个推论应该是合理可信的。

有些学者已经注意到北宋文人郭祥正的两首诗《同颖叔修撰登蕃塔》和《广州越王台呈蒋

图六 看月楼及光塔

帅待制》，并认为这两首诗也许能为提高光塔的年代上限提出有利的证据。① 《同颖叔修撰登蕃塔》写着：

> 宝塔疑神运，擎天此柱雄。势分吴越半，影插斗牛中。
> 拔地无层限，登霄有路通。三城依作镇，一海自横空。
> 礼佛诸蕃异，焚香与汉同。祝尧齐北极，望舶请南风。
> 瑞气凝仙露，灵光散玉虹。铎音争响亮，春色正冲融。
> 视笔添清逸，凭栏说困蒙。更当高万丈，吾欲跨冥鸿。

另外，节录《广州越王台呈蒋帅待制》如下：

> 番禺城北越王台，登临下瞰何壮哉。
> 三城连环铁为瓮，睥睨百世无倾摧。

---

① 廖大珂：《广州怀圣塔建筑问题初探》，载《宁夏社会科学》1992年第1期，第54页；马明达：《广州伊斯兰古迹二题》，载《西北民族研究》2001年第2期，第108—109页。

> 蕃坊翠塔卓橼笔，欲蘸河汉濡烟煤。
> 沧溟忽见飓风作，雪山崩倒随惊雷。
> 有时一碧淳万里，洗濯日月光明开。
> 屯门钲铙杂大鼓，舶船接尾天南回。
> 斛量珠玑若市米，担束犀象如肩柴。

  第一首诗的题目就已经明示了蕃塔的存在，并比拟蕃塔如柱、如笔的形态特征。郭祥正在诗里所描述的光塔地理位置似乎是在城镇中央靠海（或江边）的地方。作者也正确地理解了蕃塔（或旁边的怀圣寺礼拜堂？）是作为礼拜真主安拉的场所，同时也具有"望舶请南风"的功能。另一句"春色正冲融"点出登塔的时间是春天，此时的季风应该仍是东北风，是阿拉伯商船可以启航，离开广州经东南亚往阿拉伯的季节。在广州，"诸蕃礼佛"的方式虽然不一样，但焚香的习俗却与汉人相同，说明"香"在北宋广州的穆斯林信徒眼中有仪式上的作用。第二首诗也提到光塔的位置应是在江边，如笔状的光塔从越王台俯瞰，就如同一支笔沾着墨水。马明达曾经考察郭祥正的事迹，证明郭在元祐三年（1088）正月至二月曾经停留在广州。如此光塔的历史文献可以往前推一百年左右。

  除了文献考证之外，也有学者从光塔的形制及地层关系来推测光塔的年代。陈从周、路秉杰引《蒲寿庚考》："番塔形式，与回教寺之普通光塔（Minaret）无异。据美国戈太尔（Gotheil）之研究，回教国之 Minaret 在翁米亚（Ommeya）王朝瓦立得（Walid）第一时（705—715）始创于叙利亚。"① 目前还保留的类似广州光塔的还有伊拉克萨马腊大清真寺光塔（846—852）和埃及伊本·杜隆清真寺光塔（876—879），两者都是9世纪的遗迹。此外，现在的光塔塔基比现代地表还低1~2米，塔基底部似乎位于唐代地层，而光塔砖的大小规格合于唐制。② 因此，光塔建造的年代上限不超过8世纪，下限不晚于9世纪，应该是唐中叶以后的建筑。如此说来，怀圣寺和光塔不一定是同时建造的。考虑最早（唐贞观）阿拉伯商人来华经商居住，需要礼拜寺进行宗教活动，怀圣寺有可能早到唐初，而光塔比较可能是唐中以后所建。

  光塔另一件引起关注的文物是已经遗失，原本放置在塔顶，具有测风向功能的金鸡。陈鸿钧考证中国古代测风仪，发现西汉武帝时即已出现疑似测风用的铜凤凰，《三辅黄图》载："铜凤，高五尺，饰黄金，楼屋上，下有转枢，向风若翔。"③ 又《古今图书集成》载："东汉张衡制相

---

① 陈从周、路秉杰：《广州怀圣寺》，载《社会科学战线》1980年第1期，第216-217页。
② 龙非了：《唐建广州怀圣光塔寺建筑文化考》，载《广州伊斯兰古迹研究》，宁夏人民出版社1989年版，第334-336页。
③ 《三辅黄图》卷二，中华书局1985年版，第15页。

风铜鸟，置之于长安宫南灵台之上，遇风则动。"① 南宋《南海百咏》和《桯史》都提到有金鸡，元代《重建怀圣寺记》里也提到"乃立金鸡，翅翼半空"，元末明初陈谟《蕃塔诗》："塔上金鸡四面飞，可怜宛转无定栖。"这些记载说明自宋至明代，光塔的金鸡是一直存在的，作为测风之用。不过，金鸡在明洪武二十五年（1392）为飓风所吹坠，复以铜易之，亦损于飓风，万历之后，光塔上就不再放金鸡了。②

然而，王鹏飞考证西方的材料，发现欧洲天主教地区在9世纪中叶开始"把鸡的形状作成风信器，立于每一个教堂屋顶上，以作圣彼得的象征"。③ 王鹏飞又论道："我国古来虽有以鸡表示风的传统看法，又有以鸡羽测风的记载，却很少看到用鸡（当然是公鸡）的形状制成的风信器。"④ 又说："但阿拉伯的伊斯兰塔，其塔顶大多竖有新月形标志，并没有安装'金鸡风信器'的。"⑤ 究竟光塔的金鸡是从中国传统的铜凤转变成金鸡，还是跟欧洲的鸡风信器有关，确实是难以考证的问题。无论如何，若金鸡风信器确定不是伊斯兰的文化要素，那么不论是中国传统还是欧洲天主教传统，金鸡出现在光塔上应该是文化交流的结果。

（二）清真先贤古墓

坐落在广州越秀区流花桥外桂花岗解放北路901号的清真先贤古墓据说是第一位来华传教的宛葛思之墓，该墓周边还有其他明清时期的穆斯林墓葬，因此，可以说这里是一个古代穆斯林墓园。该地1962年被广东省人民委员会列为文物保护单位，1985年列为广东省重点文物保护单位，2013年列为第七批全国重点文物保护单位的古墓群。

清真先贤古墓园四周有青砖砌筑的围墙，墓园北门的门楣上有"清真先贤古墓"字样；南门入口不远处可见一个"先贤古墓道"石牌坊（见图七），牌坊右侧石柱上刻着"远涉重洋，莅临东土，先哲毕生传圣教"，左侧石柱上刻着"阐扬经训，理通西域，穆民万世仰高风"。古墓分内外两个区域，外面区域有六角亭、莲池、花圃、新建造的礼拜堂、大客堂和"回教三忠墓"。其中，三忠墓主要是纪念广州抗清回族将领羽凤麒、萨之浮和马承祖的衣冠冢。此外，古墓园还有其他明清以来的穆斯林之墓。顺着南门墓道北走，过了"高风仰止"牌坊（见图九），即进入内陵，接着有一条石板墓道通往宛葛思墓，墓道旁还有四十八座清代以后的石质棺形墓，墓上盖着红布，这些墓大多是从其他地方迁葬而来的。

宛葛思墓坐北朝南，宽深约6米，为圆拱形建筑，上圆下方，墓南面开一口小门，门上书有

---

① 陈鸿钧：《光塔金鸡——珠江上的风向仪》，载《广东造船》2015年第1期，第102页。
② 陈鸿钧：《光塔金鸡——珠江上的风向仪》，第102页。
③ 王鹏飞：《广州光塔寺风信鸡沿革的探索》，载《宁夏社会科学》1987年第6期，第41页。
④ 王鹏飞：《广州光塔寺风信鸡沿革的探索》，第41页。
⑤ 王鹏飞：《广州光塔寺风信鸡沿革的探索》，第43页。

图七　先贤古墓道

图八　一门忠孝牌匾

"宛葛素墓"，入室内后可见地板砌黑白相间的瓷砖，东西壁有小窗，拱顶为穹隆状。墓室中央有石质棺状的结构，上面也盖着许多布料。"宛葛素墓"周边还有"孖窑"，据传是宛葛思的继承者的墓。其中一个墓盖石上刻着阿拉伯文，杨棠先生译为："除真主外，你们不要崇拜任何别的神灵；除他外，绝无应受崇拜的；除他的本体外，万物都要毁灭；判决只有他做出；你们只被召归于他。"[1] 此外，"宛葛素墓"一侧还有一座方形拱顶的"四十位先贤墓"，墓前有一个嘉庆七年（1802）孟冬重刻的石碑，碑文载：

---

[1] 杨棠：《广州阿拉伯文雕刻史料》，载《阿拉伯世界研究》1988年第4期，第40页。

图九　高风仰止牌匾

墨底纳国肆十位先贤墓

至圣穆罕默德差遣赍送

天经协同

苏哈白幹葛思传教入中国始于唐贞观年间时到班次聚礼偶遇强人尽弑其强骇然自尽同归竟为舍希德仙游埋葬成四十一位先贤舍希德之墓原有石碑因年久字朦今照原碑刊勒

　　嘉庆七年孟冬　　重勒

根据口传历史及石碑上的记载，这四十位先贤是跟随宛葛思来华传教的穆斯林，在唐贞观年间（627—649）一次礼拜的时候被强盗所杀，强盗见这四十个人礼拜虔诚，不因保护自己生命而停止礼拜，"骇然自尽同归"。这四十位先贤和自尽的强盗合埋在一起，成为"四十一位先贤舍希德（殉教者）之墓"。根据嘉庆年石碑上载，原来另有古碑，此碑是照原碑重刻的，但没提及原古碑的刊勒年代。潘国平报道："'四十位坟'原址位于'宛葛素墓'东北，本来也修筑有围墙，平排四十穴土坟，故称'四十位坟'，其附近另有一座小坟。据报道，1959年迁葬'四十位坟'时未发现有遗骨，不过其附近的小坟却发现有红色石椁和尺寸较大的颅骨骨骸，同时出土多枚北宋'皇宋通宝'铜钱。"①

先贤古墓在北宋以前的文献中似乎没有出现过，目前在墓园周边没有发现唐宋时期的墓碑，最早的墓碑只能追溯到宋代。不过，南宋方信孺《南海百咏》记载："蕃人冢，在城西十里，累

---

①　潘国平：《广州桂花岗"蕃人冢"与"回回坟"的考察》，载《福建文博》2016年第1期，第34页。

累数千，皆南首西向。"① 南首西向正是穆斯林的墓葬特征，说明至少在南宋是有穆斯林墓葬群的。矛盾的是，《南海百咏》所载蕃人冢的地理位置是在城西，而先贤古墓的位置在城北。因此，或者方信孺所言之蕃人冢是在另一个地点。清《广州府志》记载："唐开海舶，西域回教默德那国王谟罕蓦德，遣其母舅蕃僧苏哈白塞来中土贸易，建光塔及怀圣寺，寺塔成，寻殁，遂葬于此。"② 又 "案：回回坟在广州城北门外，建于贞观三年，其坟筑拱顶，形如悬钟，人入内，语声相应，移时方止，故俗呼为响坟。自李唐迄今千余年，乡人敬畏，不敢近坟樵采。元至正间，留撒都剌十七家居粤，看寺及坟。明季命回教世袭都指挥驻广州，因是兵民日盛，各姓每年必诣响坟瞻拜、诵经，至今相沿不替。而西域诸国服其化，每航海万里来粤，以得诣坟瞻拜为荣，虽极尊贵者，至此亦匍匐膜拜于户外，极为诚焉"③。

依照伊斯兰丧葬从简的习俗，一般穆斯林的墓葬不会用拱顶建筑，大多只会在土坑竖穴（深约 1～2 米）上叠加石堆、石碑或墓盖石。清真先贤墓加盖了拱顶建筑，可见，死者的身份是非常特殊的。因此，不少学者认为，即便死者不是穆罕默德的母舅宛葛思，他在早期穆斯林教团的地位，或者在华传教的事迹也是非常重要和有影响的。

### （三）石碑及墓志

本文把石碑和墓志独立出来讨论，是因为遗物与建筑和墓葬等遗迹属于不同的文物类别。然而，不少石碑和墓志都是在怀圣寺或清真先贤古墓出土的，从文化遗产的脉络上来说，它们是不可分割的。本文主要整理近年来发现的三个元代墓碑——《哈马德墓碑》《嘎西木墓碑》《剌马丹墓碑》以及元代至正十年（1350）《重建怀圣寺记》。

目前广州发现最早的一块阿拉伯文石碑是 2005 年左右整修先贤古墓时挖掘出土的。根据陈鸿钧的描述，该碑高 55 厘米，宽 35 厘米，厚 8 厘米，碑貌完好，碑文用古阿拉伯文，经杨棨阿訇译为：

> 凡在大地上的，都要毁灭，惟有你主的本体，具有尊严与大德，将永恒存在先知祝他平安，（先知）曾说过：死在异乡者，已成为殉道者了，这是卑微者的坟墓，是遵守正道的阿卜杜拉·哈马德，有待清高真主的慈悯，死者殁于七百一十二年三月二十四日。④

---

① 〔宋〕方信孺：《南海百咏》，台湾商务印书馆 1981 年版，第 32 页。
② 〔清〕瑞麟、戴肇辰等修，史澄等纂：《广州府志·杂录一》卷一六〇，第 783 页。
③ 〔清〕瑞麟、戴肇辰等修，史澄等纂：《广州府志·杂录一》卷一六〇，第 783 页。
④ 陈鸿钧：《广州出土一方元代蕃客墓碑——兼述广州阿拉伯石刻》，载《广州文博论丛》第二辑，广州出版社 2005 年版，第 218 页。

陈鸿钧考证伊斯兰历712年应为1312年，元仁宗皇庆元年。

年代第二早的石碑为2008年在清真墓园发现，放置在怀圣寺，后由杨棠鉴定的墓碑，上面写着：

> 凡在大地上的，都要毁灭，惟有你主的本体，具有尊严与大德，将永远存在。
>
> 受祝安的先知曾训示说：死在异乡者，已成为烈士了。

墓碑下的主人是一位阿拉伯青年武官，名为阿拉丁·本·嘎西木，他在727年八月的战役中牺牲，请求清高的真主对他慈悯。①

杨棠考证，若按公元年代推算，则石碑上的年代是1281年，但更可能应按伊斯兰历换算，得到约1312年（元皇庆元年）的结果。不过，皇庆元年广州应该已经完全为元朝所掌控，而1281年则是崖山战役结束后一两年，阿拉丁因战役而死的可能性大一点。②

第三块石碑是1985年在清真先贤古墓内发现的。墓碑高62厘米，宽42厘米，厚6.2厘米。墓碑四周刻有伊斯兰花纹图案，碑正面中间刻阿拉伯字，左右两侧刻有中文字。正面阿拉伯文翻译为：

> 人总是还要死的。
>
> 真主，除他外绝无应受崇拜的。他是永生不灭的，是维护万物的。瞌睡不能侵犯他，睡眠不能克服他，天地万物都是他的，不经他的许可，谁能在他那里替人说情呢？他知道他们面前的事和他们身后的事。除他所启示的外，他们决不能窥测他的玄妙。他的知觉，包罗天地。天地的维持，不能使他疲倦。他确是至尊的，确是至大的。
>
> 真主的使者曾说：死在异乡者，已成为训教烈士了。
>
> 这座坟茔是阿老丁之子剌马丹仆归宿之处，祈求真主慈悯宽恕他们（下缺词一组）。旅行库尔德的阿勒颇（下缺词一组）时在751年真主吉祥的七月日丹书。③

右侧汉字小楷内容：

> 大都路宛平县青玄关住人，剌马丹，系高丽人氏，年三十八岁。今除广西道容州陆川县

---

① 杨棠：《广州新发现一块元初时期阿拉伯文古碑》，载《中国穆斯林》2008年第4期，第50页。
② 杨棠：《广州新发现一块元初时期阿拉伯文古碑》，载《中国穆斯林》2008年第4期，第50页。
③ ［韩］朴现圭：《高丽伊斯兰教徒剌马丹》，载《海交史研究》2006年第2期，第52页。

达鲁花赤。①

左侧汉字与译文如下：

于至正九年三月二十三日□□（殁后），八月十八日，□□□□□□（葬于广州城北）流□□□□□（花桥桂花岗），□□（并立）石。②

从石碑内容来看，阿老丁和剌马丹都是穆斯林常见的男子名，说明这对父子都是穆斯林。不过，汉文墓志里明确指出剌马丹是住在宛平县的高丽人，可能是前往广西任官的时候死在道上并葬于广州。元代能担任达鲁花赤的人大多是蒙古人或色目人。阿老丁和剌马丹究竟是伊斯兰化的高丽人，改了穆斯林名，还是原本是西亚的穆斯林，居住了几代之后，改为高丽籍？这个问题不好考证。另一个有趣的问题是，为剌马丹丹书墓碑的人阿勒颇似乎曾经在库尔德地区旅行过，此人为何在广州，为何替剌马丹丹书墓碑，这些从微观上来看都是有趣的故事；宏观上来看，这个事件代表元代中西文化和人群交流的复杂性，14世纪的广州城国际化程度已经相当高了。

最后，元代至正十年（1350）《重建怀圣寺记》也是早期有关广州伊斯兰文化的重要文物。原碑在"文化大革命"时被毁了，目前的复刻碑是1984年按原来的碑文复本重刻的。碑文有阿拉伯文及汉字，阿拉伯文按《广州伊斯兰古迹研究》翻译为：

真主说："只有笃信真主和后世者才配管理真主的清真寺。"先知穆罕默德——（祝他平安）——说："谁建造了一座清真寺，真主将在后世为他兴建七十座乐园。"

这座尊贵的名为先贤大寺，系马斯欧德和马合谋大元帅（重建）。（缺字）祝马合谋大元帅永享崇高（缺字）。③

时七百五十一年七月□日，

（哈吉·艾德）嘉撰文

但陆芸对于此翻译有不同的意见，译文有些出入：

至高无上的真主说："只有笃信真主及末日者，才配管理真主的清真寺。"先知（祝他

---

① [韩]朴现圭：《高丽伊斯兰教徒剌马丹》，载《海交史研究》2006年第2期，第52页。
② [韩]朴现圭：《高丽伊斯兰教徒剌马丹》，载《海交史研究》2006年第2期，第52页。括号内文字为广州文物编辑委员会补充。
③ 中元秀、马建钊、马逢达等编：《广州伊斯兰古迹研究》，宁夏人民出版社1989年版，第4、5页。

平安）说："谁建造了一座属于真主的清真寺，伟大的真主将在天堂为他兴建7万座宫殿。修建这座高贵的舍哈比清真大寺的人名叫马斯武德·艾给老和马合谟德，愿真主喜悦他们。……元帅加固了祈祷室，马合谟德如人类所愿……伟大的真主，伊斯兰教历七百五十一年七月，哈吉撰写。"

另外，碑文上还有汉字，按《中国回族金石录》载为：

奉议大夫广东道宣慰使司都元帅府经历郭嘉撰文
政议大夫同知广东道宣慰使司都元帅撒的迷失书丹
中奉大夫江浙等处行中书省参知政事僧家纳篆额

白云之麓，坡山之隈，有浮图焉，其制则西域，嵘然石立，中州所未睹。世传自李唐讫今，蜗旋蚁陟，左右九转，南北其扃。其肤则混然，若不可级而登也。其中为二道，上出惟一户，古碑漶漫，而莫之或纪。寺之毁于至正癸未也，殿宇一空。今参知浙省僧家讷元卿公实元帅，是乃力为辇砾树宇，金碧载鲜。征文于予，而未之遑也。适元帅马合谟德卿公至，曰："此吾西天大圣擗奄八而马合麻也。其石室尚存，修事岁严。至者乃弟子撒哈八以师命来东。教兴，岁计殆八百，制塔三，此其一尔。因兴程租，久经废弛。"选于众，得哈只哈散使居之，以掌其教。噫！兹教崛起于西土，乃能令其徒颉颉帆海，岁一再周，莗莗达东粤海岸，逾中夏，立教兹土。其用心之大，用力之广，虽际天极地，而犹有未为已焉者。且其不立象（像），教惟以心传，亦仿佛达磨。今观其寺宇空洞，阒其无有像设，与其徒日礼天祝禧，月斋戒惟谨，不遗时刻晦朔，匾额"怀圣"。其所以尊其法，笃信其师教，为何如哉！既一毁荡矣，而殿宇宏敞，广厦周密，则元卿公之功焉，常住无隐，徒众有归，则德卿公之力焉。呜呼！不有废也，其孰以兴？不有离也，其孰与合？西东之异俗，古今之异世，以师之一言，历唐宋五代，四裂分崩，而卒行乎昭代四海一家之盛世于数十万里之外，十百千年之后，如指如期，明圣已夫！且天之所兴，必付之人。虽灰烬之余，而卒昭昭乎成于二公之手，使如创初，又岂偶然哉？遂为之辞曰：

天竺之西，曰维大食。有教兴焉，显诸石室。遂逾中土，阐于粤东。中海外内，窣堵表雄。乃立金鸡，翘翼半空。商舶是脉，南北其风。火烈不渝，神幻靡穷。珠水溶溶，徒集景从。甫田芊苍，复厦穹窿。寺曰怀圣，西教之宗。

至正十年八月初一日当代主持哈只哈散。

中顺大夫同知广东道宣慰使司都元帅府副都元帅马合谋。①

---

① 余振贵、雷晓静主编：《中国回族金石录》，宁夏人民出版社2001版，第112–113页。

## (四) 穆斯林家谱

如同前面所述，广州穆斯林的人口结构在明初时有个断层。目前大部分广州穆斯林家族只能追溯到明代，元代以前的穆斯林家族延续至今的不多。比较重要的穆斯林家族是现在分布在南海、黄埔和白云区一带的蒲姓家族。根据陈鸿钧的调查，黄埔和白云蒲姓家族各还有100～200人，且还有清代所建的祠堂。这两房的家谱都各自追溯到一本清代光绪年间重刊印的《南海甘蕉蒲氏家谱》，显然这两房都是从南海甘蕉蒲氏分出的。

考察《南海甘蕉蒲氏家谱》原为明万历年间（1573—1620）初修，里面记载了宋代来粤的蒲姓穆斯林初祖以及其后代的谱系关系。这本蒲姓族谱除了年代久远之外，里面所揭示的信息与宋元时期史料及重要的历史人物有关，因此更显其价值。

有关蒲姓穆斯林，在《桯史》已经有记载："番禺有海獠杂居，其最豪者蒲姓，号白番人，本占城之贵人也。"①古代中国穆斯林多以蒲为姓，这与阿拉伯人习惯在名字前加"Abu"有关。不过，《桯史》所记，为岳珂10岁（1192）所见，而《甘蕉谱》称蒲姓祖先是嘉定四年（1211）迁入广州的。另外，根据《甘蕉谱》，这支蒲姓祖先"一世祖鲁尼氏始自西域（蒲菖海湖）②而归中国，初在山东，随养来粤……并伸言[我族]并非占城及三佛齐之回种"③。由此判断，南海蒲姓实际上可能是走陆路经山东，而后定居在广州的，与其他从海路来粤的蒲姓穆斯林不同。有趣的是，南海蒲姓一世祖去山东的原因是学习孔道，而后他的儿子（二世祖）嗨哒儿因为侍父读书，而被朝廷举为广东常平茶盐司提举，搬迁到广州城玳瑁巷，死后葬在大北门外菱角岗。

南海蒲姓搬到广州之后，曾有叔祖（二世祖，一世鲁尼氏的其他两个儿子）玛哈嗼和玛哈哧"倡筑羊城光塔，俾昼则悬旗，夜则举火，以便市舶之往来也。公特捐巨金，赞成甚力，西来商族咸德之"④。不过，光塔在南宋以前就已经建成了，这里所说的倡筑可能是修筑，而不是始建。

《南海甘蕉蒲氏家谱》另一个引起争议的地方在于其总支谱中，五世祖有寿晟和□□，这个被隐去名字的人下面标注"子孙居福建泉州府"。有学者借此考证此人应为蒲寿庚，是宋末元初历史上一位重要的人物。《泉州府志》记载："西域人蒲寿晟与其弟寿庚以互市，至咸淳末击海

---

① [宋]岳珂撰，吴企明点校：《桯史》卷十一，第125页。
② 括号内为本文笔者所加，蒲菖海湖为今罗布泊。
③ 陈鸿钧：《广州蒲氏源流再考——兼正〈南海甘蕉蒲氏家谱〉若干之误》，载《海交史研究》2008年第2期，第89页。
④ 陈鸿钧：《广州蒲氏源流再考——兼正〈南海甘蕉蒲氏家谱〉若干之误》，载《海交史研究》2008年第2期，第90页。

寇有功，寿庚历官至招抚使。"① 宋末，元兵攻破临安，南宋朝廷原本想定都泉州，但坐镇泉州的蒲寿庚却闭门不纳，甚至追杀南宋宗室，投降元朝。随后，元朝委任蒲寿庚掌管泉州市舶，权倾一时。但元末蒲氏家族叛乱，被元军平定。明初，因为蒲寿庚的投元历史，朝廷下令泉州蒲氏不得任官。

由于蒲寿庚的恶劣事迹，元史对他的记载颇为简略。日人桑原骘藏著作《蒲寿庚考》认为蒲寿庚的先祖是占城回族，宋时搬迁到广州，后因广州经商不易，又搬迁到泉州，从事海商。② 由此，蒲寿庚就跟南海甘蕉蒲姓连上关系了。不过，陈鸿钧从年代上考虑，认为南海甘蕉五世祖的年代应该已经到了明初，况且《甘蕉谱》称其先祖来自西域，而福建德化发现的《蒲寿庚家谱》则称蒲寿庚的先祖来自四川，祖源对接不上，因此怀疑两家之间没有直接的关系。③

## 五、讨论和结论

从文献、口传历史、考古遗迹、遗物以及穆斯林家谱来看，广州有悠久的伊斯兰文化史，穆斯林几乎是在伊斯兰教创教不久即经由海上丝绸之路来华经商和传教。总体来说，广州与阿拉伯世界最早的清真寺几乎是同时的，光塔与唐宋时期中国塔式建筑的差异说明此塔是早期伊斯兰传统的建筑；而塔顶金鸡的设计，又透露出文化融合的现象。宛葛思墓的拱顶式造型说明墓主人的身份是不同于一般穆斯林的，是否为传说中先知穆罕默德的亲人还需要更多的证据；但此墓在全球穆斯林的认知中有一定的历史和情感上的重要性。从文化遗产价值标准来衡量，广州伊斯兰文化遗产还具有以下的具体价值，分述如下。

### （一）怀圣寺及光塔

怀圣寺见证了伊斯兰与中国建筑文化的结合。怀圣寺的看月楼、礼拜殿等单体建筑，在建筑格局上体现出中国唐代建筑风格与伊斯兰清真寺风格的结合，其庭廊楼檐布局具有中国唐代建筑风貌，月坛、古代石栏杆的拱形雕刻为伊斯兰特色。以中文的"寺"和"塔"命名伊斯兰清真寺（mosque）和宣礼塔（minaret），体现出中国文化将外来宗教文化纳入已有文化体系中的倾向，是中国文化吸收外来文明特征的表现。④

---

① 〔清〕怀荫布修：《乾隆泉州府志（三）》卷七十五拾遗上，上海书店出版社 2000 版，第 657 页。
② 〔日〕桑原骘藏：《蒲寿庚考》，中华书局 2009 年版，第 88－117 页。
③ 陈鸿钧：《广州蒲氏源流再考——兼正〈南海甘蕉蒲氏家谱〉若干之误》，载《海交史研究》2008 年第 2 期，第 88－101 页。
④ Steinhardt, Nancy Shatzman, "China's Earliest Mosques," *Journal of the Society of Architectural Historians*, 2008, Vol. 67, No. 3: 335.

光塔为向上收缩的圆形砖塔，外墙为白色。南宋岳珂在《桯史》中记载他在绍熙三年（1192）于广州见到祀堂（即礼拜堂）和光塔。① 这一形制在中国古代建筑中非常罕见，是伊斯兰风格的宣礼塔，塔顶原有导向标，兼导航作用，为停泊江岸的船舶指示风向。

怀圣寺是东亚最早的清真寺，也是世界上最早建立的清真寺之一，它见证了伊斯兰教创立初期经过伊斯兰先贤的努力，随海上丝绸之路将伊斯兰教传播到中国的历史。有关该寺的记载，最早见于9世纪中叶阿拉伯旅行家苏莱曼的《东游记》，记述了广州"蕃坊"穆斯林的生活及建有寺院一所。目前，怀圣寺依旧是广州穆斯林讲经和礼拜的场所，每周五举行一次主麻日活动，体现出伊斯兰教在中国的传播与延续。

### （二）清真先贤古墓

一般情况下，穆斯林死后无墓葬。因此，为先贤及其追随者设立墓葬，方形圆顶阿拉伯建筑风格，体现阿拉伯人的丧葬习俗、建筑艺术与中国的丧葬习俗、建筑艺术的结合。先贤墓不仅是伊斯兰教早期经由海上丝绸之路传播的见证，也是中国文化以自身的习俗和传统接纳、融合外来宗教元素的体现。

赛义德·艾比·宛葛思是伊斯兰教最早的信徒之一（普遍认为是第七位信徒），也是最早将伊斯兰教传播到中国的人。616年，他从当时的阿巴斯尼亚帝国（Abyssinia）出发，沿海上路线，抵达中国广州，是第一位来华传教的伊斯兰信徒。至今，他和随行的信徒被中国穆斯林奉为"伊斯兰先贤"，宛葛思则格外被奉为"大贤"。他后来在广州逝世，信徒为了纪念这位大贤，在广州建造了先贤陵墓，是伊斯兰教在广州的重要圣地，更是伊斯兰教早期传播历史的见证。② 唐代起，清真先贤古墓即成为中国穆斯林重要的圣地；同时期修建的四十一贤墓，体现了大贤的影响力。

总的来说，广州的伊斯兰文化遗产在学术研究上有重要的价值，一方面，与海上丝绸之路、中西文化交流、中国穆斯林发展史、古代伊斯兰建筑等历史学、考古学、建筑学、民族学和文化遗产研究等学科的研究议题都有关。另一方面，怀圣寺和清真先贤古墓在全球穆斯林群体中，能产生强烈的情感联系，不少来粤的外地穆斯林都仰慕宛葛思的伟大功绩，都会主动参访宛葛思墓。竖立在怀圣寺旁的光塔，更是让人发思古幽情。未来，更多的学术研究会更深入发掘广州的伊斯兰发展史，也会为广州的伊斯兰文化遗产增添价值。

---

① 〔宋〕岳珂撰，吴企明点校：《桯史》卷十一，第126页。
② Khamouch, Mohammed, "Jewel of Chinese Muslim's Heritage," *Foundation for Science Technology and Civilization*, 2005: 4.

# 南海神庙与海上丝绸之路研究

刘文锁　罗帅　何源远

## 一、前言

（一）概况

南海神庙又称海庙（《元和郡县图志》）、南海祠（《新唐书·地理志》）、南海神广利王庙（《南海神广利王庙碑》）、南海庙（《南海百咏》）、南海神祠（《重修南海庙碑》）、南海神庙（《广东新语》）、波罗庙（《羊城古钞》）等，为中国古代四海神庙之一，位于南海之滨的古老港市广州东郊之黄埔，神庙附近为黄埔港（见图一）。其神主南海神为四海神之一，主镇南海。对南海神之崇祀，是古代祀典中的岳镇海渎祭祀体系的组成部分，也是南海地区民间信仰的一部分，南海神被珠三角等地人民奉为重要的航海保护神。南海神祭祀带有浓厚的中国海洋文化特征，其兴衰与广州海上丝绸之路的发展息息相关。

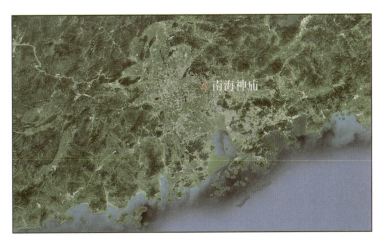

图一　南海神庙位置

奉祀南海神之南海神庙，据记载（《隋书·礼仪志》）始建于隋文帝开皇十四年（594），后经历代重修和扩建，存留至今，为古代四海神庙之仅存者。中国古代的四海神中，东海神和南海神与航海有关，尤其是南海神，地位显赫，历代都有祭祀和加封。对南海神的崇祀在南海地区受到地方人民的热爱，自隋朝设立之初，崇祀不绝，香火鼎盛，其神庙一直保存，是海上丝绸之路重镇——广州的一大名胜古迹。

南海神的崇祀由于属国家祀典，在较早时期具有垄断性，后来则在民间得到发展。在珠三角及广东沿海地区的历史上都有南海神崇祀，并建有南海神庙（"南海王庙"）。[①] 另一种形式是在珠三角等地民间的"洪圣公"信仰，得自北宋皇祐五年（1053）四月朝廷加封南海神为"洪圣广利昭顺王"之名号，[②] 民间遂以"洪圣公庙"祠祀。韩愈《南海神庙碑》称南海神"号为祝融""南海阴墟，祝融之宅"。[③] 大约在明末清初时期，珠三角地区民间不再"泛祀海神"，而改信祝融和天妃，以之为航海之保护神。[④] 可以说，原本高居国家祀典里的南海神祝融之祭祀民间化了。

由于拥有深厚的民间文化基础，对南海神的崇祀以及相关的民间文化活动（"波罗诞"和波罗庙会等）被延续至今，成为一笔活态的文化遗产。历代的官方祭祀加上在民间逐渐形成的南海神崇祀等活动，积淀下大量的历史文献、碑刻和考古遗迹，成为一笔重要且丰厚的物质和非物质文化遗产。

自古及今的海上丝绸之路，其内涵牵涉到海上交通、贸易、文化交流等诸般活动。这些对外活动是以沿海地带人们的社会、经济、信仰等为基础开展的。新石器时代以来，沿海地带的居民逐渐发展出了适应其生存环境的海洋文化。此外，沿海地区与内陆之间，又通过交通、商贸、行政等途径产生密切联系。这套海上丝绸之路的运作机制，受到内地和沿海地区政治、经济环境的巨大影响。这对于理解海上丝绸之路是非常重要的。

南海是我国同南洋、西洋地区之间海上交通的必经水道，南海神曾长期被珠三角等地人民奉为重要的航海保护神。南海神崇祀带有浓厚的中国海洋文化特色，其兴衰与广州海上丝绸之路的发展息息相关，并且在古代海上交通与文化传播中起到重要作用。

---

① 陈伯陶：《东莞县志》（据民国十年广东省东莞县养和堂印务局铅印本影印），台湾成文出版社1967年版，第529-530页。
② 《皇祐五年牒》，载《（道光）广东通志》卷二〇六《金石略八》，商务印书馆据同治三年二月重刊本影印，民国二十三年，第3707页。
③ 〔唐〕韩愈撰，马其昶校注，马茂元整理：《韩昌黎文集校注》卷七《碑志》，上海古籍出版社1986年版，第485-489页。
④ 〔清〕屈大均撰：《广东新语》卷六《神语·海神》，中华书局1985年版，第203-205页。

## （二）南海神庙现存古迹

### 1. 神庙之主体建筑

依据史籍、碑刻所载及有关考古发现，可知神庙于唐代首次扩建，即建于现址，但其殿宇等建筑除考古发掘所见之少量基址遗迹外，已不复保存。现存庙宇建筑是在明清时所延续的基本格局上多次重修后的。1978年7月，南海神庙（包括浴日亭）被列为广东省文物保护单位。

寺庙由庙宇主体及园囿、浴日亭等附属性建筑组成（见图二）。寺庙主体建筑设计为中轴对称布局。自最南侧之"海不扬波"石牌坊起，沿中轴线共深三进。自南向北依次是"海不扬波"石牌坊（见图三）、头门（见图四）、仪门（见图五）、礼亭（见图六）、大殿（见图七）、后殿（见图九）六部分。各部之结构、建筑等细节，因有专著，此不赘述。①

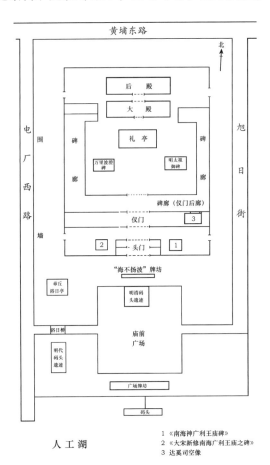

1 《南海神广利王庙碑》
2 《大宋新修南海广利王庙之碑》
3 达奚司空像

**图二　南海神庙主体平面图**

（据《广州市文物普查汇编·黄埔区卷》图重绘）

---

① 陈建华主编：《广州市文物普查汇编·黄埔区卷》，广州出版社2008年版，第94—110页。

图三 "海不扬波"石牌坊

图四 头门

图五　仪门

图六　礼亭

图七　大殿

图八　东西廊之一

**图九　后殿**

据明郭棐《南海庙志》及南海神祠图，其时南海神庙建筑为中轴对称三进院落式，其头门立"南海神祠"牌坊；入门后依次为仪门、中堂、中庭及钟鼓楼、神堂（大殿）、后庭、后堂（后殿），自仪门至神堂之间东、西各有厢房。此建筑格局为清代所延续，并大体延续至今，少有改作。（见图十）

**图十　南海神庙图①**

---

① 采自〔明〕郭棐编撰，王元林校注：《岭南名胜记校注》卷十《南海庙记》，三秦出版社2011年版，第370页。

现存寺庙主体西侧至浴日亭间，为园囿。此区域南部曾发掘出唐宋时期建筑基址，或为唐宋时期殿堂等遗迹。

在庙宇西侧有古名章丘的小山丘，昔为观海上日出之地。"扶胥浴日"为宋代以来羊城八景之一。唐宋时，章丘所处三面环水（珠江），因地近伶仃洋可以观海，尤其是观海上日出之景象，故成为广州和珠三角地区的一大景观，岗顶建有观光亭，名"浴日亭"，常吸引文人墨客登临赋诗，文事活跃。

章丘北坡有石阶通向山顶，山顶现复建有昔日之名胜浴日亭。宋绍圣元年（1094），苏东坡受贬赴惠州途经广州，曾慕名登章丘，赋诗《南海浴日亭》。南宋嘉定（1208—1224）时，广州知府留筠勒石镌刻苏诗。原碑后毁，现浴日亭中所立者为复制品。亭中现存除苏轼诗碑外，另有明陈献章（1428—1500，广东新会人，字公甫，号石斋）的《浴日亭追次东坡韵》诗碑，此诗碑上另有翁方纲（1733—1818，字正三，号覃溪，直隶大兴人）及冯敬昌、阮福、仪克中、何元锡等名士题名。（见图十一）

图十一　章丘及石刻

章丘之山脚下，现存有一组石雕，包括文臣与武士像，以及骆驼雕像和马雕像、貔貅雕像一对。系墓葬神道石雕，自附近明太监韦眷（曾于成化至弘治年间任提举广州市舶司）墓移置。其中之中亚双峰驼雕像，即陆上丝绸之路之象征性物象出现于南海之滨，颇具意义。

南海神庙原建于珠江入伶仃洋口之海湾（黄木湾）北岸，岸上曾建有码头供往来官员、士人及香客、船家等停靠、入庙祭祀。以后随着珠江与东江之冲积，江、洋皆发生沧海桑田变迁，清嘉庆（1796—1820）之初，神庙与浴日亭前方的水面已淤积为海滩。① 大约至清道光年间（1821—1850），更因潮水退缩，被垦殖为田园。自此，码头废置。

2005—2006年间，广州市文物考古研究所考古队配合庙头涌整治工程在南海神庙进行考古发掘，共发现两处码头遗迹，分别位于庙门前方及章丘南面，保存较完整。前者年代为清代，后者年代为明代。②（见图十二、图十三）

图十二　庙前清代码头遗迹

图十三　浴日亭南明代码头遗迹

## 2. 可移动文物

除上述主体建筑外，神庙中尚存有一些其他建筑遗迹和文物，以下逐一简要述之。③

（1）雕塑。

庙内现存的雕塑，以殿、龛中供奉之神像为主。神庙中原有的清代至民国时期的神像，因"文革"的破坏已荡然无存。现存之塑像为改革开放后所陆续复建，大体上保持了原来的神像样

---

① 〔清〕崔弼撰：《波罗外纪·庙境》，广州市地方志办公室编《南海神庙文献汇辑》，广州出版社2008年版，第12页。
② 广州市文物考古研究所、黄埔区文化广电新闻出版局编著：《南海神庙古遗址古码头》，广州出版社2006年版，第30-134页。
③ 荣新江、罗帅：《广东中外文化交流史迹考察日记》，载《国际汉学研究通讯》第5期，北京大学出版社2012年版，第366-369页。

式，据此可了解古代神像之大致情形。神像之数目如下：

南海神广利王像，一尊，设于大殿神台。（见图十四 a）

洪圣王明顺夫人像，一尊，设于后殿神台。

六侯像，六尊，设于大殿两稍间。

"千里眼"与"顺风耳"像，二尊，设于头门两次间墅台。

达奚司空像，一尊，设于仪门前廊东部。（见图十四 b）

金花娘娘像，一尊，设于仪门前廊东端。（见图十四 c）

a. 南海神祝融

b. 番鬼望波罗（达奚司空像）

c. 金花娘娘像

图十四　南海神庙之神像

塑像之外，另有"海不扬波"石牌坊及神庙头门前的花岗岩雕华表二件。

（2）碑刻与题刻。

自隋唐以来，因历朝所遣官员往来神庙祭祀、修葺及文士游览等，曾立有数量众多之碑刻与题刻，故神庙又有"南方碑林"之称。现存者加上可考者共159方，其中庙中现存碑刻、题刻有47方。① 其中一部分已亡佚。现存之碑刻中年代最古者为《南海神广利王庙碑》。此碑立于唐元和十五年（820），高2.47米，宽1.13米，由其时贬官岭南的大文学家韩愈（768—824，字退之，河南河阳人）撰文，因此，俗称韩愈碑。（见图十五）

图十五　韩愈《南海神广利王庙碑》

另外，广州市文物考古研究所在2005年对南海神庙周边进行发掘时，发现了一批"文革"期间被砸毁的碑刻，使多方宋、元、清代的碑刻重见天日。②（见图十六）清代以前，庙内碑刻众多，因当时前来神庙和浴日亭游览的官员往往索取碑拓，拓工繁重而工价苛薄，令庙祝苦不堪言，便将大部分碑推倒打碎。③

需要指出的是，历史上在南海神庙所立的碑刻和题刻，仅仅是历代官方祭祀的史料，其中有关南海神、南海神庙与海上丝路关系的材料少见。这主要与南海神庙为国家重要祭祀场所，商人百姓不得随便在此立碑有关。④

### 3. 考古资料

2005—2006年间，广州市文物考古研究所考古队配合庙头涌整治工程，在南海神庙进行考古发掘，分别在寺庙周围清理出下述几个地点的遗迹。

（1）码头遗迹。

计有两处：一处为庙门前清代码头遗迹，位置在庙门前方（南），是清时往来神庙泊舟用的

---

① 参见广州市地方志办公室编《南海神庙文献汇辑》，广州出版社2008年版；黄兆辉、张菽晖编撰：《南海神庙碑刻集》之《南海神庙碑刻、题刻简表》，广东人民出版社2014年版，第478–488页。
② 参见前揭《南海神庙古遗址古码头》，第118–123页。
③ "使者承事泛览庙内历朝碑文，必责僧、道打碑以呈纸料，工价不敢推诿……推倒十已七八，仅扫韩、苏一二纸聊以塞。"崔弼：《波罗外纪》卷二《庙境》。
④ 王元林：《国家祭祀与海上丝路遗迹——广州南海神庙研究》，中华书局2006年版，第440页。

**图十六 南海神庙藏碑**

江埠。另一处为明代码头及通道，系红砂岩砌筑的建筑遗迹，条带状，南北向，外壁陡直规整，内侧局部有垫土硬面。在浴日亭下地面遗址西南，地表1米下。其年代推测为明代，有构造讲究的通道，其起点应该是在章丘下。码头地面上遗存了一些"烧祭坑"遗迹。根据发掘资料来看，它们都分布在码头通道两侧。这些"烧祭坑"的布局不在神庙内，而是与码头相关，所以，可能是出海前祭祀所用。该码头与章丘浴日亭及其附近的神庙联系在一起。

（2）建筑遗迹。

为宋代建筑遗迹，在庙西部、浴日亭东北侧。在东西长45米、南北宽15米的发掘范围内，清理出东西向排列磉墩三排，南北向十二列，可以推测是一座面阔十一间、进深三间的大型殿堂建筑。建筑北侧 1.6 米处保存一座方形红砂岩建造的池子。

（3）地面及木桩遗迹。

有两处：一处在庙西南侧浴日亭山丘下，系由白色蚌壳和粗砂建筑的硬面遗迹。在庙西南侧浴日亭山丘下，采集有唐迄清代遗物。另一处在庙墙西侧、章丘西北侧，为硬面遗迹，在庙墙西侧、章丘西北侧。20 世纪 70 年代曾发现成排木桩。① 此次新发现大面积硬地面及三排木桩的遗迹，硬面由砾石、石块、碎砖瓦片、碎陶瓷片、贝壳铺筑。

（4）街道遗迹。

位于神庙东侧，为清代扶胥旧街道遗迹。

（5）其他遗迹与遗物。

一处遗迹位于庙西南浴日亭外桥两侧之桥墩下。另一处位于现存庙围墙外西南侧的南越国时期遗迹，地表以下四个地层中，位于下方的两个地层（三、四层）分别是宋代和南越国时期的文化层。其中，上方的地层出土唐宋铜钱，下方地层出土南越国时期"米"字纹陶片。

除上述地点外，在庙西南和门前码头路面两侧都发现有一些烧土坑，为当时的燔祭遗迹。②

### 4. 文献记载的南海神庙文物古迹

（1）海光寺与凝真观。

《波罗外纪》《（道光）广东通志》《（同治）番禺县志》等，皆记南海神庙之东、西面，分别有海光寺（佛寺）、凝真观（道观）。民间故有"东佛西玄"说法。崔弼《波罗外纪》记，海光寺"僧二房，与道士分理庙租香火。每岁二月神诞时，百货丛集庙门"；而凝真观"在庙西侧，道人所居。凡官府来祭，斋宿于此"。③ 神庙之香火与利益，似已为此寺、观的僧、道所代理。据说过去曾在庙旁收集有一些文物，包括"道光戊申六月"和"凝真"等字牌匾。

（2）铜鼓。

南海神庙内的文物，以铜鼓的历史最为悠久。据记载，唐时庙中即有铜鼓，并用于祭祀南海神。往后历代，有关南海神庙铜鼓的记载连绵不绝。宋人方信孺《南海百咏》记，南海神东、西庙各有铜鼓④，东庙铜鼓为唐僖宗时高州太守林蔼所献。元人吴莱称南海神庙"内有玉简、玉箫、玉砚、象鞭、林霭所献铜鼓及真宗所赐玉带、蕃国刻金书表、龙牙、火浣布诸物，今皆不存，唯大小铜鼓尚留殿东西耳"⑤。《（乾隆）番禺县志》记："今神庙与州库大小有四鼓，其大

---

① 参见曾昭璇《广州扶胥港口历史地理》，载《广州文博》1988 年第 4 期。
② 《南海神庙古遗址古码头》，第 30—134 页。
③ 前揭《南海神庙文献汇辑》，第 9—10 页。
④ 〔宋〕方信孺：《南海百咏》，中华书局 1985 年版，第 21 页。
⑤ 转引自《波罗外纪·法物》，《南海神庙文献汇辑》，第 19 页。

者亡，其一或以为盗毁，或以为飞去矣，而州库之二，小者未审何时移置以补其亡，且小者亦有二，何止存一鼓，其一鼓更何适也。"① 至嘉庆年间崔弼《波罗外纪》成书时，南海庙内两鼓仍存。② 道光年间，马光启《岭南随笔》仍载："南海庙有骆越铜鼓，唐郑綱出镇时所得也。阔约四尺，四旁作水波连钱锦文之形，甚为朴古。相传周遭旧有蟾蜍，潮至则鼓自鸣，与之相应。后为盗剔去，不复鸣。"③ 今南海神庙仅存一大铜鼓，陈列于大殿东侧，面径138厘米，高77.4厘米，壁厚0.4～0.6厘米，鼓边沿处有六处立蛙的蛙爪，乃清时大铜鼓遗存，据说其为现有铜鼓中第三大者。④

（3）波罗树。

南海庙又称波罗庙，盖因庙内有二株波罗树而得名。波罗树即波罗蜜，亦称优钵昙。宋方信孺《南海百咏》记波罗蜜果："南海东、西庙各有一株。樛枝大叶，实生于干，如瘿瘤然，有大如瓠。庙官每岁于九、十月熟时，取供诸台，其他莫敢有过而问者。以蜜煎之，颇为适口，相传为西域种也，本名曩伽结。"⑤ 明汤显祖《达奚司空立南海王庙门外》一诗称，庙内波罗树为南洋暹罗人达奚司空所植。⑥ 清崔弼《波罗蜜二首》亦称，南海神庙内的波罗树来自南天竺。⑦ 凡此皆云神庙内波罗蜜树系由域外传来，是因达奚司空来历之故，亦可说是古代南海神庙与中外文化交流的一个传闻。

5. 南海神庙关联古迹

（1）扶胥镇遗址。

位于穗东街庙头社区。初名南海镇，后易名扶胥镇。初在南海神庙庙址之北，北宋皇祐三年（1051）旧扶胥镇因战乱夷为废墟，后在南海神庙之东重建新镇。由古斗村发展而来。⑧

（2）扶胥港遗址。

在南海神庙主体建筑西侧，1973年考古工作者在名为"码头园"的鱼塘中发现了成排的枕木。这些枕木每根长2米，延伸20多米。木材为海南紫荆木，坚硬异常，碳14年代测定表明它们系晚唐时期遗物。后来，此地又出土了一批唐代陶制壁饰。学者据此推定此遗址为唐代扶

---

① 《（乾隆）番禺县志》卷二〇《杂记》，转引自《南海神庙文献汇辑》，第26页。
② 前揭《国家祭祀与海上丝路遗迹——广州南海神庙研究》，第396页。
③ 〔清〕马光启：《岭南随笔》卷上《南海庙》，广东人民出版社2015年版，第120－121页。
④ 南海神庙编写组：《南海神庙》，广东省地图出版社1992年版，第25页。
⑤ 〔宋〕方信孺：《南海百咏》，中华书局1985年版，第21页。
⑥ 〔明〕汤显祖著，徐朔方笺校：《汤显祖集·诗文集》卷十一，中华书局1962年版，第416页。
⑦ 〔清〕崔弼辑：《波罗外纪》，《南海神庙文献汇辑》，第314页。
⑧ 《广州市文物普查汇编·黄埔区卷》，第30－31页。

胥港。①

(3) 扶胥古运河遗址。

位于穗东街庙头社区至南岗街南岗头社区东江口。扶胥古运河古名鹿步滘,据考开凿于南宋初,全长约5千米。运河之开凿,目的为往来珠江口与伶仃洋之船舶停泊、避风。由时任广州佥判邬大昕主理修建事。运河东自东州驿,西接南海神庙前之黄木湾,沿岸筑堤。运河流经鹿步墟(集市)。②

(三) 有关南海神庙的历史文献概述

历代编撰的正史、典志及碑刻等,涉及南海神与其神庙者数量颇为可观,既有记述南海神祭祀、寺庙之修葺、庙中之文物等者,亦有官员与文人墨客之题刻、赋诗等。

记载隋代以来南海神祭祀及册封等事迹,见于历代正史及一些典志中,如《隋书·礼仪志》《宋史·礼志》《通典·礼典》及《唐会要》《宋会要辑稿》等。

记述南海神及南海神庙所奉祀诸神(明顺夫人、六侯及达奚司空等)、南海神庙文物(波萝树、铜鼓等)、神庙之历史沿革、近旁诸祠庙(灵化寺、花山寺、海光寺、凝真观、屈公祠等)、衙署(鹿步巡检司署),以及寺庙名胜(浴日亭、羊城八景、日南)等的历史文献,有宋王象之撰《舆地纪胜》、宋祝穆撰《方舆胜览》、宋王存撰《元丰九域志》、清陈兰芝撰《南海庙志》、清崔弼辑《波罗外纪》、雍正朝官修《广东通志》、清屈大均撰《广东新语》、乾隆朝修《广州府志》、清李调元撰《粤东笔记》、道光朝官修《广东通志》、周广等撰《广东考古辑要》、同治朝修《番禺县志》、宣统朝修《番禺县续志》、宣统朝修《南海县志》、李贤等修《大明一统志》、嘉靖朝修《广州志》、清翁方纲《粤东金石略》、张渠撰《粤东闻见录》、范端昂撰《粤中见闻》及朱庆澜、梁鼎芬、邹鲁撰《广东通志稿》,等等。此外,历代文人墨客咏浴日亭、扶胥口及汛海等诗赋,以苏轼《南海浴日亭》诗为最著名。此诗作后,历代亦有不少步其韵之诗篇,见诸各种文集等。

## 二、南海神庙的地理环境与珠江出海口

(一) 地理环境

南海神庙选址于珠江出海口,位于广州城以东的江岸地带,为出入珠江、伶仃洋及南中国海

---

① 曾昭璇、曾庆中:《南海神庙的历史地理》,载《广州文博通讯》增刊《南海神庙》,1985年,第3页。
② 《广州市文物普查汇编·黄埔区卷》,第31-32页。

的水路要冲。为了充分理解神庙的地理环境与历史上的水路交通运输和商贸之间的关系,需要分析南海神庙所在区域的自然地理和交通地理之特征。

由于珠江的淤积作用,现代的珠江口地形与古代各时期均有不同;① 加上人工筑堰围田和填海造陆等,总体上珠江口在变窄。在微观层面,沿江、海的陆岸地形变化更大。原先的一些河湾和海湾逐渐消失,变为陆地。其中,宋代(960—1279)由于在珠三角地区的移民和经济开发,曾在东莞等地兴建大堤防洪造田;在明、清两朝,随移民和人口增殖而不断地围江、围海造陆,对珠江口的地形改变很大。至于民国以来的现代时期,经济活动之规模史无前例,对地形之改变和地理环境之影响,又非古代可比。

## 1. 珠江三角洲与珠江口

南海神庙所在地区在地理上属于珠江三角洲。珠江三角洲系由珠江下游的冲积平原和现代水下三角洲组成(见图十七)。珠江三角洲的形成和发展、演变十分复杂,简言之,在全新世中期(约距今5000年)海进鼎盛时,海水或潮流可到达西江羚羊峡(肇庆)、北江飞来峡(清远)、东江田螺峡(博罗)。3世纪以前,潮流可到达飞来峡。19世纪尚可到达芦苞上游的胥江。现代枯水期的潮区上界,西江可达梧州—德庆,远距口门300千米;东江达铁岗,距口门90千米;流溪河达江村—蚌湖,距口门90千米;潭江达开平北降。枯水期潮流区上界,西江可达三榕峡,远距口门160千米;北江可达三水—马房—黄塘,距口门90千米;东江达石龙—厦南,距口门60千米;流溪河达老鸦岗—江村,距口门80千米;潭江达水口镇。②

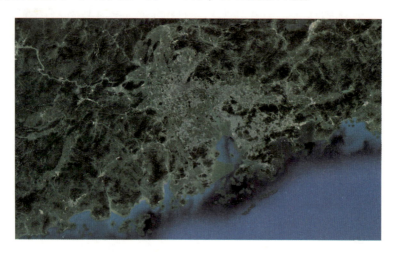

图十七 珠江三角洲地形(来自百度地图)

---

① 曾昭璇:《广州历史地理》,广东人民出版社1991年版,第52-60页。
② 曾昭璇、黄伟峰主编:《广东自然地理》,广东人民出版社2001年版,第65-66页。

珠江三角洲上有八个口门（虎门、横门、澳门、磨刀门、斗门、崖门等）。另外，从重要地形上说，在东莞的虎门形成了控扼珠江口的交通与军事战略咽喉地形。

现代地理上，珠江口一带的地形又分为江水区和洋面两部分，其界限大致在黄埔东侧、东江北支流的河口一带，自此向南方，水面变宽，至虎门一带称作狮子洋（古称）；虎门以外的洋面陡宽，称作伶仃洋。伶仃洋以南、万山群岛以南为南海海域。

### 2. 波罗江、扶胥口与黄木湾

南海神庙所在，现在已变为陆地。唐韩愈称神庙所在"广州治之东南海道八十里，扶胥之口，黄木之湾"①，指当地为一处江口（口门），称扶胥口，并有海湾黄木湾。据清崔弼《波罗外纪》：

> 郡《志》云：韩愈碑扶胥之口、黄木之湾，即此。在南海神庙前，岭南海水之会也。
> 孙伯度《南征纪略》云：南海庙在羊城东海道八十里，曰"波罗"。
> 王士正《南来志》：三江下石门东，过沥滘东卫达于蚬江，由珠江会于扶胥之口，所谓波罗江也。
> 《县境图说》：自珠江下流至波罗，三江之水会于黄木湾以入大洋。琵琶、赤岗双塔并峙，而狮子山屹立中流。虎门蹲踞海口，为夷船聚泊之所，尤邑之险隘也。②

另据清范端昂撰《粤中见闻》：

> 由珠江而东至扶胥之口、黄木之湾，南海神庙前有波罗树二根，因名其江为波罗江。波涛浩淼，直接重溟。③

即广州城以东至南海神庙一带的珠江主流，清代尚被称作波罗江。《（道光）广东通志》说："波罗江，唐韩愈碑扶胥之口、黄木之湾即此。在南海神庙前，岭南诸水之会也。"④

又据《粤中见闻》所记，"庙在广城东八十里，扶胥江北岸"⑤。则波罗江又被称作扶胥江。

---

① 《韩昌黎文集校注》第七卷，第486页。
② 〔清〕崔弼辑：《波罗外纪》卷二《庙境》。
③ 〔清〕范端昂撰，汤志岳校注：《粤中见闻》卷十二《地部九·珠江》，广东高等教育出版社1988年版，第126页。
④ 〔清〕阮元修、陈昌齐等纂：《广东通志》卷一〇一《山川略二·广州二》，收入《续修四库全书》编纂委员会编《续修四库全书·史部·地理类》，上海古籍出版社2013年版，第303页。
⑤ 《粤中见闻》卷五《地部二·南海神庙》，第126页。

扶胥口即珠江主流的口门,过此口门即入狮子洋。黄木湾应指扶胥口一带的水湾,与东江北支流的北岸相接,至宋代时自新塘、麻涌至黄埔一带的大面积沙洲和围田尚未出现,自神庙背后的山冈向东为狮子洋的海湾(即黄木湾)。

扶胥江一名较波罗江古老,唐代于南海神庙附近设置的扶胥镇即得名于扶胥江。波罗江的名称,得自唐代达奚司空出使赤土等三十六国所携回之菠萝树,种植于此地。①

在古代,南海神庙所在地被称作古斗村。②《元和郡县图志》记载:"南海,在县南,水路百里。自州东八十里有村,号曰古斗,自此出海,浩淼无际。"③

### 3. 南海神庙的历史景观

南海神庙选建在黄木湾北岸,其北面为将军山、大田山等山冈,坐北朝南,在选址上遵循古代风水的枕山面水观念。从明代文献《南海庙志》所附《南海神庙图》《浴日亭图》等看,神庙原建于山冈脚下,其前方为狮子洋,庙东为鹿步司署。神庙西侧的浴日亭所在章丘,前方亦为海水。

随着珠江与东江之冲积,江、洋皆发生沧海桑田变迁。元代浴日亭仍处于海水中,可东观日出,为元代"羊城八景"之一"扶胥浴日"所在。至明代之"羊城八景",已无"扶胥浴日"景观,很可能是因为陆进水退。清嘉庆(1796—1820)之初,神庙与浴日亭前方的水面已淤积为海滩。崔弼《波罗外纪》记载:"今庙前止成小涌,以通官舫。南望水田万顷,沟壑相错,与韩碑绝不符矣!""宋时扶胥尚有浴日之奇,今则已成平陆。"④此时已因潮水退缩,昔日海湾被垦殖为田园。

### (二)交通地理

### 1. 黄埔港

广州古今皆为河港、海港,二者兼备,这是它的优势所在。作为河港,它是珠江水系尾闾三角洲上的航运中心,也是最大的港口。珠江是一个流域面积广阔的水系,它由西江、北江、东江及珠江三角洲组成。北起南岭,南至云雾、云开、六万大山、十万大山等山脉,东起莲花山,西至乌蒙山脉。流域覆盖滇、黔、桂、粤、湘、赣六省区,流域面积约45.37万平方千米,腹地深广。河流的含沙量较少,为中国三大河流中之最少者,加上其河流径流量大,峡谷与险峻河道

---

① 前揭《广州历史地理》,第376页。
② 〔宋〕王象之:《舆地纪胜》,中华书局1992年版,第2836页。
③ 〔唐〕李吉甫撰,贺次君点校:《元和郡县图志》卷三十四《岭南道一》,中华书局1983年版,第887页。
④ 〔清〕崔弼辑:《波罗外纪》卷二《庙境》,载《南海神庙文献汇辑》,第11–12页。

少，使之成为一条优良的航道。通过珠江主流及其庞大的支流体系，各地与广州之间通过水运保持着密切的联系。

在这样优越的交通地理条件下，广州逐渐发展为珠江水系的河运中心港，并且发展为商贸中心城市。① 这种格局至少在西汉时已经奠定。（见图十八）

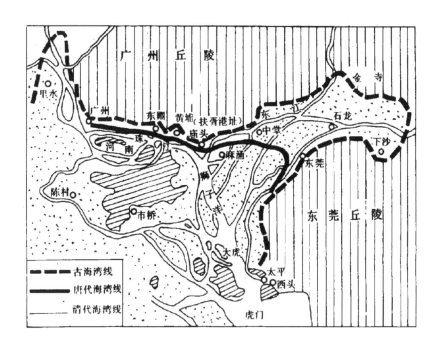

图十八　黄埔海岸线变迁示意图（引自《黄埔港史》图1-2-1）

今南海神庙附近的黄埔港，得名于附近的黄埔洲，现在已发展为华南地区最大的沿海和远洋交通运输枢纽。据观测，黄埔一带受季风影响明显。4—7月多东南风，8月多东风，9月至次年3月多东北风。全年大于和等于6级大风的日数为66.8天。多年平均风速为2.1米/秒。夏、秋两季虽有台风侵袭，但由于其东、西、北三面有丘陵为屏障，港内浪高小于1米，对船舶停泊来说十分适宜。这些优越的港埠自然条件，在古代即被人们认知并加以利用。②

2. 扶胥港

黄埔古港，据考当始于隋朝之扶胥港，即以其所处的扶胥镇名之。这是当时广州的外港，距离广州城约80里，位于今庙头村西的南海神庙附近。扶胥港经历隋、唐、宋、元四朝而不衰。

---

① 参见邓端本编著《广州港史（古代部分）》，海洋出版社1983年版；《广东航运史（古代部分）》，人民交通出版社1989年版；《广东航运史（近代部分）》，人民交通出版社1989年版；《黄埔港史》（古、近代部分），人民交通出版社1989年版。

② 参见《黄埔港史》（古代部分），第2页。

元代以后，由于东江三角洲持续发育，扶胥港前的海滩淤积增加，使狮子洋面积缩小，影响了港口的发展。至明清时期，广州外港已由扶胥内迁到黄埔洲与琵琶洲一带水域，始称黄埔港。当时的黄埔洲和琵琶洲还是两个小洲。

南海神庙的创建与扶胥港的发展有关。史载隋炀帝曾大力推动与西域诸国、南海诸国的交通贸易。在陆路，他曾命吏部侍郎裴矩（547—627，字弘大，河东闻喜即今山西省闻喜县人）在丝路要道的张掖设立互市，与西域的胡人商贾贸易，并借机宣扬国威、扩大朝贡。而在海上交通与互市方面，开皇十四年（594），他听从大臣建议，下诏建四海神祠，目的据说是向海神表达敬畏。大业三年（607），招募使节航海至赤土国，其使臣自广州出海。这些情况说明，南海神庙的创建，是因为广州的海上交通贸易活动发达，因而选址在当时的外港一带，以便于奉祀。

## 三、历代之航海、海上贸易与南海神庙

自秦汉以来，广州长期作为岭南地区的政治、经济和文化中心，发展为海上丝绸之路最重要的港口之一。以广州为中心的海上交通体系肇始于西汉，其后历经两汉六朝、隋唐、南汉两宋、元明和清代五个发展阶段，每个时期的规模和面貌各不相同。作为广州海洋文化的产物和重要代表，南海神庙扮演了官方祭祀与沿海民间信仰之间纽带的角色，见证了广州海上交通、贸易与文化交流的历史。海上丝绸之路的日常运转和诸多历史事件，广州与域外之间的物质和文化交流，往往在南海神庙留下不可磨灭的历史印记。以下，笔者尝试梳理广州海上丝绸之路的历史发展脉络，在此基础上探讨南海神庙与海上丝绸之路的依存关系，并揭示南海神庙在古代海上交通与文化传播中所起到的作用。

### （一）两汉六朝时期

中国以官方在南海开展交通始于汉代。西汉早期的南越国即已开拓了南海海上交通。至元鼎六年（前111）汉武帝征服南越，裂其地置九郡。① 在此背景下，为搜求异域珍宝奇玩而组织大量人力物力，开拓南海交通与贸易，遣译长与应募者"俱入海市明珠、璧流离、奇石异物，赍黄金杂缯而往"②。据《汉书·地理志》记，汉武帝的使者乘船辗转寻访了东南亚、南亚地区的多个国家，最远到达已程不国（今斯里兰卡）。在利益的驱使下，这些国家亦皆遣使前来汉朝。西汉平帝元始年间（1—5），王莽辅政，为了炫耀威德，营造万国宾服之假象，他派人厚遗南亚的黄支国（今印度东南海岸建志补罗/Kanchipura），令遣使贡献。东汉中后期，汉朝对西域的控

---

① 《史记》卷一一三《南越列传》，第3577－3580页；《汉书》卷六《武帝纪》，第186－188页。
② 《汉书》卷二八下《地理志》，第1671页。

制力变弱，通西域之陆路时有中断，天竺、大秦等使者和商人前往中国改走海路，如延熹二年（159）和四年（161），天竺国"频从日南徼外来献"；九年（166），大秦国王安敦遣使"自日南徼外献象牙、犀角、玳瑁"①。安敦即罗马安东尼王朝的马尔库斯·奥勒留皇帝（Marcus Aurelius Anthony，161—180年在位）。公元前1世纪后期罗马相继征服地中海东部的塞琉古王朝和埃及的托勒密王朝，通过这些东方行省与印度地区建立海上交通和贸易体系。这与汉朝在南海和印度洋的海上活动相呼应，在汉朝一方则以沿海的郡城交趾、合浦、番禺为中心。这些沿海港口城市的发展和繁荣也得益于海上交通和贸易，这是中国最早的沿海发展模式。广州的表现特别突出，受到了《史记》《汉书》等的关注，众所周知的《史记·货殖列传》和《汉书·食货志》均特别提及番禺的海贸"都会"地位。② 它们也得到了考古发现的佐证，例如在广州南越王墓和横枝岗2061号等西汉墓中，考古工作者发现了一批来自环印度洋地区东非、安息和罗马等地的珍贵文物，包括象牙、香料、裂瓣银盒、玻璃器等。③ 这些舶来品表明，广州在两汉时期的海上交往中占有重要地位。

三国时期经略岭南诸地的孙吴王朝，于黄武五年（226）遣将领吕岱消灭交州割据势力。随后，孙权遣康泰、朱应宣化南洋诸国，所经及传闻百余国，东南亚的扶南、林邑、堂明等国皆遣使贡献。④ 西晋太康年间（280—289），王濬灭吴，三国归一，由南海经岭南前往中原之道路恢复畅通，林邑、扶南、大秦等国循此途径遣使来朝。⑤ 可见三国至西晋前期，海上交通仍相当活跃。

然而到了西晋末年，中原政权动荡不安，无暇顾及边疆，王机、梁硕等人趁机割据交、广二州。直至西晋建兴三年（315），陶侃出任广州刺史，旋即平定王机，广州重新归辖于晋；东晋太宁元年（323），陶侃又击灭梁硕，收复交州。不过，从建元二年（344）开始，中南半岛的林邑国不断侵扰交州的日南、九德、九真诸郡，"交州遂致虚弱，而林邑亦用疲敝"⑥。此外，由于东晋立国未久，统治不稳，东南沿海地区贼寇群起，岭南至都城建康的近海交通难以为继。⑦ 由

---

① 《后汉书》卷七《孝桓帝纪》，第306、309、318页；卷八十八《西域传》，第2920、2922页。
② 《史记·货殖列传》："……番禺亦其一都会也，珠玑、犀、玳瑁、果、布之凑。"（第3268页）《汉书·地理志》："（南粤）……处近海，多犀、象、毒冒、珠玑、银、铜、果、布之凑，中国往商贾者多取富焉。番禺，其一都会也。"（1670页）
③ 广州市文物管理委员会、广州市博物馆：《广州汉墓》，文物出版社1981年版，第239页；安家瑶：《中国的早期玻璃器皿》，载《考古学报》1984年第4期413－448、531－540；广州市文物管理委员会、中国社会科学院考古研究所、广东省博物馆：《西汉南越王墓》，文物出版社1991年版，第138－141、209－210、345－347、466－467页。
④ 《三国志》卷四十七《孙权传》，第1133页；卷六十《吕岱传》，第1384－1385页。另见《梁书》卷五十四《海南诸国传》，第783页。
⑤ 《晋书》卷三《武帝纪》，第75、77－78页。
⑥ 《晋书》卷九十七《四夷传》，第2545－2547页。
⑦ 《晋书》卷二十六《食货志》记载，咸和六年（331），"以海贼寇抄，运漕不继"（第792页）。

此观之，西晋后期至东晋期间，南海交通陷入低潮，如《梁书》所言，南海诸国"晋代通中国者盖鲜"①。

南朝时期，海上交通逐渐复苏。刘宋元嘉前期（424—441）和梁武帝前期（502—541）建康政权稳定，有余力治理岭南地区。例如，元嘉八年（431）春，朝廷在交州重置珠崖郡；② 二十三年（446）六月，交州刺史檀和之攻克林邑。③ 另外，元嘉前期宋廷频繁调换交、广两州刺史，多次在岭南设置郡县，也说明中央和岭南之间政令通达，联系紧密。在这些有利条件下，南海诸国勤于职贡，梯海者岁至。史载刘宋元嘉年间，林邑、扶南、师子、诃罗单、婆皇、婆达等国纷纷遣使入贡。④ 梁武帝前期，林邑、扶南、师子、干陁利、狼牙修、婆利、盘盘、丹丹等国亦频繁遣使来朝。⑤ 除了前往建康的各国贡使外，这一时期经由海路到广州贸易的商船也大为增加。《梁书》记载，天监（502—519）初，王僧孺为南海（今广州）太守，"海舶每岁数至，外国贾人以通货易，旧时州郡以半价就市，又买而即卖，其利数倍，历政以为常"⑥。

另一方面，5世纪上半叶，西方的萨珊波斯商人控制了波斯湾至印度河河口的海上交通，垄断了波斯湾至锡兰岛之间的商贸⑦，从而为萨珊人远航至东南亚和南中国海创造了条件。在广东遂溪、英德、曲江等地的南朝窖藏和墓葬中，考古工作者曾发现了多枚萨珊银币⑧，它们正是波斯商舶在这一时期航抵岭南沿海的实物见证。

两汉六朝时期，南海交通的发展也为中印之间佛教文化的交流开辟了一条新道路。广州成为许多西域高僧循海路来华的中转之地。考诸僧传史志，计有西晋时期的强梁娄至、耆域，东晋时期的支法防、昙摩耶舍、竺难提，刘宋时期的求那跋摩、求那跋陀罗、竺法眷、那伽仙，南齐时期的昙摩伽陀耶舍、摩诃乘、僧伽跋陀罗，以及萧梁时期的智药三藏、菩提达摩、波罗末陀，等等。⑨ 广州佛教四大丛林中的光孝寺、六榕寺和华林寺的早期历史，均与这一时期经停广州的中外高僧的活动有关。光孝寺历史久远，其大殿据传为东晋隆安年间（397—401）由罽宾国三藏

---

① 《梁书》卷五十四《海南诸国传》，第783页。
② 《宋书》卷五《文帝纪》，第79页。
③ 《宋书》卷五，第94页。
④ 《宋书》卷五，第77-90页；卷九十七《夷蛮传》，第2377-2386页。
⑤ 《梁书》卷二至三《武帝纪》，第38-83页；卷五十四《海南诸国传》，第784-800页。
⑥ 《梁书》卷三十三《王僧孺传》，第470页。
⑦ 夏鼐：《综述中国出土的波斯萨珊朝银币》，《考古学报》1974年第1期，第91-110、192-193页。
⑧ 杨豪：《广东英德、连阳南齐和隋唐古墓的发掘》，载《考古》1961年第3期，第139-141，11-12页；杨少祥：《广东曲江南华寺古墓发掘简报》，载《考古》1983年第7期，第601-608页；陈学爱：《广东遂溪县发现南朝窖藏金银器》，载《考古》1986年第3期，第243-246页。相关研究参见前揭《综述中国出土的波斯萨珊朝银币》；姜伯勤《广州与海上丝绸之路上的伊兰人——论遂溪的考古新发现》，载广东省人民政府外事办公室等《广州与海上丝绸之路》，广东省社会科学院，1991年，第21-33页；孙莉《萨珊银币在中国的分布及其功能》，载《考古学报》2004年第1期，第35-54页。
⑨ 何方耀：《晋唐南海丝路弘法高僧群体研究》，羊城晚报出版社2015年版，第42-74页。

法师昙摩耶舍所建。① 梁武帝天监元年（502），梵僧智药三藏航海东来，将其所携菩提树植于王园寺（今光孝寺）戒坛前。② 武帝佞佛，大同元年（535），命沙门昙裕往南海诸国求取佛舍利。三年，昙裕返国，因病停留广州，诏令分舍利供奉于宝庄严寺（今六榕寺），遂于寺内大殿前起舍利塔，即今六榕寺花塔之前身。③ 普通八年（527），禅宗祖师菩提达摩由海路抵广州，时任广州刺史萧昂备礼迎接，并表奏梁武帝。④ 今广州市内仍保存有多处据称跟菩提达摩相关的遗迹。位于荔湾区下九路西来正街的华林寺，原名"西来庵"，传为达摩所建。今寺内立有一石碑，上书"达摩祖师西来登岸处"。光孝寺内有达摩的"洗钵泉"，俗称"达摩井"。另外值得一提的是，南海神庙六侯之首的助利侯达奚司空，很早就被附会跟菩提达摩来华有关，如南宋初方渐的《六侯之记》所说："达奚司空，庆历（1041—1048）中，阮遵有《记》云：'普通，菩提达磨由南天竺国与二弟航海而至。达奚，乃季弟也。经过庙，款谒王，王留共治，达奚立化庙门之东。'"⑤

（二）隋唐时期

在六朝南海丝绸之路快速发展的背景之下，隋朝统一中国之后，开皇十四年（594），文帝下诏在广州东之扶胥口黄木湾建立南海神庙，奉祀南海神祝融。

到了唐代，政局稳定，经济繁荣，海上丝绸之路也开始进入繁盛时期。广州是唐代岭南的政治、经济中心，地位十分重要。《旧唐书》记载，"永徽（650—655）后，以广、桂、容、邕、安南府，皆隶广府都督统摄，谓之五府节度使，名岭南五管"⑥。广州同样是这一时期中国最大的海港，远洋航行的船舶大多集结于此。《新唐书·地理志》引贾耽《皇华四达记》所载从边州入四夷七道，其中之一即"广州通海夷道"⑦，表明在当时广州是通往南海、印度洋和波斯湾的海上交通门户。伴随着广州港口的繁荣，南海神庙的地位亦得到彰显。元和十五年（820），贬谪岭南的韩愈途经广州，撰《南海神广利王庙碑》，其中指出，"南海神次最贵，在北东西三神、河伯之上"⑧。

唐玄宗时期，海上丝绸之路贸易发展迅速。张九龄称，开元元年（713），"海外诸国，日以

---

① 〔清〕顾光、何淙修撰，仇江、曾燕闻点校：《光孝寺志》卷二，广东教育出版社2015年版，第16-17页。
② 《光孝寺重修六祖菩提碑记》，载麦英豪主编《广州市文物志》，岭南美术出版社1990年版，第222页。
③ 〔唐〕王勃：《广州宝庄严寺舍利塔碑》，收入谌东飚校点《王勃集》卷十六，岳麓书社2001年版，第147-152页。
④ 〔唐〕道宣撰，郭绍林点校：《续高僧传》卷十六《齐邺下南天竺僧菩提达磨传》，中华书局2014年版，第565-566页。
⑤ 黄兆辉、张菽晖：《南海神庙碑刻集》，广东人民出版社2014年版，第145-147页。
⑥ 《旧唐书》卷四十一《地理志四》，第1712页。
⑦ 《新唐书》卷四十三下《地理志七》，第1146、1153-1154页。
⑧ 《南海神庙碑刻集》，第6页。

通商，齿革羽毛之殷，鱼盐蜃蛤之利，上足以备府库之用，下足以赡江淮之求"①。由于海外贸易及国家财政需求的发展，开元四年（716），玄宗敕令张九龄主持开拓大庾岭路。这加强了岭南与内地的陆路交通，进一步刺激了广州的海上贸易。在这种情况下，朝廷向岭南派遣了管理海外贸易的使职官员市舶使。《旧唐书》记载，开元二年（714），"右威卫中郎将周庆立为安南市舶使，与波斯僧广造奇巧，将以进内"②。这是文献有关市舶使的最早记载。开元十年（722）之后，市舶使一直设于广州。市舶使的职责主要是：检查出入海港的外商船舶，向前来贸易的船舶征收关税，代表宫廷采购一定数量的舶来品，管理商人向皇帝进贡的物品，对市舶贸易进行监督和管理。自玄宗开元二年至宣宗大中四年（850）近140年间，先后有七位市舶使见载，表明市舶使制度一直存在于唐代中后期。③ 7世纪中叶以后，波斯商人经由海路大规模进入中国南方开展贸易，成为"南海舶主"④。天宝七载（748），高僧鉴真途经广州时，见城外"江中有婆罗门、波斯、昆仑等舶，不知其数，并载香药、珍宝，积载如山。其舶深六七丈。师子国、大石国、骨唐国、白蛮、赤蛮等往来居（住），种类极多"⑤。此足见当时广州蕃舶贸易之盛。位于广州城东的南海神庙，在唐代也香火隆盛，受到出海的商人和渔民的广泛崇拜。海上丝绸之路的昌盛为广州带来了巨大的财富，南海神庙也因此于天宝十载（751）被封为"广利王"。

到了中晚唐，海上丝绸之路因当时的政治经济形势而得到进一步的大规模利用。一方面，在西方，阿拉伯帝国阿拔斯王朝代倭马亚王朝而立，即唐代史料所谓之"黑衣大食"。黑衣大食注重发展海路贸易，762年，其第二代哈里发曼苏尔（Abū Ja'far al-Mansūr）将都城迁至底格里斯河中游之巴格达，目的之一就是开展同中国等东方国家的海上贸易。⑥《太伯里史》（al-Tabarī）记载，曼苏尔在选中巴格达作为都城新址之后曾评价说："此地是一处优良的营地。这里有底格里斯河，可以使我们接触像中国那样遥远的国度，并带给我们海洋所能提供的一切。"⑦

另一方面，8世纪中叶，唐王朝经历安史之乱后，军事力量日渐衰微，青藏高原崛起的吐蕃帝国逐渐蚕食了河西、北庭、安西之地，陆上丝绸之路受到严重阻碍。因此，唐朝官方亦欲寻求海路同黑衣大食等国交往。贞元元年（785），唐德宗派遣杨良瑶赍敕从海路出使黑衣大食，今存于陕西省泾阳县云阳镇小户杨村的《杨良瑶神道碑》，记载了杨良瑶聘使黑衣大食之事：

---

① 〔唐〕张九龄撰，熊飞校注：《张九龄集校注》卷十七《开凿大庾岭路序》，中华书局2008年版，第890－891页。
② 《旧唐书》卷八《玄宗纪》，第174页。
③ 朱建君、修斌：《中国海洋文化史长编·魏晋南北朝隋唐卷》，中国海洋大学出版社2013年版，第167页。
④ 荣新江：《波斯与中国——两种文化在唐朝的交融》，载《中国学术》2002年第4期，第56－76页。
⑤ ［日］真人元开撰，汪向荣校注：《唐大和上东征传》，中华书局2000年版，第74页。
⑥ 张广达：《海舶来天方，丝路通大食——中国与阿拉伯世界的历史联系的回顾》，收入作者《文本、图像与文化流传》，广西师范大学出版社2008年版，第139－140页。
⑦ Tabarī, "The History of al-Tabarī (Ta'rīkh al-rusul wa'l mulūk)," *Vol. XXVIII: 'Abbāsid Authority Affirmed*, tr. & annotated by J. D. McAuliffe, Albany: State University of New York Press, 1995, p. 238.

贞元初，既清寇难，天下乂安，四海无波，九译入觐。昔使绝域，西汉难其选；今通区外，皇上思其人。比才类能，非公莫可。以贞元元年四月，赐绯鱼袋，充聘国使于黑衣大食，备判官、内傔，受国信、诏书。奉命遂行，不畏厥远。届乎南海，舍陆登舟。邈尔无惮险之容，凛然有必济之色。义激左右，忠感鬼神。公于是剪发祭波，指日誓众。遂得阳侯敛浪，屏翳调风。挂帆凌汗漫之空，举棹乘颢淼之气。黑夜则神灯表路，白昼乃仙兽前驱。星霜再周，经过万国。播皇风于异俗，被声教于无垠。往返如期，成命不坠。斯又我公杖忠信之明効也。四年六月，转中大夫。七月，封弘农县开国男，食邑三百户。①

碑文称杨良瑶一行"届乎南海，舍陆登舟"，表明他们是从广州扬帆出海的。碑文又称杨良瑶登船时，"邈尔无惮险之容，凛然有必济之色。义激左右，忠感鬼神。公于是剪发祭波，指日誓众。遂得阳侯敛浪，屏翳调风"。荣新江指出，其意是说杨良瑶不惧艰难险阻，凛然有一定要远航到达彼岸之态度，通过这样的决心，来感化南海神相助。在扬帆前举行了祭祀，其祭法：剪下一缕头发，来祭祀海神，并手指上天，对众宣誓，以祈求万里波澄。② 以当时情况论，杨良瑶奉使在南海祭海神（阳侯）处，当是南海神庙。此事亦透露出古代从广州启航越洋，会在南海神庙举行祭祀，来祈求海神之护佑。

杨良瑶一行到达广州时，正值杜佑担任广州刺史、岭南节度使。杜佑在任期间倾心为政，"乃修伍列，开康庄，礼俗以阜，火灾自息"，城市面貌焕然一新，社会日趋繁荣稳定。在此基础上，杜佑大力拓展海外贸易，异域珍稀商品因此随舶而来，"导其善利，推以信诚，万船继至，百货错出""南金象齿，航海贸迁"③。《唐国史补》里有一段文字描述了这一时期外国商船抵达广州的情形：

南海舶，外国船也。每岁至安南、广州。师子国舶最大，梯而上下数丈，皆积宝货。至则本道奏报，郡邑为之喧阗。有蕃长为主领，市舶使籍其名物，纳船脚，禁珍异，蕃商有以欺诈入牢狱者。舶发之后，海路必养白鸽为信。舶没，则鸽虽千里亦能归也。④

唐文宗《太和八年（834）疾愈德音》诏云："南海蕃舶，本以慕化而来，固在接以恩仁，

---

① 荣新江：《唐朝与黑衣大食关系史新证——记贞元初年杨良瑶的聘使大食》，载《文史》2012年第3期，第233页。
② 《唐朝与黑衣大食关系史新证——记贞元初年杨良瑶的聘使大食》。
③ 〔唐〕权德舆：《杜公淮南遗爱碑铭并序》，载蒋寅笺，唐元校，张静注《权德舆诗文集编年校注》，辽海出版社2013年版，第562页。
④ 〔唐〕李肇撰：《唐国史补》卷下，上海古籍出版社1979年版，第63页。

使其感悦。如闻比年长吏,多务征求,嗟怨之声,达于殊俗。况朕方宝勤俭,岂爱遐琛?深虑远人未安,率税犹重,思有矜恤,以示绥怀。其岭南、福建及扬州蕃客,宜委节度观察使常加存问。除舶脚、收市、进奉外,任其来往通流,自为交易,不得重加率税。"① 表明当时岭南、福建、扬州均设有市舶使,管理胡商蕃客。除了市舶使外,晚唐在广州还设置有押蕃舶使,作为岭南节度使的兼官,其职责是全面负责对外管理,包括与南海国家的外交与海外贸易管理。柳宗元《岭南节度飨军堂记》对此有较为详细的记载:

> 唐制:岭南为五府,府部州以十数,其大小之戎,号令之用,则听于节度使焉。其外大海多蛮夷,由流求、诃陵、西抵大夏、康居,环水而国以百数,则统于押蕃舶使。内之幅员万里,以执秩拱稽,时听教命;外之羁属数万里,以译言赞宝,岁帅贡职。合二使之重,以治于广州。②

在成书于9世纪中叶的阿拉伯著作《道里邦国志》里,交州、广州、泉州、扬州并称东方四大港口③,与东西方史料所反映的情况遥相呼应,这大体反映了晚唐外贸港口分布的实际情况。在这四个港口中,又以广州最为繁盛。在晚唐,外商大量汇集在广州,形成了特定的聚居区,被称为"蕃坊"。唐代广州的蕃坊十分兴旺,聚居其中的外国商人数量众多。④ 对此可以参考阿拉伯商人阿布·赛义德·哈桑的记载,据说唐僖宗乾符五年(878)黄巢攻打广州时,屠杀了城中十二万蕃商⑤,广州的海外贸易因此一度陷入低谷⑥。

(三) 南汉两宋时期

唐末,刘谦、刘隐父子在岭南经营多年,刘隐死后,其弟刘䶮袭封南海王。917年,刘䶮在广州称帝,建立南汉政权,至971年为宋朝所灭,历四帝五十四年。南汉政权偏居岭南,其财政收入的主要来源之一即得自海外贸易带来的收益。对海外贸易的倚重,使得南汉政权比以往更加重视对南海神的奉祀。⑦ 南汉大宝九年(966),后主刘铱将南海神加封为昭明帝。⑧ 由广利王至

---

① 〔清〕董诰等编:《全唐文》卷七十五,中华书局1983年版,第785页。
② 〔唐〕柳宗元撰:《岭南节度飨军堂记》,载尹占华、韩文奇校注《柳宗元集校注》卷二十六,中华书局2013年版,第1745页。
③ 〔阿拉伯〕伊本·胡尔达兹比赫著,宋岘译注:《道里邦国志》,中华书局1991年版,第71-72页。
④ 范邦瑾:《唐代蕃坊考略》,载《历史研究》1990年第4期,第149-154页。
⑤ 穆根来、汶江、黄倬汉译:《中国印度见闻录》卷二,中华书局1983年版,第96-98页。
⑥ 〔日〕桑原骘藏著,陈裕菁译:《蒲寿庚考》,中华书局1954年版,第23页。
⑦ 《国家祭祀与海上丝路遗迹——广州南海神庙研究》,第98-101页。
⑧ 〔宋〕李焘撰,上海师大古籍所等点校:《续资治通鉴长编》第一册卷一二"太祖开宝四年六月辛未",中华书局,2004年,265-266页。

昭明帝，南海神的地位在南汉时期大为提升。

在宋代，南海神成为广大民众十分敬重的神祇，其信仰达到了顶峰。南海神被岭南人民奉为水神，每逢旱涝歉收等自然灾害，民众即前往南海神庙祈祷。南海神更被视作地方保护神，护佑着岭南地区的安宁。两宋时期，除了康定二年（1041）与其他岳镇海渎一起加封号外①，南海神另有五次单独获得封号，分别为：皇祐五年（1053）六月，敕封为洪圣广利昭顺王；至和元年（1054）春，加南海王冕九旒，赐王夫人为明顺夫人；②宣和六年（1124）十一月，封南海王夫人为显仁妃，长子辅灵侯，次子赞宁侯，女儿惠佑夫人；绍兴七年（1137）九月，加封南海神为洪圣广利昭顺威显王③；庆元四年（1198）五月，赐南海神"英护庙"匾额④。其中三次都与南海神庇护地方安定有关：皇祐五年与至和元年，是因为南海神护佑广州官民守城，挫败侬智高叛乱；庆元四年，是因为南海神襄助平息大奚岛民叛乱。此外，元祐元年（1086），官民以南海神在平定新州岑探叛乱中显灵助威而状奏朝廷，礼官以王号已加至六字而不可复加。⑤正因为南海神发挥着如许功能，在历朝历代中，两宋修葺南海神庙次数最多，规格最高，地方官员积极参与，民众大力支持。⑥从一些方志和调查资料看，这一时期的岭南各地亦纷纷建立了南海广利王的离宫（洪圣宫）。

宋代主持修缮南海神庙的官吏往往兼有管理市舶贸易之职责。皇祐五年（1053），奏请修葺事宜的是广南东路转运使兼市舶使元绛；嘉祐（1056—1063）中，是广州知州兼市舶使余靖；元祐（1086—1094）中，是广州知州兼市舶使蒋之奇；乾道三年（1167），是市舶提举陶定。⑦这些官员皆兼任市舶使或市舶提举，均有管理海外贸易之职责，这从一个侧面反映了南海神庙与海上丝绸之路贸易的密切联系。

宋代广州的海外贸易持续活跃。在宋代，广州的蕃坊较之唐代有了进一步的发展。唐代蕃坊仅为蕃人聚居地，宋代蕃坊则是设有蕃长司的行政建制单位，蕃客事务由蕃长司处理。北宋朱彧《萍洲可谈》对此有详细描述：

> 广州蕃坊，海外诸国人聚居，置蕃长一人，管勾蕃坊公事，专切招邀蕃商入贡，用蕃官为之，巾袍履笏如华人。蕃人有罪，诣广州鞫实，送蕃坊行遣。缚之木梯上，以藤杖挞之，

---

① 〔宋〕《康定二年中书门下牒》，载阮元主修、梁中民点校《广东通志·金石略》，广东人民出版社2011年版，第152－153页。
② 〔宋〕元绛：《皇祐五年牒》，载《广东通志·金石略》，第167－169页。
③ 刘琳等校点：《宋会要辑稿》礼二〇、二一，上海古籍出版社2014年版，第1030、1085页。
④ 〔宋〕钱之望：《庆元四年尚书省牒》，载《广东通志·金石略》，第322－323页。
⑤ 〔宋〕陈丰：《南海广利洪圣昭顺威显王记》，载《广东通志·金石略》，第293－295页。
⑥ 《国家祭祀与海上丝路遗迹——广州南海神庙研究》，第139－196页。
⑦ 《南海神庙碑刻集》，第231页。

自踵至顶，每藤杖三下折大杖一下。盖蕃人不衣裈袴，喜地坐，以杖臀为苦，反不畏杖背。徒以上罪则广州决断。①

蕃坊里以波斯阿拉伯商人为主。这些阿拉伯商人以蒲姓最为显赫，蒲据考即阿拉伯名字 Abu 的音译。②《宋史》记载东南亚的三佛齐，"其国居人多蒲姓"③，反映了宋代会聚在海上丝绸之路沿途的阿拉伯商人非常多。《宋史·大食传》记载，淳化四年（993），大食舶主蒲希密在广州患病，委托同在广州的大食副酋长李亚勿上书宋廷。④ 岳珂《桯史》称，"番禺有海獠杂居，其最豪者蒲姓，号白番人，本占城之贵人也"⑤。广州怀圣寺光塔东侧有蒲宜人巷，即蒲姓蕃商聚居地，今称普宁巷。⑥ 南海神庙六侯之一的顺应侯巡海提点使，亦跟阿拉伯商人有关。宋代《六侯之记》讲述了北宋时期巡海提点使化身南海神部下的故事：

> 巡海提点使，元祐五年五月十三日夜三更时，广帅蔡公下忽梦神人身长丈余，紫袍金带，容貌堂堂，趋走而前，似有赞见之礼。蔡公云："吾□天子命来守此土，公何人而辄至此？"神人曰："余姓蒲，本广州人也，家有三男。余昨辞人世，以平生所积阴功稍著，上帝命充广利王部下巡海提点，但未立祠位。"言讫而没。梦觉，但增归仰。次日，具述梦由于郡官之前，闻者莫不叹服。遂命工委官诣庙致祭，彩绘神像，并写立南海庙牌。其神今封顺应侯。⑦

这则故事里的蒲姓广州人，其原型当为广州蕃坊内的阿拉伯商人。至于他辞世后甘做南海神的辅弼，既反映了当时波斯阿拉伯世界与广州之间的密切交往，也暗示了南海神庙与阿拉伯等海上贸易的关系，或许其时有些蕃商在启舶渡海前亦如中国人般祭祀南海神，以求得护佑、航行平安。

（四）元明时期

宋元之交，广州城处于兵戈纷争之中，位于东郊的南海神庙毁于兵燹。直到大德七年

---

① 〔宋〕朱彧撰，李伟国点校：《萍洲可谈》卷二，中华书局 2007 年版，第 134 页。
② 《蒲寿庚考》，第 23 页；罗香林《广州蒲氏源流考》，载中元秀、马建钊、马逢达《广州伊斯兰古迹研究》，宁夏人民出版社 1989 年版，第 313－329 页。
③ 《宋史》卷四八九《外国传·三佛齐》，第 14088 页。
④ 《宋史》卷四九〇《外国传·大食》，第 14118－14119 页。
⑤ 〔宋〕岳珂：《桯史》卷十一《番禺海獠》，中华书局 1981 年版，第 125 页。
⑥ 曾昭璇：《广州怀圣寺光塔兴建时代考》，载《广州伊斯兰古迹研究》，第 350 页。
⑦ 《南海神庙碑刻集》，第 146－147 页。

(1303），南海神庙才得以修复。其间，位于广州城西南的南海西庙一直是中央和地方祭祀南海神的替代场所。① 至元二十八年（1291），朝廷封南海神为"广利灵孚王"②，这与元世祖答谢岳镇海渎护佑社稷稳固、国泰民安有关。至元至大德年间，广东海寇盛行，地方官赵兴"祷于神，神克相之，故契契于是"③，海寇随后得以剿灭。南海是远洋贸易必经之地，南海神襄助平海寇，保证"海宇乂安"，维系了海上丝路的畅通。

大德二年（1298）的《御祭南海神文》称："今岛夷卉服之民，雕题凿齿之国，无非彼吾元之泽；航巨浸，重几译，琛璧于庭，固皆世祖圣神文武所致。然王之所以神坤倪，右玄造，溥开一函夏之绩，其善利亦大矣哉！"④ 其中描述了南海诸国与元朝贡赐、贸易之盛况，并指出造成这种繁盛局面的原因有二：一是元朝的巨大影响，二是南海神的庇佑。

入明后，南海神庙的地位和功能有所转变，更多的是与护卫国家和地方安宁有关。洪武三年（1370），明太祖下诏革除前代所封岳镇海渎诸神名号，南海神仅称"南海之神"⑤。到永乐七年（1409），南海神因被认为在郑和下西洋以及成祖平定安南等事件中有护佑之功而被朝廷加封为"宁海伯"⑥。"伯"之爵位，远不能与唐、宋、元的"王"及南汉的"帝"等相提并论。从封号本身"宁海"二字来看，它反映了明成祖希望南海神发挥安宁海域、维护社稷稳固之功能。这与唐宋时"广利"的思想迥然不同。而明代中后期的海禁政策更是成了中外海上贸易的障碍。⑦

在明代，南海神的守护功能是多层次的。小到广东境内，再到岭南、南海范围内，乃至整个明王朝境内，但凡发生叛乱动荡，朝廷出师，官府均会祈祷南海神庇佑民众，襄助官军平乱。这些事件见载于诸祭祀碑刻等中，如永乐四年（1406）《御祭南海神文》⑧、成化六年（1470）《祭南海之神文》⑨、正德六年（1511）《御祭南海神文》⑩，以及嘉靖四十二年（1563）前后两广提督、抗倭将领吴桂芳的《南海神灵》诗⑪等。由此可知，明代南海神在国家层面仍享有较为重要的地位，它被赋予保护社稷安定、维护地方治安的功能。当然，这一时期南海神作为海神护佑海上交通的功能仍然得到国家和民众的认可。万历十六年（1588），蔡梦说在所撰《祭南海神祠

---

① 《国家祭祀与海上丝路遗迹——广州南海神庙研究》，第 221 页。
② 《元史》卷七十六《祭祀志·岳镇海渎》，第 1900-1901 页。
③ 〔元〕陈大震：《重建波罗庙记》，载《广东通志·金石略》，第 366-367 页。
④ 《南海神庙碑刻集》，第 245 页。
⑤ 《明太祖实录》卷五十三"洪武三年六月癸亥"，台湾"中研院"史语所（校印本），1962 年，第 1051 页。
⑥ 《明太宗实录》卷八十八"永乐七年二月甲戌"，台湾"中研院"史语所（校印本），1962 年，第 4923 页。
⑦ 《国家祭祀与海上丝路遗迹——广州南海神庙研究》，第 336 页。
⑧ 《南海神庙碑刻集》，第 270 页。
⑨ 〔明〕韩雍：《襄毅文集》卷十五《祭南海之神文》，文渊阁四库全书本，第 41 页。
⑩ 《南海神庙碑刻集》，第 281 页。
⑪ 〔明〕吴桂芳：《南海神灵》，载郭棐编撰，王元林校注《岭海名胜记校注》卷一〇《南海庙记》，三秦出版社 2012 年版，第 393 页。

文》中，仍然用相当长的篇幅赞颂了南海神在保护海上交通、促进使节往来方面的作用：

> 惟神高峙扶胥，正号元冥，世受国恩，为海若宗，其大显厥灵，相予航海之微衷。令冯夷护柂，河伯司篷。海波不扬，祥飚拂从。燃犀而清水怪，击楫而遁黄龙。舟夷犹乎中流，得以安然于溟瀚之雄。则薄海而南，使节不患于难通，庶有以慰乎琼之白首黄童。①

除了维系海外交通外，南海神在珠江内河航运和贸易中亦受到时人崇祀。明人刘嵩所作《广州杂韵》描述了当时广西峒商前往广州经商、烧香祭拜南海神庙的情景："峒商贩米笼千头，结竹浮江下广州。击鼓烧香南海庙，买羊酤酒市街楼。"②

南海神庙西邻的浴日亭号为古代羊城八景之首，文人墨客多往观之。明代留下了许多有关浴日亭和南海神庙的诗歌，如陈玉章的《谒南海神祠登浴日亭次东坡原韵》、汤显祖的《波罗庙》《宿浴日亭因出小浪望海》《达奚司空立南海王庙门外》等。汤显祖《达奚司空立南海王庙门外》记述了当时有关助利侯达奚司空的传说，据说他是暹罗人，游览南海神庙时在那里栽种了两棵波罗蜜树，耽误了返航回国的船只，因而留在南海神庙辅助南海神，并受到当地人的祭祀："墟人递香火，阴风吹崒崣。上有南海王，长此波臣秩。幽情自相附，游魂知几驿？至今波罗树，依依两蒙密。"③

明代受泥沙淤积等影响，南海神庙距珠江岸边已有一段距离。成化六年（1470）修葺神庙时，其南至江边已经需要一条道路相连通，此道"皆砌以石"④。南海神庙逐渐远离江岸，人们前往拜祭需要用船相连，并铺上木板才能抵达，水上交通有所不便，这在一定程度上影响了过往船客来此拜祭的频数。不过，从此处明清码头遗址发现的众多祭祀坑可见，这一时期南海神庙仍然是海上航行的重要祭拜场所。

### （五）清代

在清代，南海神庙延续了前代在国家祭祀和军国政治中的重要地位，致祭南海神是封建国家礼仪制度的重要组成部分。每当皇帝登基、亲征、寿辰时，都要遣使前往南海神庙告祭。特别是清代历次平叛之后，如康熙、乾隆时平定准噶尔部之乱，及同治年间平定太平天国起义，均派员前往南海神庙致祭，立碑告成。这些都体现了南海神庙等岳镇海渎所拥有的护佑社稷安定的职能。

---

① 《南海神庙碑刻集》，第285页。
② 〔明〕刘嵩：《槎翁诗集》卷八，文渊阁四库全书本，第27b-28a页。
③ 《南海神庙碑刻集》，第192页。
④ 〔明〕余志：《重修南海神祠记》，载《岭海名胜记校注》卷一○《南海庙记》，第389-390页。

除了国家祀典的祭祀活动，清代的南海神庙还成为珠三角地区民间文化的一个中心，由官方南海神祭祀发展出来的民俗愈趋活跃，以在神庙举行的波罗庙会的形式体现出来。波罗庙会形成于宋代，到清代已深植民间文化中。

清代黄埔港（今广州黄埔村）为粤海关所属省城大关之下辖十一个小口之一。这里靠近省城粤海关大关，是广州对外贸易出海的要冲，只有在此停泊办理纳税手续，才能进入广州或就地贸易。① 此港口不但是大部分外国商船进入广州的停泊地，亦是中国商船出海贸易的出发地。② 鸦片战争后，黄埔港口淤积失修，于同治年间（1862—1874）迁往东面的长洲北岸，继续沿用黄埔港之名。中外商人因此云集长洲，长洲岛被称作"法国人岛"，长洲岛南的深井岛被称作"丹麦人岛"。今深井岛上保存有竹岗外国公墓，长洲岛巴斯山上存有无声塔和孟买巴斯商人墓地，这些都表明清代黄埔在中外海上贸易和文化交流中拥有重要地位。南海神庙与黄埔港毗邻，也因此继续在中外海上交通中保持着活力。

通过以上分析，我们可以发现，海上丝绸之路自西汉诞生之后即具有经久不息的旺盛生命力。两汉和孙吴时期，统治者求取异域珍宝和海外宣威是促进南海交通发展的重要动力。西晋后期至东晋时期，海上交通因政局动荡而暂时陷入低谷，至南朝时期逐渐复苏并持续发展。隋朝重建大一统后，海上丝绸之路步入快速发展的阶段。以此为背景，隋文帝诏令在广州建立南海神庙。唐宋时期是广州海上交通的繁盛期，朝廷在广州设置市舶使（司）管理对外贸易往来，并专辟蕃坊安置侨民。因海上贸易带来巨大利益，南海神极受朝廷重视，被统治者加封"广利王""昭明帝"等尊贵称号。进入元代以后，泉州、宁波等港口兴起，广州的海上贸易有所分流。宋代以来妈祖信仰在民间兴起，与官方崇祀的南海神一道，构成了广州地区海神信仰的多元体系。

## 附录：有关南海神庙与海上丝绸之路关系的文献

《元和郡县图志》

海庙，在县东八十一里。

（〔唐〕李吉甫撰，贺次君点校《元和郡县图志》卷三十四《岭南道一》，中华书局1983年版，第888页）

《南海神广利王庙碑》唐元和十五年（820）韩愈撰

---

① 《国家祭祀与海上丝路遗迹——广州南海神庙研究》，第427—434页。
② 黄启臣：《清代的黄埔港》，载广州市政协学习和文史资料委员会等《名城明珠黄埔村》，广州出版社2001年版，第35页。

海于天地间为物最巨。自三代圣王莫不祀事，考于传记，而南海神次最贵，在北东西三神、河伯之上，号为祝融。天宝中，天子以为古爵莫贵于公侯，故海岳之祝，牺币之数，放而依之；所以致崇极于大神。今王亦爵也，而礼海岳尚循公侯之事，虚王仪而不用，非致崇极之意也。由是册尊南海神为广利王。祝号祭式，与次俱升；因其故庙，易而新之，在今广州治之东南海道八十里，扶胥之口，黄木之湾。常以立夏气至，命广州刺史行事祠下，事讫驿闻。

（[唐] 韩愈撰，马其昶校注，马茂元整理《韩昌黎文集校注》第七卷《碑志》，上海古籍出版社1986年版，第486页）

### 《大宋新修南海广利王庙之碑》宋开宝六年（973）裴丽泽撰

炎荒之极，南海在望。洪涛澜漫，万里无际；风潮汹涌，云岛相连；浴日浮天，乍合乍散；珊瑚生于波底，兰桂蘩乎洲上。其或天吴息浪，灵胥退涛，彼俗乃驾象牵犀，拣金拾翠。入千重之水，累累□珠；披万顷之沙，往往见宝。自古交阯七郡，贡献上国，皆自海沿于江，达于淮，逾于洛，至于南河。故砺砥砮丹、羽毛齿革，底贡无虚岁矣。唐天宝十载封为广利王，□之冕服，享以牢醴，每岁春秋致奠，略无厌焉。自有唐将季也，中朝多故，戎马生郊，窃号假名，凭深恃险，五岭外郡，遂为刘氏所据，殆七十年。

（黄兆辉、张菽晖《南海神庙碑刻集》，广东人民出版社2014年版，第25页）

### 《中书门下牒》宋皇祐五年（1053）

中书门下牒　广州南海洪圣广利王。牒奉敕：《易》载"害盈益谦"之旨，盖神道正直，必有辅于教也。其有阴相吾民，沮遏凶丑，应答明白，不列美称，曷以扬神之休？南海洪圣广利王惟王庙食，尊爵表于炎区，年既远矣！唐韩愈《记》称神次最贵，且有福祸之验，国家秩礼、祀等尤高。康定中，朕尝增王徽名，牲币器数，罔不称是。今转运使绛言："乃者侬獠狂悖，暴集三水，中流飓起，舟留三日。逮至城闉，广已守备。火攻甚急，大风还焰；闭关渴饮，澍雨而足；变怪娄见，贼惧西遁。州人咸曰，王其恤我者邪！"朕念显灵佑顺，靡德不酬，其加王以昭顺之号。神其歆兹显宠，万有千载，永庇南服，宜特封南海洪圣广利昭顺王。仍令本州差官往彼严洁致祭，及仰制造牌额安挂。牒至准敕。故牒。皇祐五年六月二十七日牒。

（《南海神庙碑刻集》，第37－38页）

### 《元绛奏章》宋皇祐五年（1053）元绛撰

右臣伏睹广州有南海神祠，唐天宝中封广利王，圣朝康定初诏加洪圣之号。臣询问得，去年獠贼五月二十二日离端州，是时江流湍急，船次三水，飓风大起，留滞三日，以此广州始得有守御之备。尔后，暴风累旬，贼党梯冲，不得前进。而城中暑渴，赖雨以济。六月中，贼以云梯四攻，几及城面，群凶谨噉，以谓破在顷刻。无何，疾风尽坏梯屋。又一日，火攻西门，烈焰垂及，又遇大风东回，贼既少退，故守卒得以灌灭。于是贼惧天怒，渐有西遁之意。始，州之官吏及民屡祷于神，倏忽变化，其应如响。盖陛下南顾焦虑，威灵震动，天意神贶，宜有潜佑。臣窃稽前史，苻坚之寇肥水，司马道子祷于钟山，获八公草木之助；温造平汉中之难，祈晴于鸡翁山，应时开霁，当时并蒙封崇。况南海大神，历代称祀。唐韩愈尝谓："考于传记，神次最贵，在北东西三神之上。"今兹助顺，度越前闻。及问得海神之配，故老传云："昔尝封明顺后，自归圣化，未正褒封。"其洪圣广利王及其配，臣欲望朝廷别加崇显之号，差官致祭，以答神休，仍乞宣付史官，昭示万世。如允所奏，伏乞特降敕命。谨具状奏闻，伏候敕旨。

（《南海神庙碑刻集》，第 38 页）

《元绛记文》宋至和元年（1054）元绛撰

皇祐壬辰夏，獠侬猖二广，绛奉诏使峤外，问广民，皆称道南海神事。

（《南海神庙碑刻集》，第 39 页）

《重修南海庙碑》宋治平四年（1067）章望之撰

南海神祠旧隶广州之域，在今扶胥镇之西，曰东南道，水陆之行，里钧八十，号其神曰洪圣广利昭顺王。立夏之节，天子前期致祝册文，命郡县官以时谨祀事，牺牲器币，务从法式，罔或不恭，典刑其临。汝今之守是邦者，常节制一道，曰经略安抚使，兼治州焉，其驭事大，其统地侈，朝廷必择望人为之。位既高矣，往往懒于事神，失虔上意，故海祠久之不葺。先时，此民与海中蕃夷、四方之商贾杂居焉。皇祐中，广源州蛮来为寇，民之被杀之余，流散逮尽，后虽归怀，无复昔□之饶。及是嘉祐七年秋，风雨调若，五谷丰实，人无疫疠，海无飓风，九县旁十有五州无盗贼之侵。民相与语曰："兹吾府帅政□□□□召，亦南海大神之赐。"遂入谒府廷，曰："海祠颓败，愿输吾资新之，用以答神嘉。"公曰："是吾心也，不言，吾且有命。"乃以□之□□□□之屋三百余间，宜革者举新之。九月兴役，明年五月事既。……

（《南海神庙碑刻集》，第 134－135 页）

《浴日亭诗》宋苏轼（1037—1101）

剑气峥嵘夜插天，瑞光明灭到黄湾。

坐看旸谷浮金晕，遥想钱塘涌雪山。

已觉苍凉苏病骨，更烦沆瀣洗衰颜。

忽惊鸟动行人起，飞上千峰紫翠间。

（〔宋〕苏轼著，傅成、穆俦标点《苏轼全集·诗集》卷三十八，上海古籍出版社 2000 年

版，第 470 页）

### 杨廷秀诗

南海水为四海魁，扶桑绝境信奇哉！
日从若木梢头转，潮到占城国里回。
最爱五更红浪沸，忽吹万里紫霞开。
天公管领诗人眼，银汉星槎借一来。

（〔宋〕祝穆撰，祝洙增订，施和金点校《方舆胜览》卷三十四，中华书局 2003 年版，第 608 页）

### 《六侯之记》宋绍兴十五年（1145）方渐撰

达奚司空，庆历中，阮遵有《记》云："普通，菩提达磨由南天竺国与二弟航海而至。达奚，乃季弟也。经过庙，款谒王，王留共治，达奚立化庙门之东。"元丰秋苦雨，太守曾布祈晴于祠下，默有祷于神。一夕感梦，告以所复。逾月被命，了然不差。因命工修饰祠像，以答灵贶。今封助利侯。

杜公司空，不知其名，父老相传乃北人也。形貌清秀，有才干。明道年中，重修庙宇，差公监役，不日而成。既毕工，公遂祷于王曰："王威镇一方，利资百粤，助国济民，其功莫测。愿助王为阴兵部辖之首。"言讫而化。从兹庙内忽生飞鼠，不知其数。皇祐中，侬贼犯广，猛风飘滞，獠船不进，广人遂得为备。又元祐间，岑探贼发自新州，领众数千，来泊城下，民庶惊扰，官吏茫然。既仓卒之际，州城守御器械皆无备枝梧。郡官登城，遂祷之于神。是日晴霁，忽起大风暴雨，结为寒冱三昼夜，贼徒寒溧，不能攻击。及城人忽见飞鼠绕之楼橹，而贼众观其城上甲兵无数，恐惧颠越，鸟窜鼠伏。当时咸谓杜公阴兵助王威德，以护官兵。至今飞鼠集而不散。今封助威侯。

巡海曹将军，不知何时人。有海客船过大洋，至于无涯之所，风浪滂浡。惊惧之际，船人隐隐见有金甲神人，平波伏浪，人皆顶仰云："巡海将军也！"至癸亥岁四月，内前监市易务梅菁得替赴惠州博罗县任。十六日，船至扶胥海，风雨忽作，波涛竞起，船将倾危，菁叩南海王。未已，隐隐见一金甲神人指呼，船获平济。菁到庙谒谢，行至巡海将军前，顾仰将军，有如早所见之神。菁再拜谢："不知将军姓氏，欲求传于后。"至晚，下船就寝，复梦将军云："吾姓曹，助王威久矣，人无由知，亦不欲显世。既闻命，故当见子。"菁忽然而觉，次日置牌以显于后。今封济应侯。

巡海提点使，元祐五年五月十三日夜三更时，广帅蔡公卞忽梦神人身长丈余，紫袍金带，容貌堂堂，趋走而前，似有赘见之礼。蔡公云："吾□天子命来守此土，公何人而辄至此？"神人曰："余姓蒲，本广州人也，家有三男。余昨辞人世，以平生所积阴功稍著，上帝命充广利王部下巡海提点，但未立祠位。"言讫而没。梦觉，但增归仰。次日，具述梦由于郡官之前，闻者莫不叹服。遂命工委官诣庙致祭，彩绘神像，并写立南海庙碑。其神今封顺应侯。

王子一郎，封辅灵侯。王子二郎，封赞宁侯。

渐绍兴辛酉季夏赴倅曲江，经途扶胥镇，奠谒祠下，询访六侯故事，无有识者。适于壁角间得板六，揩拭辨认，字差可读，六侯丰功伟绩，烜赫照人耳目如此。岁久无记，几绝其传。若板一失，必至埋没矣，惜哉！渐乙丑中夏回守程乡，乃以六侯事迹移刻之石，更不易一字，谨存其旧，以信来者。

二十四日，莆阳方渐跋。

(《南海神庙碑刻集》，第145-147页)

## 《南海广利洪圣昭顺威显王记》宋乾道元年（1165）陈丰撰

南海王有功德于民，威显昭著，传记所载与故老传闻，历历可考。自唐以来，褒封崇极，隆名徽称，累增而未已。天宝中，册尊为广利王，牲币祭式与爵命俱升。元和十二年，诏前尚书右丞孔公戣为刺史，有惠□，事神不懈益虔，神所顾歆，风灾熄灭，仍岁大熟。韩昌黎为之记，烂然与日月争光，神之灵迹益著。

圣宋开基，太祖皇帝遣中使敬易故宫而新之，册祝唯谨。仁宗康定改元之明年，增封四海，而王加号洪圣。皇祐壬寅，蛮獠猾二广，暴集三水，中流飓作。闭关渴饮，雨降而足。变怪惊异，矍然若加兵颈上，一夕循去。有司以状闻，上心感叹，诏增昭顺之号，加冕旒簪导，以答灵休。元祐间，妖巫窃发新昌，领众数千来薄城下。官吏登城望神而祷。是日晴霁，忽大晦冥，震风凌雨，凝为冰泫，群盗战慄，至不能立足。望城上甲兵无数，怖畏颠沛，随即溃散。虽八公山草木之助，未若是之神速也。状奏，下太常拟定所增徽名，礼官以为王号加至六字矣，疑不可复加。二圣特旨，诏工部赐缗钱，载新祠宇，于以显神之赐。太上皇御图，慨然南顾，务极崇奉。绍兴七年秋，申加命秩，度越元祐，于是有威显之号。宠数便蕃，不以为侈，第恨无美名徽称以酬谢灵贶，岂复计八字褒封耶？

左海递陬，飓风掀簸，蛟鳄磨牙。祝融司南，弹压百怪，庇护南服，俾濒海居民饱鱼蟹，餍稻粱，舟行万里，仅如枕席上过；获珠琲犀象之赢余，敛惠一方厚矣！而京师顷年旱暵异常，裕陵遣使，恳祈雨雪，应不旋踵，又何惠泽溥博若是也！黎弓毒矢，啸聚岩谷，多桨大棹，出没涛波，弄兵未旬时，旋即扑灭。荫护捍御，而人不知神之力，冥漠之中，阴赐多矣！至于震风反焰，霈雨苏暍，见新城于水中，出阴兵于城上，飞鼠凝澌，变怪万状，又何灵异显著若是也！日者郴寇猖獗，侵轶连山，南海牧、长乐陈公偕部使者被斋以请于祠下。未几，贼徒胆落，折北不支，属城按堵，帖然无犬吠之警。公之精诚感神，如桴鼓影响之应；神之威灵排难，如摧枯拉朽之易。皆当大书深刻，以诏后人。丰叨乘一障，在穷海之滨，方托价藩䑸艨，而窃神庇祐居多，不敢以芜类为辞。谨再拜而书之，且系以诗曰：

显显灵异，百神之英。功德在民，昭若日星。庇祐南服，民无震惊。风雨时叙，百谷用成。夷舶往来，百货丰盈。顺流而济，波伏不兴。自唐迄今，务极徽称。祀典祭式，与次俱升。捍御剧贼，间见阴兵。呼吸变化，风雨晦冥。压难折冲，易如建瓴。奔傲磔岑，群盗肃清。蠢尔梆寇，噭嘷横行。传闻汹汹，郡邑靡宁。堂堂元侯，贤于长城。邀我星轺，各尽其情。祓斋以请，神鉴惟精。式遏寇攘，惟神之灵。应如影响，惟元侯之诚。惟部使者，协恭同盟。选值群贤，惟天子之明。神休无斁，何千万龄。

（《南海神庙碑刻集》，第151-153页）

### 《创建风雷雨师殿记》宋乾道三年（1167）康与之撰

圣朝治畅道洽，神明飨答。海岳册礼，跨古尊显。□南粤置使，掌□服诸夷，贸□□岁□资邦，计数百巨万。胡商海贾以不赀之货，入重译之地，行万里海，必禀命于南海，□□□水之便，然后敢行。舟舶既济，输征乃广，国以饶用，吏以称职，可不敬欤？共惟□□顺□□逊之美，受庆禅之礼，光明缉熙，以报付托。审求吏能，旁于疏远，□□□□入□行在，所不称者报罢。

始，吴兴陶公定分符治贵，陛对之次，玉音激扬，□□□□舶□选才，上录陶公移使焉。公清名峻节，闻于天下，精辞丽句，推于前辈。至则辨治，岁贡倍□，神实相之。□急于□□□荐南海神祠下，谓未至者。南海神，大神之尊，主于事，而风雷雨师，□□□□□□列□于事。昔无陛级之严，杂廊庑之祀，非所以配食大神，攸司上列□□□之□□□□□□□器□谢旷阙。是岁也，田丰海熟，迅霆收声，飓母灭影，归樯去柂，安若衽席。以乾道□□□□□□□落成，□□奉安，谨攻石记始，以告于后。洛师康与之记并书。

（《南海神庙碑刻集》，第231页）

### 《重修南海庙记》宋乾道三年（1167）廖容撰

仰惟洪圣，位冠四海，尊配两仪，历代人君，悉严厥祀。自唐（下不可辨）巨儒如韩愈辈，以大手笔刊诸琬□，昭示万代。王之徽称（下不可辨）国，下以济民，或神大计，或弥大盗，或捄大蓄，或赞大役，凡有祈祷，应（下不可辨）哉！矧夫沧溟之广，万里无际，欠伸风雷，嘘吸潮汐。胡商（下不可辨）风破巨浪，往来迅速，如履平地。非特王之阴佑，曷□□邪？（下不可辨）异之货，不可缕数，闽浙艟舶亦皆重载而至，岁补大农，何啻千万！（下不可辨）王之力焉。

朱明之祀，祭告谢报之礼，御香祝册，以时而颁（下不可辨），又一在州城之西南隅，故有东、西二庙之称。

天宝、元和间，增（下不可辨）艺祖临御，首遣中使，重加崇葺。嘉祐中，余靖尝修之。元祐中，蒋之奇（下不可辨）于政和，季陵葺西庙于绍兴，咸记于石。厥后岁月递久，栋宇滋弊（下不可辨）补漏而已。振而兴之，理若有待。然非诚心，何以奉神？非正己，何以（下不可辨）其心可乎？身正，不令而行；不正，虽令不从。立事而不正，其已可（下不可辨）律贪，锄奸剔蠹，所至有廉直声。持节初届，款谒二祠，延目周览，叹（下不可辨）是节约官缗，无□介妄费，出其奇羡，市材募工，大兴营缮，役弗及□乃（下不可辨）而办。隆其栋梁，壮其柱石，榱椽榑栌，根闑椇楔，□□陛级，□甗甑（下不可辨）堂廊庑，斋庐宿馆，山亭□榭，靡不宏邃。又创□□雷雨师之（下不可辨）国家崇奉之意，使瞻谒者齐栗祗肃，以旌王之功德（下不可辨）矣。是役也，经始于乾道丁亥冬十月初六日，凡用（下不可辨）乡党请书其事，以纪岁时，□虽不敏，敢不直书以告将□□岁（下不可辨）。

（《南海神庙碑刻集》第234页）

《方舆胜览》宋祝穆（？—1255）撰

南海庙，东庙在州东，即南海王庙。西庙去城十五里，盖敕封灵惠助顺显卫妃行祠也。

（〔宋〕祝穆撰、祝洙增订，施和金点校《方舆胜览》卷三十四《广东路·广州》，中华书局2003年，第610页）

《南海百咏》"波罗蜜果"宋方信孺（1177—1222）撰

南海东、西庙各有一株。樛枝大叶，实生于干，如瘿瘤然，有大如瓠。庙官每岁于九、十月熟时，取供诸台，其他莫敢有过而问者。以蜜煎之，颇为适口，相传为西域种也，本名曩伽结。

（〔宋〕方信孺撰《南海百咏》，中华书局1985年版，第21页）

## 杨廷秀诗

客来莫上浴日亭，亭上见海君始惊。
青山缺处如玉玦，潮头飞来打双阙。
晴天无云奔碎雪，天下都无此奇绝。
大海更在小海东，西庙不如东庙雄。
南来若不到东庙，西京未睹建章宫。
海神喜我着绮语，为我改容收雾雨。
乾坤轩豁未能许。小试日光穿漏句。

(《方舆胜览》卷三十四，611-612页）

《即事十首（选四首）》宋刘克庄（1187—1269）
香火万家市，烟花二月时。
居人空巷出，去赛海神祠。

东庙小儿队，南风大贾舟。
不知今广市，何似古扬州？

瓜果跽拳祝，喉罗扑卖声。
粤人重巧夕，灯火到天明。

吾生分裂后，不到旧京游。
空作樊楼梦，安知在越楼！

（〔宋〕刘克庄著，辛更儒校《刘克庄集笺校》卷十二，第三册，中华书局2011年版，第719-721页）

《南海东庙浴日亭诗》宋杨万里（1127—1206）
南海端为四海魁，扶桑绝境信奇哉。
日从若木梢头转，潮到占城国里回。
最爱五更红浪沸，忽吹万里紫霞开。
天公管领诗人眼，银汉星槎借一来。

（〔宋〕杨万里撰，辛更儒笺校《杨万里集笺校》卷十八，第二册，中华书局2007年版，第918页）

《尚书省牒》宋庆元四年（1198）
礼部状：准都省批送下中奉大夫、充秘阁修撰、知广州主管广南东路经略安抚司公事钱之望状奏：窃见南海洪圣广利昭顺威显王庙食广州，大芘兹土，有祷必应，如响斯答。臣领事之始，大奚小丑，阻兵陆梁，既逼逐延祥官兵，怙众索战；复焚荡本山室庐，出海行劫。臣即为文，以告于神：愿借樯风，助顺讨逆，献俘祠下，明正典刑，毋使窜逸，以稽天诛。然后分遣摧锋水军前去会合。神诱其衷，既出佛堂门外洋，复回舟送死，直欲趋州城。十月二十三日，至东南道扶胥口东庙前海中，四十余艘衔尾而进，与官兵遇。军士争先奋击，呼王之号以乞灵。战斗数合，因风纵火，遂焚其舟。潮汛陡落，徐绍夔所乘大舶，胶于沙碛之上。首被擒获，余悉奔溃。暨诸军深入大洋，招捕余党。如东姜段门诸山，素号险恶，或遇飓风霭发，不容舣舟，人皆危之。既至其处，波伏不兴。及已罗致首恶，则长风送飑，巨浪如屋。武夫奋棹，且喜且愕，益仰王之威灵。凡臣所祷，无一不酬。将士间为臣言：此非人之力也。凯旋之日，阖境士民，以手加额，归功于王，乞申加庙号，合辞以请。臣参订舆言，具有其实。除已先出帑钱千缗崇饰庙貌外，用敢冒昧上闻。臣考之《图经》，惟王有功于民，著自古昔，载在祀典，神次最贵。唐天宝十载始封为广利王，国朝康定二年，增号洪圣，皇祐五年，以阴击侬贼，诏赐昭顺，绍兴七年，复加威显。所以致崇极于神者，其来尚矣，旌应表异，正在今日。欲望睿慈，特降指挥，申命攸司，讨论典礼，优加命数，昭示褒宠，以答神休，以从民欲，伏候敕旨。后批送部勘当，申尚书省。寻行下太常寺勘当。去后据申，照得上件神祠系五岳四海四渎之神，兼上件灵应，并是助国护民，荡除凶寇，比寻常神祠灵应不同，所有陈乞庙额，本部寻再行下太常寺拟封。去后据申，今将南海洪圣广利昭顺威显王庙，合拟赐额降敕。伏乞省部备申朝廷，取旨施行。伏候指挥。牒奉敕，宜赐英护庙为额。牒至准敕。故牒。

（《南海神庙碑刻集》，第43－44页）

《转运司修南海庙记》宋宝庆元年（1225）曾噩撰

南海神祠，位号之尊贵，祀典之严重，庙貌之规恢，景响之昭答，唐昌黎公已深意健笔，发挥铺张，词华而事覈，不可加矣。至我皇朝，上之礼神，益谨于唐，神之报上，有加于昔。皇祐五年，侬寇环攻州城，若有所睹，震栗引去，州以无恙。庆元四年，大奚啸聚，遣将剿捕，遇于庙前，贼舟则胶，坐受俘馘。御蓄捍患之功，俊伟章灼，既闻于上。今爵为洪圣广利昭顺威显王，表其庙曰英护。前据大海，吐纳潮汐，来往祠下者，微若一苇，大逾万斛，必祗谒忱祷，乃敢扬帆鼓棹，涉重溟而不惧。人之所以恃神者亦重矣！

庙之旧规宏大，岁久颓塌，卬漏频窦，虽牲醴之奠不阙，恐未必顾歆也。噩曰嘉定十六年承乏将漕，乃谋之幕属，撤而新之，委主管帐司李宏宗董其事。重门侠庑，前殿后堂，巨而楹栋，细而栾桷，坏者易之，缺者补之。上瓦下甃，环堵列楹。既葺既治，中外一新。丹垩之饰，绘画之事，程功竞巧，精至纤缛。前列呵卫，旁罗骑导，凡海灵之有职位者，后庭之供娱侍者，彪炳森列，非复昔日摧剥垢漫之比。鸠工于甲申之仲冬，告备于乙酉之季夏。靡金钱六百万有奇，皆出于漕计供饷之赢，一毫不冒及州县。实体朝廷严恭礼神之意，庸副邑人依恃为命之心，非曰为美观也。

《诗》云："神之格思，不可度思，矧可射思。"南海最大，外通蛮夷，何啻百十国，神之威灵亦远矣。今庙食于扶胥之口，其格其否，固不可度，其可射耶？继自今遇坏必葺，有隆无替，毋但曰岁时牲币、工祝致告为敬，必思有以妥神之居。神依人而行，将与邦人相为终始。

(《南海神庙碑刻集》，第157页）

**《南海庙达奚司空记》宋许得巳（生卒年不详）撰**

达奚司空，不知其世次终始。或云梁普通中，菩提达磨由南天竺国与其二弟航海而至。司空，其季也。道经扶胥之口，舣庙谒王，王留共治，司空不可。起，欲遂去，挥死坐间。今其像，犹故时所以见王之身，有欲去而不得免之状。其传宜若不诬。

番禺，故都会也，控引海外。海外诸国贾胡，岁具大舶，赍重货，涉巨浸，以输中国。当其天地晦冥，鲸哆鳌掷，惊发顷刻，乘之以烈风雷雨之变，舟人危惧，愿无须臾死，以号于神。其声未乾，俟已晴霁，舟行万里，如过席上。人知王赐，出于神之辅赞盖如此，故祷谢不绝。至以疾厉水旱来请者，履满祠下。《祭法》曰，有功于民则祀之。神之血食于此，其有功欤？

（《南海神庙碑刻集》，237页）

【按：宋王象之《舆地纪胜》卷八十九《广南东路·广州》引许得巳《南海达奚司空碑》："番禺控引海外，诸国贾胡岁具大舶，赍奇货，涉巨浸，以输中国。"另宋祝穆《方舆胜览》卷三四《广东路·广州·事要·风俗》："许得巳撰《南海达奚司空碑》云，番禺控引海外，诸国贾胡岁具大舶，赍奇货，涉巨浸，以输中国。"】

**《御祭南海神文》元大德二年（1298）**

惟神溟天地、王百谷，尚矣。今岛夷卉服之民，雕题凿齿之国，无非彼吾元之泽；航巨浸，重几译，琛璧于庭，固皆世祖圣神文武所致。然王之所以神坤倪，右玄造，溥开一函夏之绩，其善利亦大矣哉！

（《南海神庙碑刻集》，245页）

**《代祀南海王记》元至正十年（1350）杨舟撰**

惟祝融之宅，特为洁饰，此皆将宪分阃及夫守土之臣祗承德意之效。臣等径度万里望洋，自崖蒇、烟岚、涛泷，非西、北、东三海就近望祠比，亦何敢谓勤？陛下纯亦不已之诚，实光照之。臣以天子之敬王也，岂以羽毛、齿革、珠贝、鱼盐之利而然？固迩民远藩，是为王其飨于克诚而助康保民哉！

（《南海神庙碑刻集》，57页）

**《御祭南海神文》明永乐四年（1406）**

今安南贼人黎季犛及子黎苍，骄盈凶悖，屡犯边疆。首侵思明府、禄州等处地方，予为宽容，不肯兴师问罪，但遣使取索。黎贼巧词支吾，所还之地，多非其旧。还地之后，复据西平州，逼胁命吏；又侵宁远地方古管人民，杀掳男女。边境之人，数年之内，罹其荼毒，岂可胜言！况安南之人，受其祸害，不遗一家。占城之地，被其劫掠，已逾数岁。数遣人告谕，冀其改过，罔有悛心，益骄益盛。

予为天下之主，恭天成命，安忍坐视民患而不知救。今特命将出师，声罪致讨，实出予之所不得已。心在救民，岂敢用兵。尚念兵士远行，离父母妻子，山川险阻，岚嶂郁蒸，跋涉勤劳，易于致疾。予惟念此，深用不宁。万冀神灵，鉴予诚悃，闻于上帝，赐以鸿庥，潜消瘴疠，大振兵威，早灭渠魁，永安遐壤。今年七月十六日兵行，特遣人致香币牲醴，先诣神所谨告。尚飨。

（《南海神庙碑刻集》，第 270 页）

《御祭南海神文》明正德六年（1511）

去岁以来，宁夏作孽，命官致讨，逆党就擒，内变肃清，中外底定，匪承洪祐，曷克臻兹。因循至今，未申告谢。属者四方多事，水旱相仍，饿莩载涂，人民困苦，盗贼啸聚，剿捕未平，循省咎由，实深兢惕。伏望神慈昭鉴，幽赞化机，灾沴潜消，休祥叶应，佑我国家，永庇生民。谨告。

（《南海神庙碑刻集》，第 281 页）

《祭南海神祠文》明万历十六年（1588）蔡梦说撰

惟兹琼崖之郡，僻居大海之中，声教所暨，与他州同。思以奉宣德意，遍观民风，安得视为夔离之乡，鲸鲵之宫？梦说奉玺书来也，窃揽范滂之辔，谬乘桓典之骢。念琼崖之众，皆吾赤子，琼崖之土，皆吾提封。于是定计巡琼，驾博望之槎，凌万顷之冲。从古王臣蹇蹇，不以夷险易忠，又何畏乎惊涛浴天，巨浸蔽空？惟神高峙扶胥，正号元冥，世受国恩，为海若宗，其大显厥灵，相予航海之微衷。令冯夷护柂，河伯司篷，海波不扬，祥飚拂从，燃犀而清水怪，击楫而遁黄龙。舟夷犹乎中流，得以安然于溟瀚之雄，则薄海而南。使节不患于难通，庶有以慰乎琼之白首黄童。梦说叨命而按此邦，或可藉手而报九重。惟神鉴之。尚飨。

（《南海神庙碑刻集》，第 285 页）

《波罗庙》明汤显祖（1550—1616）

不到东洲驿，来朝南海王。

虎门瞟赤气，龙阙动朱光。

铜鼓声威汉，金碑字隐唐。

炎池堪浴日，今夕看扶桑。

〔明〕汤显祖著、徐朔方笺校《汤显祖诗文集》第十一卷《玉茗堂诗之六》，上海：上海

古籍出版社，1982 年，第 415 页）

《达奚司空立南海王庙门外》明汤显祖（1550—1616）
  司空暹罗人，面手黑如漆。
  华风一来觐，登观稍游逸。
  戏向扶胥口，树两波罗蜜。
  欲表身后奇，愿此得成实。
  树毕顾归舟，冥然忽相失。
  虎门亦不远，决撇去何疾。
  身家隔胡汉，孤生长此毕。
  犹复盼舟影，左手翳西日。
  嗔胸带中裂，胡咙气喷溢。
  立死不肯僵，目如望家室。
  塑手一何似，光景时时出。
  墟人递香火，阴风吹崒崱。
  上有南海王，长此波臣秩。
  幽情自相附，游魂知几驿？
  至今波罗树，依依两蒙密。
  波声林影外，檐廊暝萧瑟。

（《汤显祖诗文集》第十一卷《玉茗堂诗之六》，第 416 页）

《宿浴日亭因出小浪望海》明汤显祖（1550—1616）
  为郎傍星纪，江湖常久居。
  倏忽过南海，扁舟挂扶胥。
  隐隐岸门青，杳杳天池虚。
  培塿澹凌历，气脉流纤徐。
  潮回小洲渚，龙鳞勒沟渠。
  于中藏小舟，其外悬日车。
  云彩苍梧来，咸池相卷舒。
  孟冬犹星河，淡月沾人裾。
  阴阳荡挥霍，精色隐踟蹰。
  濯足章丘余，沐发扶桑初。

涛辉临沕盘，若木鲜芙蕖。

西顾连崦嵫，乐眺极扶余。

小浪亦莞尔，大波始愁予。

噢舶自吞吐，楼橹成烟墟。

飞金出荧火，明珠落鲸鱼。

吾生非贾胡，万里握灵糈。

崦霭罗浮外，传闻仙所庐。

玉树如冬青，瑶枝若栟榈。

阳乌不日浴，昼夜更扶舆。

丹穴亦不炎，好风常相嘘。

白水月之津，一饮饥渴除。

徐闻汝仙尉，去此将焉如。

**（《汤显祖诗文集》卷十一《玉茗堂诗之六》，第417页）**

**《穆象元去思碑》明万历三十三年（1605）李茂魁撰**

吾乡僻在海隅，民生鲜识官府。唯是南海一祠，屹峙于往来之冲，以通冠冕之迹。侯五六年间，八九至焉。至则舍官舫，乘一小舟，尽屏其缤纷夹导呵呼之役，曰："无惊惧我父老子弟为也。"煦煦然，务诱进而问其病苦。以故，三尺童子，无不得尽言于侯，靡论其他。

庙圮矣，是神之依而民之苤也。以白侯，侯□戴司马之德而推广之。拣乡之民十七人，以课其务，而耗蠹以清，工坚观美。上下通达，如流水之源；利害兴除，若转丸之石。皆此类也。

是以频年以来，盗贼衰息，夜户不闭，魃匿蝗殄，墉栉斯登。间若□隆，刻斯而祷，应期而解，毒蛇猛虎，同日而震，除我戒心。吾乡殆若私焉，其忘之也？予抱疾不出户庭，□由一望见侯，乃父老争为予称述者若此，且曰："今而后过祠下，视若侯之宇也；望波罗树，视若侯车盖之停也。"予怪乡之氓，未必尽知诗书，而旨悉与《蔽芾》之章合，良由侯之为召伯，吾乡亦何□以一祠而遂比南国乎？

予，士之人也，即卑卑无所辞其役，敬为父老子弟薰沐纪之。侯名天颜，字迩元，别号象元，湖广黄冈人，登万历戊戌科进士，奉政大夫、广西浔州府同知。

**（《南海神庙碑刻集》，第288页）**

**《谒南海神祠登浴日亭次东坡原韵》明万历四十六年（1618）陈玉章**

连朝春涨水平天，黄木人家住一湾。

客为神祠留过棹，亭因观海□孤山。

历朝钟鼎崇明祀,九译梯航仰圣颜。

遥望扶桑初出浴,金波淘洗五云间。

(《南海神庙碑刻集》,第290页)

**《广东新语·波罗树》清屈大均(1630—1696)撰**

波罗树,即佛氏所称波罗蜜,亦曰"优钵昙",其在南海庙中者,旧有东西二株,高三四丈,叶如频婆而光润。萧梁时,西域达奚司空所植,千余年物也,他所有,皆从此分种。……庙中二树已朽,今所存是其萌蘖,亦大数十围……

(〔清〕屈大均著《广东新语》卷二十五《木语》,中华书局1985年版,第634-635页)

**《广东新语·海神》清屈大均(1630—1696)撰**

溟海吞吐百粤。崩波鼓舞百十丈。状若雪山。尝有海神临海而射。故海浪高者既下。下者乃复高。不为民害。父老云:凡渡海至海安所。闻涛声哮吼。大地震动。则知三四日内有大风雨。不可渡。又每月十八日勿渡。渡则撄海神之怒。又云:凡渡海风波不起。岛屿晴明。忽见朱旗绛节。骖驾双螭。海女人鱼。后先导从。是海神游也。火长亟焚香再拜则吉。其或日影向西。巨舶相遇。帆樯敧侧。楼舵不全。或两或三。时来冲突。火长必举火物色之。举火而彼不应。是鬼船也。火长亟被发掷钱米以压胜。或与之决战。不胜。必号呼海神以求救。海神甚灵。嘉靖间有渡琼海者。见海神特立水上。高可丈余。朱发长髯。冠剑伟丽。众惊伏下拜。海神徐掠舟而过。有光景经久不灭。次日有三舟复见。大噪拒之。风波大作。舟尽覆。语云:上海人。下海神。盖言以海神为命也。粤人事海神甚谨。以郡邑多濒于海。而雷州出海三百里余。琼居海中。号特壤。每当盛夏。海翻飓作。西北风挟雨大至。海水溢溢十余丈。漂没人畜屋庐。莫可胜计。盖海神怒二郡民之弗虔也。故以生人饷蛟鱼。蛟鱼食之而弗厌。又为之嘘唏咸雨。放为咸潮。使水卤积于洋田。逆流万顷。禾苗朽烂。数年而不可复耕。以病二郡之民也。噫嘻。民之生长于雷、琼。其不幸若是。然今粤人出入。率不泛祀海神。以海神渺茫不可知。凡渡海自番禺者。率祀祝融、天妃。自徐闻者。祀二伏波。祝融者。南海之君也。虞翻云。祝。大也。融。明也。南海为太明之地。其神沐日浴月以开炎天。故曰祝融也。祠在扶胥江口。南控虎门。东溯汤谷。朝暾初出。辄见楼殿浮浮。如贝阙鲛宫。随潮下上。每当天地晦冥。鲛咕鳖掷。飓风起乎四方。雾雨迷其咫尺。舟中之人。涕泣呼号。皆愿少缓须臾之死以请于祝融。其声未干。忽已天日晴朗。飘行万里。如过衽席。而天妃神灵尤异。凡渡海卒遇怪风。哀号天妃。辄有一大鸟来止帆樯。少焉红光荧荧。绕舟数匝。花芬酷烈。而天妃降矣。其舟遂定得济。又必候验船灯。灯红则神降。青则否。其祠在新安赤湾。背南山。面大洋。大小零丁数峰。壁立为案。海上一大观也。凡济者必祷。谓之辞沙。以祠在沙上故云。而二伏波将军者。专主琼海。其祠在徐闻。为渡海之指南。

(《广东新语》卷六《神语·海神》，第 203 – 205 页)

《广东新语·南海神》清屈大均（1630—1696）撰

南海神庙在波罗江上。建自隋开皇年。大门内有宋太宗碑、明太祖高皇帝碑。其在香亭左右。则列宗御祭文。使臣所勒者也。韩昌黎碑在东廊。宋循州刺史陈谏重书。神自唐开元时。祭典始盛。尝册尊为广利王。岁以立夏气至。命广州刺史行事祠下。祝文书御名。

(《广东新语》卷六《神语·海神》，第 205 页)

《南海神祠作》（之二）清屈大均（1630—1696）作

夹江铜鼓响天风，春半家家祀祝融。
神次最尊南海帝，隋时初筑虎门宫。
波罗花落蛮娘拾，狮子洋开估舶通。
汉代楼船零落尽，何时重见伏波功。

(欧初、王贵忱主编《屈大均全集·翁山诗外》卷十，人民文学出版社 1996 年版，第 854 页)

《南海庙作》（三首）清屈大均（1630—1696）作

金银宫阙映朝暾，火帝南兼水帝尊。
万里朝宗来百谷，中华形势尽三门。
云开帆席洋船过，月出楼台海市屯。
元气茫茫全化水，不知天外有渔村。

南越人祠尽祝融，章丘平处有行宫。
三江水到扶胥大，万里天归涨海空。
潮汐旧从狮口入，帆樯新与虎门通。
天留一岛苍茫外，可惜田横事不终。

扶桑影逐海云过，蜃物春来变怪多。
日暖羊城来士女，月明龙户有笙歌。
家家水帝祠南海，岁岁天朝使暹罗。
汉将神灵铜鼓在，风吹音响满沧波。

(《屈大均全集·翁山诗外》卷十一，第 933 页；陈永正主编《屈大均诗词编年笺校》卷九

《五羊什》，广东人民出版社2000年版，第611页）

《皇帝亲征噶尔丹剿除狡寇塞北永清奉命恭祭南海神庙碑记》清康熙三十六年（1697）

（粤人）且进而谓臣曰："我粤界在岭海，距京师六千里外，皇上嘉意南陲，神人交协，既得日含哺鼓腹于太平之世，乃今更聆圣天子武功文德，东西朔南，无思不服。至此真史册所未闻，而开辟以来所未有也。吾侪小人，世世子孙，何幸而躬游尧天舜日之下，于无替乎？此蕞尔，上昔韩愈所记扶胥之口、黄木之湾者，出而海天浩荡，万里无垠，为海南诸番职贡之所，往来千百国，梯航之所辐辏。圣天子功德巍巍如此，是宜流之亿禩，昭示远人，子曷记之？"臣则伏思勤民事神，俾百谷咸登，雨旸时若，海不扬波，山无伏莽，洵我皇上爱民殷渥，不遗遐尔之盛心也。饮和食德，颂祝无疆，皆诸父老击壤歌衢之诚悃也。

（《南海神庙碑刻集》，第120页）

《万里波澄碑》清康熙四十二年（1703）

正面左侧题刻：珠宫贝阙，宸翰宠颁，云汉光华，照耀无极。百谷之王，将永载而率舞矣！岂止梯航重译者，进海不扬波之颂也哉！

碑阴题刻：自是海神益效其灵，澄清万里，永不扬波；而重译梯航，贡帆市舶，咸获拜睹天章，贶休异域。奎璧之辉，与昭格之诚，实并垂不朽矣。

此地贡航所经，蕃船所至，一旦得睹宸翰，咸知圣天子云龙风虎，超越千古，由是扶胥浴日、波罗庙之名，与岳渎、长白埒。

（《南海神庙碑刻集》，第184-186页）

# 参考文献

## 古籍

[1] 班固. 汉书［M］. 北京：中华书局，1962.

[2] 陈寿. 三国志［M］北京：中华书局，1959.

[3] 范晔. 后汉书［M］. 李贤，等，注，北京：中华书局，1965.

[4] 沈约. 宋书［M］. 北京：中华书局，1974.

[5] 李肇. 唐国史补［M］. 上海：上海古籍出版社，1957.

[6] 房玄龄，等. 晋书［M］. 北京：中华书局，1974.

[7] 姚思廉. 梁书［M］. 北京：中华书局，1973.

［8］魏征，令狐德棻. 隋书［M］. 北京：中华书局，1973.

［9］杜佑. 通典［M］. 王文锦，等，点校，北京：中华书局，1988.

［10］李吉甫. 元和郡县图志［M］. 贺次君，点校，北京：中华书局，1983.

［11］韩愈. 韩昌黎文集［M］. 马其昶，校注，上海：上海古籍出版社，1986.

［12］刘昫，等. 旧唐书［M］. 北京：中华书局，1975.

［13］欧阳修，宋祁. 新唐书［M］. 北京：中华书局，1975.

［14］乐史. 太平寰宇记［M］. 影印本. 北京：中华书局，1991.

［15］祝穆. 方舆胜览［M］. 祝洙，增订. 施和金，点校. 北京：中华书局，2003.

［16］王象之. 舆地纪胜［M］. 北京：中华书局，1992.

［17］方信孺. 南海百咏［M］//阮元. 宛委别藏：第104册. 南京：江苏古籍出版社，1988.

［18］郑樵. 通志二十略［M］. 王树民，点校. 北京：中华书局，1995.

［19］欧阳修. 集古录跋尾［M］. 行素草堂藏版，光绪丁亥校刊.

［20］赵明诚. 金石录［M］. 金文明，校证. 上海：上海书画出版社，1985.

［21］李纲. 梁溪集［M］//钦定四库全书：集部.

［22］洪适. 盘洲文集［M］//钦定四库全书：集部.

［23］王存. 元丰九域志［M］. 王文楚，等，点校. 北京：中华书局，1984.

［24］刘克庄. 后村先生大全集［M］. 王蓉贵，等，校点. 成都：四川大学出版社，2008.

［25］苏轼. 苏轼全集校注［M］. 北京：人民文学出版社，1979.

［26］李昉，等. 文苑英华［M］. 北京：中华书局，1966.

［27］朱彧. 萍洲可谈［M］. 北京：中华书局，2007.

［28］李心传. 建炎以来系年要录［M］. 北京：中华书局，1957.

［29］李焘. 续资治通鉴长编：第1册［M］. 上海师大古籍所，等，点校. 北京：中华书局，2004.

［30］刘克庄. 刘克庄集笺校［M］. 辛更儒，点校. 北京：中华书局，2011.

［31］岳珂. 桯史［M］. 北京：中华书局，1981.

［32］脱脱，等. 宋史［M］. 北京：中华书局，1977.

［33］马端临. 文献通考［M］. 北京：中华书局，1986.

［34］广州市地方志编纂委员会办公室. 元大德南海志残本：附辑佚［M］. 广州：广东人民出版社，1989.

［35］郭棐. 南海庙志［M］. 乾隆五十五年刊本.

［36］郭棐. 岭海名胜记校注［M］. 王元林，校注. 西安：三秦出版社，2011.

［37］宋濂. 元史［M］. 北京：中华书局，1976.

［38］明太祖实录［M］. 史语所本（据国立北平图书馆红格钞本缩微卷影印）.

［39］明集礼［M］. 钦定四库全书：史部.

［40］龙文彬. 明会要［M］. 北京：中华书局，1956.

［41］屈大均. 广东新语［M］. 北京：中华书局，1985.

［42］崔弼. 波罗外纪［M］. 光绪八年博陵崔氏刻本.

［43］范端昂. 粤中见闻［M］. 汤志岳, 校注. 广州：广东高等教育出版社, 1988.

［44］徐松. 宋会要辑稿［M］. 北京：中华书局, 1957.

［45］圣祖仁皇帝御制文集［M］. 钦定四库全书：集部.

［46］屈大均. 广东新语［M］. 北京：中华书局, 1985.

［47］阮元, 修. 陈昌齐, 等纂. 广东通志［M］.《续修四库全书》编纂委员会. 续修四库全书. 史部·地理类. 上海：上海古籍出版社, 2013.

［48］檀萃. 楚庭稗珠录［M］. 杨伟群, 校点. 广州：广东人民出版社, 1982.

［49］胡渭. 禹贡锥指［M］. 文渊阁四库全书本.

［50］秦蕙田. 五礼通考［M］. 文渊阁四库全书本.

［51］杜臻. 粤闽巡视纪略［M］. 钦定四库全书：史部七：传记类四：杂录之属.

［52］顾炎武. 天下郡国利病书：六［M］. 黄珅, 校点. 上海：上海古籍出版社, 2012.

［53］董诰, 等. 全唐文［M］. 北京：中华书局, 1983.

［54］和珅, 等. 钦定大清一统志［M］. 上海：上海古籍出版社, 1987.

［55］皇朝通志［M］. 钦定四库全书：史部.

［56］吴任臣. 十国春秋［M］. 徐敏霞, 等, 点校. 北京：中华书局, 2011.

［57］顾祖禹. 读史方舆纪要［M］. 贺次君, 等, 点校. 北京：中华书局, 2005.

［58］蒋廷锡, 等. 广州府部汇考［M］. 古今图书集成.

［59］周广, 等. 广东考古辑要［M］. 南京：江苏广陵古籍刻印社, 1994.

［60］桂文灿. 广东图说［M］. 台北：成文出版社, 1967.

［61］顾光, 何淙. 光孝寺志［M］. 仇江, 等, 点校. 北京：中华书局, 2000.

［62］朱彝尊. 曝书亭集［M］. 景印文渊阁四库全书：集部第257册. 台北：商务印书馆, 1986.

［63］翁方纲. 粤东金石略［M］. 石刻史料新编17：地方类. 台北：新文丰出版公司, 1986.

［64］陆耀遹. 金石续编卷十：石刻史料新编一般类5［M］. 台北：新文丰出版公司, 1986.

［65］李光地. 榕村集［M］. 钦定四库全书：集部七：别集类六.

［66］查慎行. 敬业堂诗集［M］. 上海：上海古籍出版社, 2015.

［67］陈伯陶. 东莞县志［M］.（据民国十年广东省东莞县养和堂印务局铅印本影印）. 台北：成文出版社, 1967.

［68］真人元开. 唐大和上东征传［M］. 北京：中华书局, 2000.

［69］佚名. 中国印度见闻录［M］. 穆根来, 汶江, 黄倬汉, 译. 北京：中华书局, 1983.

［70］伊本·胡尔达兹比赫. 道里邦国志［M］. 宋岘, 译注. 北京：中华书局, 1991.

## 今人论著

［71］本书编委会. 南海神庙民间故事［M］. 广州：广州出版社, 2007.

［72］陈建华. 广州市文物普查汇编：黄埔区卷［M］. 广州：广州出版社，2008.

［73］陈永正. 屈大均诗词编年笺校［M］. 广州：广东人民出版社，2000.

［74］陈周起. 祭海古坛：广州南海神诞［M］. 广州：广东教育出版社，2013.

［75］程建军. 南海神庙修复研究：兼论古建筑修建原则与技术［M］. 广州：华南工学院，1987.

［76］程建军. 广州南海神庙［M］. 北京：中国建筑工业出版社，2015.

［77］邓端本. 广州港史：古代部分［M］. 北京：海洋出版社，1983.

［78］广东航运史：古代部分［M］. 北京：人民交通出版社，1989.

［79］广东航运史：近代部分［M］. 北京：人民交通出版社，1989.

［80］广东省人民政府外事办公室，广东省社会科学院. 广州与海上丝绸之路［M］. 广东省社会科学院，1991.

［81］广州市地方志办公室. 南海神庙文献汇辑［G］. 陈锦鸿，点注. 广州：广州出版社，2008.

［82］广州市黄埔区文化广电新闻出版局. 海上丝绸之路文化明珠南海神庙［M］. 广州：华南理工大学出版社，2015.

［83］广州市文物考古研究所，黄埔区文化广电新闻出版局. 南海神庙古遗址古码头［M］. 广州：广州出版社，2006.

［84］广州市政协学习文史资料委员会. 名城明珠黄埔村［M］. 广州：广州出版社，2001.

［85］郭锋. 杜佑评传［M］. 南京：南京大学出版社，2004.

［86］吴家诗. 黄埔港史：古、近代部分［M］. 北京：人民交通出版社，1989.

［87］黄淼章. 南海神庙［M］. 广州：广东人民出版社，2005.

［88］黄淼章，闫晓青. 南海神庙与波罗诞［M］. 广州：暨南大学出版社，2011.

［89］黄兆辉，张菽晖. 南海神庙碑刻集［M］. 广州：广东人民出版社，2014.

［90］罗香林. 蒲寿庚传［M］. 台北：中华文化出版事业委员会，1955.

［91］龙庆忠. 南海神庙［M］. 广州：广州市文化局，1985.

［92］《南海神庙》编写组. 南海神庙［M］. 广州：广东省地图出版社，1992.

［93］欧初，王贵忱. 屈大均全集［M］. 北京：人民文学出版社，1996.

［94］乔培华. 南海神信仰［M］. 广州：中山大学出版社，2015.

［95］桑原骘藏. 蒲寿庚考［M］. 陈裕菁，译. 北京：中华书局，1954.

［96］谭棣华，等. 广东碑刻集［M］. 广州：广东高等教育出版社，2001.

［97］王川. 南海神庙［M］. 广州：广东人民出版社，2002.

［98］王荣国. 海洋神灵：中国海神信仰与社会经济［M］. 南昌：江西高校出版社，2003.

［99］王元林. 国家祭祀与海上丝路遗迹：广州南海神庙研究［M］. 北京：中华书局，2006.

［100］冼剑民，陈鸿钧. 广州碑刻集［M］. 广州：广东高等教育出版社，2006年。

［101］张广达. 海舶来天方，丝路通大食：中国与阿拉伯世界的历史联系的回顾［M］//周一良. 中外文化交流史. 郑州：河南人民出版社，1987.

[102] 曾昭璇. 广州历史地理 [M]. 广州：广东人民出版社，1991.

[103] 曾昭璇，黄伟峰. 广东自然地理 [M]. 广州：广东人民出版社，2001.

[104] 张广达. 文本、图像与文化交流 [M]. 桂林：广西师范大学出版社，2008.

[105] 中山大学中国古文献研究所. 全粤诗 [M]. 广州：岭南美术出版社，2008.

[106] 中山大学人类学系，东莞市博物馆. 东莞市盐业文化遗产调研报告 [R]. 2015.

[107] 中元秀，马建钊，马逢达. 广州伊斯兰古迹研究 [M]. 银川：宁夏人民出版社，1989.

[108] 朱建君，修斌. 中国海洋文化史长编：魏晋南北朝隋唐卷 [M]. 青岛：中国海洋大学出版社，2013.

[109]《中国历史文化名城》编辑部，黄埔区文联. 黄埔长洲旅游纵观 [M]. 广州：广东省地图出版社，1991.

## 期刊文章

[110] 杨少祥. 广东曲江南华寺古墓发掘简报 [J]. 考古，1983（7）.

[111] 范邦瑾. 唐代蕃坊考略 [J]. 历史研究，1990（4）.

[112] 杨豪. 广东英德、连阳南齐和隋唐古墓的发掘 [J]. 考古，1961（3）.

[113] 黄鸿光. 番禺考 [J]. 开放时代，1982（3）.

[114] 简满桂，张超佐. 波罗庙传说 [J]. 黄埔文史：副刊之一，1985.

[115] 柳超球. 海神信仰与海洋开发：从《广东新语》说起 [J]. 中国海洋大学学报（社会科学版），1998（2）.

[116] 荣新江. 波斯与中国：两种文化在唐朝的交融 [J] // 刘东. 中国学术：2002（4），总第十二辑. 北京：商务印书馆，2002.

[117] 荣新江，罗帅. 广东中外文化交流史迹考察日记 [J] // 国际汉学研究通讯：第五期. 北京：北京大学出版社，2012.

[118] 荣新江. 唐朝与黑衣大食关系史新证：记贞元初年杨良瑶的聘使大食 [J]. 文史，2012（3）.

[119] 陈学爱. 广东遂溪县发现南朝窖藏金银器 [J]. 考古，1986（3）.

[120] 孙莉. 萨珊银币在中国的分布及其功能 [J]. 考古学报，2004（1）.

[121] 王赛时. 古代山东的海神崇拜与海神祭祀 [J]. 中华文化论坛，2005（3）.

[122] 王元林. 天妃、南海神崇拜与郑和下西洋 [J]. 暨南学报（哲学社会科学版），2005（6）.

[123] 夏鼐. 综述中国出土的波斯萨珊朝银币 [J]. 考古学报，1974（1）.

[124] 徐俊鸣. 宋代的广州 [J]. 中山大学学报（自然科学版），1964（2）.

[125] 徐俊鸣. 我国古代海外交通和贸易对于广州城市发展的影响 [J]. 中山大学学报（自然科学版），1979（4）.

[126] 闫晓青. 南海神庙：中国古代海上丝绸之路的重要遗迹 [J]. 南方文物，2005（3）.

[127] 赵立人. 黄埔港的变迁 [J]. 岭南文史，1986（2）.

[128] 曾昭璇. 宋代羊城八景 [J]. 开放时代, 1987 (4).

[129] 曾昭璇. 广州扶胥港口历史地理 [J]. 广州文博, 1988 (4).

[130] 曾昭璇, 曾庆中. 南海神庙的历史地理 [J]. 广州文博通讯（增刊：南海神庙）, 1985.

[131] 中村久四郎. 唐代的广东：下 [J]. 岭南文史, 1983 (2).

[132] al-Tabarī, *Annales "Ta'rīkh al-rusulwa'lmulūk"*. Albany：State University of New York Press, 1991, Vol. 3.

# 后　　记

广州海上丝绸之路史迹的研究具有良好基础，但是关于其文化遗产价值的论述并不多。为了进一步丰富、深化对于广州海上丝绸之路史迹文化遗产价值的认识，2016年7月，广州市文化广电新闻出版局（广州市文物局）委托中山大学考古专业开展了"广州市海上丝绸之路史迹点文化遗产价值专项研究"课题。

课题研究得到了广州市文物局和中山大学考古专业的高度重视，双方共同拟就了研究主题，成立了中山大学课题组，郑君雷教授担任课题组组长，课题组成员在承担繁重的教学、科研任务之余积极投入研究，按时提交了较高质量的论文。

课题组分工如下：周繁文博士执笔《秦汉番禺城与海上丝绸之路关系考——兼论南越王宫署遗址、南越王墓的文化遗产价值》，姚崇新教授执笔《广州光孝寺早期沿革与驻锡外国高僧事迹考略》，熊仲卿博士执笔《广州的伊斯兰文化遗产》，刘文锁教授、罗帅副研究员、何源远副研究员执笔《南海神庙与海上丝绸之路研究》，王真真副研究员执笔"海上丝绸之路与广州城发展研究成果系列"，谭玉华博士执笔《广州海上丝绸之路遗迹遗物与域外文化交流的考古学研究》；郑君雷教授负责统稿；博士研究生卓猛同学担任课题组秘书。

课题成果结集为《广州市海上丝绸之路史迹点文化遗产价值专项研究成果汇编》[①]，于2016年12月通过了广州市文化广电新闻出版局［现名为：广州市文化广电旅游局（广州市文物局）］组织的验收。根据韩维龙、黄淼章、刘成基、吴凌云、黄海妍等专家学者在验收汇报会上提出的意见和建议，课题组成员对成果初稿进行了认真修改。研究成果付梓之际，郑君雷教授与博士研究生张晓斌合作撰写了《广州海上丝绸之路史迹文化遗产价值的再解读》一文作为《前言》，广州市文物局刘晓明总工程师通审了文稿。

课题组成员的教学科研方向涉及中外文化交流考古、汉唐宋元考古学、东南亚考古、宗教考古、中国古代建筑史、文化遗产研究等领域，知识结构较为均衡，相信研究成果能够为广州海上

---

① 经过综合考量，正式出版时，将课题成果集更名为《海上丝绸之路广州史迹文化遗产价值研究》。

丝绸之路申报世界文化遗产工作提供一定程度的学术支撑。海上丝绸之路申报世界文化遗产是一项持续推进的实践工作，认识在不断深化；对于广州海丝史迹文化遗产价值的认知也是多重角度、多重维度的；加之学养限制，课题研究难免有所疏漏，不足和错误之处敬请批评指正。

  课题成果出版得到广州市海丝申遗办及广州市文化广电旅游局的大力支持，广州市海丝申遗办范旨祺、李强同志在编辑和统筹出版工作中出力尤多，在此表示衷心感谢。

中山大学课题组

2019 年 6 月 28 日